SCOR

Martin Häusler

DIE WAHREN VISIONÄRE UNSERER ZEIT

SCORPIO

www.diewahrenvisionaere.de

FSC
Mix
Produktgruppe aus vorbildlich bewirtschafteten Wäldern und anderen kontrollierten Herkünften

Zert.-Nr. GFA-COC-001223
www.fsc.org
© 1996 Forest Stewardship Council

Die deutsche Originalausgabe erschien 2010 unter dem Titel »Die wahren Visionäre unserer Zeit« bei Scorpio.
Umschlaggestaltung: David Hauptmann, Hauptmann & Kompanie Werbeagentur, Zürich

Satz: BuchHaus Robert Gigler, München
Druck und Bindung: CPI – Clausen & Bosse, Leck
ISBN 978-3-942166-53-9

www.scorpio-verlag.de

INHALT

Die Welt, die wir geschaffen haben, ist die Welt einer überholten Denkweise. Die Probleme, die sich daraus ergeben, können nicht mit der gleichen Denkweise gelöst werden, durch die sie entstanden sind.

ALBERT EINSTEIN

Ich bin ohne Grenzen. Wir alle haben keine Grenzen.

GEORGE HARRISON

VORWORT

Die Rundreise zu den 15 Visionären dieses Buches führte mich vom Bodensee bis zum Lake Ontario, von Münster bis Manhattan, von Paris bis Pisa. Und ich war nicht mehr derselbe, als ich zurückkam. Das kann man auch gar nicht, selbst wenn man wollte. Eine Rückkehr ins alte Denken scheint fast unmöglich. Zu fundamental sind die Wahrheiten und Weisheiten, die ich erfahren habe, zu vorbildhaft sind Geist und Engagement dieser außergewöhnlichen Menschen, die ich besuchte.

Die Wahrheiten und Weisheiten stehen auf den nächsten 420 Seiten. Mir ist klar, dass sie manchen erstaunen lassen und möglicherweise einige konservative Weltbilder in den Grundfesten erschüttern werden. Beides ist gut und beabsichtigt. Vielleicht hat sich die Gesellschaft ja inzwischen so weit geöffnet, dass wir nicht untätig oder gar verschreckt zurückbleiben, sondern unsere bisherigen Wahrheiten ergänzen oder in Teilen ersetzen können – und wieder mitwirken an der Gestaltung des öffentlichen Lebens.

Denn eines scheint mir nach dieser Recherche glasklar: Die allermeisten von uns leben beziehungsweise erleben nur einen winzig kleinen Ausschnitt eines viel größeren, reichhaltigeren, gesünderen und interessanteren Alltags. Um eine der visionären Wahrheiten ganz verknappt vorwegzunehmen: In der Öffnung in alle Richtungen, im Loslassen alter Anschauungen und in der Hinwendung zur Ganzheitlichkeit liegt eines der Rezepte für die Rettung der Erde im Allgemeinen und für das Glücklichwerden im Privaten. Und persönliches und globales Glück haben miteinander zu tun.

Deshalb richtet sich dieses Buch auch an die größtmögliche Zielgruppe: an alle! Adressaten sind die Intellektuellen und die, die sich für intellektuell halten. Adressaten sind die Manager und Politiker, die uns die Krisen eingebrockt haben. Adressat ist aber vor allem der ganz normale Bürger, der von diesen Krisen unmittelbar betroffen ist.

Allen unterstelle ich am Anfang dieses Buches eine Gemeinsamkeit: eine gewisse Ratlosigkeit. Seien wir ehrlich und aufrichtig zu uns selbst: Sind wir wirklich zufrieden mit uns und unserem Leben? Haben uns der neue superdünne Flachbildfernseher, der durch die Abwrackprämie billiger erworbene Kleinwagen oder die Ego-Onanie auf Internetplattformen wie Facebook erfüllter gemacht? Stimmt uns das, was wir jeden Tag in den Nachrichten und direkt bei uns vor der Haustür sehen und erleben, glucklich? Lassen uns die Zustände unserer Zeit selig einschlafen? Ich befürchte, dass die meisten von uns diese Fragen nicht mit einem uneingeschränkten Ja beantworten können.

Gerade deshalb ist es wichtig, Antworten zu finden. Und zwar neue Antworten. Ich habe versucht, die visionären Botschaften und Lösungsalternativen für jeden verständlich darzustellen. Denn bei den Problemen, die uns gerade beschäftigen und noch bevorstehen, geht es tatsächlich um jeden Einzelnen. Die Aussage, dass ein Individuum, einer von Millionen Steuerzahlern, einer von sieben Milliarden Menschen, eine einzige vergessene Seele doch sowieso nichts bewirken kann angesichts der gigantisch scheinenden Herausforderungen auf der Erde, stimmt einfach nicht.

Da setzt der Grundauftrag der Journalisten an. Ein jeder ist – gerade jetzt – in der Pflicht, sich immer wieder die Frage zu stellen, warum er seinen Job macht und für wen er schreibt oder sendet. Viele – nicht alle – haben das leider vergessen. Aus mehreren Gründen: Ego, Routine, Geld.

Journalisten sind nicht selten ichbezogene Selbstdarsteller. Ob angestellt oder in machtvoller Position, ob bei Boulevard- oder Prestigepresse, ob bei Privatkanälen oder Gebührenfunk, man tickt ähnlich. Aber was taugen Artikel, die aus purer Begeisterung an der eigenen Fabulierungsgabe geschrieben und veröffentlicht werden und nichts weiter demonstrieren sollen als journalistische Reputation? Wem nutzen Berichte und Interviews, die mit verkorkstem Rollenverständnis gesendet werden? Niemandem. Noch nicht einmal einem selbst. Wo ist das Einstehen für die gesellschaftlichen Werte? Wo ist das Verantwortungsgefühl für die Welt?

Das zweite große Manko, das die Stellung der Medien hat instabil werden lassen, ist der fehlende Blick fürs Neue! Die Medienkrise, die es schon vor der 2008 beginnenden Weltwirtschaftskrise gab, hängt genau damit zusammen. Es ist längst nicht mehr nur das Internet, das Print und TV das Leben schwermacht. Das Problem – und damit auch seine Lösung – liegt im eigenen Laden. Viele haben es sich nicht nur in den Redaktionen, sondern auch in ihrem Denken gemütlich gemacht. Man gibt sich zufrieden mit der ewigen Rotation der immergleichen Themen. Man gibt sich zufrieden mit dem, was man hingehalten bekommt – von Agenturen und Industrie, von Trends und Meinungsführern. Man lässt sich leiten von dem, was gerade en vogue ist. Der Vorwurf gilt nicht den unermüdlichen Wühlern, Kämpfern und Idealisten, die es natürlich auch gibt und die es ab und zu schaffen, die Verkrustungen des Üblichen aufzubrechen. Der Vorwurf gilt denjenigen, die die Auswahl für die Meldungen in den Nachrichtensendungen allzu routiniert treffen, genauso wie denen, die glauben, das Nonplusultra abzuliefern und nichts Besseres mehr bieten zu können. Wo ist der Gestaltungswille? Wo ist die überlebenswichtige Kreativität? Wo ist der Entdeckergeist? Wo ist die eigene Initiativkraft? Viele sind eingeschlafen. Aber wie soll ein Eingeschlafener seine Leser oder Zuschauer aufwecken?

Keiner will das ebenso erforderliche Erwartbare aus den Zeitungen und Magazinen, aus dem Netz oder von den Bildschirmen verbannen oder Themen unter Strafe stellen, die bisher für Lebensfreude standen, und sie austauschen gegen schwere Krisenliteratur. Expeditionen zu neuen Themen können im Gegenteil große Freude bereiten, für Journalist wie Rezipient. Aber an ein paar redaktionellen Stellschrauben muss gedreht werden, um die thematische Dosierung den gesellschaftlichen Umständen anzupassen.

Und schließlich das Geld. Es ist längst kein Geheimnis mehr, dass immer mehr Medienbetriebe wie Schraubenfabriken geführt werden. Die Medien verkaufen aber keine Metallteile, sondern Inhalte. Daher müssen hier – bei allem Verständnis für betriebswirtschaftliche Notwendigkeiten – andere Prinzipien gelten. Prinzipien, die es ermöglichen, auch noch in Krisenzeiten qualitativ hochwertigen Journalismus zu betreiben. Denn wer außer unabhängigen Medien hätte die Kraft, einen überfälligen Wandel herbeizuführen? Wer außer unabhängigen Medien könnte so etwas wie eine zweite Aufklärung starten? Denn nur durch eine solche Initiative wäre ein grundlegender Paradigmenwechsel zu beginnen. Und den brauchen wir dringend.

Solange immer noch im großen Maßstab Regenwälder gerodet werden, sich die Lobbyisten der Pharmaindustrie in den Abgeordnetenbüros immer noch durchsetzen können, solange immer noch kurzfristige und völlig unnachhaltige Aktionen wie die Zahlung der Abwrackprämie stattfinden können, solange immer noch an der Atomenergie festgehalten wird, solange Ministerposten immer noch nach Proporz und nicht nach Qualifikation verteilt werden, will man der Politik diesen Wandel nicht so recht zutrauen. Dabei läge gerade in der Krise ein riesiges Potenzial für jede demokratische Partei. Ein Lösungspotenzial, das weit über die übliche und völlig unzureichende Symptombekämpfung hinausginge. Es könnte ganz einfach angezapft werden: durch die Erinnerung an den Kern der Parteien – eine kompromisslose Hinwendung zum Christlichen, zum Sozialen und zum Ökologischen. Wobei das Christliche andere Religionen nicht ausschließen darf. Die Hinwendung zur Quelle würde gerade die Politikverdrossenen wieder erreichen. Doch das bisher Getane reicht hinten und vorne nicht. Einem Hautkrebspatienten klebt man ja auch nicht nur ein Pflaster auf den Tumor.

Die Alarmsignale sind jedenfalls nicht mehr zu überhören. Der Zusammenbruch des weltweiten Finanzsystems machte das Wort Krise erst populär und das Thema zu einem festen Bestandteil der täglichen Berichterstattung. Doch Krise hatten wir schon viel länger. Durch die totale Globalisierung hängt seit Jahren alles zusammen und wirkt sich unmittelbar aus. Der Wirtschafts-Nobelpreisträger Joseph Stiglitz, der in diesem Buch von den nötigen Kurswechseln berichtet, textet daher das viel zitierte »Think global, act local« um in ein »Think global, act global« – global denken, global handeln. Denn kaum ein aktuelles Problem ist nur regional. Die Bewegungen an den Börsen betreffen alle, genau wie der Klimawandel, die Zerstörung der Urwälder, die Ausbeutung von Völkern oder die Konzentration von Medien mit der Folge geistiger Gleichschaltung. Machte das alles den meisten von uns bisher etwas aus? Haben uns die Unwuchten dieser Erde großartig gestört?

Jetzt wurden wir durch den Verlust dessen, was der westlichen Welt am meisten am Herzen liegt, des Geldes, erst wieder auf alles andere aufmerksam gemacht. Privatleute, die ihr Erspartes allzu leichtfertig angelegt und verloren haben, wurden in tiefe persönliche Krisen gestürzt. Firmenchefs, die ihr Lebenswerk in Trümmern liegen sahen, brachten sich um. Von der Bankenkrise Ende 2008 bis zum nuklearen GAU von Fukushima Anfang 2011: In diesen zweieinhalb Jahren mussten wir alle noch einmal per Schocktherapie erkennen, dass wir in einem System leben, das durch seine rein materiell und auf Profitmaximierung ausgerichteten Verhaltens- und Denkmuster höchst fragil geworden ist. Heißt: Ändern wir diese Prinzipien nicht fundamental, entziehen wir uns selbst unsere Lebensgrundlage. Es ist skandalös, dass man diesen Appell im Jahre 2011 immer noch ausrufen muss, hat der Club of Rome doch bereits 1972 mit seinem mahnenden Bericht »Die Grenzen des Wachstums« die Staaten- und Firmenlenker dieser Erde in die Pflicht genommen.

In Deutschland manifestierten sich wie in keinem zweiten Land die Zerbrechlichkeit und Untauglichkeit jener Götzen gleich verehrten und blind praktizierten Regierungs-, Gesellschafts- und Wirtschaftsformen. Kolonialismus, Nationalismus, Kommunismus und Kapitalismus wurden hier im Herzen Europas in nur 100 Jahren allesamt erprobt. Und alle haben sie Deutschland an den Rand des Abgrunds gebracht und sogar darüber hinaus. Nun stehen wir im Jahr 2011 da wie die Artisten in der Zirkuskuppel des Filmemachers und Gesellschaftskritikers Alexander Kluge: ratlos! Nur ratlos? Oder will man einfach nicht?

Die Lösungen wären überall vorhanden. Sie liegen in uns selbst und an jedem Platz auf der Erde. Sie sind zu einem Großteil längst gefunden. Aber sie werden nicht angewendet. Warum nicht? Weil wir sowohl feststecken als auch festgehalten werden in jahrzehnte- und jahrhundertealten Weltbildern.

Mit denen werden wir von Geburt an indoktriniert. In den ersten Lebenswochen programmieren sich die Nervenbahnen in unseren Gehirnen nach dem, was man im Westen für gut und richtig hält. Und zu einem Großteil steckt in uns bereits das, was unsere Eltern für gut und richtig gehalten haben. In der Kindheit folgen die Erziehung nach genau denselben Wertemustern und das Training angeblich funktionierender Verhaltensweisen. Die Schulbücher bedienen das gleiche einseitige Weltbild, lehren seit Jahrzehnten dasselbe, obwohl längst neues Wissen angehäuft wurde. Für Universitäten gilt das genauso. Die manipulative Bewusstseinsindustrie zahlreicher Medien und der Werbung besorgt den Rest.

Aber wie sollen in einem Leben, das auf Sozialdarwinismus, ewiges Wachstum und die Versprechungen der Konsumgüterindustrie ausgerichtet ist, Anlagen für die einfachsten Werte einer nachhaltig funktionierenden Weltgemeinschaft geschaffen werden? Wie soll sich eine Gesellschaft rechtzeitig weiterentwickeln können, wenn ein völlig einseitiges Weltbild als Spitze der Evolution gepriesen wird? Wie sollen globale Probleme gelöst werden, wenn sich die Mächte und Menschen des Westens über die Bedürfnisse und Fähigkeiten von Milliarden hinwegsetzen?

Das geht nur, wenn wir weiter blicken als bisher. Es ist an der Zeit, unseren Horizont zu erweitern und uns selbst sowie unsere Prinzipien und Prioritäten infrage zu stellen. Die nun folgenden Visionärsporträts bringen diese neuen Ufer in Sichtweite. Für manche mögen sie bereits in der Nähe liegen. Einige sehen diese Ufer weiter weg. Andere denken vielleicht, dass es sich nicht lohnen würde, zu einem dieser anderen Ufer zu schwimmen, weil es aus der Entfernung so undefinierbar aussieht und man nicht weiß, was einen dort erwartet.

Ich versuche, denen, die so denken, die Angst zu nehmen. Denn gerade in Krisenzeiten ist Angst der schlechteste Ratgeber. Deswegen geht es hier nicht um abstrakte, kalte, utopische, unerreichbare Visionen, sondern darum, welchen

Lebensweg ganz normale Menschen genommen, welche Brüche und Schicksalsschläge sie erlebt haben, um schließlich eine Vision zu entwickeln. Denn eine Vision kommt nicht aus dem Nichts.

Da ist der Multimillionär, der von jetzt auf gleich sein Vermögen verschenkt, als Bettelmönch durch Thailand zieht und den Menschen heute ein bewussteres Sein vermitteln will. Da ist die Modedesignerin, die nur drei Stunden in der Nacht schläft, um all ihre Energie den Armen in Bangladesch zu schenken. Da ist der Opernsänger, der seine heilenden Kräfte entdeckt und schwerkranke Patienten kuriert. Da ist der Biophysiker, der plötzlich weltbewegende Erfindungen macht, die in der Lage sind, die Welt aus ihren technischen und medizinischen Abhängigkeiten zu führen. Da ist der Olympionike, der sich vornimmt, die Welt zu retten, indem er diejenigen in die Pflicht nimmt, die deren Probleme verursacht haben. Es sind 14 Geschichten von 15 Menschen, die so unterschiedlich sind und doch eines gemeinsam haben: den Mut, unpopuläre Dinge zu sagen und zu tun, um diesen Planeten in letzter Sekunde zu retten. Wieso sitzen diese Visionäre nicht in den Talkshows? Wieso werden sie kaum in politische Gesprächsrunden eingeladen, die sich mit Auswegen aus der Krise beschäftigen? Wieso sehen wir in den Debatten immer dieselben Gesichter aus Politik und Wirtschaft?

Dieses Buch vereint die Kraft der wirklich innovativen Geister. Es will anbieten und aufklären. Es will Impulse setzen und inspirieren. Es will überraschen und Mut machen. Es will Handlungsempfehlungen geben, keine Handlungsanweisungen. Denn es will nicht den gleichen Fehler begehen wie die Institutionen, welche die Welt in die Katastrophe gestürzt haben: Es will nicht erneut indoktrinieren.

Foto: Martin Häusler

JAKOB VON UEXKÜLL

Philatelist und politischer Aktivist aus London, England, geboren 1944 in Uppsala, Schweden

Die Erde ist nur mit einem radikalen Abschied von alten Dogmen und konsequentem Zukunftslobbyismus zu retten – Warum ein deutsch-schwedischer Briefmarkenhändler den Alternativen Nobelpreis erfand und einen Rat weiser Vordenker gründete

Als die Weltwirtschaftskrise im Herbst 2008 so richtig losbricht, ist von den Medien Aufklärung gefordert. Die Titelseiten sind voll von aktuellen Abhandlungen über Verursacher und Folgen der geplatzten Finanzblasen, vermeintlich kluge Kommentare widmen sich den Fragen der Krisenbewältigung. Auch die politischen Talkshows steigen voll auf das Thema ein. Niemand kann es sich leisten, an der Katastrophe, die unsere westliche Konsumwelt zum Einsturz zu bringen droht, vorbeizugehen. In die Rederunden der Sender werden die Hierarchen aus Politik, Wirtschaft und den Verbänden eingeladen. Das versammelte alte Denken wird zusammengetrommelt, jenes Denken, das die Krise zuließ, verursachte und nun in Panik Symptombekämpfung betreibt. Wahre Lösungen und revolutionäre Ideen: Fehlanzeige.

Jakob von Uexküll hat als Gründer des Alternativen Nobelpreises die besten Drähte zu den Vordenkern dieser Welt. Sein ebenfalls von ihm etabliertes World Future Council, das sich als Anwaltskanzlei zukünftiger Generationen sieht, beteiligt sich seit Jahren an der ganz konkreten nachhaltigen

Umgestaltung politischer und wirtschaftlicher Systeme. Uexküll selbst ist ein passionierter Redner, referiert regelmäßig über Schieflage und Harmonisierung des globalen Finanzkonstrukts und kämpft mit Herzblut für die Rettung der Erde und die Zurückdrängung der übermächtigen Ökonomie. Wie oft wurde dieser Mann angefragt für einen Auftritt in einer der Fernsehtalkshows in einem ganzen Jahr Weltwirtschaftskrise von Herbst 2008 bis Herbst 2009? Kein einziges Mal. Ein Skandal. Und gleichzeitig Normalität im Arbeitsalltag von Jakob von Uexküll.

»Es ist immens wichtig, dass sich die laufende Berichterstattung nicht bloß mit dem Zustand der Erde beschäftigt, da wird man depressiv. Sie muss sich auch mit den Lösungen und den praktischen Visionen auseinandersetzen«, sagt Uexküll. »Die Wahrheit darf nicht verschwiegen werden, aber nichts ist heute wichtiger, als den Menschen Hoffnung zu geben und ihnen zu zeigen, dass es diese Hoffnungsträger gibt. Hier sind die oberflächlichen Medien ein riesiges Problem, vielleicht sogar das größte Problem. Denn ohne Präsenz in den Medien kann man rein gar nichts effektiv vermitteln. Und selbst die etablierten Medien trivialisieren radikal. Ich erinnere mich an ein BBC-Interview, bei dem ich in zwei Minuten zu vier Themen etwas Wichtiges sagen sollte. Das ist natürlich unmöglich. Kurze Plattitüden reichen aus, um Altbekanntes zu wiederholen. Wenn man aber Neues und Komplexes kommunizieren will, braucht man mehr Zeit, um dies zu erklären. Man kann das Wissen beim Publikum nicht voraussetzen. Das gilt auch für die Sprache. Zentrale Begriffe wie ›Nachhaltigkeit‹, also langfristiges und verantwortungsvolles Planen, gibt es zwar schon lange, sie wurden aber bisher von den Massenmedien kaum erklärt.«

Die Wirtschaft reagiere da schon anders auf die Krise, so Uexküll. Seit dem Finanzkollaps wird der in London lebende Kosmopolit mit schwedischem und deutschem Pass immer häufiger für Vorträge eingeladen, wie zum Beispiel im September 2009 von einer Bank in Frankfurt. Dort sprach Uexküll über die Maßnahmen, mit denen jetzt reagiert und das Finanzsystem langfristig neu aufgestellt werden müsste. Er machte Eindruck auf die Herrschaften, denn das, was er forderte, hatte in der Debatte des Mainstreams bisher kaum stattgefunden.

Der gemeinsame Nenner aller Kulturen sei der, unseren Kindern eine lebenswerte Welt zu übergeben. Als Brutinstinkt bezeichnet Uexküll diesen globalen Minimalkonsens. Dieser Pflicht müsse die gesamte Wirtschaft und das Finanzsystem untergeordnet werden. Und das funktioniere nur mit einer massiven Umleitung der Geldströme und einer Neuberechnung des Bruttosozialprodukts, das unter anderem die durch das Klimachaos verursachten Schäden einbeziehe.

Uexküll ist sich sicher, dass es zu dieser Kehrtwende keine Alternative gibt, denn die bisherigen Strukturen würden ohne eine Veränderung den Totalzusammenbruch bedeuten. Aber wie kann dieser finanzielle Wechsel funktionieren? Was hat Uexküll den Frankfurter Bankern ins Aufgabenbuch diktiert? »Wir müssen neues Geld schaffen. Das geht, ohne zwingend in eine Inflation zu steuern«, sagt er. »Man darf damit allerdings nicht bestehende Schulden begleichen, sondern ausschließlich dringende globale Probleme bekämpfen, zukünftige Prozesse ins Visier nehmen und in nachhaltige Waren und Techniken investieren. Daher sollten die Regierungen die Schaffung neuer, interessenunabhängiger und schuldenfreier Gelder veranlassen, um humanitäre und ökologische Projekte zu unterstützen. Die Finanzierung von Kriegen und die Rettungspakete für die Finanzwirtschaft zeigen doch, dass sich alles finanzieren lässt, was man finanzieren will. Wir müssen aufhören, unsere Visionen unseren Ängsten vor möglichen finanziellen Unkorrektheiten unterzuordnen.«

Jakob von Uexküll ist Generalist, wie er selbst immer sagt. Er ist kein Finanzexperte, und er ist auch kein Klimatologe. Er spannt das Zelt seiner Organisationen über Hunderte Fachleute, um mit einer schlagkräftigen Truppe die ärgsten Probleme der Erde anzugehen. Einer dieser Spezialisten ist der amerikanische Ökonomieprofessor Hermann Daly, dem Uexküll 1996 den Alternativen Nobelpreis verlieh. In seinem Buch *Das sind wir unsern Kindern schuldig* berichtet Uexküll von einem Vorfall, der sich in Washington zutrug und seinen Preisträger zutiefst schockierte. Daly arbeitete eine Zeit lang bei der dortigen Weltbank, die das globale Finanzsystem steuert, und bekam eines Tages von einem Kollegen ein Diagramm vorgelegt, das Teil eines Buchmanuskripts war. Das Schaubild zeigte die Natur als Untersystem unseres Wirtschaftssystems. Daly wies auf den Fehler hin und sagte, dass es doch genau umgekehrt sei. Es war nichts zu machen, der Kollege beharrte auf seiner Darstellung. Dieser Kollege war kein anderer als Lawrence Summers, Finanzminister der Regierung Clinton, Universitätspräsident von Harvard und Wirtschaftsberater von Präsident Obama (siehe auch das Kapitel über Joseph Stiglitz).

Eine Anekdote, die Jakob von Uexküll gern erzählt, um seinen Zuhörern zu verdeutlichen, wie das Denken gerade der Menschen in wichtigen Positionen funktioniert, Menschen, welche die Macht haben, den Weg des Planeten Erde mitzubestimmen. Der Globus als Supermarkt. Die Natur als Selbstbedienungslager. Das ist genau jene Vorstellung von Wirtschaft, die zuerst in die ökologische und die humanitäre Krise geführt hat und schließlich in die Finanzkrise.

Die eindrucksvollsten Geschichten bringt Uexküll tatsächlich von den Reisen mit, die er für seine Rettungsmission macht. Sie sind eine Art Barometer für den geistigen Status quo der globalen Entscheidungsträger. So wurde Uexküll einmal zum Sinn eines Führungskräfte-Kongresses zum

Thema Wirtschaft und Spiritualität befragt. Ein ehemaliger Bankdirektor aus Schottland, den es nach einer privaten Krise als Gärtner in die spirituelle Findhorn Community getrieben hatte und der nun einen solchen Kongress organisieren wollte, war an Uexkülls Meinung interessiert. Wäre es nicht toll, die verantwortlichen Raubtierkapitalisten wieder mit den alten Werten und so etwas wie Achtsamkeit in Berührung zu bringen? Uexküll fand die Idee fabelhaft. Sein Einwand aber war, dass viele Firmen höchstwahrscheinlich absagen würden, und zwar aus Angst, dass ihre Mitarbeiter danach nicht mehr an ihre Arbeitsplätze zurückkehren würden. Der Schotte zog kritisch die Augenbrauen hoch. Doch Wochen später ließ er Uexküll wissen, dass ein paar der großen Unternehmen in der Tat aus genau jenem Grund ferngeblieben seien.

Ein anderes Beispiel umreißt die momentane Rolle der Kirchen. Provokant fragte Jakob von Uexküll bei einem Vortrag vor hochrangigen Geistlichen, warum die Kirchen im biblischen Erlassjahr 2000 nicht darauf bestanden hätten, den armen Ländern der Welt ihre Schulden voll zu erlassen – wo doch durch Raubbau, Ausbeutung und aufgezwungene Finanzgesetze kontinuierlich Milliarden aus den unterentwickelten Staaten herausgezogen würden. Uexküll legte nach und wollte von den Klerikern wissen, warum sie den christlichen Politikern nicht mit einem Kirchenausschluss gedroht hätten für den Fall, dass man sich daran nicht halte? Es herrschte entsetztes Schweigen, bis ein britischer Bischof antwortete, die Kirche könne nur dezent »von hinten führen« und warten, bis eine Katastrophe – wie eine Überflutung Londons – die Führungselite in den reichen Ländern wachrüttle. Die Fassungslosigkeit war nun wiederum auf Uexkülls Seite.

So kann er stundenlang erzählen. Und am Ende steht meistens die Erkenntnis: Alle, wirklich alle, sind sich inzwischen über die kritische Tragweite der globalen Situation bewusst. Und alle, wirklich alle, wissen, wie gehandelt werden müsste. Denn die Konzepte sind längst da. Aber der Fortschritt läuft äußerst schleppend.

Jakob von Uexküll und seine Mitstreiter sehen sich also einem nur schwer bezwingbaren Bollwerk gegenüber. Führer aus Wirtschaft, Wissenschaft, Politik und Kirche verteidigen ihre Vormachtstellung mit Haut und Haaren. Das probateste Mittel dagegen ist nichts anderes und Simpleres als politisches Engagement. Eine Kernforderung Uexkülls und ein Kollektivappell an alle. Er weiß, wovon er spricht. Eine Legislaturperiode saß er für die Grünen im Europaparlament in Straßburg. »Dort habe ich erfahren, dass Wirtschaft und Wohlstand sehr wohl von politischen Rahmenbedingungen abhängen«, sagt Uexküll. »Unternehmern, die weniger Regeln und möglichst wenig Staat haben wollen, rate ich immer, dann doch am besten in Somalia zu investieren. Da gibt es nämlich so gut wie gar keinen Staat. Und geht es den Somalis damit gut? Wir brauchen also diese klaren politischen Rahmenbedingungen. Das heißt aber auch, dass wir die Politik rehabilitieren und uns wieder aktiv am politischen Leben beteiligen müssen. Ich sage nicht, dass jeder lebenslang Politiker werden soll. Aber man darf sich nicht beklagen und gleichzeitig die Politik den Politikern überlassen. Wir haben die Verpflichtung, uns einzumischen.«

Wenn es um dieses Thema geht, kann Jakob von Uexküll auch mal ungemütlich werden. Bei einer Tagung in Hamburg traf er auf einen Unternehmer, der vor Publikum stolz erklärte, ihm sei schon einmal der Posten des Wirtschaftsministers eines Bundeslands angeboten worden, aber er habe abgelehnt. Eine Entscheidung, die Uexküll in keiner Weise nachvollziehen kann. Er machte seinem Unmut Luft und erntete zumindest von der Hälfte des Plenums Applaus.

»Wenn man als Bürger ein solches Angebot erhält, ist man auch verpflichtet, es anzunehmen. Wie kann man sich damit brüsten? Es gibt also diese antipolitische Einstellung in Wirtschaft und Zivilgesellschaft. In der Wiege der Demokratie in Athen war Engagement eine Voraussetzung für ein aktives Bürgertum. Der politisch Engagierte wurde damals Polites genannt, der, der sich weigerte, wurde ein Idiotes genannt. Heute sind aber die meisten der Meinung, man müsste ein Idiot sein, um politisch aktiv zu werden.« Ein Imageproblem, das sich die Politik wohl selbst zuzuschreiben hat.

Uexkülls Engagement für die Rettung der Erde ist ehrenamtlich. Kaum zu glauben, dass dieser angriffslustige Mann bis heute in einem Beruf sein Geld verdient, der alles andere als rebellisch ist. Er handelt mit Briefmarken. Und schreibt Handbücher mit so speziellen Titeln wie *The Early Postal History of Saudi Arabia*.

Das erste Album mit einem nicht ganz vollständigen Satz der ersten schwedischen Marken bekommt Jakob von Uexküll als Neunjähriger von seinem Vater. Es ist ein Tauschgeschäft. Gösta von Uexküll ist Pazifist. Pädagogisch geschickt, bietet er die Briefmarken gegen die Spielzeugpistolen seines Sohnes. Jakob willigt sofort ein.

Die frühen 1950er-Jahre verbringen die Uexkülls im südschwedischen Broxvik, einem verträumten Weiler auf einer mit Fichtenwäldern bestandenen und in die Ostsee reichenden Felszunge, 50 Kilometer von Norrköping entfernt. Der Krieg hat sie hierhingetrieben. Das baltendeutsche Geschlecht der von Uexkülls stammt ursprünglich aus Estland. Wie sehr seine Vorfahren Wissenschaft und kulturelles Leben beeinflusst hatten und wie bekannt sie dadurch in dem kleinen Ostseestaat geworden waren, das realisiert Jakob von Uexküll erst viel später.

Die Kindheit in der Provinz, die Verbundenheit mit der Natur: Jakob genießt sie. Sein Vater ist Schriftsteller und

Journalist, der unregelmäßig in verschiedenen Blättern publiziert und gern in der Wildnis fischen und jagen geht. Seine Mutter ist ein Mädchen aus Stockholm, das sich erst an das Landleben gewöhnen muss und an die Tatsache, dass der Weg zur Toilette 50 Meter durch die Kälte führt – bis der Vater das Haus renoviert.

Als Jakob zehn ist, verlässt die Familie ihr Landgut und wandert über Stockholm nach Hamburg aus. Vor allem politische Freunde hatten Gösta von Uexküll aufgefordert, nach Deutschland zurückzukommen, um als unbelasteter Autor an der freiheitlichen Willensbildung in der jungen Bundesrepublik mitzuwirken. So jemand hatte einfach dort zu sein und nicht von Schweden aus für kleine Zeitungen zu schreiben.

In Hamburg schafft es Gösta von Uexküll als politischer Journalist in der Tat direkt zur von Marion Gräfin Dönhoff geführten *Zeit*, später schreibt er für Axel Springers *Welt*, geht danach zum NDR, wo er das Politmagazin *Panorama* leitet, um anschließend mit anderen, aus politischen Gründen abgesägten NDR-Redakteuren zu versuchen, die Wochenzeitschrift *Deutsches Panorama* zu gründen.

Sein Sohn geht derweil auf die Internationale Schule. Sie ist humanistisch geprägt. Naturwissenschaften interessieren kaum. Jakobs Zeitvertreib bleiben die Briefmarken. Beim Besuch von Tauschbörsen und Briefmarkenläden bemerkt er: In Deutschland ist die Nachfrage nach deutschen Marken höher als in Schweden. Und in Schweden ist die Nachfrage nach schwedischen Marken höher als in Deutschland. Der Gymnasiast nutzt dieses Wissen und fängt mit 15 an zu kaufen, zu verkaufen, zu handeln und zu tauschen. In Stockholm besorgt er sich günstig deutsche Marken und gibt sie in Hamburg teurer ab – und umgekehrt. Trotzdem sind seine Leistungen außerordentlich, sodass der junge Uexküll schnell zu den privilegierten Schülern des Gymnasiums gehört. Auch der Draht zum Direktor verbessert sich derart, dass dieser ihm hilft, als Einziger ein Stipendium für das Christchurch College in Oxford zu bekommen, wo er eine damals einmalige Fächerkombination studiert: Politik, Philosophie und Wirtschaft.

Das Faible für Briefmarken findet in England seine Fortsetzung. Es geht so weit, dass sich die College-Leitung beschwert. Denn Jakob von Uexküll bekommt mehr Post als sie selbst. Auch hier gerät dies nicht zu seinem Nachteil. Im Gegenteil: Durch die Aufbesserung seines Taschengelds erwirtschaftet er sich schon früh seine finanzielle Unabhängigkeit. Sie wird ihm später helfen, den ambitionierten Right Livelihood Award, auch Alternativer Nobelpreis genannt, zu etablieren. Kein Wunder, dass Uexküll nach dem Studium Briefmarkenhändler wird, von Auktion zu Auktion reist und sich bei Auktionshäusern als Experte verdingt. Zum Leidwesen der Mutter, die ihren vielsprachigen Sohn gerne als noblen Diplomaten gesehen hätte. Auch am Journalismus hätte Jakob von Uexküll Gefallen gefunden. Zwar schreibt er wie sein Vater unter anderem regelmäßig für das Hamburger Monatsmagazin *Neue Politik*, doch ein Abendessen mit dem Verleger macht seine Ambitionen zunichte. Uexküll glaubt, die Einladung hätte mit einer Festanstellung zu tun oder einem höheren Honorar. Doch der Verleger klagt nur, verweist auf die miese wirtschaftliche Lage und bittet den passionierten Schreiber, ob er nicht Spender für den Erhalt des defizitären Blattes finden könne. Uexküll ist klar: »Vom Journalismus werde ich mich nicht ernähren können.«

Aber ein Elternhaus mit solcher Tradition lässt einen nicht einfach Briefmarkenhändler werden. Der Großvater mütterlicherseits ist der sehr unkonventionelle schwedische Architekt Sigurd Lewerentz. Onkel Thure von Uexküll ist ein Reformer und Wegbereiter der psychosomatischen Medizin.

Und Vater Gösta fällt in den überregionalen Hamburger Gazetten mit unbequemen Meinungen auf. »Sie alle waren sehr kritisch gegenüber etablierten Dogmen«, sagt Jakob von Uexküll. »Sie stellten infrage und diskutieren sehr ausführlich gesellschaftliche Vorgänge. Sachzwänge wurden nicht akzeptiert. Man wollte wissen, warum es so ist, und suchte nach besseren Antworten.«

Auch Jakob gibt sich mit dem »Warum« nicht zufrieden. Ihm reicht es nicht, zu kritisieren. Ihm geht es von Anfang an um Lösungen. »Mein Vater hat mich als Journalist ermutigt, den Sachen auf den Grund zu gehen. Aber ich hatte zum Beispiel immer das Gefühl, dass die Umweltfrage, spirituelle Themen, medizinische Alternativen viel wichtiger sind, als sie bisher diskutiert wurden.«

Mit 18 Jahren schreibt Jakob von Uexküll seinen ersten Artikel. Es geht ihm nie um journalistische Zerstreuung, sondern immer um gesellschaftliche Themen: um den Konflikt zwischen Israel und Palästina, den Vietnamkrieg, den Terror, die atomare Bedrohung oder die Notstandsgesetze. Eine Reportage Uexkülls aus dem Journal *Neue Politik* vom September 1962 über das hochemotionale Friedensfestival von Helsinki, bei dem 13 000 Jugendliche und Studenten aus 100 Ländern zusammenkamen, gibt einen guten Eindruck vom Stil des jungen Journalisten. Unter der Überschrift »Helsinki – ein misslungener Versuch« fängt er den ganzen Hass ein, der auf dieser Veranstaltung sprudelte, etwa in Passagen wie dieser: »Dem Delegierten Nord-Vietnams gelang es, den amerikanischen Imperialismus in einer zehnminütigen Rede 98-mal zu verdammen.«

Auch noch fünf Jahre später ist Uexküll den politischen Themen treu. Dafür steht ein Text, den er im Mai 1967 für die *Zürcher Woche* verfasst. Anlass ist der in Stockholm stattfindende und von dem britischen Philosophen Bertrand Russel organisierte symbolische Schauprozess gegen die

Kriegsverbrechen der Amerikaner in Vietnam. Uexküll lässt die Beteiligten zu Wort kommen, zitiert ausführlich den Tribunalpräsidenten Jean Paul Sartre und schließt mit dem Absatz: »›Es ist höchste Zeit‹, sagte Lord Russel in seiner Eröffnungsbotschaft, ›dass die Machtlosen über die Mächtigen zu Gericht sitzen.‹ Er sieht das Tribunal als Wegbereiter einer neuen Weltordnung, wo ein permanentes Weltgericht Verbrechen von Staaten und Regierungen ohne Rücksicht auf den Urheber ahndet.« Reportereinsätze wie der in Stockholm wirken bei Uexküll lange nach.

Vater Uexküll ist in der Friedensbewegung sehr aktiv, reist mehrfach in die UdSSR – und sieht die NATO als Hauptgefahr für den Frieden. Als die Russen 1968 den Prager Frühling im Keim ersticken, sucht Gösta von Uexküll Entschuldigungen für den Panzereinsatz. Sein Sohn jedoch findet das sowjetische Vorgehen genauso ungeheuerlich wie den Einsatz der USA in Vietnam.

Jakob von Uexküll ist schon sehr früh klar, dass die allmählich auftauchenden ökologischen Probleme bald sehr viel relevanter werden würden als sämtliche Links-Rechts-Debatten. »Mein Selbstverständnis als Journalist war, Gesellschaft zu gestalten, die Chancen zu nutzen, um aufzuklären, ja, die Welt zu verbessern! Ich merkte, dass es Bücher, Artikel und andere Publikationen über Problemlösungen schon gab. Aber trotzdem kannte man sie nicht.« Ende der 1970er-Jahre wird er sich fragen, wie die großen Lösungen unserer Welt denn dann zur Popularität zu führen seien. Als Journalist, da ist er sich sicher, würde er das nicht mehr rechtzeitig schaffen. Seine Lösung für die Lösungen ist der Alternative Nobelpreis, den er erstmals 1980 verleihen wird.

Vielleicht noch stärker als der Einfluss Sigurds, Thures und Göstas ist der eines anderen Mitglieds seiner Familie, nämlich des großen Biologen Jakob Johann von Uexküll,

1864 geboren und nur 25 Tage vor der Geburt seines Enkels Jakob im Juli 1944 gestorben. Der Großvater väterlicherseits gilt als der Begründer der Biosemiotik und als einer der schärfsten Kritiker der Evolutionstheorie Charles Darwins. Er war es, der den Begriff der Umwelt in die Wissenschaft einführte. »Mit der Zahl der Leistungen eines Tieres wächst auch die Anzahl der Gegenstände, die seine Umwelt bevölkern«, heißt einer seiner klugen Sätze in seinem Werk *Streifzüge durch die Umwelten von Tieren und Menschen: Ein Bilderbuch unsichtbarer Welten.*

Dessen Ehefrau Gudrun und Sohn Gösta von Uexküll schreiben eine Biografie des berühmten Forschers mit dem Titel *Jakob von Uexküll: Seine Welt und seine Umwelt*, die 1964 veröffentlicht wird. Dadurch erschließt sich dem Enkel Jakob die Biografie seines Großvaters, doch den theoretischen Unterbau von dessen Lehre entdeckt Jakob junior erst später. »Ich wusste vieles aus seinem Leben. Aber als ich das erste Mal sein Buch *Theoretische Biologie* las, war das doch ein eher fremdes und schwieriges Terrain für mich«, sagt Jakob von Uexküll. »Erst nach einigen Jahren sprach ich mit meinem Vater über den Darwinismus und spürte, dass da noch sehr viel verborgen lag. Ich las wieder die Bücher meines Großvaters, die bei mir nun vieles in einem neuen Licht erscheinen ließen. Mein Großvater äußerte sich in seinen Schriften sehr kritisch gegenüber dem Darwinismus. Er war der Meinung, dass Darwins praktische Arbeit zwar faszinierend, aber doch sehr eindimensional gewesen ist. Für ihn waren Thesen wie der Kampf ums Überleben oder das Überleben des Tüchtigsten Spielereien und keine Wissenschaft. Ich habe meinen Vater oft gefragt, wo denn Großvaters umfassende Alternative zum Darwinismus war. Er hat mir geantwortet, dass Großvater eingestand, eine solche nicht zu haben. Aber nur dass man etwas nicht weiß – und, wie er meinte, wahrscheinlich nicht wissen kann –, ist kein

Grund, eine nicht stichhaltige Theorie als erwiesene Wirklichkeit zu propagieren.«

Und so wirken die Einflüsse des Großvaters bis in die heutige Arbeit des Enkels: »Wie er stelle ich Dogmen infrage!« Geschlossene Weltbilder empfindet er als entscheidendes Problem, eine ganzheitliche Betrachtungsweise hält er für längst überfällig.

In den 1970er-Jahren ficht Jakob von Uexküll die intellektuelle Erblast kaum an. Er reist durch die ganze Welt, handelt mit seinen Briefmarken, schreibt ab und zu einen Artikel für die *Neue Politik*, versucht sich als Dolmetscher bei großen politischen Konferenzen der UNO und wundert sich, dass die interessanteren Menschen auf den kleineren Konkurrenzkonferenzen die interessanteren Themen diskutieren. Er verfügt weder über eine richtige Basis noch über einen Laden, in dem er seine Briefmarken hortet. Sie hat er in den Tresoren verschiedener Banken untergebracht, während er selbst ein freies Vagabundendasein zelebriert und viele Jahre aus dem Koffer lebt. Wenn er in Hamburg ist, übernachtet er im Haus seiner Eltern. Mal schlägt er kurzfristig seine Zelte in der Karibik auf. Dann ist er wieder wochenlang in Wiesbaden bei Heinrich Köhler, dem ältesten Briefmarkenauktionshaus Deutschlands, um Expertise zu betreiben und Texte für die Exponate zu verfassen. In Spanien, Italien und der Schweiz ist er mehrere Monate mit dem berühmten Beatles-Guru Maharishi Mahesh Yogi zusammen, um für ihn und die von ihm propagierte Transzendentale Meditation die Pressearbeit zu organisieren. Von 1974 bis 1982 lebt Uexküll auf der Isle of Man in der irischen See, weil er so ein Faible für Inseln hat. Als Journalist, sagt er, bekommt man auf Inseln unmittelbares Feedback auf die eigenen Artikel, weil man seine Leser oft am nächsten Tag in der Stadt trifft.

Einen weltweiten Namen macht sich Jakob von Uexküll

mit der Erfindung des Right Livelihood Awards, des Alternativen Nobelpreises. »Offensichtlich ist das, was zur Rettung der Erde getan wird, nicht genug, sonst würden die Probleme nicht wachsen«, denkt er sich Ende der 1970er. »Als Generalist habe ich immer nach Lücken gesucht. Was fehlt noch? Wo brauchen wir neue Ansätze? So kam ich auf den Preis. Ich wollte als Katalysator dafür sorgen, dass die Leute, die Lösungen anzubieten haben, bekannter werden und mehr Anerkennung bekommen, damit ihnen ihre Arbeit anschließend leichterfällt und eine größere Wirkung hat. Dann hätte ich etwas Sinnvolles zustande gebracht.«

Da ist aber noch einen weiterer Grund für seine Motivation: Die Nobelpreis-Stiftung hatte sich 1969 entschieden, neben den Preisen für die 1895 von Alfred Nobel ausgewählten Bereiche (Physik, Chemie, Medizin, Literatur und Politik/Frieden) einen weiteren Preis für bahnbrechende Erkenntnisse zum Wohl der Menschheit auszuloben, den Nobelpreis fur Wirtschaftswissenschaften – gestiftet von der Schwedischen Reichsbank zum 300-jährigen Bestehen des Geldinstituts. Jakob von Uexküll ist der Meinung, dass es dann mindestens einen weiteren Preis geben müsse, einen für Ökologie und menschliche Entwicklung. Wenn schon die Meister des Mammons massenwirksam ausgezeichnet werden, dann doch bitte auch diejenigen, die jeden Tag für eine bessere Welt kämpfen, sich für den Umweltschutz einsetzen, für Menschenrechte, für die Bekämpfung von Armut und für den Verbraucherschutz, Menschen, deren Erfindungen wirksam sind im Kampf für eine in Nachhaltigkeit lebende Weltgemeinschaft. Zwar beschäftigt sich der Nobelpreis in den bisherigen Kategorien auch mit Lösungen für die Zukunft, doch, so die Kritik Uexkülls, sei der Blickwinkel der Stiftung ein sehr westlicher und fortschrittsgläubiger und entspreche nicht mehr der Forderung Nobels, diejenigen zu ehren, die der Menschheit den größten Nutzen gebracht haben.

Jakob von Uexküll schlägt der Nobelstiftung seine Idee vor und lockt damit, dass er selbst durch den Verkauf großer Bestände seiner Briefmarken eine Million Dollar Anstoßfinanzierung für die Preisgelder geben würde. Auf einer Vorstandssitzung werden Idee und Angebot abgelehnt. Man wolle keine weiteren Preiskategorien hinzufügen. »Dieses Signal machte mir sofort klar, dass ich die Sache in die Hand nehmen musste, dass ich selbst nun gefordert bin«, sagt Uexküll. »Es reicht nicht, nur Visionen oder Ideen zu haben. Manchmal muss man sie auch persönlich umsetzen.«

Als Uexkülls Eltern erfahren, dass ihr Sohn nach dieser Pleite frech genug ist, mit einer eigenen Veranstaltung dem altehrwürdigen Nobelpreis, einem schwedischen Heiligtum, Konkurrenz machen zu wollen, sind sie geschockt. Auch die schwedischen Medien reagieren skeptisch. Seriöse Blätter diskutieren ernsthaft, ob Uexkülls Right Livelihood Award ein Kalter-Kriegs-Komplott von KGB oder CIA gegen den offiziellen Nobelpreis sei.

Den Briefmarkenhändler Uexküll schert das wenig. Er beginnt 1980 ganz klein. Die erste Verleihung findet im Konferenzraum einer Stockholmer Reederei statt. Ausgezeichnet werden zwei Männer, die Uexküll auf seinen Reisen kennengelernt hat: Hassan Fathy und Stephen Gaskin.

Der ägyptische Architekt will nicht länger tolerieren, dass den Armen seines Landes die Neugeborenen wegsterben, weil in den Wellblechhütten, in denen sie leben, irrsinnige Temperaturschwankungen herrschen. Sein Aufruf: Lasst uns die traditionelle nordafrikanische Lehmbauweise – kühlend am Tag, wärmend in der Nacht – nicht einfach aufgeben und durch eine zweifelhafte Modernität ersetzen. Lasst uns vielmehr das Alte ins Heute holen und mittels neuer Erkenntnisse hinsichtlich Ventilation, Physik und Erdchemie verbessern.

Der amerikanische Althippie Gaskin erhält den anderen

Debütpreis für sein soziales Engagement. Gaskin fuhr in einer Karawane durch die Vereinigten Staaten, um sich in Tennessee in einer New-Age-Kommune niederzulassen. Er gründete die Hilfsorganisation Plenty International. Sein Slogan: »Wir sind zwar nach westlichem Gesellschaftsbild arm, aber unser Leben ist spirituell sehr reich.« So reich, dass Gaskin und seine Leute es schaffen, mit 100 Freiwilligen eigene Projekte zu starten. Sie helfen Erdbebenopfern in Guatemala, verbessern die medizinische Versorgung im New Yorker Stadtteil Bronx und gründen eine kostenfreie Klinik für Flüchtlinge aus Mittelamerika.

Trotz erster Irritationen wird Jakob von Uexkülls Veranstaltung schnell internationale Aufmerksamkeit zuteil. Im dritten Jahr wechselt er ins Stockholmer Kulturhaus, seit dem sechsten Jahr darf er dank des Einsatzes der Abgeordneten Birgitta Hambraeus und der Zustimmung sämtlicher Fraktionen seinen Preis im schwedischen Parlament verleihen. An die 1000 Visionäre wurden bis heute nominiert, weit über 100 ausgezeichnet. Sie profitieren nicht bloß von dem ausgelobten Geldbetrag. Die größere Bekanntheit führt auch zu neuen Spenden, leichterer Durchsetzung von Entscheidungen und größerem Einfluss auf nationale Entwicklungsprozesse.

100 neue Vorschläge gehen inzwischen jährlich beim Right Livelihood Award ein. »Natürlich kann man sich fragen, warum es nicht 10 000 Einreichungen sind«, sagt Uexküll. »Aber die Leute wissen mittlerweile, dass die Vorschläge zum einen eine gewisse Reife erlangt haben und zum anderen auf einer internationalen Ebene angekommen sein müssen. Bei allem Respekt für die vielen Local Heroes.«

Jakob von Uexküll beeindruckt mit seiner innovativen Preisverleihung. Besonders natürlich bei den ebenfalls 1980 in Deutschland gegründeten und von der Friedensaktivistin Petra Kelly angeführten Grünen. Sie erhält den Alternativen

Nobelpreis 1982 und bittet von Uexküll, bei den Europawahlen 1984 über eine offene Liste für die Grünen zu kandidieren. Die Ökopartei sucht neue Querdenker und Charakterköpfe, um zu zeigen, welches breite Spektrum sie abdeckt. »Ich empfand Faszination für das Europaparlament«, sagt Uexküll. »Allein vor dem Hintergrund, dass mein Vater von den Nazis bedroht wurde und von Berlin nach Schweden fliehen musste. Ich bin immer wieder beeindruckt davon, dass es dieses friedliche Europa heute gibt.« Damals kann sich der Globetrotter nicht vorstellen, für ein nationales Parlament zu kandidieren. Das Europaparlament scheint da eher zu ihm und seinem Selbstverständnis als Weltbürger zu passen.

In Karlsruhe präsentiert sich Jakob von Uexküll auf dem Grünen-Parteitag. Einige kennen ihn bereits. Auf dem Gründungsparteitag der Grünen am 13. Januar 1980, der ebenfalls in Karlsruhe stattfand, hatte er eine achtseitige Flugschrift verteilt, die starke Thesen und krachende Appelle enthielt. Er betitelte sie mit »Die grüne Alternative: Die Utopie erobern!« Der Text begann so: »Sind wir uns der Dringlichkeit unserer Aufgabe bewusst, Alternativen zu schaffen, die nach dem Zusammenbruch der Technobürokratie und des materialistischen Heilsbildes genug Glaubwürdigkeit besitzen werden, um den desillusionierten Massen Wege aus dem Chaos zeigen zu können?« Uexkülls verbaler Parforceritt scheint auch noch im Jahr 2010 seine Berechtigung zu haben. »Die Grünen können nur erfolgreich sein als breit gefächerte antimaterialistische Befreiungsbewegung, die genauso wenig in dem alten Parteispektrum Platz findet, wie sich nationale Befreiungsbewegungen in das politische Spektrum des Mutterlandes einfügen ließen«, schreibt er. Später im Text heißt es: »Die dröhnende Propagandamaschine der Konsumgesellschaft darf uns nicht zu dem Trugschluss verleiten, wir hätten noch viel Zeit und würden allmählich in eine menschlichere Gesellschaft hinübergleiten.« Und weiter warnend: »Das spirituell-utopische Reich muss von uns gehalten werden, denn das Vakuum nach dem Zusammenbruch der materialistischen Heilslehre wird sich so oder so füllen. Wenn sich die Grünen lediglich als ökologisch-politische und nicht auch als weltanschauliche Alternative verstehen und handeln, dann ist die Gefahr eines neuen Faschismus sehr real.« Worte mit Donnerhall.

Knapp vier Jahre später spürt Uexküll den Frust des tief gespaltenen Plenums, weil er weder in das Lager der Realos noch in das der Fundis einzuordnen ist. »Was die faktische Problemanalyse angeht, war und bin ich ein Fundi. Ich kenne genügend Fakten, die meine Sicht der Dinge wahrscheinlich noch fundamentaler machten als die der Fundis. In der Praxis bin ich aber eher ein Realo, weil ich jeden auch noch so kleinen Schritt in die richtige Richtung begrüße.« Uexküll kann genügend Mitglieder hinter sich versammeln, kommt auf die Liste und wird wenig später tatsächlich ins Europaparlament gewählt, wo er zuerst als Assistent arbeitet und nach Ablauf der halben Legislaturperiode aufgrund des damals von den Grünen praktizierten Rotationsprinzips Abgeordneter wird.

Anfang 1989 reist der Abgeordnete Uexküll in die baltische Heimat seiner Ahnen. Er war im Europaparlament einer baltischen Interessengruppe beigetreten, die von dem europaverbundenen Otto von Habsburg unterstützt wird. Die alten Grenzen zum Ostblock fallen. Daher will die Delegation rechtzeitig Kontakte zu den politischen Reformkräften in Estland, Lettland und Litauen aufbauen und gleichzeitig ein ordentliches Verhältnis zwischen Europaparlament und oberstem Sowjet herstellen.

Es werden unzählige Gespräche geführt. Das für Uexküll persönlich interessanteste ist eines der letzten in Tallinn. Nach dem offiziellen Teil dreht sich der Präsident Sowjet-

Estlands zu ihm um und fängt an, über die Geschichte der Familie Uexküll zu erzählen, über eine halbe Stunde lang. Uexküll ist erstaunt. Woher er das alles wisse, fragt er ihn. »Ihre Familiengeschichte ist auch die Geschichte meines Landes«, antwortet der Präsident.

Einerseits fühlt sich Uexküll durch die Reise sehr mit dem Land verbunden, andererseits merkt er, dass das alte und das neue Estland nur schwer in Einklang zu bringen sein werden. Einer wie er zögert da nicht lange. Er weiß, wie einflussreich sein Familienname noch ist. Er könnte also in der Lage sein, einer zu schnellen Verwestlichung Estlands etwas entgegenzusetzen. Die Lösung: eine weitere Auszeichnung! Er weiß ja um die Wirksamkeit von Preisen. 1992 begründet Uexküll den estnischen Renaissance-Preis, dem eine estnische Jury vorsitzt, um estnische Lösungen für estnische Probleme nach vorn zu bringen. Das Hauptaugenmerk gilt dem eigenen Kulturgut des von Russland annektierten und durch die Singende Revolution friedvoll befreiten Landes. Beispielsweise werden die Gesangsvereine auf dem Land wieder gefördert – das Absingen regionaler Heimatlieder stand unter sowjetischer Herrschaft unter Strafe – und die Macher historischer Kalender über Estland ausgezeichnet. Nach fünf Jahren gibt Jakob von Uexküll den Preis komplett in die Hände der Esten. Zu viel Arbeit macht schon sein erster Preis in Stockholm.

Doch das nächste Engagement lässt nicht lange auf sich warten. Als 1995 während des Bosnien-Krieges die ersten Wahlen zum Europaparlament in seiner schwedischen Heimat anstehen, sieht Jakob von Uexküll eine Gelegenheit, den bosnischen Angriffsopfern zu helfen. Er initiiert die Gründung einer neuen Partei, nennt sie die »Sarajevo-Liste«. Innerhalb weniger Tage müssen Tausende von Unterschriften her, damit die Partei zur Wahl zugelassen wird. Die mit Uexküll befreundete Bibi Andersson, eine wunderschöne schwedische Starschauspielerin der 1950er- bis 1970er-Jahre, sowie viele andere Künstler des Landes erledigen die Aufgabe in der Fußgängerzone von Stockholm souverän in wenigen Stunden. »Es ging uns um Gerechtigkeit für Bosnien«, sagt Uexküll. »Wir haben damit den Wahlkampf aufgemischt und kamen immerhin auf ein Prozent der Stimmen, was ausreichte, um unsere Ausgaben erstattet zu bekommen.«

Der Effekt in Presse und Bevölkerung ist symptomatisch für die gärende Politikverdrossenheit. Nicht nur, dass die nationalen Medien die Partei annähernd totschweigen. Viele Künstler, die mit ihrem Namen für den Frieden eintreten, bekommen von den Chefredakteuren und Reportern zu hören, man könne jetzt keine Beiträge mehr von ihnen bringen, weil sie Parteipolitiker seien. Das Gleiche passiert einem prominenten Historiker, der Zeit und Geld in die Einpunktpartei investiert hatte. Er wird auf der Straße von Passanten angesprochen und mit dem Kommentar abgekanzelt, man habe ihn ja bisher bewundert. Bisher. Diese Verachtung gegenüber Menschen, die sich völlig uneigennützig politisch engagieren, in einem Land wie Schweden schockiert Uexküll.

Dennoch, oder gerade deshalb, wird der Gelegenheitspolitiker bis heute nicht müde aufzufordern: »Geht in die etablierten Parteien oder gründet eigene! Man kann jede Partei beeinflussen. Es ist nicht sehr schwierig, sich vor Ort an politischen Versammlungen zu beteiligen. Wir alle müssen mehr politische Verantwortung übernehmen. Weil die Politik nun einmal die Rahmenbedingungen darüber aufstellt, was geschützt wird, was gefördert wird oder in welche Richtung sich der Markt entwickelt. Wenn man sagt, man kann sowieso nichts verändern, akzeptiert man den Status quo.«

Jakob von Uexküll lebt seit 1986 in London. Den Ort wählte er nicht nach Glamourfaktor oder aus rein kulturellen Gründen. London ist für den Vielreisenden einfach das beste Drehkreuz. 1985 trifft er dort auf seine zukünftige

Frau, eine Tänzerin und Lehrerin für Englisch und Religion. Mit ihr bekommt er drei Kinder. Das Tagesgeschäft für den Alternativen Nobelpreis gibt Jakob von Uexküll in die Hände seines Neffen Ole. Kein Rückzug – Uexküll sitzt noch immer in der Jury –, sondern eine Entlastung. Denn seit 2004 erfüllt ihn ein weiteres, vielleicht sogar sein größtes Lebenswerk: der World Future Council (WFC), ein Weltzukunftsrat aus weisen und progressiven Denkern, die keinen weiteren Debattierclub bilden, sondern ganz gezielt und konkret in die Weltpolitik eingreifen sollen. Zwar verfolgt Uexküll dieses Projekt schon länger, doch es ist die fast beiläufige Erwähnung in einem Radiointerview des Südwestfunks Baden-Baden, die Bewegung in die Sache bringt. Der Sender zeigt Interesse, die künftigen Tagungen des Weltzukunftsrats im Fernsehen zu übertragen, woraufhin Uexküll dankend abwinkt. Er habe mit einem anderen unterfinanzierten Projekt, dem Alternativen Nobelpreis, schon genug zu tun. Die Leute vom Sender lassen jedoch nicht locker, vermitteln Uexküll an den Stifter Karl Konrad Graf von der Groeben, der 200 000 Euro spendet und so die ersten Schritte des neuen Rates ermöglicht.

»Der erschreckende Bericht des Club of Rome zur Lage der Erde wurde 1972 veröffentlicht. Unter dem Titel ›Die Grenzen des Wachstums‹ hat er damals schon sehr deutlich gewarnt, wohin unsere Lebensweise führen wird. Heute zeigt sich, dass er überwiegend recht hatte – oder noch zu optimistisch war. Diese Zeit, mehr als 30 Jahre, haben wir größtenteils verplempert. Deshalb müssen wir uns heute umso mehr beeilen.«

Letztendlich ist es die pure Wut, die Jakob von Uexküll ein weiteres Mal aktiv werden lässt. Warum tut sich hier eigentlich so wenig, obwohl die Gefahrenlage seit Jahrzehnten klar ist? Warum werden die großen Probleme der Menschheit nicht angegangen, obwohl seit Jahrzehnten Lösungen bekannt sind? Warum verharren die Regierungen in einer Politik der kleinen Schritte, obwohl gewaltige Anstrengungen unternommen werden müssten?

Die größte Gefahr zu Beginn des dritten Jahrtausends: Der Treibhauseffekt und der damit verbundene Meeresspiegelanstieg schreiten ungebremst voran. Jakob von Uexküll verdeutlicht das Phänomen bei Vorträgen und in Publikationen gerne am Beispiel Floridas. Nach den positiven (!) Prognosen verändere sich der Küstenverlauf Floridas, und die Landmasse im Südosten der USA verkleinere sich erheblich. Nach den negativen Prognosen verschwände Florida völlig von der Landkarte. Ganz zu schweigen von den dicht besiedelten und nur knapp oberhalb des Meeresspiegels liegenden Regionen Asiens. 0,7 Grad Celsius beträgt der Temperaturanstieg auf der Erde in den letzten 100 Jahren. Die Klimaforscher der UNO halten einen weiteren Anstieg um bis zu 6,4 Grad Celsius bis zum Jahr 2100 für möglich.

Der derart rasant fortschreitende Klimawandel – nur einer der Gradmesser des irdischen Niedergangs – ist eng mit der auf materielles Wachstum getrimmten Globalisierung verknüpft. Die Debatten über eine natürliche, sonnenbedingte Erderwärmung geben laut Uexküll nur einen Teil der Wahrheit wider. Es sei die übernatürliche und menschengemachte Zunahme der globalen Temperatur, die ein sofortiges Umdenken erfordert. »Alle Lebensbereiche werden zunehmend ökonomisch gesteuert«, schreibt Uexküll in seinem Buch *Das sind wir unsern Kindern schuldig.* »Die Demokratie regelt immer weniger, denn hinter den politischen Beschlüssen stehen die Kosten-Nutzen-Analysen von Ökonomen.« Uexküll berichtet von Studien, die belegen, dass in den letzten 20 bis 30 Jahren eine kleine Gruppe von US-Milliardären eine Milliarde Dollar investiert habe, um die Karrieren von Entscheidungsträgern in Politik und Medien zu fördern, damit diese das verheerende ökonomische Modell der neoliberalen Globalisierung kritiklos propagieren und umsetzen helfen.

Gegen diese Karriereförderung geht nun der Weltzukunftsrat in Stellung. Nach der Anschubfinanzierung kann Jakob von Uexküll die Stadt Hamburg, den Hamburger Unternehmer Michael Otto und die Hamburger Familie Rickmers als ständige Unterstützer gewinnen. Dennoch bleibt die finanzielle Lage für diese gewaltige Mission unzureichend. »Ich war davon ausgegangen, es wäre leichter, für ein so ambitioniertes Projekt Spenden zu erhalten. Aber das Thema in seiner ganzen Komplexität ist vielen Menschen auf Anhieb nicht so verständlich wie beispielsweise der Artenschutz. Wir wollen gesetzliche Regeln verbessern sowie politische und wirtschaftliche Institutionen in ihrer Grundstruktur nachhaltig verändern. Diese Notwendigkeit wird von vielen potenziellen Spendern nicht begriffen. Martin Luther King sagte einmal: ›Gesetze bewegen nicht das Herz, aber sie begrenzen die Macht der Herzlosen.‹«

Der World Future Council wird seit 2007 von Hamburg aus koordiniert. Fast 50 Vordenker aus aller Welt und verschiedenen Disziplinen gehören dem Rat an: die indische Umweltschützerin und Bürgerrechtlerin Vandana Shiva, Rae Kwon Chung, Direktor der Umwelt- und Nachhaltigkeitsabteilung bei der UNO, die Konfliktschlichterin Scilla Elworthy, der Nachhaltigkeitsprofessor Ernst Ulrich von Weizsäcker, Pauline Tangiora, Maori-Älteste des neuseeländischen Rongomaiwahine-Stamms, oder Nicholas Dunlop, Mitbegründer des e-Parlaments, das alle demokratisch gewählten nationalen Abgeordneten, 25 000 weltweit, via Internet vernetzen und Zugang zu sämtlichen neuen und nachhaltig funktionierenden Gesetzen ermöglichen will.

»Ich habe während meiner Zeit im Europaparlament verstanden, wie Politik funktioniert«, sagt Jakob von Uexküll. »Man verlangt von Politikern meist viel zu viel. Man muss

Foto: Right Livelihood Award Foundation

Auftakt für den Alternativen Nobelpreis 1980: Jakob von Uexküll mit den ersten Preisträgern Stephen Gaskin und Hassan Fathy.

aufpassen, dass man sie nicht überfordert, sondern ihnen im Gegenteil eine Dienstleistung anbietet, die ihre Arbeit vereinfacht. Das macht das e-Parlament.«

Durch die Vernetzung politischer Entscheidungsträger und die Vorbildfunktion bereits erprobter Gesetze kam es bereits zu Erfolgen im Bereich der Verwendung regenerativer Energien. Das Energieeinspeisegesetz in Südafrika wurde durch die Initiativkraft von World Future Council und e-Parlament verbessert, genauso wie das in Australien, Großbritannien oder auf Hawaii. »Wir leisten die Grundarbeit. Es gibt eine Internetseite, auf der Politiker erfahren, wie sie das beste, effektivste und modernste Energieeinspeisegesetz für ihr Land zusammenstellen können. Das weiten wir jetzt auf andere Gesetze aus.«

Foto: Right Livelihood Award Foundation

Jakob von Uexküll mit den Gewinnern aus dem Jahr 2008: Asha Hagi, Monika Hauser, Krishnammal Jagannathan und Amy Goodman.

Das, was Jakob von Uexküll mit seinem Weltzukunftsrat vorantreibt, ist nichts anderes als der positive Gegenentwurf zum aggressiven Wirtschaftslobbyismus, der die letzten Jahrzehnte geprägt, die Politik unterwandert, das komplette Leben kommerzialisiert, die Kluft zwischen Arm und Reich dramatisch erweitert und die Welt an den Rand des Abgrunds gebracht hat. Seit 2008 prüft die vom World Future Council speziell zusammengestellte »Expertenkommission Zukunftsgerechtigkeit« deshalb zusätzlich die aktuelle Gesetzgebung und politische Entscheidungen hinsichtlich ihrer Effekte auf zukünftige Generationen, um die Gründe für die globale Krise bei der Wurzel zu packen und aus einem asozialen Denken entstandene Gesetze öffentlich zu kriminalisieren.

»Man braucht Koordinierungskraft und eine gewisse Frechheit, damit die Pferdedroschkenhersteller von heute nicht die Oberhand behalten«, spottet Uexküll. »Das Hauptproblem ist weiterhin, dass die Besitzstandswahrer viel besser und länger organisiert, koordiniert und finanziert sind. Die Progressiven haben sich viele Jahre damit begnügt, Opfer, Antworten und Studien zu unterstützen. Man hatte Angst vor der politischen Konfrontation. Wir müssen jetzt viel konfrontativer werden und eine Zukunftslobby aufbauen.«

So fordert Jakob von Uexküll für Menschen, Behörden und Unternehmen, die gegen Naturgesetze verstoßen, eine eindeutige Drohkulisse durch Prozesse vor dem Internationalen Strafgerichtshof in Den Haag. »Es gibt klar zukunftsverbauende Strategien in Wirtschaft und Politik, die verhindert werden müssen. Und manchmal ist die Drohung mit dem Richter genug, damit die Leute sich ändern. Das hat tabuisierende Wirkung.«

Außerdem fordert Uexküll den Erlass von Notstandsgesetzen, die bisher nur bei Kriegen, Unruhen oder lokalen Katastrophen ausgerufen wurden. Die neuen Notstandsgesetze wären ökologischer und humanitärer Art. Man müsste sicherstellen, dass naturgesetzlich notwendige Reformen nicht länger durch zweitrangige Anliegen blockiert würden. Was die Politik benötigte, sei ein neues Verständnis von Risiko- und Gefahrenhierarchien.

»Mich interessiert nicht, was bis 2050 erreicht werden soll. Dafür kann von den heutigen Politikern niemand zur Rechenschaft gezogen werden«, sagt Uexküll. »Mich interessieren die Jahre 2010 bis 2015. Ich bin ein Visionär, ja, aber Visionen brauchen praktische Fahrpläne.« Genau auf diese zeitliche Dimension seiner Arbeit hat er bei einem Zukunftsseminar des Mineralölkonzerns Shell noch einmal in aller Deutlichkeit hingewiesen. Dort bekam er mit, wie die

Vorstände kaum etwas gegen die ungemütliche 2050-Energieprognose einzuwenden hatten, die ihnen ihre Mitarbeiter berechneten und vorlegten. Uexküll machte ihnen jedoch klar, was diese ferne Szenerie schon jetzt für ihr unternehmerisches Handeln bedeuten würde. Plötzlich war das Papier viel zu radikal. »Der erste drastische Schritt muss nun einmal der massive Ausbau der erneuerbaren Energien sein«, sagt Uexküll.

Aber selbst auf diesem hoffnungsvollen Terrain sind längst noch nicht alle Weichen gestellt, wie ein Beispiel sehr anschaulich zeigt. So prognostizieren Wissenschaftler – etwa vom Fraunhofer-Institut für System- und Innovationsforschung in Karlsruhe – baldige Engpässe bei der Produktion zukunftsträchtiger Technologien. Es gibt dringenden Forschungsbedarf für den Ersatz seltener, aber besonders intelligenter Metalle wie Gallium, Indium oder Neodym. Sie lassen neue Rohstoffkämpfe entstehen, da sie bei der Herstellung von Solar- oder Brennstoffzellen, Turbinen- oder Kommunikationstechnik bisher dringend benötigt werden. China beispielsweise beherrscht den Neodym-Markt, bietet 97 Prozent des Rohstoffs an, der für Elektromotoren unverzichtbar ist, und kann daher diesen Markt diktieren.

Rutschen wir also nur von einem Wettrennen (ums Öl) in ein nächstes? Einige Experten sehen aufgrund der Metallknappheit sogar den gesamten technischen Fortschritt auf der Kippe. Daher verweist Jakob von Uexküll auch auf die sogenannten Grenzwissenschaften, die jenseits des Mainstreams regelmäßig neue Erkenntnisse liefern, etwa über die Möglichkeiten der Raumenergietechnik, die unabhängig vom Einsatz begrenzter Rohstoffe funktionieren könnte (siehe auch das Kapitel über Adolf und Inge Schneider). Diese Forschung, so Uexküll, müsse dringend beschleunigt werden.

Vielleicht werden bald in Malaysia Antworten auf die letzten offenen Fragen gefunden. In enger Kooperation mit der Universität Penang wurde dort im Januar 2009 das Right Livelihood College gegründet, um künftigen Studentengenerationen das kostbare Wissen der Preisträger des Alternativen Nobelpreises zu vermitteln und sie damit zu inspirieren. »Ein Problem ist, dass die jungen Eliten der unterentwickelten Länder noch in dem alten Wachstumsglauben erzogen wurden«, sagt Uexküll. »Die buddhistischen Werte werden zum Beispiel in Thailand nur noch in der Grundschule gelehrt, an der Uni spielen sie keine Rolle mehr.«

Genau wie Uexküll immer wieder betont, dass er ein Generalist sei, unterstreicht er regelmäßig, dass er weder Optimist oder Pessimist sei, sondern Possibilist. Also einer, der das angeht, was möglich erscheint. Und möglich, da ist er sich sicher, ist viel mehr als das, was bisher zur Entfaltung kommt. Große historische Beispiele wie das Ende der Sklaverei in den USA, die Abschaffung der Apartheid in Südafrika oder die Einführung des Frauenwahlrechts geben ihm Hoffnung für seine Anstrengungen. Denn immer dann, wenn politisch oder wirtschaftlich akzeptierte oder installierte Weltanschauungen von einer wachsenden Gegenbewegung infrage gestellt und dadurch zu moralisch-emotionalen Themen transformiert wurden, wurde auch ein Umsturz des Systems möglich. Und der kam oft viel schneller als erwartet.

Foto: Martin Häusler

BIBI RUSSELL

Designern aus Dhaka, Bangladesch,
geboren 1950 in Chittagong, Bangladesch

Armut lässt sich nicht mit Spenden bekämpfen, sondern durch würdevolle Arbeit – Wie ein Topmodel in seine Heimat zurückkehrt und mit aufopferungsvollem Engagement die Landbevölkerung wieder an ihr reiches kulturelles Erbe erinnert

Auf einem kleinen Flughafen in Südindien wird Bibi Russell ihr unermüdlicher Einsatz zum Verhängnis. Sie ist mal wieder auf einer eng terminierten Rundreise durch verschiedene Dörfer, um die von ihr initiierten Modeprojekte auf dem Land voranzutreiben. Es geht um nichts weniger als ihr Lebenswerk. Bibi Russell ist völlig übermüdet. Sie schläft nachts in der Regel nicht länger als drei Stunden, weil sie der Meinung ist, dass jede Minute zählt. Und so stürzt Russell durch eine Unachtsamkeit die Stufen der Gangway hinab bis aufs Rollfeld. Sie rappelt sich auf, und als sie sich mit der linken Hand abstützen will, spürt sie einen höllischen Schmerz. Es dauert nicht lange, bis ihr schlanker Unterarm bedrohlich anschwillt. Die erste Versorgung ist nur notdürftig. Ein Arzt diagnostiziert zwar einen Bruch, aber statt einer Operation, die Schlimmeres verhindert hätte, bekommt Russell nur einen Verband angelegt.

Erst anderthalb Monate später wird sie geröntgt. Ein Spezialist in Japan sagt ihr, dass die komplizierte Fraktur auf jeden Fall operiert werden müsse. Russell will wissen, was das für sie bedeuten würde, und bekommt zu hören, dass sie dann wohl ein Jahr lang ihre Hand nicht benutzen könne. Damit ist die Entscheidung klar: Dem kann sie nicht zustimmen. Wie soll sie so den Tausenden von Menschen helfen, die Tag für Tag als Teil des schier übermenschlichen Russell-Projekts »Fashion for Development« Fäden spinnen, Garn färben, Stoffe weben, um daraus schließlich Kleidung zu nähen?

Was tut Russell also? Sie sagt nicht bloß die Operation ab. Sie gibt das Geld, das sie dafür von ihrer Mutter bekommen hat, einem Arbeiter aus einem Dorf nordwestlich von Dhaka, der Hauptstadt Bangladeschs. Er muss dringend am Herzen operiert werden. »Ich dachte, ich kann mit einer Hand weiterleben«, sagt sie, »er ohne Herz aber nicht.« Er wird gerettet und arbeitet jetzt wieder an einem der Webstühle.

Dass Bibi Russell ihre Heimat Bangladesch verlässt, kommt relativ selten vor. Ist sie einmal ein paar Tage weg, fühlt sie sich, als würde sie ihre Leute im Stich lassen. Aber sie macht Ausnahmen, zu denen sie meist auch noch überredet werden muss. Meist soll sie dann für ihr Engagement geehrt werden, Preise entgegennehmen oder auf Podien über ihre außergewöhnliche Arbeit sprechen. Wie beim World Culture Forum im Oktober 2009 in Dresden, wo sie, anderthalb Jahre nach ihrem bösen Sturz in Indien noch immer mit einer Manschette auftritt, die ihren lädierten Arm und die Hand schützt. Ihr Arzt, sagt sie, hätte ihr den Rat gegeben, keine Flaschen mehr zu öffnen. Diese Bewegung würde ihrem Unterarm nicht gut bekommen. Seit sechs Monaten müssen das jetzt andere für sie tun.

Checkt sie tatsächlich mal in einem Hotel im Ausland ein, bittet sie an der Rezeption immer um einen Weckruf. Sie würde sonst den ganzen Tag durchschlafen. Zu müde ist sie, und zu ungewohnt erscheint inzwischen der Tagestakt im Westen. In Bangladesch passt sie sich dem Rhythmus der Dorfbevölkerung an. Der richtet sich nach Sonnenaufgang und Sonnenuntergang. Wobei sich Bibi Russell noch nicht einmal daran hält. So wunderte sich jüngst ihr Augenarzt, warum ihre Sehschwäche so zugenommen habe. Wahrscheinlich deswegen, weil sie der Sonnenuntergang nicht schert und sie im Zwielicht weiterarbeitet. »Ich möchte sehr nah bei den Leuten sein«, sagt sie. »Ich will nicht länger als zehn Minuten brauchen, um zu ihnen zu kommen, und auch nicht länger schlafen als sie, damit sie nicht auf mich warten müssen.«

Mehreren Zehntausend Menschen hat Bibi Russell wieder eine Perspektive geben können. Menschen, die in tiefster Armut steckten und sich abgefunden hatten mit ihrer Verliererrolle im großen Spiel der Globalisierung und den sporadischen Spendengeldern aus dem Ausland. Bibi Russell erinnerte sie an ihr reiches kulturelles Erbe, das durch die Fremdbestimmung während der britischen Kolonialzeit, die Industrialisierung und den ungerechten Weltmarkt in Vergessenheit geraten war, und hat sie aus ihrer lethargischen Hoffnungslosigkeit gerissen. »Es geht mir darum, den Leuten klarzumachen, dass Armut keine unheilbare Krankheit ist. Man wird damit nicht geboren und muss nicht daran sterben. Ich sage ihnen, dass sie ihre Hände nicht aufhalten und auf Almosen warten sollen, sondern der Welt zeigen müssen, was sie mit ihren magischen Fingern zu leisten imstande sind«, erklärt Bibi Russell ihr Credo. »Benutzt eure Hände, und ihr werdet langsam aus der Armut herauskommen!«

Diese Hände machen Mode, beherrschen jeden Schritt, der notwendig ist, um aus Baumwollfasern Stoffe für ein farbenprächtiges Kleid zu fertigen. Die Dorfjugend, die Dorfältesten, ganze Familien beteiligen sich wieder an der Herstellung der einst so berühmten und begehrten Textilien aus Bengalen. Sämtliche Generationen sitzen vor ihren Hütten, mitten auf den staubigen Plätzen oder unter großen, Schatten spendenden Bäumen und arbeiten an Spinnrädern, Webrahmen und meterlangen Stoffbahnen. Diese neue Betriebsamkeit ist allein Bibi Russell zu verdanken. Sie stellt den Dörfern die Infrastruktur und ihr Wissen zur Verfügung und kauft ihnen nachher auch noch die Stoffe ab, aus denen sie dann ebenfalls in Bangladesch für den Weltmarkt Kleider und Blusen, Hosen und Hemden, Schals und Taschen nach ihren Entwürfen anfertigen lässt.

Russell belebt eine Handwerkskunst wieder, die im ersten Jahrhundert vor Christi Geburt erwuchs und im 18. Jahrhundert in Bengalen in voller Blüte stand. Das Stadtbild Dhakas wurde dominiert von Hunderten von Webern, die mit speziellen Materialien, Techniken, Farben und Mustern Kleidung für die heimische Bevölkerung wie für Händler und Herrscher aus aller Welt produzierten. Woche für Woche wurden unzählige Ballen der hochwertigen und zum Teil hauchdünnen Baumwollstoffe Muslin oder Jamdani mit Schiffen und Kutschen ins Ausland exportiert. Der Niedergang dieser Handwerkskunst begann Mitte des 19. Jahrhunderts, als die Engländer mit der industriellen Revolution elektrische Spinn-, Web- und Nähmaschinen sowie billigeres Garn ins Land brachten. Dabei ist gerade das Garn der größte Qualitätsfaktor für die Stoffe aus Bengalen. Es wurde damals idealerweise am frühen Morgen hergestellt, wenn die Luft die größte Feuchtigkeit enthält. Als Werkzeuge brauchten die Arbeiter und Arbeiterinnen nicht viel mehr als einen Bambuskorb, Muscheln und ein Gefäß aus Stein. Sie stärkten das Garn mit Gerste oder Reis. Sie färbten es mit Blüten oder Blättern von Rankgewächsen, die ihnen durch die monsunbedingten sechs Jahreszeiten in großer Fülle und vielen Varianten zur Verfügung standen. Die begehrten Verzierungen und geometrischen Muster konnten die Profis sofort und ohne Vorlage in den Stoff einweben. Manche der Stoffe waren so dünn, dass ein Quadratmeter gefaltet in eine Streichholzschachtel passte.

Mit der Verdrängung dieser hohen Kunst ging auch die Lebensgrundlage Hunderttausender Menschen verloren. Bis heute verlassen sie die ländlichen Regionen und versuchen, im Ballungsraum um Dhaka Geld für ihre Familien zu verdienen – mit Jobs, die rein gar nichts mit ihrer Kultur zu tun haben. Verschärfend kommen die Auswüchse der fortschreitenden Globalisierung hinzu. Markenkleidung großer europäischer und amerikanischer Unternehmen, die in Bangladesch oder Indien für einen skandalösen Lohn hergestellt wird, wird in die Länder der westlichen Auftraggeber exportiert, um danach wieder nach Bangladesch importiert zu werden – zum hundertfachen Preis, den die unterbezahlten Textilarbeiter niemals aufbringen können, wohl aber große Teile der besser verdienenden Bevölkerungsschichten. Das Interesse dieser Käufer wieder auf einheimische Produkte zu lenken gehört zu den größten Aufgaben Bibi Russells.

Doch gerade jetzt sieht sie den richtigen Zeitpunkt gekommen für eine Renaissance der bengalischen Webkunst. »Genau wie die Leute allmählich wieder den Unterschied zwischen McDonald's und heimischer Küche erkennen, kehren auch in der Textilbranche die Natur und das Bewusstsein für die eigene Herkunft zurück. Man will Kleidung tragen, die nicht synthetisch ist und voller Chemie steckt, sondern ökologisch hergestellt und komplett biologisch ist. Und immer mehr Menschen erkennen, dass die Globalisierung ungerecht arbeitet. Denen bieten wir fair produzierte traditionelle Kleidung, die dennoch den modernen Ansprüchen entgegenkommt.« Die verarmten Weber in den Dörfern müssen vor allem dazulernen. Sie müssen verstehen, dass es nicht nur einen Rotton gibt, sondern unglaublich viele. Dass ihre zahllosen Muster zwar schön, die Stoffe aber damit überfrachtet sind. Dass europäische Frauen den indischen Sari zwar hübsch finden, ihn aber sicher nicht im Alltag tragen werden, sondern lieber auf ihre eigenen Kleidungsgewohnheiten zurückgreifen. Die Innenansichten der Modebranche und Russells Kenntnisse der ungeschönten Marktbedingungen führen in vielen Dörfern zu einem radikalen Umdenken.

»Warum sollen wir unserer Heimat den Rücken kehren und eine Arbeit machen, die wir nicht lieben, wenn wir jetzt auch alle gemeinsam von zu Hause aus arbeiten können?«, fragt Kamla Devi, eine der Weberinnen. »Bestimmte Dinge wussten wir vorher einfach nicht. Jetzt erzählt uns Bibi, welche Farben und Designs am globalen Markt in diesem Jahr funktionieren. Dadurch hat sich die Nachfrage gesteigert, und unser Lohn hat sich erhöht, was uns wiederum motiviert.«

Dieser Verdienst sei viel nachhaltiger als schwer einzuschätzende Spenden, die mal da sind und mal nicht, ist sich Russell sicher. »I don't believe in charity«, sagt sie selbstbewusst. Regelmäßig erlebt sie, wie Familien erst wieder klar zu denken anfangen, sobald sie ihr eigenes Einkommen haben. Sie schicken ihre Kinder wieder zur Schule, kochen gesünderes Essen und realisieren, dass es besser ist, eher weniger Nachwuchs zu haben und die eigenen Kinder nicht als Arbeitskräfte einzusetzen.

Bibi Russell weiß nie, wie lange sie in den Dörfern in Bangladesch, Indien oder Kambodscha, wo sie inzwischen auch aktiv ist, bleibt. Sie geht erst dann, wenn ein neues Projekt komplett auf die Beine gestellt wurde oder Probleme innerhalb bestehender Projekte gelöst sind. Das kann zwei Tage dauern oder sich über einen Monat hinziehen. Dass Russell manchmal wochenlang wie vom Erdboden verschluckt ist und nicht in ihrem kleinen Büro in Dhaka auftaucht, hat auch damit zu tun, dass sie sich nicht mit der Revitalisierung der Arbeitswelt in den Dörfern begnügt. Sie kümmert sich auch um die sozialen, medizinischen und schulischen Belange der dortigen Bevölkerung – wie um die kostenlose pharmazeutische Versorgung von Frauen in Kambodscha, die mit HIV geboren wurden. Nicht umsonst hat ihr die heimische Presse Titel wie »Der Engel von Bangladesch« verliehen. Nicht umsonst wird sie mit Mahatma Gandhi verglichen, der sagte: »Mit dem Verlust des Spinnrads haben wir eine unserer Lungen verloren. Seitdem leiden wir an galoppierender Konsumsucht. Die Wiedereinführung des Spinnrads stoppt das Fortschreiten dieser Krankheit. Das Spinnrad ist ein Symbol für kommerziellen Frieden.«

Bibi Russell wird nicht überall von Anfang an mit offenen Armen empfangen. »Die ersten zwei Jahre waren sehr hart«, sagt sie. »Ich bin von Dorf zu Dorf gereist, erzählte von meiner Idee und stieß erst einmal auf Misstrauen. Zu viele Leute waren schon aufgetaucht und hatten falsche Versprechungen gemacht. Zu viele vermeintliche Helfer waren gekommen und hatten für Fotos süße Kinder auf den Arm genommen. Sie dachten, dass ich auch so ticke, dass ich mich inmitten ihrer Armut ablichten ließe und sie mich nach sechs Monaten nicht mehr zu Gesicht bekämen. Sie hatten kein Vertrauen.« Deshalb hören sie ihr nicht einmal zu. Was haben sie schon zu erwarten. Das Einzige, was die Dorfbewohner Russell fragen, ist: »Wie viel Geld wirst du uns geben?« Sie entgegnet bestürzt, dass sie ihnen keinen einzigen Taka geben würde. Sie würde sie in gewisser Weise unterstützen, aber in erster Linie seien sie es selbst, die den Wandel herbeiführen müssten. »Ein Traum erfüllt sich nicht, ohne dass man etwas dafür tut.« Das Misstrauen lässt Bibi Russell fast verzweifeln. Oft kehrt sie weinend zurück nach Dhaka zu ihrer Mutter. Aber sie gibt nicht auf. Sie versucht, der Landbevölkerung zu vermitteln, dass auch sie eine von ihnen ist, ein Familienmitglied.

Und sie erzählt den desillusionierten Dorfbewohnern von ihrem großen Traum, den sie gerade dabei ist, zu realisieren. Davon, dass sie in London Modedesign studiert hat, dann als Model die Welt kennenlernte und jetzt wieder zurückgekommen ist, um ihrem Land und ihrem Volk mit ihrem Wissen neue Initiativkraft und neues Selbstbewusstsein zu geben. Sie sagt ihnen: »Seht, es war sehr hart und langwierig, meinen Namen in Europa und der Welt bekannt zu machen. Und als ich alles hatte und es mir hätte bequem machen können, kam ich zurück zu euch und begann wieder bei null. Das hier ist mein Traum. Ihr könnt mir helfen, meinen Traum wahr werden zu lassen. Und ich helfe euch, euren Traum wahr werden zu lassen. Bitte glaubt mir und gebt mir zwei Jahre Zeit!« Was für eine Ansprache! Ausgesprochen 1994. Einige der Dorfbewohner hatten natürlich von der bildhübschen Bibi Russell gehört, die als erste Frau aus Bangladesch die Laufstege der Welt erobern konnte. Und die will nun den Luxus des Westens hinter sich lassen und mit den Ärmsten der Armen für ein besseres Leben kämpfen? Ihre Beharrlichkeit zahlt sich aus. Immer mehr ihrer Landsleute fassen Vertrauen in sie und ihren Plan. Sie fühlen sich endlich als Teil dieser Welt ernst genommen.

Bibi Russells Traum von einer gerechteren Welt beginnt bereits in ihrer Kindheit. Sie wird in eine wohlhabende und landesweit bekannte Familie hineingeboren, die sehr engagiert ist im Kampf um die Rechte des bengalischen Volkes.

Bis zur Unabhängigkeit von Großbritannien 1947 gehört Ostbengalen beziehungsweise Ostpakistan zu Indien. Aufgrund der großen konfessionellen Unterschiede innerhalb der Bevölkerung wird das Land geteilt in das eher hinduistische Indien und das mehr muslimische Pakistan. Mit dem Nachteil, dass Indien die Pakistan zugeteilten Landmassen voneinander trennt. Das politisch, militärisch und wirtschaftlich vernachlässigte Ostpakistan begehrt unter Scheich Mujibur Rahman auf und verlangt nach Unabhängigkeit vom Westen Pakistans. Der Konflikt spitzt sich 1971 zu. Drei Millionen Bengalen sterben in dem Freiheitskampf, ungefähr 20 Millionen fliehen, vor allem nach Indien.

Bibi Russells Eltern, Mokhlesur Rahman, genannt Sidhu Bhai, und Rose Rahman, genannt Shamsun Nahar, engagieren sich schon vor dem Unabhängigkeitskrieg für das kulturelle Erbe der Bengalen. Sie sind 1961 Mitbegründer der Bewegung Chhayanat, die in der freiheitlichen Tradition des Schriftstellers Rabindranath Tagore, des ersten asiatischen Nobelpreisträgers und brahmanischen Schulgründers, wirkt und die künstlerischen und musikalischen Errungenschaften Bengalens bewahren und weiterverbreiten will. Während der kriegerischen Auseinandersetzungen beteiligen sich nicht nur Russells Eltern an den Freiheitsbestrebungen Ost-bengalens, auch andere politisch aktive Familienmitglieder mischen sich in die Kämpfe vom Dezember 1971 ein und bringen Flüchtlinge – darunter viele Künstler – in Sicherheit.

Bibi wächst in einem Elternhaus auf, das von bengalischer und europäischer Kultur bestimmt ist und ständig von bedeutenden Intellektuellen, Musikern und Politikern des Landes besucht wird. Sie liest Shakespeare und hört Beethoven genauso wie die Lieder des großen Rabindranath Tagore. Eines singt ihr Vater fast jeden Tag: »Ekla Chalo« – übersetzt: »Du gehst allein«. Die junge Bibi ist genervt von dem Ohrwurm. Erst viele Jahre später versteht sie den Sinn des Liedes und macht ihn zu ihrer Lebensphilosophie: »So viele Menschen warten darauf, dass sie jemand anstößt, ihren Weg zu gehen, oder sie sogar begleitet. Diesen Weg müssen wir aber ganz allein finden und zurücklegen.«

Bibi Russell ist eine von drei Schwestern. Sie hat zwei Brüder. Ihre Mutter näht die Kleider für ihre Töchter liebevoll selbst. Doch Bibi beschwert sich bei ihrem Vater mehrmals, dass sie die ihr zugedachten Kleidchen nicht mag. Sie fände die der Kinder aus den Dörfern viel schöner und farbenfroher. Außerdem hätten ihr die Kinder erzählt, dass sie ihre Kleider selbst nähen würden. Die Beschwerde findet Verständnis, erfordert aber auch eigenes Engagement: Als Bibi zehn ist, schenkt ihr Vater ihr eine Nähmaschine und wenig später ein Buch über Coco Chanel. Eine Art Initialzündung. Zwar näht sich Bibi ihre Kleider ab sofort selbst, aber ihr ist klar, dass sie so grandiose Mode, wie Coco Chanel sie entwirft, nicht so einfach hinbekommen würde. Sie muss Mode studieren und die anspruchsvolle Designkunst lernen.

Sie besorgt sich Prospekte von den besten Modeschulen der Welt und entscheidet sich schon früh für das privilegierte London College of Fashion. Weil dies ihr Ziel ist und nichts anderes, legt sie es stillschweigend darauf an, keine sonderlich guten Noten zu bekommen. Sie besucht dieselbe Schule wie ihre Geschwister. Doch während die anderen stets die besten Noten mit nach Hause bringen, will Bibi einfach nur durchkommen und nicht sitzenbleiben. Der Hintergrund: Hätte sie die Schule ebenfalls zur vollsten Zufriedenheit abgeschlossen, wären ihre Eltern möglicherweise auf die Idee gekommen, sie nach alter Sitte auf eine Eliteuniversität wie Oxford zu schicken.

Das klingt abgehoben. Die Reisen, welche die Familie unternimmt, fallen jedoch recht bodenständig aus. Die Rahmans sind viel unterwegs, verstecken sich aber nicht in Luxushotels, sondern suchen den Kontakt zur Bevölkerung ihres Landes. Bibi ist beeindruckt von der Freundlichkeit der Menschen und der Würde, die sie trotz ihres Lebensstatus wahren. »Armut ist keine Schande. Das habe ich schon als Kind gelernt. Diese Leute hatten es ganz eindeutig nicht verdient, in dieser Ungerechtigkeit zu leben. Das formte meinen Traum.«

Doch um den Traum zu verwirklichen, muss sie die Heimat zunächst verlassen. Nach ihrem Schulabschluss 1972 fliegt sie nach London, wo sie sich zwei Monate lang jeden Tag per Brief bei ihrem Wunschcollege bewirbt. Sie fleht die Verantwortlichen an, man möge ihr doch eine Chance geben, wo sie doch nun schon in London sei. Genauso stoisch wird sie jeden Tag abgelehnt – mit der Begründung, sie könne zu wenig Erfahrung in Sachen Mode vorweisen. Zwei Wochen bevor die neuen Kurse beginnen, klingelt bei Bibi Rahman das Telefon. Das Sekretariat des College ist dran. Hoffnung! Eine amerikanische Bewerberin könne ihren Studienplatz nicht annehmen. Sie hätte jetzt die einmalige Chance für ein Bewerbungsgespräch. Bibi fragt atemlos, wie groß ihre Chance denn sei. »Schätzungsweise ein Prozent«, heißt es am anderen Ende der Leitung. Es gebe noch 50 andere Bewerber, und die meisten hätten viel eindrucksvollere Lebensläufe vorzuweisen. Das soll Bibi abhalten?

Am nächsten Tag ist sie bereits um halb zehn im Institut, dabei ist der Prüfungstermin erst um halb zwölf. Sie nennt ihren Namen im Sekretariat. »Rahman? Bibi Rahman? Oh, mein Gott!«, wird sich die Dame in etwa gedacht haben, als sie das Gesicht zu dem Namen sah. Sie weist die 21-Jährige an, doch bitteschön noch einen Kaffee trinken zu gehen und nicht früher als zehn Minuten vor dem Termin wieder aufzutauchen. Diesmal spurt Bibi. Bevor es so weit ist, reitet sie allerdings noch eine letzte Attacke auf die Sekretärin. Sie solle ihr bitte einen einzigen Punkt nennen, der ihr gleich weiterhelfen könne. Die reagiert gelassen: »Du bist aus Bangladesch, oder? Das hier ist England. Das Einzige, was ich dir sagen kann, ist, dass du gleich eine besondere Art von Humor kennenlernen wirst. Mein Rat: Nimm es nicht persönlich.«

Bibi Rahman betritt den Raum, in dem die zehn Mann starke Prüfungskommission wartet. Noch bevor sie sich setzen kann, wird gegen sie gestichelt. Sie sei also »die Frau, die uns seit zwei Monaten jeden Tag auf die Nerven geht«. Bibi lächelt nur und nimmt Platz. Jetzt heißt es, Ruhe zu bewahren. Zum Glück haben sie ihre Eltern gelehrt, jederzeit jedermann mit Respekt zu begegnen, zugleich aber keine Angst zu haben. »Das Einzige, wovor ich mich fürchte, sind Schlangen«, sagt sie. Also hält sie durch.

Weiter geht es in schneidendem Kolonialherrenton. »Sie kommen also aus diesem neuen Land Bangladesch«, stellt jemand fest. »Können Sie den Namen Ihres Heimatlands buchstabieren?« Natürlich könne sie das, entgegnet sie. Genau wie sie alle hier wahrscheinlich England oder London buchstabieren könnten. Treffer!

Die nächste Frage gilt den Primärfarben. Wie die denn hießen. Blau, Gelb, Rot. Okay, geschenkt. Die vierte Frage geht wieder ins Diskriminierende. Sie sehe sehr hübsch aus. Ob sie denn gemischte Eltern habe? Nein, sagt sie ruhig, beide Elternteile kämen aus Bangladesch.

Der erste Dauerbeschuss ist überstanden, die Provokationen werden weniger. Es folgt eine Salve technischer Fragen. Bibi unterbricht die Herrschaften: »Wie Sie sehen, kenne ich das ABC der Mode noch nicht. Aber es ist mein Traum, zu studieren. Ich weiß nichts von der Technik, aber das, was ich gerade am Körper trage, habe ich selbst geschneidert.« »Wann?«, wird sie gefragt. »Als ich 15 war.« Das macht Eindruck. Sie bekommt Lob, vor allem für die Farben. Das ist die große Stunde der Bibi Rahman. Sie nimmt das Lob auf, erklärt die Farbenvielfalt in der Mode Bangladeschs, berichtet von den sechs Jahreszeiten, den vielen verschiedenen Blüten. Sie erwähnt ihre Nähmaschine, das Buch über Coco Chanel.

Bibis Redeschwall wird von den Prüfern gestoppt. »Sie sind ein Sonnenschein«, sagt der Vorsitzende. »Aber Sie haben von nichts eine Ahnung, obwohl Sie sehr intelligent sind. Und Sie wollen um jeden Preis studieren. Diese Motivation suchen wir oft vergeblich. Unter einer Bedingung stimmen wir zu: Sie müssen im ersten halben Jahr hervorragende Ergebnisse abliefern, sonst sind Sie raus. Und neben der Collegezeit von 8.45 Uhr bis 17.30 Uhr müssen Sie sämtliche Abendkurse belegen, um alle technischen Dinge zu lernen, von denen Sie bisher nichts wissen.« Bibi Rahman verspricht dem Komitee ihren vollen Einsatz und wird tatsächlich aufgenommen.

In den folgenden Monaten bekommt sie vom normalen Londoner Leben absolut nichts mit. Sie sieht noch nicht einmal Sonnenlicht. Sie verlässt ihre Wohnung bei Dunkelheit, und wenn sie abends nach Hause kommt, ist es schon wieder stockfinster. Trotz der großen Anstrengungen bringt die Lernerei nicht den gewünschten Erfolg. Das merkt Bibi selbst. »Ich wusste, dass ich nichts wusste«, sagt sie. »Aber ich habe es geschafft durch die Liebe und das Wohlwollen meines Designlehrers Mister Tallboy.«

Der ist es auch, der seine Lieblingsstudentin nach vier Jahren Ausbildung bittet, bei der finalen Modenschau, auf der alle jungen Talente ihre Kreationen vorstellen, selbst in ihren entworfenen Outfits über den Catwalk zu laufen. So außergewöhnlich, so wirksam. Das Publikum ist begeistert. Von ihrer Mode, aber noch mehr von ihrer großen und äußerst aparten Erscheinung. Das Resultat ist kein Designerdeal, sondern ein Modelvertrag. Die Ergebnisse des ersten Modefoto-Shootings werden im Edelmagazin *Harpers Bazaar* auf 14 Seiten abgedruckt. Es folgen Aufträge für die großen Stardesigner: Yves Saint Laurent, Karl Lagerfeld und Giorgio Armani. Sie ist in sämtlichen namhaften Zeitschriften zu sehen, von *Cosmopolitan* bis *Vogue*.

Ihr Jetset-Leben dauert 15 Jahre. Sie spricht nicht gern darüber. Wahrscheinlich, weil die Zeit als Model ein Umweg war, ein notwendiger Umweg in eine Welt, die von der, für die sie sich einsetzen will, meilenweit entfernt ist. Was sie über ihre Glamourphase sagt, klingt wie ein Mantra: »Natürlich habe ich für die Unternehmen gearbeitet, die den Luxus am Laufen halten. Natürlich habe ich es auch genossen. Aber es war nie mein Traum. Das Modeln hat mich in erster Linie reifen lassen. Ich habe zum einen die Welt gesehen – das gibt mir heute ein realistischeres Verständnis von der Kultur und den Problemen anderer Völker. Und zum anderen habe ich mich selbst kennengelernt. Sobald du dich selbst erkannt hast, kannst du klarer sehen.«

Von unschätzbarem Wert ist jedoch die Popularität, die dieser Abschnitt ihres Lebens mit sich bringt und ihr bis heute Türen öffnet. Ihr Name wird nicht nur in der Modebranche zu einem Markennamen. Die Medien machen die seltene Karriere der Bibi aus Bangladesch weltweit zum Thema. Eine kostenlose Unterstützung, die sie unabhängig werden lässt. Bei einem Bankhaus wird sie nie anklopfen müssen – was sie im Übrigen selbst in der größten Not nie tun würde.

In England lässt Bibi ihren klangvollen bengalischen Familiennamen hinter sich. Sie verliebt sich in Bob Russell, einen Angestellten der Londoner Börse. 1974 heiraten sie. Es ist die große Liebe, aus der zwei Söhne hervorgehen. 1978 wird Omar geboren, 1982 Bickey. Von ihrem großen Traum kann sie aber nicht einmal die eigene Familie abhalten. »Ich wusste, dass ich eines Tages zurück nach Bangladesch gehen würde, und ich wollte nicht, dass Bob mitkommt und in London alles zurücklässt.« Bibi und Bob trennen sich bereits 1983. Er bleibt in London, sie zieht mit den Söhnen nach Mailand. Sie will nicht, dass er sie die ganze Zeit sieht und es ihm das Herz zerreißt. Anfang der 1990er werden die beiden von Bibis Schwiegervater geschieden. »Den Namen Russell habe ich behalten, weil Bob mir ein sehr guter Freund geblieben ist.«

Mit der Rückkehr nach Bangladesch in der Silvester-

Foto: Fashion for Development

Bibi Russell in ihrer eigenen Kollektion. Damit trägt sie die Tradition Bengalens in die Moderne.

nacht 1993 beginnt das neue Leben der Bibi Russell. Sie verkauft alles, was sie sich in ihrer Modelzeit zugelegt hat. Das Geld soll das Startkapital für ihre große Mission sein. Es ist eine Mission, die keine Kompromisse mehr kennt. Es ist eine Mission voller Hingabe, voller Selbstbewusstsein, geleitet von einem unbeirrbaren Glauben an die Veränderbarkeit der Welt. Es ist eine Mission, die klare Prioritäten erfordert, so klare Prioritäten, dass selbst für ihre Söhne keine Zeit bleibt, wenn Bibi Russell mal wieder beruflich in London aufkreuzt, wo die beiden arbeiten – Omar bei der BBC, Bickey bei Google. »Meine Söhne verstehen das«, sagt sie. »Sie hatten eine sehr gute Erziehung, haben sehr gute Jobs. Ich weiß, dass ich mir um sie keine Sorgen machen muss.«

Mit dem Beginn des neuen Jahrtausends treten neue Freunde und Förderer in das Leben der Bibi Russell. Zwei Personen stellt sie besonders heraus: Federico Major Zaragoza und Königin Sofia von Spanien. Nachdem die ersten Hürden in ihrem eigenen Land überwunden sind, ihr Projekt »Fashion for Development« nach zwei schweren Jahren in den Dörfern angelaufen und ihre Modefirma Bibi Productions gegründet ist, bietet ihr Zaragoza, damals Generaldirektor der UNESCO, 1996 eine einmalige Chance: Sie soll im Rahmen einer UNESCO-Konferenz in Paris ihre sozial und ökologisch nachhaltig produzierte Kollektion vorführen. Es ist das erste Mal, dass die Welt von Russells Mode Notiz nimmt. Ihre erste offizielle Fashionshow »Weavers of Bangladesh« erregt Aufsehen, wird von 29 internationalen Fernsehkanälen übertragen. Bei der Gelegenheit lernt Russell auch Königin Sofia kennen, die so sehr von ihrem Engagement angetan ist, dass sie die zweite Modenschau mit dem Titel »The Colours of Bangladesh« in Palma de Mallorca als Schirmherrin unterstützt und seitdem von den spanischen Medien als »Bibis Patin« bezeichnet wird. Schon 1998 ist Bibi Russell mit ihrer dritten Modepräsentation »Stars of

Bangladesh« Teil der London Fashion Show, Pflichtritual im Kalender eines jeden Couturiers und Modekritikers. Eine Weltpremiere für Mode aus einem Entwicklungsland. Mehr Aufmerksamkeit geht nicht.

Ein nicht zu unterschätzender Nebeneffekt der Modenschauen ist die subtile Öffentlichkeitsarbeit für Bangladesch. Denn die Botschaft ihrer strahlend schönen Mode ist auch eine Umdefinierung von Armut. Die Armut, die Fernsehen und Internet täglich aus Asien und Afrika vermitteln, hat nichts mit Aufbruch, Engagement oder Hoffnung zu tun. Sie ist düster und trostlos und führt zu nichts anderem als Abschreckung, Mitleid und vielleicht mal einer Spende. In den Hunderttausenden Dörfern Bangladeschs in dem seit Jahrzehnten von Klimakatastrophen heimgesuchten Delta des Ganges, des Brahmaputra und des Meghna aber entdeckt Bibi Russell regelmäßig Schönheit, Inspiration, Kreativität, Spiritualität, Zuversicht und den Willen, etwas zu erschaffen. Auch diese Tugenden werden nun über die Laufstege transportiert.

Nach der Krönung in London folgen viele weitere Modenschauen, dazu unzählige Ehrungen und Einladungen – von denen Bibi Russell die meisten aus Zeitnot absagt. Die Anfragen nach Vorträgen an Modeschulen beantwortet sie allerdings fast immer positiv, denn sie setzt auf das Engagement und das neue Weltbürger-Bewusstsein der jungen Generation. Gerade beim Modenachwuchs wird Russell zum Idol, zu Beginn des neuen Jahrtausends ist sie populärer als zu ihrer Zeit als Model. Und man könnte meinen, dass ihr Traum nun komplett Wirklichkeit geworden wäre. Doch weit gefehlt. Russell betont immer wieder, dass sie bisher nur die erste Stufe einer langen Treppe erklommen habe und noch nicht einmal ein Prozent der in Bangladesch in Armut lebenden Bevölkerung in ihrer wirtschaftlichen Emanzipation unterstützen konnte.

Und in der Tat geht es nicht nur aufwärts mit »Fashion for Development«. So kommt es vor, dass manchen Webern zwar anständige Löhne gezahlt werden, solange Russell anwesend ist, doch sobald sie abreist, wird die alte Bezahlung eingeführt, und der Raubtierkapitalismus bestimmt wieder das Leben. Eine traurige Erfahrung musste Bibi Russell im indischen Bundesstaat Rajasthan machen. Sie setzte sich dafür ein, dass die in Tal Chappar lebenden Frauen nicht mehr in den Salzminen ausgebeutet werden und kiloschwere Salzhaufen auf ihren Köpfen zu den Halden schleppen müssen. Stattdessen sollten sie wieder an die Webrahmen gebracht werden. Ein hoffnungsvolles Projekt, das zunächst auch funktionierte. Doch als sich Russell verabschiedete, lagen die alten Besitzstandswahrer schon auf der Lauer, um die wehrlosen Frauen wieder zu knechten – für 300 Rupien Jahreslohn, umgerechnet acht Dollar. Auch diese Seite gibt es.

»Ich gehe selbst an Orte, von denen ich weiß, dass es dort sehr schwer für mich werden wird«, sagt Bibi Russell. »Da hinein muss ich all meine Kräfte geben. Ich kann meine Zeit nicht in die Organisation von Kampagnen, das Verfassen von Bittschriften, das Schalten von teuren Anzeigen oder für Appelle an die Welt investieren. Natürlich kann man mich gern unterstützen, aber ich habe keinen einzigen Tag dafür übrig, zu fragen, wer mir hilft und wer nicht. Ich will nicht um Hilfe bitten. Ich mag das Wort Hilfe nicht. Wenn man mir helfen will, bitte. Wenn nicht, mache ich allein weiter. Wichtig ist nur, dass mich keiner aufhält.«

2008 stirbt Bibis Mutter, die Frau, die ihr die Hingabe für die gute Sache in die Wiege legte. Seitdem, sagt Russell, habe sie das Gefühl, doppelt so stark kämpfen zu müssen. Wenn sie das nur könnte. Denn sie stößt Mal um Mal an ihre körperlichen Grenzen. Doch von der Vision ihrer Eltern und Tagores Lied »Ekla Chalo«, das ihr ebenfalls verstorbener Vater immer sang, kommt sie nicht los. »In der Welt meiner Eltern musste man seine Vision klar definieren und dafür auch Hindernisse in Kauf nehmen«, sagt sie. »Eine Vision zu realisieren braucht Zeit, und es hilft nicht, zurückzublicken. Das ist sehr wichtig. Ich habe meine Vision nie aus den Augen verloren. Und wenn ich einen Fehler machte, hatte ich dafür zu bezahlen, nicht mein Vater, nicht meine Mutter. Überlege also genau, woran du glaubst und was du erreichen möchtest. Und dann tu alles dafür. Und bedenke immer: Ekla Chalo! Du gehst allein! Ich bin mir sicher, dass Tagore das Lied für mich geschrieben hat.«

Foto: Martin Häusler

TILO PLÖGER

Geschäftsführer, Betriebswirt und Diplom-Chemiker aus München, Deutschland, geboren 1967 in São Paulo, Brasilien

Kosmetikindustrie trifft Schamanismus – Wie ein Vollblutmanager Welt und Bewusstsein mit innovativen Pflegeprodukten aus der Natur verändern will und damit die Großen der Branche ärgert

Geschäftsleute, die Tilo Plöger in den schön-schlichten Räumen von LR Health & Beauty Systems in Anzug und Krawatte begegnen, erleben ihn als hellwachen und knallharten Verhandler. Ein selbstbewusster, hochgewachsener Typ, der schnell redet, einen außergewöhnlichen Espressokonsum hat und genau weiß, was sein Unternehmen will – und womit man ihn am besten in Ruhe lassen sollte.

Wer sich allerdings näher mit Plöger beschäftigt, weil er merkt, dass der Mann doch irgendwie anders tickt als die anderen, erfährt in dessen Profil beim Internet-Businessnetzwerk Xing ein paar interessante Details. In die Rubrik »Interessen« hat er eingetragen: »Schamanistische Traditionen, Brasilien, Grenzwissenschaften«. Brasilien, das könnte ja noch mit seinem favorisierten Urlaubsziel zu tun haben. Aber was, um Himmels willen, will dieser rationale Zahlenmensch mit Schamanen und Wissenschaften, die an Grenzen gehen oder sogar darüber hinaus?

Möchte man Tilo Plöger privat begegnen, um Antworten auf diese Fragen zu bekommen, muss man sich ins tiefste Münsterland aufmachen, dorthin, wo der Zug nur einmal in der Stunde hält. Vom Bahnhof Telgte aus sind es noch einmal 20 Minuten bis zu Plögers Versteck: eine 550 Jahre alte Mühle, in deren Gebälk Marder toben und Hornissen wohnen, gelegen in einem Idyll aus Weizen- und Maisfeldern, Laubwäldern und mäandrierenden Bächen mit nach Fischen jagenden Reihern.

Hier, am Ende der Welt, beschäftigt sich Tilo Plöger nach Feierabend mit jenen Grenzwissenschaften, mit Disziplinen, die seiner Meinung nach eine große und hilfreiche Rolle spielen könnten in einer Zeit des globalen Umbruchs. Von hier aus forscht er, experimentiert er, konzipiert er, von hier aus ärgert er die mächtige Kosmetikindustrie.

Tilo Plöger hat für den Anfang zwei Pflegemarken entwickelt, und das reichte bereits aus, um die Marktriesen aus der Ruhe zu bringen. Weil sie nicht auf herkömmlichen, einfach und günstig handhabbaren Prinzipien beruhen, sondern ein beachtliches Innovationspotenzial in sich tragen, das kurioserweise schon lange und überall hätte angezapft werden können. So basiert Plögers IQV-Serie auf alchemistischen Prinzipien, seine Shamanic-Produkte bauen auf schamanistischen Grundlagen auf. »Wir leben in einer Welt, die geprägt ist von 100 Jahren Wissenschaft«, sagt Plöger. »Es existiert aber ein Wissen, das bekanntermaßen mindestens 50 000 Jahre alt ist. 50 000 Jahre Menschheitserfahrung können nicht irren. Es wäre doch eine unglaubliche Arroganz, zu glauben, man könnte mit 100 Jahren Wissenschaft wegfegen, was sich die Menschheit 50 000 Jahre lang erarbeitet hat. Der Nutzen daraus war für mich eine Urgewissheit. Ich glaube, dass der Schamanismus auch dem modernen Menschen die Möglichkeit geben kann, an diese alten Erfahrungen anzuknüpfen.«

Wie kam Tilo Plöger auf die Weisheiten der Schamanen, wieso ließ er sich von den Rezepten der Alchemisten begeistern? Keineswegs waren das Themen, die ihn von klein auf begleitet hätten. Ganz im Gegenteil. Es war die Ratlosigkeit, die den Karrieremenschen Plöger nach 28 Lebensjahren darauf brachte.

Tilo Plöger wächst im brasilianischen São Paulo auf, dem größten industriellen Ballungsraum Lateinamerikas. Knapp 20 Millionen Menschen leben in der Region, rund 800 deutsche Unternehmen machen São Paolo zum größten deutschen städtischen Industriestandort weltweit. Kaum verwunderlich, dass Plöger einer dieser deutsch geführten Firmen entspringt.

Anfang der 1880er-Jahre zieht es zwei Familienmitglieder mit einer der ersten Auswanderungswellen aus Europa nach Brasilien. Heinrich Wilhelm Weiszflog, Geschäftsführer der erfolgreichen Rauchwarenmanufaktur Weiszflog & Tischer Cigarrenfabrik in der Hamburger Catharinenstraße und Plögers Ururgroßvater, schickt seine Söhne Otto Friedrich und Theodor Alfried ins Ungewisse. Während Hermann Richard Weiszflog, der Erstgeborene, die Firma in der Hansestadt erben soll, gilt für die anderen neun Kinder die Devise: Wer es schafft, sich im Ausland erfolgreich als Unternehmer zu behaupten, erhält eine ansehnliche Aussteuer. Alfried Weiszflog findet eine Anstellung als Kassierer bei der Deutschen Bank in São Paolo, Bruder Otto wird kaufmännischer Leiter einer kleinen Druckerei.

Nach ein paar Jahren reist der alte Heinrich Wilhelm Weiszflog nach Brasilien, um höchstpersönlich zu überprüfen, zu was es seine Söhne gebracht haben. Er ist zufrieden, fragt nach Investmentideen. Als Otto vorschlägt, die Druckerei zu übernehmen, zögert der Hamburger nicht lange. Der Grundstein für das weiszflogsche Familienimperium in Südamerika ist gelegt. In den folgenden knapp 130 Jahren durchläuft das Unternehmen – erst trägt es den Familiennamen, nach dem Krieg wird es umbenannt in Companhia Melhoramentos de São Paulo S.A. – sämtliche Stationen der Wertschöpfungskette vom Baum bis zum Buch. Je nach Marktphase wechseln die Schwerpunkte und Investitionsbereiche: Papier und Toilettenpapier, Umschläge und Hefter, Scheckdruck und Gelddruck. Zum Zeitpunkt des Verkaufs der operativen Einheiten an eine chilenische Papiergruppe im Jahre 2009 ist das Unternehmen Marktführer im Schulbuch- und Kinderbuchbereich. Geschäftsführer ist zuletzt Alfried Karl Plöger, Tilo Plögers Vater und sein Leben lang ein Workaholic, dem vier bis fünf Stunden Schlaf genügen. Kein Wort allerdings davon, dass der Sohn irgendwann die Firma zu übernehmen habe. »Er hat mich nie da reingedrängt«, sagt Tilo Plöger. »Das wäre mir auch viel zu eng gewesen.«

Seine Kindheit ist allerdings geprägt vom Unternehmertum. Gewinne werden nicht aus der Firma gezogen und für einen ausschweifenden Lebenswandel verwendet. Vater Plöger zahlt sich stets kleine Gehälter aus und wohnt mit seiner Familie immer nur zur Miete. Mutter Plöger ist die soziale Seele des Familienbetriebs. Sie geht in die Slums, bringt den Frauen dort Kochen und Stricken bei. Zu Hause geht das Personal vor. Erst müssen die drei bis vier Hausangestellten versorgt sein, danach kommt die eigene Familie mit den vier Kindern. Tilo Plöger wird auf eine der besten Privatschulen des Landes geschickt, das College Visconde de Porto Seguro, eine Lernfabrik mit 15 000 Schülern. Die Schulzeit trägt bereits universitäre Züge und ist »sehr früh sehr hart und leistungsbezogen«, so Plöger. »Spätestens seit dem 14. Lebensjahr kenne ich die Siebentagewoche.«

Er beißt sich durch, lernt so intensiv, dass er schnell zum Klassenprimus wird und 1986 sogar das beste Abitur seit dem Krieg schafft. Plöger wird auf Händen getragen, muss ständig als Vorbild herhalten. »Ich war ein sehr mental getriebener Mensch und hatte wenig Verständnis dafür, dass andere nicht so viel lernten wie ich. Ich kannte auch meine Grenzen nicht. Wenn du in allem, was du tust, besser bist als alle anderen, wie soll man da wissen, wie weit man gehen kann?«

Seine körperlichen Grenzen erfährt Tilo Plöger erst, als er während einer Prüfung im Chemiestudium an der TU Darmstadt in Ohnmacht fällt. Wie sein Vater schläft er nur sehr wenig, höchstens fünf Stunden pro Nacht, vier Jahre lang, sieben Tage die Woche. Er ist getrieben von der Idee, die Welt zu verstehen, und hatte sich für das Studienfach Chemie entschieden – wo er doch eigentlich Philosophie und Physik studieren wollte. Aber es heißt damals, dass er damit nichts anfangen könne im Leben. Also Chemie, und zwar in Deutschland, der Heimat seiner Ahnen.

Tilo Plöger will es sich wieder beweisen. »Ich wollte wissen, ob ich mich im Ausland von null völlig neu erschaffen kann, ohne Eltern, ohne Freunde.« Ohne Lebenserfahrung. Selbst einkaufen gegangen war er bisher noch nicht, ein Postamt hatte er noch nie von innen gesehen. In Brasilien war das die Aufgabe der Angestellten.

Mit Chemie ist er schneller fertig als alle anderen, hängt danach ein Betriebswirtschaftsstudium in München dran. Und Freunde wie Familie fragen sich: Was will der Junge damit nur anfangen? Er selbst hat die Antwort darauf schon gefunden: »Einen Weg zu gehen, auch wenn keiner an dich glaubt. Die Bestätigung durch Zensuren gab mir Selbstsicherheit für die Zukunft.« Und während er in der Chemie die Bausteine des Lebens verstehen lernt, stärkt er mit BWL seine Managerqualitäten. Diese Kombination bezeichnet Plöger heute als elementar in Hinblick auf seine Mission: Mit der Chemie bohrte er vertikal in die Tiefe, mit BWL erlangte er die Fähigkeiten, die in der Tiefe erlangten Erkenntnisse effektiv in die Breite zu tragen.

Plöger ist nach Abschluss des zweiten Studiums 26 Jahre alt. Bis zu diesem Zeitpunkt hat er kaum etwas zu tun mit einem Begriff wie Grenzwissenschaften. Mit Ausnahme einiger

Bücher über sogenannte Psi-Phänomene, Ethik, Astronomie und Quantenphysik, von denen er als heranwachsender Partymuffel in Brasilien zwei bis drei pro Woche gelesen hatte, findet man in Plögers Regalen vornehmlich Lehrbücher und Managerliteratur. Und erst einmal setzt der junge Tilo seine Bildungstournee zielstrebig fort. Er heuert bei der Unternehmensberatung Bossard Consultants an, einer kleinen, aber aufstrebenden Firma. Eines seiner ersten Projekte: die Sanierung der Berliner Verkehrsbetriebe. Ein gewaltiges Unterfangen in der Hauptstadt der Nachwendezeit. Es geht um die totale Effizienzsteigerung. Das Personal muss von 30 000 auf 20 000 reduziert werden, neue Fahrpläne und Schichtpläne sollen her, Werkstätten optimiert werden. So erfolgreich Tilo Plöger seine Aufgaben als Unternehmensberater auch meistert, heute weiß er um die Nachteile des Jobs: »Er versaut Menschen. Mich hat er auch versaut. Man überschätzt sich maßlos und verdient viel zu viel, gemessen an dem, was man macht.« Von den damaligen Projekten würde er höchstens ein Drittel noch einmal machen. »Du kommst in einen Rausch. Daher nehmen die Unternehmensberater nur unverbrauchte Absolventen, die das Korrektiv noch nicht haben. Du glaubst nach einem Jahr, dass du besser bist als jeder Vorstand.« Immerhin, Plöger lernt die Sprache der Entscheider kennen und weiß sie zu dekodieren. Die wichtigen Fragen seines eigenen Lebens aber bleiben weiterhin unbeantwortet. »Mit 28 hatte ich – oberflächlich gesehen – auf der mentalen Ebene alles erreicht. Und trotzdem sagte ich mir: Ich weiß immer noch nicht, wie alles funktioniert. Wie kann ich Liebe wissenschaftlich beweisen? Was ist denn nun richtig oder falsch? Ich habe viele Bücher gewälzt, kannte viele Theorien, hatte aber kein Gefühl dazu.«

Plötzlich kommt Plögers tiefe Ahnung, dass die Welt doch anders und viel weiter sein könnte, an die Oberfläche. Wenn das so ist, mutmaßt er, dann müsse er zum Ursprünglichen zurück, an die Quelle, müsse die Ratio abschalten und endlich auf die Erfahrungsseite wechseln. Er gibt sich eine Schonfrist, versucht, sein Gehirn für eine Woche abzuschalten, um ausschließlich zu erfahren. Plöger sucht sich die erstbeste Esoterikmesse aus dem Münchner Veranstaltungskalender und flaniert intuitiv an den Ständen vorbei. Vielleicht gibt es ja doch noch etwas anderes als bloßes Wissen. Auf der Messe spürt Plöger erstmals die Kraft von Steinen, er lässt sich aus der Hand lesen, jemand legt ihm die Karten, per Irisdiagnostik konfrontiert man ihn mit erstaunlichen Wahrheiten. Am Ende des Tages ist der junge Unternehmensberater völlig geplättet. Denn dies alles geht in eine Richtung. Alle sagen ihm, dass er seine Berufung noch längst nicht gefunden habe. Die würde woanders liegen. Nämlich im Reich der Energien, die man durch bloßes Bücherstudium nicht erkennt. Loslassen müsste er.

Ab jetzt gibt es den doppelten Plöger. Den zielstrebigen Industriellensohn, der sich alsbald in der Geschäftsführung der Handelskette Plus wiederfindet. Und den Suchenden, der gerade erst beginnt, das Leben richtig zu spüren. Während er beim Supermarktgiganten erfolgreich diverse Restrukturierungsmaßnahmen durchführt und danach sogar das Warengeschäft für Obst, Gemüse und Brot leitet, fängt er an, sich privat mit der Wirkung von Edel- und Halbedelsteinen zu beschäftigen. Schnell liegen in seiner Wohnung überall Mineralien herum. Es heißt, manche reinigten die Chakren des Körpers, andere öffneten einen für neue Themen. Plöger merkt, dass die Steine tatsächlich unterschiedliche Kräfte aussenden.

Eines Abends liegt er erschöpft auf dem Sofa und platziert ohne groß nachzudenken einen reinen, ungefähr handtellergroßen Bergkristall auf seiner Stirn. In der folgenden Nacht kann Plöger kein Auge zutun. Tausende Bilder schießen plötzlich durch seinen Kopf.

In Trippelschritten geht es weiter auf dem spirituellen Weg. Später beginnt Plöger, Auren zu sehen, die lichtkranzähnlichen Energiefelder, die den menschlichen Körper umgeben. Ein Knoten scheint sich aufzulösen. Neue Menschen treten in sein Leben, alte Bekannte lässt er hinter sich. Er geht auf Schamanismuskurse, besucht Heilerseminare, die ihn sehr beeindrucken. Weil er unmittelbar mitbekommt, welchen Einfluss gerichtete Energien auf Menschen haben können. »Wir haben Angst, Dinge außer Kontrolle geraten zu lassen«, resümiert Plöger diese Phase seines Lebens, »dabei ist gerade dies das Spannende.«

Jenen Bergkristall, der ihn nachts so auf Touren brachte, hat er immer noch. Er liegt in der alten Mühle auf dem Küchentisch. Einige spektakuläre Exemplare sind in den letzten Jahren hinzugekommen. So verwahrt Plöger dort, wo die riesigen Mahlsteine lagern, den bisher größten in Südamerika gefundenen Doppelender-Bergkristall. »Er wird von einem Schamanen bewacht«, sagt Plöger fast nebenbei. »Ich kann ihn inzwischen sehen. Er steht direkt dahinter. Das ist so ein Indianer.«

So etwas sagt er nur, wenn er weiß, dass sein Gegenüber keinen Schreck bekommt ob einer solchen Aussage. Denn mit bloßem Auge ist weit und breit kein Indianer auszumachen. Inzwischen hat Plöger es aufgegeben, sich vor anderen für seine Ansichten zu rechtfertigen, geschweige denn, jemanden belehren zu wollen. Neugierige Fragen beantwortet er gerne. Aggressive Nachhaker, die ihn in die Eso-Ecke drängen wollen, lässt er ins Leere laufen.

Damals war das noch anders. Plöger macht einen beruflichen Ausflug in die Dentalbranche und bekommt dann die Möglichkeit, im Karstadt/Quelle-Konzern Karriere zu machen. Er schlägt das lukrative Angebot aus und macht sich mit einem Freund selbstständig. Ohne Idee und mit einem finanziellen Horizont von nur drei Monaten. Das Risiko wird belohnt, doch nach ein paar Monaten schmeißt der Freund alles hin. Tilo Plöger steht alleine da. Er fragt sich, was ihn eigentlich ausmacht. Was kann nur er und sonst keiner? Zwei Dinge destilliert Plöger aus seinen Gedanken heraus. Erstens: Er kommt aus Südamerika. Zweitens: Er kennt den Konsumhandel aus dem Effeff. Wieso also nicht Erfolgsprodukte aus Brasilien für den deutschen Markt importieren? Gute Idee, doch die Gesetze des Marktes bringen sie zum Scheitern. Die Brasilianer, so Plöger heute, seien nicht in der Lage gewesen, sich anzupassen, und der deutsche Markt habe keine ausländischen Quereinsteiger zugelassen. Zu viel Klüngel, zu viele Gebühren.

Entnervt beschließt Plöger, nun selbst in Entwicklung und Produktion zu gehen und seine eigene kosmetische Linie zu etablieren. Er nennt sie Brazil. »Ich bin durch die Regale der Supermärkte und Drogerien gegangen und habe mir die Frage gestellt: Welche Produktbereiche bieten das größte Innovationspotenzial für eigene Ideen? Da bin ich bei der Kosmetik hängen geblieben.« Eine Freundin, die beim Schönheitsmulti Estée Lauder arbeitet, erklärt Plöger für verrückt. Er habe doch von dem Metier überhaupt keine Ahnung. »Das glaubst du«, meint er. »In einem halben Jahr ist das auf dem Markt«. Plöger lässt Taten folgen und präsentiert aus dem Nichts seine erste Linie. »Das war mein Training!« Training für das, was noch folgen sollte.

Auf der Suche nach einem Produzenten landet er bei der Dr. Scheller Cosmetics AG, einem Hersteller von Schönheitsprodukten auf Naturbasis. Plöger hinterlässt auch hier als Geschäftsführer positive Spuren, entwickelt vor allem das Auslands- und das Handelsmarkengeschäft, steigt aber nach Querelen aus. Es ist ein Headhunter, der ihn zu seinem vorerst letzten Arbeitgeber, der LR Health & Beauty Systems, einem Direktvertrieb für Kosmetik und Nahrungsergänzungsmittel im münsterländischen Ahlen, bringt, wo er als

Geschäftsführer die Bereiche Einkauf, Logistik, Marketing, Personal, Produktion, Internet, Kataloggeschäft und vor allem Forschung und Entwicklung leitet.

Doch Plöger hat sich einige Freiheiten in seinen Vertrag schreiben lassen. Vor allem die, in seiner Mühle die eigenen Produktlinien weiter vorantreiben zu können. »Ich habe als Chemiker festgestellt, dass im Kosmetikbereich so gut wie gar nicht geforscht wird«, sagt Plöger und erklärt, warum er sich ausschließlich innovativer Naturkosmetik verschrieben hat. »Mit synthetischer Kosmetik tue ich mich wahnsinnig schwer. Ich habe nichts gegen Synthetik, wenn sie offen und ehrlich als solche verkauft wird. Mich ärgert es nur, wenn Firmen Wirkungen ihrer Produkte vortäuschen und Effekte suggerieren, die aber nur optisch sind.« Außerdem bringe synthetische Kosmetik erhebliche Gefahren mit sich. »Synthetik hat viele negative Risiken. Die kennt man, aber man nennt sie nicht«, weiß Tilo Plöger. »Viele Produkte enthalten viel zu viele Konservierungsstoffe, die häufig Nebenwirkungen wie Allergien auslösen können. Sehr strittig sind auch aggressive Emulgatoren, die von Cremes abhängig machen können. Von diesen bindenden Emulgatoren braucht man sehr viel, damit eine Creme stabil ist. Der Emulgator aber zieht das Wasser und das Fett aus der Haut, die dann noch trockener wird. In der Folge cremt man sich noch mehr ein.«

Plöger verweist auf etablierte Topmarken, die allerdings steinzeitlich hergestellt würden. »Konzerne mit Milliardenumsatz müssen doch ein ethisches Gefühl haben, um auf so strittige Stoffe wie Triclosan, ein gefährliches chemisches Desinfektions- und Konservierungsmittel, das die Haut angreift und sich in Organen anreichert, in ihren Produkten zu verzichten. Aber die Bestseller werden nicht angepackt. Wäre ich Unternehmer, würde mir der reine Profit nicht reichen. Es geht nicht nur darum, dass der Umsatz stimmt. Die

Frage muss sein: Entsprechen die Produkte auch meinen ethischen Prinzipien? Bei neuen Erkenntnissen muss ich doch anpassen. Auch wenn der Umsatz vielleicht kurzfristig runtergeht.«

Mit seinen aktuellen Linien IQV und Shamanic steht Plöger für das genaue Gegenkonzept. Als eine Art Asterix der Kosmetikindustrie rebelliert er vorerst im Kleinen gegen die Großen, dringt als Nobody in ein milliardenschweres Premiumsegment ein. »Die Branche merkt im tiefsten Innern, dass ich im Gegensatz zu ihr ein Thema habe«, sagt Plöger. »Naturkosmetik ist für die Etablierten ein sehr riskantes Thema. Bisher gab es nur wenige Naturkosmetikmarken. Findet der Kunde aber erst mal Gefallen an einem dieser Produkte, geht er nie wieder zur klassischen, synthetischen Kosmetik zurück. Der Kunde ist verloren. Deswegen hat die Branche Angst.« Die äußerte sich bereits in einigen Schikanen, versuchtem Rufmord und erfolglos gebliebenen einstweiligen Verfügungen.

Aber was genau steckt hinter den Produkten, die Plöger herstellt? Welche Vision treibt ihn an? Kann man der Gesellschaft mit scheinbar schnöden Kosmetikprodukten einen Dienst leisten? Man kann, meint Plöger. Allerdings nicht mit der Holzhammermethode, sondern leise und subtil.

Vier Jahre experimentiert der Diplom-Chemiker Plöger an der IQV-Serie. Nach Dienstschluss, an Wochenenden, im Urlaub. IQV, eine Anti-Aging-Pflege für die Frau, ist tief in Plögers Spiritualität verwurzelt und basiert auf den Prinzipien der Alchemie, jener jahrtausendealten Suche nach einem der Menschheit auf immer und ewig nutzenden Allheilmittel, einem ultimativen Element, der sogenannten Quinta Essentia. »Was den weisen Alchemisten seinerzeit nicht gelang«, schreibt Entwickler Plöger auf der IQV-Internetseite, »haben wir durch die hochtechnisierte Extraktion der Wirkstoffe mit flüssiger, reiner Luft geschafft.«

Zehn so behandelte Produkte stecken in IQV, herbeigeschafft aus der ganzen Welt. Ringelblumen aus Bayern, Amaranth von den Inkas in Mexiko, Tigergras aus Asien. Wichtig ist Plöger die absolute Reinheit der Bestandteile bei Verzicht auf jedwede Konservierungsstoffe, abgemischt von einem ganzheitlich praktizierenden Team aus Heilpraktikern, Medizinern, Kosmetikexperten, Ernährungswissenschaftlern und Pharmakologen. Trägerelement ist kein Wasser aus dem Hahn, sondern artesisches Wasser aus den Pyrenäen, das – je nach Produkt – zu unterschiedlichen Mondphasen geschöpft wird. Die versprochene Wirkung: Stärkung der Immunabwehr der Haut, Regeneration durch Nährstoffe und Abschwächung der Anfälligkeit für Allergien.

Die ganzheitliche Pflegeserie ist nicht billig. »Mit IQV wollte ich beweisen, dass Naturkosmetik, Qualität und Luxus zusammenpassen«, erklärt Plöger die hohen Preise. »Produkte, die auf Nachhaltigkeit basieren, sind in den seltensten Fällen im Dunstkreis der Hierarchen entstanden, sondern wurden von unten initiiert. Maßgeblich für große Entscheidungen in der Wirtschaft sind aber nun mal Leute, die Geld haben. Die hole ich in ihrer Welt ab und bringe ihnen das Produkt, welches ihren Anforderungen entspricht und gleichzeitig nachhaltig ist. Diese wenigen Menschen, die die Produkte kaufen, sind aber im Gesamtkontext womöglich wichtig.«

Viel Geld verdient Tilo Plöger mit seiner nachhaltigen Naturkosmetik nicht. Will er auch gar nicht. »Aber was dann?«, wird er immer wieder gefragt. »Ich will ein Zeichen setzen! Man muss extreme Positionen einnehmen und wagen, einen Markt anzufangen.« Ein Geschäftsmann, der kein Geschäft machen will? Ungläubige Blicke erntet er allenthalben, wenn er von seiner Marke IQV erzählt. Denn den verhältnismäßig geringen Gewinn streicht Plöger nicht selbst ein, sondern überweist ihn komplett an die Bonner

Tropenwaldstiftung Oro Verde. Und da die Beträge nicht astronomisch hoch sind, legt Plöger jedes Mal aus eigener Tasche etwas drauf. Die Natur gibt ihm, er gibt der Natur zurück.

Den Lieferanten, welche die Zutaten für die Luxusartikel herbeischaffen, hat Plöger klargemacht, dass sie mit ihm kein Geld verdienen werden. Das müssten sie allein der Sache wegen machen. »Wahre Charity funktioniert nur zu 100 Prozent«, ist sich Plöger sicher, »sonst ist sie nicht echt. Leider ist aber genau das meist der Fall. Viele Firmen engagieren sich nur für den guten Zweck, um ihre Produkte zu verkaufen. Da wird etwas missbraucht.« Die Machermentalität, kombiniert mit dem Hang zum sozialen Engagement: Erbstücke von Vater und Mutter.

Viel billiger, aber noch kostenintensiver als IQV, ist Shamanic, die jüngste Erfindung Plögers. Die Serie ist für die breite Masse gedacht und hat es im wahrsten Sinn des Wortes in sich. Oberflächlich betrachtet, ist Shamanic ein wohlriechendes Naturprodukt. Auf einer tieferen Ebene sollen durch die Pflege starke Kräfte wirken.

Zehn bis 50 Inhaltsstoffe stecken in Plögers Shamanic-Produkten, die er vorerst in kleinen Mengen ab 50 Stück herstellt. Die Ingredienzen kommen ausschließlich aus den mittel- und südamerikanischen Lebensräumen der Schamanen von Inkas und Azteken.

Schamanen? Was hat sich ein christlich geprägter Mensch, der ab und zu sonntags in die Kirche geht und sich von der bodenständigen, populär-klerikalen ARD-Serie »Um Himmels willen« amüsieren lässt, darunter vorzustellen? »Im Westen identifizieren wir uns mit der von Natur aus begrenzten und endlichen Seite der Materie, während sich der Schamane mit der Seite der Energie identifiziert, die von Natur aus unbegrenzt und endlos ist«, schreibt der US-Amerikaner Alberto Villoldo in seinem Standardwerk *Das geheime Wissen der Schamanen.* Der erfolgreiche Arzt gab seine Praxis in Los Angeles auf, ging für 25 Jahre im südamerikanischen Urwald in die Lehre der Inkaschamanen und erlangte große heilerische und seherische Fähigkeiten. Villoldo kennt die Konfrontation der Kulturen aus eigener Erfahrung. »Wenn Menschen aus dem Westen sich auf schamanistische Praktiken einlassen, entstehen gewisse Schwierigkeiten«, sagt er. »Wir leben in einer Kultur, in der die Menschen, die von sich behaupten, dass sie Energien sehen können, für verrückt und geistesgestört gehalten werden.« Genau das aber können Schamanen.

Schamanen gibt es seit Jahrtausenden in fast allen Kulturen der Erde. Sie sind Heiler und spirituelle Mittler zwischen den Welten. Sie begeben sich durch bestimmte Techniken, zuweilen ritualisierte Zeremonien – oftmals aus Klängen, Mantren, Tänzen oder Verbrennungen bestehend –, in eine Art Trancezustand, um andere Bewusstseinszustände zu erreichen. In solchen Bewusstseinszuständen nehmen sie Kontakt mit Wesenheiten der oberen und der unteren Welt auf, um heilende oder weisende Hilfe für unser Leben in der mittleren Welt zu bekommen. Oben kommunizieren sie mit Gottheiten und Engeln, unten mit den sogenannten Krafttieren, die jeden Menschen begleiten.

Erfahrene Schamanen sind in der Lage, feinstoffliche Energiefelder wahrzunehmen und zu analysieren, sie können Auren und Chakren lesen, dadurch auf Dysbalancen im menschlichen Körper schließen, deren Ursachen ergründen, auf sie einwirken und Heilung einleiten (siehe auch das Kapitel über Aldo Berti). Die natürlichen Zutaten, mit denen Schamanen bei ihren Ritualen und Heilungen zuweilen arbeiten, benutzt auch Tilo Plöger. Er erntet sie nicht von Plantagen, sondern lässt sie von lokalen Heilern persönlich aus dem Wald holen – wie das begehrte Öl des Copaibabaums, ein natürliches Antibiotikum, das im Urwald schon vielen Menschen das Leben gerettet haben soll. »Es ist der Baum, der den Schamanen ruft. Der Schamane bittet den Baum dann um Genehmigung«, versichert Plöger. »Mir ist sehr wichtig, dass der Prozess sauber und ethisch in Ordnung ist.« Nach jahrelangem Studium der schamanistischen Rezepte beschränkt sich Plöger auf Inhaltsstoffe, die seit mindestens 1000 Jahren verwendet werden. Den Schamanen wie den Lieferanten zahlt Plöger das Geld, das man von ihm verlangt. Verhandeln will er nicht.

Sind die Bestandteile in Deutschland, kippt Plöger sie nicht einfach zusammen. In seinem kleinen Labor im Souterrain der alten Mühle unterzieht er sie einem wichtigen Ritual. Nach tradiertem Vorbild der alten Schamanen schafft er zuerst einen heiligen Raum, indem er die Himmelsrichtungen sowie Himmel und Erde anruft. Plöger tritt in Verbindung mit dem Geist der Pflanzen, energetisiert sie durch die Verbindung mit irdischen oder virtuellen Kraftplätzen der schamanistischen Tradition, die Zugang bieten zu höheren Welten. »Ein echter Schamane verabreicht auch nicht einfach das Heilharz Drachenblut, sondern ritualisiert es vorher«, erklärt Autodidakt Plöger. »Er ruft den Spirit der Pflanze an. Denn der hilft mit, der macht die Arbeit. Es gibt die physische, die chemische Wirkebene, und es gibt die energetisch-spirituelle Ebene der Pflanze. Und die kann sehr anders sein als die reine chemische Wirkung.«

Aber die Wirkstoffe von Shamanic sollen nicht bloß Wunden heilen, Alterungsprozesse aufhalten, Krankheiten wie Gicht, Rheuma oder Allergien lindern und heilen. Sie sollen die Menschen, die sie benutzen, mit höheren Energien vernetzen, sollen deren persönliche Energiefelder durchlässig machen und Kanäle öffnen. »Klassischerweise denkt man ja, das Kraftfeld komme von der Materie«, rückt Plöger zurecht. »Aber es ist genau umgekehrt. Die Materie kommt, weil es ein Kraftfeld gibt. Es gibt uns, weil es die

Foto: Martin Häusler

Tilo Plöger während des Interviews in seiner Mühle. Hier befindet sich auch das Kosmetiklabor des Managers.

Aura gibt und nicht andersherum. Wenn jemand etwas am Energiefeld ändert, erfährt er automatisch eine Veränderung auf der physischen Ebene. Das ist das Ziel.«

Exakt steuerbar ist die Wirkung von Shamanic nicht. Es könne aber sein, so Plöger, dass kleine bis größere Veränderungen im Leben der Anwender eintreten. Vom schlichten Wohlfühlen bis hin zum plötzlichen Erkenntnisgewinn. Vom Phänomen, dass andere, wichtige Menschen ins Leben treten, bis hin zur Wahrnehmung völlig neuer Momente. Dass sich tatsächlich etwas am und im menschlichen Körper tut, während Shamanic auf der Haut wirkt, konnte Plöger durch elektromagnetische Messungen und kinesiologische Tests indirekt nachweisen.

»Es geht mir bei Shamanic im Kern darum, Entwicklun-

Foto: Martin Häusler

Meditative Ruhe vor der Mühle im Münsterland. Unter der Woche lebt Tilo Plöger hier, an den Wochenenden fliegt er zu seiner Familie nach München.

gen zu unterstützen«, sagt Plöger und erwähnt die Theorie der kritischen Masse. Danach braucht es nur eine bestimmte Anzahl von Individuen, um eine Veränderung in der Gruppe zu bewirken. Auch der globale Wandel scheint so möglich. »Wenn man so will, erhöhe ich mit meiner Arbeit diese kritische Anzahl.« Aber wohin soll und wird sich das Individuum entwickeln? »Jeder zu seiner Bestimmung. Eigentlich geht es immer nur darum. Wer seiner eigenen Bestimmung folgt, der ist gleichzeitig auch nachhaltig. Meine Vision ist, dass wir gemeinsam die nächste evolutionäre Stufe schaffen.«

Und da gäbe es gerade in der westlichen Kultur viel zu tun und harte, lang aufgebaute Blockaden zu überwinden. »Der Europäer ist mangelgetrieben«, hat der Deutschbrasilianer Plöger erkannt. »Er hat von allem zu wenig, im Gegensatz zum Südamerikaner. Die Bilanzen müssen immer zu seinen Gunsten stehen. Das geht schief, wie man an der Weltwirtschaftskrise seit 2008 sieht. Und in der Liebe ist es auch so. Hierzulande fühlt man sich immer ungeliebt und kommt nicht auf die Idee, dass das damit zusammenhängen könnte, selbst auch mal geben zu müssen. Diese Veränderung zu unterstützen, diese Balance herzustellen zwischen Geben und Nehmen, das ist für mich der Auftrag.«

Es klingt gewaltig, aber Plöger hat vor, mit seiner Kosmetik Erkenntnisse zu befördern, alte Denkmuster, welche die Menschen an ihrer freien Entwicklung hinderten, abzulösen, Heilung einzuleiten und damit die Welt zum Guten zu verändern.

Das alles soll auf der Verpackung der Produkte nicht groß erklärt werden, da Plöger weiß, dass viele Menschen noch immer Vorbehalte gegenüber Schlagworten wie Schamanismus haben oder zumindest falsche oder verklärte Vorstellungen darüber kultivieren. »Die meisten denken bei Schamanismus an Indianer«, weiß er. Nach seiner Definition fasst Schamanismus aber spirituelle Urelemente aller Kulturen zusammen, die sich mit Heilung zum Wohle der Erde beschäftigen. »Diese Urelemente sind alle gleich. Ob man sich den sibirischen Schamanismus anschaut, den der Inuit, der Inkas, der Australier, der Afrikaner oder der Kelten, sie alle verfolgen die gleiche Absicht. Das Einzige, was anders ist, sind die Techniken, mit denen die Schamanen seit Jahrtausenden in Trance gehen.«

Plöger will nun die Welt der Schamanen in einen modernen Kontext bringen. Nicht, indem er im Indianerkostüm ins Büro geht und Geschäftspartner vor den Kopf stößt, sondern indem er die Erkenntnisse des Schamanismus sachte in den Alltag integriert und für jedermann verfügbar macht – über Kosmetik, die ihm ein idealer Träger zu sein scheint.

Dass er damit vielen Skeptikern gegenübersteht, ist Plöger klar. Vor allem die Bollwerke von Medizin und Religion stehen fast übermächtig dagegen. »Ich kenne keine einzige Kultur außer unserer westlichen, die den Beruf des Arztes von dem des Priesters trennt«, wirft Plöger seinen Kritikern bei passender Gelegenheit entgegen. »Im jahrtausendealten Schamanismus gibt es keinen Unterschied zwischen Heilern und geistigen Führern.« Plöger aber ist hoffnungsvoll, dass seine Mission und seine Vision die Leute erreichen. Die Zeit scheint ihm reif dafür. Und so könnte eine kleine Mühle im Münsterland zur Keimzelle eines grundlegenden globalen Wandels werden.

Foto: Martin Häusler

DICKSON D. DESPOMMIER

Mikrobiologe aus New York, USA,
geboren 1940 in New Orleans, USA

Ein Mikrobiologe forscht fast sein ganzes Leben an einer einzigen Tierseuche. Sein Lebenswerk allerdings ist ein Projekt, das die Lösung für den drohenden Nahrungskollaps auf der Erde sein könnte: vertikale Agrarwirtschaft in Hochhäusern.

Jede Sekunde wächst die Weltbevölkerung um durchschnittlich 2,6 Menschen. Das entspricht einem jährlichen Zuwachs in Höhe der Einwohnerzahl der Bundesrepublik Deutschland. Rund sieben Milliarden Menschen leben auf der Erde, wenn dieses Buch erscheint. Die UNO prognostiziert, dass es im Jahr 2050 über neun Milliarden sein werden. 70 Prozent aller Menschen werden dann in Ballungsräumen leben. Zurzeit sind es knapp 50 Prozent.

Wie sollen diese Menschen versorgt werden, wo bereits jetzt jeder sechste Mensch an Unterernährung leidet? Die Weltgemeinschaft jedenfalls scheint seit Jahrzehnten nicht in der Lage, Nahrung gerecht zu verteilen. Es werden aber vor allem die natürlichen Grenzen sein, die uns in Zukunft beschäftigen werden, selbst wenn man helfen wollte, den Hunger und den Durst überall gleichermaßen einzudämmen. Die Landwirtschaft, wie sie bis dato betrieben wird, bietet keine wirklich nachhaltigen Lösungen. Sie ist am Limit. Ein Areal, das der Fläche Südamerikas entspricht, wird inzwischen weltweit für Agrarwirtschaft und Viehzucht verwendet. Verschärft wird die Situation durch immer häufiger ausfallende Ernten, die der Klimawandel hinwegfegt oder fortschwemmt, durch die Ausbreitung von Schädlingen sowie durch den zunehmenden Konkurrenzkampf zwischen Nahrungsmittel-, Tierfutter- und Biokraftstoff-Industrie. Dabei müsste nach dem Bericht des Expertenforums »How to Feed the World in 2050«, das im Oktober 2009 in Rom stattfand, die globale Nahrungsmittelproduktion in den nächsten 40 Jahren um 70 Prozent wachsen, um über neun Milliarden Menschen zu versorgen. Flächen von der Größe Brasiliens müssten noch hinzukommen.

Wie soll das gehen, ohne weiterhin Raubbau an der Erde zu treiben, ohne die Meere leer zu fischen, ohne neue Wälder zu roden, ohne Naturlandschaften zu vernichten, ohne noch mehr Millionen Kubikmeter kostbares Wasser auf die Saat zu geben, ohne Felder zu überdüngen und das Grundwasser zu verseuchen, ohne Schlachttiere mit Medikamenten vollzupumpen und dicht an dicht in Industrieanlagen hochzuzüchten, ohne Pflanzen im Genlabor zu manipulieren, um sie resistenter und wachstumsschneller zu machen, ohne diese Lebensmittel dann mit hohen Kohlendioxidemissionen um die halbe Welt zu den Satten und zu den Hungernden zu transportieren?

Ein Kinderbuch aus dem Jahr 1969 nahm auf kuriose Weise einen Lösungsvorschlag vorweg, ohne ihn allzu ernst zu nehmen. Das dünne illustrierte Werk steht zwischen Hunderten von Lehrbüchern im Büro des Mikrobiologen Dickson Despommier im medizinischen Komplex der Columbia University in New York. Seine Frau Marlene hatte sich an das Buch erinnert und ihn darauf aufmerksam gemacht, dass es doch eigentlich mit dem zu tun habe, was er seit Jahren erforscht. Despommier hat es nun schon einige Male zu seinen Vorlesungen mitgenommen und die Studenten damit zum Schmunzeln gebracht. Das Buch von Judi und Ron Barrett heißt *Old Macdonald had an Apartment House* und erzählt von einem Mann, der sich die Bauernhofidylle in einen Wohnblock holt und Pflanzen zwischen Erdgeschoss und Dach großzieht. Eine nette Gutenachtgeschichte für Kinder, aber 1969 kaum mehr als blühende Fantasie. Die Autoren hätten sich wohl niemals erträumt, dass ihre Geschichte exakt 40 Jahre später wahr werden könnte. Denn Dickson Despommier hat vor, nicht nur Apartmenthäuser zu bepflanzen, sondern mitten in den überbevölkerten Ballungsräumen mit in den Himmel ragenden Agrartürmen voller Grünzeug das globale Ernährungsproblem zu lösen. »Vertical Farming« nennt er seine innovative Methode.

»Es dürfte inzwischen klar sein, dass wir die gigantische Aufgabe einer wachsenden, gleichzeitig aber nachhaltigen Nahrungsproduktion nur mit einem radikalen Wandel bewältigen können«, sagt Despommier. »Ein einziger strategischer Schritt könnte viele unserer derzeitigen Probleme zum Verschwinden bringen. Lasst uns das Getreide drinnen anbauen, unter extrem kontrollierten Bedingungen. Das ganze Jahr über könnte geerntet werden. Wir schaffen Kreisläufe, die Wasser und Energie einsparen. Unvorhersehbare Klimafaktoren würden uns nicht mehr behindern. Durch die Dezentralität würden erhebliche Transportkosten gespart und Schadstoffausstöße verhindert. Und das alles, während sich die Natur draußen ihre Flächen wieder zurückholen kann. Viele Klimaexperten stimmen überein, dass der beste Weg zur Entschleunigung des Klimawandels die Rückgabe der seit Jahrhunderten mehr und mehr deformierten und ausgedehnten Kulturlandschaften an die Wildnis ist. Mit dem Vertical Farming geben wir der Natur die Möglichkeit, sich selbst wieder zu reparieren.«

Im ausgereiften Endstadium soll ein vertikaler Bauernhof einen Häuserblock groß und 30 Stockwerke hoch sein. 120 dieser Bauernhöfe, so hat Despommier ausrechnen lassen, wären in der Lage, die acht Millionen Einwohner New Yorks zu versorgen. Genauso viele Brachen haben seine Studenten im Stadtgebiet des Big Apple protokolliert. Die Vertical Farms würden als gläserne, lichtdurchflutete und mit Solarzellen bestückte Ökopaläste mit angeschlossenem Besucherzentrum und Restaurant jede Metropole aufwerten. Aber das Touristische ist bloß ein willkommener Nebeneffekt. Das Visionäre passiert hinter den Glasscheiben. Despommier plant mit drei unterschiedlichen Anbautechniken, die ohne Erde auskommen und bereits seit Jahrzehnten von Universitäten, der NASA und in der Praxis erprobt wurden, aeroponische Bewässerung, hydroponische Bewässerung und Tropfenbewässerung. Bei der Tropfenbewässerung werden über Schläuche ganz gezielt und portioniert Wasserrationen an das Wurzelwerk von Pflanzen abgegeben, die in einem neutralen Silikat wachsen. Aeroponische Bewässerung versorgt die Pflanzen mit angereichertem Wasserdampf. Die hydroponische Variante setzt die Wurzeln einer Nährstofflösung aus. Alle Verfahren arbeiten extrem wasserschonend. Auf den verschiedenen Stockwerken könnte so unter Anwendung der passenden Technik vom Salatkopf bis hin zum Weizenhalm eine große Bandbreite an Nutzpflanzen gezüchtet werden. Die Salate wären alle sechs Wochen so weit, Getreide könnte verlässlich viermal im Jahr geerntet werden.

Der Energiebedarf würde nicht nur durch Sonnenenergie gedeckt. Despommier stellt sich kleine Biomasse-Kraftwerke in den Kellergeschossen vor, die den größten Teil der Pflanzen, die nicht verzehrt werden, wieder in nutzbaren Strom umwandeln.

Obwohl ein kleinerer Prototyp, der Tests unter echten Bedingungen ermöglichen soll, erst in der Entstehung ist, gibt es schon jetzt Anfragen für die Vertical Farms aus aller Welt. Ohne dass Despommier jemals professionell für sein

Projekt geworben oder aktive Investorenakquise betrieben hätte. Jener Prototyp soll auf der Seite des Hudson River im Bundesstaat New Jersey entstehen, auf die der Professor jeden Tag aus seinem Bürofenster schaut. Dort ist er auch aufgewachsen, dort hat er geangelt, dort hat er als Teenager Zuflucht in der Natur gesucht – immer dann, wenn der Haussegen schief hing. Und das war eher die Regel als die Ausnahme.

Dickson Despommier hat alles andere als eine traumhafte Kindheit und Jugend. Er lebt bis zu seinem elften Lebensjahr in der Nähe von San Francisco. Sein Vater Roland, dessen Vorfahren aus Irland und Frankreich kamen, wurde in New Orleans geboren, wo er in völliger Armut aufwuchs. Er schaffte nur den niedrigsten Schulabschluss und arbeitete zunächst als Bote bei der Reederei Moore McCormack, die Dampfschifffahrten zwischen Nord- und Südamerika anbot und Firmensitze in New Orleans, San Francisco und New York hatte. Roland Despommier hat sich nie viel aus Bildung und Ausbildung gemacht, und so gibt er auch seinen zwei Kindern Dickson und Deborah zu verstehen, dass ein anständiger Schulabschluss, geschweige denn ein Studienplatz, nicht überaus erstrebenswert sei. Sein Leben lang arbeitet Vater Despommier bei ein und demselben Unternehmen, leitet zuletzt die Buchhaltung. Er ist ein ruhiger, reservierter Mann, der wenig sagt und viel tut. Er macht gewissenhaft seinen Job und flüchtet sich regelmäßig aus dem Alltag, indem er in der Natur angeln geht. Er heiratet zweimal. Beide Male sind es bildhübsche Frauen, beide Male allerdings auch gebeutelte Charaktere, die als Waisenkinder groß geworden sind. Ein Hintergrund, der möglicherweise für die raue Kindheit Dicksons mitverantwortlich ist.

Höhepunkt der Eskapaden seiner leiblichen Mutter Beverly ist ihre plötzliche Flucht im Jahr 1946. Roland Despommier kommt von der Arbeit nach Hause und findet in der Wohnung nichts weiter vor als zwei kleine, verstörte Kinder auf dem nackten Fußboden. Möbel, Kleider, Inventar, alles weg. Beverly hatte sich heimlich ein Zugticket besorgt, um zurück nach New Orleans zu fahren. »Das war für uns alle ein Schock. Diesen Tag vergesse ich nie«, sagt Dickson Despommier. »Ich erinnere mich daran, als wäre es gestern gewesen. Sie war total durcheinander und weinte, als sie uns verließ.«

Fröhliche Momente erlebt Dickson bei den Adoptiveltern seiner Mutter in New Orleans, der Familie Woods. Dicksons Vater hatte einen so guten Draht zu dem Ehepaar, dass er seinen Sohn nach Richard Woods benannte, den alle nur unter dem Spitznamen »Papa Dick« kennen. Papa Dick und seine Frau sind entsetzt über die Art und Weise, wie sich ihre Tochter verhält, und überschütten ihre Enkel mit Liebe. Sie laden Dickson ein, die Sommer bei ihnen in der Wärme Louisianas zu verbringen. Der Großvater ist Krabbenfischer, dessen Beifang jeden Abend auf den Tellern landet. Er geht mit Dickson schwimmen, spielt mit ihm Baseball.

Mit ihrem alleinerziehenden Vater leben Dickson und seine Schwester in San Leandro, einer Satellitenstadt von San Francisco direkt am San Francisco Bay. Als er zehn ist, heiratet sein Vater wieder. Aber Dorothy bringt kein anderes Klima in den Haushalt. Im Gegenteil. Sie ist eifersüchtig auf die gute Vater-Sohn-Beziehung und gibt Dickson das Gefühl, dass er es im Leben zu nichts bringen werde. Alles, was er erreicht, scheint nicht gut genug. Und immer, wenn Roland Despommier heimkommt, fängt sie ihn bereits an der Haustür ab, um ihm ihre Version dessen zu erzählen, was tagsüber wieder mit den Kindern passiert ist. Sie versucht, Keile zwischen Roland und dessen Sohn zu treiben. Dickson erlebt seine größten Triumphe, wenn es ihm gelingt, seine Stiefmutter zu widerlegen und ihr mit Wut im Bauch zu zeigen, was in ihm steckt. Das Verhältnis zu seinem Vater geht nicht in die Brüche. Vor allem die Liebe zur Natur und das Interesse am Sport halten die beiden zusammen.

»Ich hatte eine turbulente Kindheit«, sagt Dickson Despommier. »Damit stehen einem zwei Möglichkeiten offen. Entweder wird man eine traurige Person und bedauert jeden Tag, dass man keine normale Kindheit hatte. Oder man sagt sich, dass man nichts an der Vergangenheit ändern kann und für den Moment und die Zukunft lebt. Die zweite Variante entwickelte ich zu meiner Philosophie. Ich war nie ein trauriger Mensch.«

Dickson muss sich also auf sich selbst verlassen, muss sich selbst motivieren, muss einfach nur durchhalten. Er ist kein besonders guter Schüler, stört oft den Unterricht. Nicht, weil er ein notorischer Rebell wäre oder sich nicht benehmen könnte. Dickson will einfach nur auffallen, er kämpft um Anerkennung und Aufmerksamkeit. »Die Niederschläge brachten mich immer weiter«, weiß Despommier. »Das Leben teilt ständig schlechte Karten an uns aus. Aber was bleibt uns anderes übrig, als das Spiel mit diesen Karten so gut und freudvoll es geht zu spielen, auch wenn man keine vier Asse hat?«

Was er dennoch von seinem Vater lernt, ist viel wert: Respekt vor der Natur. Die Familie ist längst von der Westküste nach New Jersey an der Ostküste gezogen, als Dickson mal wieder allein zum Angeln aufbricht. Für seinen stattlichen Fang, den er nach Hause bringt, bekommt er von seinem Vater kein Sonderlob, sondern einen harten Rüffel. Der Grund: Die Angelsaison beginnt erst morgen! Und dass es bestimmte Zeiten gibt, in denen nur geangelt werden darf, hat nun mal seinen Grund. Zur Strafe darf Dickson eine Woche lang nicht fischen gehen. Was ihn im ersten Moment kränkt. Aber er versteht, dass man mit der Natur und ihren Ressourcen behutsam umzugehen hat.

Die Liebe zur Natur hat Dickson wohl auch seiner Mutter zu verdanken – trotz ständiger Krisenstimmung. Sie liest dem heranwachsenden Kind keine Märchen oder banalen Einschlafgeschichten vor. In den ersten Büchern geht es ausschließlich um Schmetterlinge, Spinnen, Frösche oder Fische, Tiere, die er am nächsten Tag in der Umgebung sucht, sammelt, beobachtet und wieder freilässt.

»Die Natur war ein Fluchtpunkt für meinen Vater wie für mich«, sagt Despommier. »Doch eines hat uns unterschieden. Während mein Vater gern in Seen angelte, dabei rauchte, die Stille genoss und am Ufer darauf wartete, dass die Fische anbissen, hatte ich immer eine Faszination für Flüsse. Ich mochte die Aufregung und die Bewegung, die alles in den Ozean treibt.« Bis heute hat Despommier das Angeln perfektioniert. Inzwischen ist er passionierter Fliegenfischer, der stundenlang bis zu den Hüften mitten im Strom steht und sich seine filigranen Köder selber bastelt. »In diesen Momenten werde ich eins mit der Natur«, erklärt er. »Ich bin Teil des Systems und schaffe dadurch transzendente Gefühle, die man sonst nur über Meditation erreicht. Irgendwann habe ich gemerkt, dass es in diesen Situationen um Aufmerksamkeit geht. Wenn du dich auf die Forelle konzentrierst, fängst du eine. Das gilt auch für alle anderen Lebenslagen. Als ich damals anfing, die Schule zu lieben und mich auf den Unterricht zu konzentrieren, schrieb ich viel bessere Noten.« Die ihm die Möglichkeit eröffnen zu studieren.

Despommier geht auf die Fairleigh Dickinson University, heute die größte private Hochschule New Jerseys und nicht weit von seinem Elternhaus entfernt. Die vier Jahre Biologiestudium verbringt er noch bei seinem Vater und seiner Stiefmutter. »Der Tag, an dem ich dann mein Zuhause verließ, war der glücklichste meines Lebens«, sagt er. Doch bevor er sich in die Freiheit verabschiedet, muss er zittern. Bis zu seinem letzten Tag an der Universität weiß er nicht, wo er anschließend arbeiten wird. Und ihm steht Vietnam bevor. Wird er eingezogen oder nicht? Niemand stellt ihm einen Job in Aussicht. Zu unsicher ist seine Zukunft. Dann, während der letzten Prüfung, schiebt ihm sein Professor einen Zettel zu mit der Anweisung, ihn erst zu lesen, wenn er die Prüfungsunterlagen abgegeben habe. Despommier platzt fast vor Neugier, faltet später das Papier auf und findet eine Telefonnummer der Columbia University. Dort soll er einen Termin für ein Bewerbungsgespräch vereinbaren. Sollte er doch noch im letzten Moment die Kurve kriegen? Er ruft an und erhält die frustrierende Nachricht, die Stelle sei leider schon vergeben. Aber bevor sein Gesprächspartner auflegt, wird der zerknirschte Student gefragt, ob er einen Kurs in Parasitologie besucht habe. Despommier bejaht. Wunderbar, dann solle er doch bitte trotzdem zum Bewerbungsgespräch vorbeikommen. Für den Fall, dass zufälligerweise ein neues Budget auftauche, würde man sich bei ihm melden.

Tatsächlich muss Dickson Despommier nach dem Bewerbungsgespräch nur einen einzigen Tag warten. Er erhält den erlösenden Anruf, etwas Geld sei aufgetaucht, er könne an der Columbia University als Forschungsassistent in der Parasitologie anfangen. Seine Laune bessert sich. Und das ist noch nicht alles. Im Labor wird er die junge Dame kennenlernen, die ihm den ersten Job vor der Nase weggeschnappt hat: Judith Forman aus Brooklyn. Sie wird drei Jahre später seine Ehefrau werden und ihm zwei Söhne schenken, Bruce und Bradley. 23 Jahre wird die Ehe halten. Was Despommier in seinem ersten Angestelltenverhältnis zu erledigen hat, klingt alles andere als erstrebenswert. Er muss mit seinem Team Kotproben der Patienten aus der benachbarten Uniklinik untersuchen. Trotzdem, Despommier ist begeistert. »Ich liebte es, nein, es war besser als das.« Geleitet wird das Labor von Dr. Harold W. Brown, einem weitgereisten Experten in Tropenkrankheiten, der seine junge

Truppe ständig mit spannenden Forschungsberichten aus Puerto Rico, China oder Indonesien beeindruckt und zum Mentor von Dickson Despommier wird.

Der bleibt allerdings nicht lange. Der Kerl, dessen Stiefmutter ihm stets Unfähigkeit attestierte, will promovieren. Das tut er an der University of Notre Dame in Indiana in einer Zeit, in der auch sonst viel passiert. Er heiratet, sein erster Sohn kommt zur Welt, und dann stirbt sein Vater. Er erfährt durch einen Anruf seiner Stiefmutter davon. Sie ist kaum in der Lage zu sprechen. Roland habe während eines Football-Matches, das er im Fernsehen gesehen habe, einen Herzinfarkt erlitten. »Ich sah die gleiche Übertragung. Die New York Giants spielten«, erinnert sich Despommier. »Ich habe großen Respekt vor meinem Vater. Ich vermisse ihn. Er war erst 54, als er starb. Er hat immer viel Eiscreme gegessen, rauchte viel, bewegte sich wenig. Das war wohl die richtige Mischung für einen Herzinfarkt.«

In dieser Zeit bekommt Despommier ein Angebot für den Posten eines Assistenzprofessors an der Universität in Maryland. Kein spektakulärer Job, aber immerhin eine kleine Weiterentwicklung. Der eigentliche Sinn seiner Reise nach Maryland wird ihm erst hinterher klar. Im Treppenhaus des Hotels, in dem er unterkommt, trifft Despommier zufällig auf George Jackson, einen Wissenschaftler von der Rockefeller University in New York, der denselben Krankheitserreger erforscht, der Despommier in seiner Dissertation beschäftigt hatte: *Trichinella spiralis*. Ein mikroskopisch kleiner Wurm, der vor allem im Muskelfleisch von Schweinen und Wildtieren vorkommt und auch Menschen befallen kann.

Jackson fragt Despommier nach seinen Plänen. Der greift spontan zu einer Notlüge und behauptet, vorgehabt zu haben, sich an Jacksons Institut zu bewerben. »Das passt«, erwidert Jackson, »wir haben gerade eine Position frei und genug Geld zur Verfügung. Wir würden dich gern einstellen.«

Wieder hellt sich Despommiers Welt auf. Er reist nach Indiana und präsentiert seiner Frau die frohe Nachricht. Sie würde bald zurück in ihre geliebte Heimat an der Ostküste ziehen können, und er würde an der prestigereichen Rockefeller University forschen. Was passiert? Das Gleiche wie am letzten Tag seiner Studentenzeit. Er meldet sich bei der Rockefeller University und erhält einen Brief, dessen Inhalt ihm bekannt vorkommt: »Leider haben wir das Budget in der Zwischenzeit in eine andere Karriere gesteckt.« Schon wieder! Doch auch dieses Mal bleibt ihm das Glück treu. Eine Woche später bekommt er einen zweiten Brief. Neues Geld sei aufgetrieben worden. Er solle schleunigst antanzen.

Dieses Prinzip der unerwarteten Chance begleitet Despommier sein Leben lang: zuerst ein Vakuum, eine Hoffnung, dann ein Rückschlag, danach die große Gelegenheit, sich weiterzuentwickeln. »Durch wie viele Türen kann man gleichzeitig gehen?«, fragt er seine Studenten gern, bevor er sie ins Leben entlässt. »Durch eine. Es geht nicht darum, wie viele Türen sich öffnen. Es reicht eine. In meinem Leben öffnete sich immer nur eine Tür zu einem ganz bestimmten Zeitpunkt. Ich musste mich nie entscheiden. Ich musste nur durchgehen.«

Ist das Glück? Kann man es Schicksal nennen? Einer der Literaten, die Despommier prägten, ist Theodore Dreiser. Dessen Werk begegnete ihm in den Kursen für amerikanische Literatur, die er auf dem College im Nebenfach besuchen musste. Dreiser veröffentlichte vor allem zu Beginn des 20. Jahrhunderts und gilt als Vertreter des Naturalismus. Sein Lieblingsthema ist der soziale und moralische Verfall im Blendwerk boomender Großstädte. Dreisers erster Roman *Sister Carrie* blieb anfangs erfolglos, machte aber auf Dickson Despommier im Studium den stärksten Eindruck. Er handelt von einem Mädchen vom Dorf, das sich zuerst in Chicago, dann in New York am dekadenten Materialismus berauscht und durch männliche Gönner den Aufstieg zur Starschauspielerin schafft. Die Geliebten erleben zeitgleich den totalen sozialen Niedergang: Arbeitslosigkeit, Obdachlosigkeit, Selbstmord. »Dreiser schrieb über menschliche Schicksale und darüber, welche Rolle Glück im Leben spielt«, sagt Despommier. »Wenn sich in Dreisers Romanen Türen öffneten, waren es für gewöhnlich die falschen. Mir öffneten sich glücklicherweise immer die richtigen. Die muss man allerdings erkennen können.«

Despommier sagt also die Professorenstelle in Maryland ab, zieht mit seiner Familie nach New Jersey und pendelt von 1967 bis 1970 jeden Tag zur Rockefeller University nach Manhattan. »Es waren die bemerkenswertesten Jahre meines Lebens«, sagt er. »Plötzlich hörten mir Nobelpreisträger zu. Fast täglich aßen wir an einem großen Tisch gemeinsam zu Mittag. Wir waren auf Augenhöhe. Sie waren ganzheitliche Denker und auch an meinen Themen interessiert. Ich bekam richtig Spaß am Forschen. Ich ging nicht ins Labor, ich rannte. Meine Frau liebte es, wenn ich abends nach Hause kam. Weil ich so glücklich, so erfüllt war und übersprudelte vor Neuigkeiten.« Der amerikanische Bakteriologe René Dubos hinterlässt bei Despommier den stärksten Eindruck. Dubos war noch vor dem Penicillinentdecker Alexander Fleming durch Analysen des Erdreichs auf das erste Antibiotikum gestoßen und verbringt die letzten Jahre seiner Lehrtätigkeit an der Rockefeller University.

Am Mikroskop bleibt Dickson Despommier seiner alten Bekannten treu, der unbequemen *Trichinella spiralis*, die eine der häufigsten Wurmerkrankungen beim Menschen auslöst, verursacht vor allem durch den Verzehr von schlecht gelagertem und unzureichend abgekochtem Fleisch. Ein Jahr verirrt sich Despommier nach Toledo, Ohio, an eine Medical School, kann dann aber seine lange, erfolgreiche Professorenkarriere an der Columbia University starten. Zwischen

1971 und 1998 werden ihm sechsmal in Folge Forschungsgelder bewilligt, er wird ein Dutzend Mal als bester Professor ausgezeichnet, schreibt vier Bücher, publiziert über 60-mal in namhaften Fachpublikationen, hält unzählige Gastvorlesungen und sitzt in etlichen Kommissionen. In 27 Jahren wird er zu *dem* Experten für *Trichinella*. »Ich lernte mehr und mehr über immer weniger. Mein Fokus verkleinerte sich in jedem weiteren Jahr.«

Beim siebten Antrag auf Forschungsgelder bekommt Dickson Despommier die Tür nicht mehr auf. »Es ging nicht, sosehr ich es auch versuchte. Ich hatte keinen Schlüssel mehr dafür.« Die Prioritäten der Entscheider scheinen sich verändert zu haben. Ihr Budget fließt nun in Richtung anderer bekämpfungswürdiger Krankheiten wie Malaria oder Leishmaniose. Zudem wird die genetische Erforschung immer wichtiger, die biologische, für die Despommier steht, tritt in den Hintergrund. Warum wird plötzlich einer der Koryphäen des Universitätsbetriebs der Geldhahn zugedreht? Möglicherweise, weil Despommier und seine Mannschaft durch überdurchschnittlich viele Ortswechsel ins Hintertreffen gerieten. Viermal mussten sie umziehen innerhalb der Columbia University. »Das hat uns unglaublich viel Zeit geraubt«, sagt der Mikrobiologe, »während die anderen ungestört weiterforschen konnten.« Zum Teil war das *Trichinella*-Team wegen der Umbauten ein ganzes Jahr am Stück nicht in der Lage, praktisch zu arbeiten. Der Todesstoß. Aber gleichzeitig der Türöffner für sein großes Alterswerk, das auf den ersten Blick so gar nichts mit dem jahrelangen Stammfach zu tun hat.

Was Despommier mit seinen 58 Jahren erlebt, ist kein Rauswurf. Die Universität will ihn weiter zu ihren Professoren zählen, denn der Name Despommier ist weit über die Grenzen des Columbia-Campus hinaus ein Aushängeschild. Aber der Parasitenexperte wird sich wohl oder übel umorientieren müssen. Er gibt sein Labor ab und beschränkt sich auf einen einzigen Büroraum im Gebäude des Psychiatrischen Instituts der Universität. Von dort wirkt er noch heute.

Die erste Phase der forscherischen Ratlosigkeit überbrückt Dickson Despommier mit der Gründung eines eigenen Buchverlags namens Apple Trees Productions, die ihm von einem Freund aus dem Pharmageschäft großzügig finanziert wird. Darin veröffentlicht er seine akribisch aufbereiteten Forschungsergebnisse der letzten Jahre. Sein Buch über Parasitologie oder das West-Nil-Virus werden zu Standardwerken seines Faches.

Despommier gibt weiterhin seinen Grundkurs für Parasitologie, entwickelt aber zwei zusätzliche Kurse zu Themen, die er als wichtig erachtet, die aber zu dem Zeitpunkt wenig populär sind. »Medical Ecology« ist das vieldeutige Schlagwort eines seiner neuen Seminare. Medizinökologie also, eine noch junge Wissenschaft, die sich mit Einflussfaktoren auf die körperliche und geistige Gesundheit des Menschen beschäftigt. Dabei gilt es, die Komplexität des Ökosystems zu verstehen, um passende Lösungsmöglichkeiten für die Behandlung von Krankheiten daraus abzuleiten. Als Urheber des Begriffs »Medical Ecology« gilt Despommiers Mentor René Dubos. Er ging davon aus, dass die Natur sämtliche Heilmittel in sich trage. Despommier stellt diese Behauptung auf ein breiteres Fundament. »Ich glaube, dass es angewandte ökologische Prinzipien vermögen, das verheerende Mensch-contra-Natur-Paradigma aufzulösen«, sagt Despommier. »Der Mensch ist ein wesentlicher Bestandteil des ökologischen Systems, aber die meiste Zeit ist er sich nicht bewusst, dass er mit dem Rest der Welt verbunden ist. Medical Ecology verbindet nun natürliche Prozesse mit unserem Leben. Je mehr wir uns dieser physikalischen, chemischen und biologischen Prozesse bewusst sind, desto konsequenter können wir Szenarien vermeiden, die unser Wohlbefinden stören.«

In Despommiers erstem Kurs in Medical Ecology im Frühjahr 2000 geht es um die Konsequenzen der abnehmenden Ozonschicht, der zunehmenden UV-Strahlung und des Treibhauseffekts. Der zweite Kurs in Medical Ecology wird vom Faktor Wasser dominiert, der dritte von der Luft, im vierten Kurs ist die Ernährung Thema.

Acht Studenten haben den vierten Kurs belegt. Nachdem Despommier mal wieder über die negativen Auswirkungen der Umweltzerstörung und die düstere Zukunft unseres Planeten referiert hat, begehren sie auf. »Sie sagten, sie hielten das nicht mehr aus. Sie seien nicht mehr ruhigen Gewissens in der Lage, etwas zu essen oder zu trinken, geschweige denn, ruhig zu schlafen. Ich hätte ihnen das Gefühl gegeben, dass da draußen so langsam die Welt auseinanderfällt. Sie wollten sich aber mit etwas beschäftigen, das ihnen ein besseres Gefühl und einen positiveren Blick auf die Zukunft geben würde. Sie hatten das Bewusstsein für die brenzlige globale Situation, aber sie hatten genug von den bedrohlichen Dingen. Sie fragten nach Lösungen.«

Despommier ist in der Vergangenheit nicht umsonst mehrmals zum besten und beliebtesten Professor gewählt worden. Er dreht den Spieß um und gibt seinen Studenten die Möglichkeit, den nun auf Lösungen ausgerichteten Inhalt des Kurses selber zu bestimmen. Sie wollen das Thema Ernährung aus seiner Abstraktion holen und es mit einem ganz konkreten lokalen Aspekt kombinieren. Die Fragestellung: Wie viel Nahrung für wie viele Menschen kann man wohl auf den Dächern Manhattans anpflanzen?

»Gut Idee«, kommentiert Despommier den Vorstoß. »Dann findet erst einmal heraus, wie viel Fläche hier zur Verfügung steht, und berechnet dann den Ertrag für verschiedene Pflanzenarten.« Die acht Studenten recherchieren und finden heraus, dass beispielsweise mit auf den Dächern angebautem Reis nur zwei Prozent der Bevölkerung von Manhattan ernährt werden kann. Viel zu wenig. Das Ergebnis bewirkt, dass sie sich mehr über sich selbst ärgern als vorher über ihren Professor. »Sie wollten etwas Gutes und Richtiges tun«, sagt Despommier. »Aber sie dachten nicht weit genug.«

Die Studenten warten auf eine Anleitung ihres erfahrenen Lehrers. Der weist sie darauf hin, dass es da draußen im Stadtgebiet New Yorks sehr viele stillgelegte und verlassene Gebäude gebe. Warum also nicht die Idee der Dachbepflanzung nehmen und mit ihr in diese Bauten hineingehen? Gewächshäuser funktionierten doch auch schon seit Jahrzehnten.

Das Erbe allerdings übernimmt der Folgekurs, die Zeit für die acht Absolventen ist zu knapp geworden, um das Projekt zu Ende zu denken. Zwölf Studenten sind es schon im zweiten Seminar. Sie sollen herausfinden, welche Pflanzenarten sich eignen würden für den inhäusigen Anbau und wie man sie am besten kultivieren könnte. Lange recherchieren brauchen sie nicht. Bei der NASA werden sie fündig. Die hatte längst ermittelt, was sich im Zuge einer Weltraumbesiedelung im All anbauen ließe, und war auf einen Grundstock von 85 Pflanzenarten gekommen. Despommier hält das mit Hinweis auf unsere sehr begrenzten Einkaufszettel für viel. Natürlich kommt auch die Frage nach der Tierzucht auf. Die allerdings bewertet Despommier für das Vertical Farming vorerst als nicht geeignet.

Die 15 Studenten des dritten Kurses betraut Despommier mit einer Denkaufgabe: Wie groß muss ein Agrarturm sein, um etwa 50 000 Menschen zu ernähren? Das Ergebnis weiß Despommier längst: rund 30 Stockwerke hoch und rund 4000 Quadratmeter in der Fläche, was in New York einem Häuserblock entspricht. Während die Studenten kalkulieren, geht Dickson Despommier in die Tiefenrecherche. Ihn lässt das Thema Vertical Farming nicht mehr los. Er führt Listen, welche die Vor- und Nachteile der Entwicklung einander gegenüberstellen. Es ist keine schöpferische Überheblichkeit, aber auf der Minusseite steht so gut wie gar nichts. Das Übergewicht der Plusseite macht Mut: Fast alles kann in Kreislaufsystemen angelegt werden, Emissionen können total reduziert, sogar viele neue Arbeitsplätze geschaffen werden.

Der vierte Kurs beschäftigt sich schließlich mit der Energiefrage. Ist so ein in die Höhe ragender Superbauernhof nicht unglaublich strom- und wasserintensiv? Die Antwort wird »Nein« lauten. Biomasse-Kraftwerke sollen den pflanzlichen Abfall in pure Energie verwandeln, unterstützt durch Solarkraft. Das Wasser wird zum einen immer wieder aufbereitet, zum anderen über das Dach des Gebäudes frisch eingesammelt.

2004 scheint klar: Die Vertical-Farming-Forschung kann vorerst als abgeschlossen betrachtet werden. Despommier weiß genug, jetzt muss ein solcher Ökogigant gebaut werden. Ein Prototyp muss her, ein Labor in annähernder Originalgröße. »Es gibt keine Ausreden mehr«, sagt Despommier. »Es stimmt nicht, dass nicht genug Geld dafür da wäre. Es stimmt nicht, dass die Lösungen nicht ausgereift seien. Es liegt nun am Willen von Politik und Wirtschaft. Wir sind gefangen in der Technik des 19. Jahrhunderts. Allein von den Bewohnern New Yorks werden täglich eine Milliarde Liter Abwasser in den Hudson River, den East River und ins Meer gespült. Dabei wissen wir längst, wie wir Abwasser wiederaufbereiten können. Unser Job muss es sein, so etwas nicht mehr zu akzeptieren und aus dieser Gefangenschaft der Traditionen und Bequemlichkeiten auszubrechen.«

Nur wie? Despommier meint, dass eine großflächige Verbreitung des Vertical Farmings wohl nur zu erreichen sei, wenn man auch an die sogenannten niederen Instinkte appelliere: Geld, Ruhm und Karriere – an ein Engagement also, das sich kurzfristig lohnt und nicht nur einen langfristigen ökologischen Nutzen hat. »Der größte Teil der Finanzierung sollte aus privaten Quellen kommen, einschließlich der Risikokapital-Fonds«, meint Despommier. »Das Geld würde fließen, wenn Unternehmer und Clean-Tech-Investoren realisierten, wie viel Profit mit innerstädtischem Pflanzenanbau zu machen ist. Man muss sich bloß die finanziellen Effekte vorstellen, die die Planbarkeit von Ernten und die Unabhängigkeit vom Wetter mit sich bringen. Verkäufe von Getreide könnten lange im Voraus vereinbart werden, die Mengen wären garantiert.«

Aber vielleicht ist das Projekt ja doch allein mit dem neuen Bewusstsein zu verwirklichen. Der 23. August 2009 macht jedenfalls Hoffnung. Am Tag, als Despommiers Gastaufsatz mit der Überschrift »A Farm on Every Floor« in der *New York Times* erscheint, erhält er zwei Anrufe. Der eine kommt aus dem Weißen Haus, der andere von der Stadtverwaltung von Newark, einer degenerierten Kommune in New Jersey mit 18 Prozent Arbeitslosigkeit, die New-York-Touristen nur von Flughafen und Highway her kennen. Aus Washington sendet Alfonso Carrion, Direktor des Departments of Urban Affairs von Barack Obama, seinen Respekt. Er ist so begeistert von dem Projekt, dass er dem ganzen Kabinett davon erzählt. Was so ein enthusiastischer Anruf wert ist, wird sich zeigen.

Handfester ist der Anruf von der anderen Seite des Hudson River. Die Stadt Newark bietet sich an, als Unterstützer, Kofinanzier und natürlich Standort des so wichtigen Prototyps. »Newark geht es nicht gut, aber es liegt nicht alles am Boden«, sagt Despommier. »Da sind das New Jersey Institute of Technology, die Rutgers University und eine Stadtverwaltung, die erkannt hat, dass sie dem Niedergang ihrer

Foto: Martin Häusler

In seinem Büro an der Columbia University hat Dickson Despommier stets das Kinderbuch griffbereit, das bereits vor 40 Jahren mit der Idee der Vertical Farm spielte.

Stadt etwas entgegenzusetzen hat. Also beteiligen wir die drei Institutionen an der Entwicklung des Prototyps und lassen die ganze Welt auf Newark blicken.«

Despommier schätzt, dass der Testbau mit einer Größe von einem Achtel Häuserblock und einer Höhe von fünf Stockwerken inklusive aller Versorgungseinrichtungen maximal 30 Millionen Dollar kosten würde. Gemessen an dem, was ein Staat wie die USA für Kriegseinsätze ausgibt, sei das ein relativ geringer Betrag.

Läuft der Prototyp erst einmal, träumt Dickson Despommier von einer Ausbreitung der innovativen Technik über den Globus – im Lego-Format. Die Vertical Farms sollen nach dem Baukastensystem den jeweiligen Standorten angepasst werden können. Despommier hat vor kurzem Vertical

Farm Technologies gegründet, eine Firma, welche die Erfindung federführend planen, vertreiben und bauen soll. Schon jetzt reisen Geschäftskollegen durch den Mittleren Osten, um Staaten wie Jordanien oder Katar für das Projekt zu sensibilisieren. »Wir werden vom Planeten verschwinden, wenn wir nichts tun«, sagt Despommier. »Wir haben vielleicht noch 100 Jahre, wir haben keine Wahl. Fest steht, dass die traditionelle, 12 000 Jahre praktizierte und ausschließlich dem Erdboden zugewandte Landwirtschaft keine Zukunft hat. Sie ist keine nachhaltige Option mehr.«

Die Bewässerung von Ackerland beansprucht heute rund 70 Prozent des Frischwasserverbrauchs. Der von Despommier durchgerechnete Wasserverbrauch einer Vertical Farm kann um bis zu 90 Prozent geringer liegen. Perfekt also für Regionen, die allein aufgrund ihrer topografischen Lage an Wassermangel leiden. Den Mittleren Osten sieht Despommier daher als idealen Standort für die erste Vertical Farm in Originalgröße. Die Ausdehnung von Naturlandschaften mit wild fließenden Flüssen und ursprünglichen Seen könnte so wieder initiiert und die Landnahme in die Wüsten hinein mit zum Teil irrwitzig extensiver Bewässerungstechnik gestoppt werden. Für jeden Acre (4047 Quadratmeter), der innerhalb einer Vertical Farm bepflanzt wird, so Despommiers Grundlagenforschung, könnte man der Natur bis zu 20 Acre wieder zurückgeben.

Despommiers Artikel in der *New York Times* endet mit einem dringlichen Appell: »Sobald die erste Stadt den Sprung ins Ungewisse wagt, brauchte es nicht mal ein Jahr, bis die erste Vertical Farm den Hungernden der Welt zu Hilfe kommen könnte.« Den Anfang hat Newark bereits gemacht.

Foto: Martin Häusler

ALDO BERTI

Heiler aus Radolfzell, Deutschland,
geboren 1964 in Achim bei Bremen, Deutschland

Ein von der Kirche enttäuschter Opernsänger entdeckt seine heilenden Kräfte und kehrt zum Glauben zurück – Wie sich Mensch und Gesellschaft mithilfe des Geistes kurieren können und zu einem harmonischen Miteinander finden

Iris Adami Corradetti war am Ende ihres Lebens eine kleine, zierliche Frau. Sie trug gern große, getönte Brillen und hatte schlohweißes, volles Haar. Sie entsprach dem Image einer betagten und distinguierten Operndiva. 1927 hatte sie an der Mailänder Scala debütiert und konnte sich bis 1946 den Status eines Superstars erarbeiten. Sie sang in über 100 Rollen. Nach dem Krieg heiratete sie einen Arzt und verabschiedete sich aus dem täglichen Bühnengeschäft. Doch der Oper blieb sie erhalten. Regelmäßig lud sie talentierte Sängerinnen und Sänger zu Meisterkursen, bis ins hohe Alter. José Carreras gehörte zu ihren Schülern. 1989, neun Jahre vor ihrem Tod, erklärte sie sich bereit, einem 25-jährigen, gut aussehenden deutschen Bassbariton Unterricht zu geben. Sein Name, klangvoll: Aldo Berti.

Es war keine normale Begegnung, damals in Corradettis Wohnung in Padua. Mit dem ersten Handschlag hatte die Grande Dame bemerkt, dass ihr Gast aus Germania eine Besonderheit in sich trug. Corradetti wurde geplagt von einer schweren Erkrankung der Bronchien. Sie war ans Bett gefesselt, hatte aber Bedienstete, die für das Nötigste sorgten. Aldo Berti traute seinen Ohren nicht, als sie eines Tages zu ihm sagte: »Aldo, hai le mani curanti. Mettimele su!« – »Aldo, du hast heilende Hände. Leg sie mir auf!«

Was sollte er tun? Den Wunsch einer Diva abschlagen? Zitternd ließ er seine Finger auf ihrer Brust ruhen. Sie atmete ein paarmal tief durch und musste plötzlich schwer abhusten. Dazu war sie vorher nicht in der Lage gewesen. Schleim hatte sich gelöst. Fortan wiederholte Berti das Ritual bei seiner Lehrerin, jeden Tag für zehn Minuten. Immer unmittelbar nach dem Handauflegen brach sie in ein befreiendes Husten aus. Nach einer Woche stand sie auf, genesen, ohne Medikamente.

Wer war dieser Aldo Berti? Bis zu diesem Zeitpunkt ein passionierter Sänger, der nur für die Kunst lebte. Ein Linker, ein Lebemann, ein Frauenschwarm, ein von der katholischen Kirche enttäuschter Atheist. Berti hatte keine Hobbys. Er wollte nur singen, berühmt werden, unbedingt einmal auf einer großen Bühne seinen Lieblingspart, den Amfortas aus Wagners *Parsifal*, darstellen. Berti begegnete dem Konkurrenzdruck des Operngeschäfts mit voller Kraft, ließ es nach den Vorstellungen krachen, trank und aß mit den wichtigen Leuten, ging nie vor drei Uhr ins Bett. Und dann das! Er? Heilende Hände?

Zuerst nahm er es spielerisch. Er brachte kaputte Uhren wieder zum Laufen, indem er sie in der Hand hielt. Wenn Freunde Kopfschmerzen hatten, legte er ihnen die Hände auf. Eher aus Spaß. Aber mit Erfolg. Was da passierte, Berti hinterfragte es nicht. Er sang weiter. Aber nicht mehr lange.

Aldo Berti wächst in Achim bei Bremen auf, auf dem Land. Die Nachbarn haben einen Bauernhof. Überall sind Tiere. Die Bertis pflegen das Konzept der Großfamilie. Aldos zwei Schwestern, die Eltern und die Großeltern leben gemeinsam unter einem Dach. Die Erziehung ist streng katholisch. Wann immer es geht, flüchtet sich der junge Aldo hinaus in die Natur, setzt sich ans Ufer der Weser und blickt den Kähnen hinterher. Er glaubt, dass Binnenschiffer die große, weite Welt sehen. Ist Aldo daheim, kommt er selten an seinem Großvater Korbinian vorbei. Kaum hört dieser einen Mucks von seinem Enkel, bittet er ihn ins Wohnzimmer. Dort muss sich Aldo mit auf die Couch setzen und zuhören, wie der strenge Katholik aus dem Gotteslob singt. Das ganze Gesangsbuch, rauf und runter, jahrelang. Und wenn der Großvater nicht singt, spielt er auf der Mundharmonika.

Was sich fast schon künstlerisch anhört, ist für Aldo Berti eine Tortur. Er muss mindestens jeden Sonntag in die Kirche, muss als Ministrant dienen. Grundlage der Botschaften: das Alte Testament. »Es war nicht der liebende Gott, der mein Leben dominiert hat, sondern der strafende«, erinnert sich Berti. »Die Art, wie ich den Katholizismus beigebracht bekam, hat mich schon früh auf Distanz zur Kirche gebracht.«

Als er das erste Mal im örtlichen Gotteshaus in der ersten Reihe sitzen darf, muss Aldo vor Angst weinen. Der Pastor segnet die Oblaten und verkündet, dass diese nun der Leib Christi seien. »Ich dachte, ich müsste gleich Menschenfleisch essen«, sagt Berti. »Ich habe nicht sehr viele Erinnerungen an die frühe Kindheit, aber das ist eine sehr deutliche.«

Im Nachhinein vergleicht Aldo Berti diese Zeit mit einer Art Gehirnwäsche und erklärt: »Kinder, die auf die Erde kommen, haben noch eine sehr gute Vorstellung von der geistigen Welt. Denn sie kommen gerade aus ihr und haben eine sehr offene Beziehung zum Transzendenten. Wenn wir sie aber ausschließlich in die Enge des Körpers und der Gesellschaft pressen, haben Kinder ganz schön zu kämpfen. Das verletzt oft das Selbstwertgefühl. Das, was einen Menschen in der ersten Zeit seines Lebens bewegt, wurde früher gar nicht und wird auch heute kaum beachtet. Leider wird man frühestens mit vier, fünf Jahren für voll genommen. Kinder wollen geliebt, ernst genommen und ernährt, aber nicht mit Ideologien begrenzt werden.«

Die Grundschulzeit unterfordert Aldo Berti. Schneller als die anderen versteht er den Unterrichtsstoff. Er wird zum Klassenkasper, weil er sich so irrsinnig langweilt. Im Gymnasium ist er ein mittelmäßiger Schüler, hat Spaß an Erdkunde, Sport und Musik. 1983 macht Berti sein Abitur und nutzt das Ende dieses Lebensabschnitts, um aufzubrechen und das Bremer Hinterland hinter sich zu lassen. Er geht nach Krefeld, wo er am Krefelder Hof eine Ausbildung zum Hotelfachmann beginnt. »Ich dachte, das bringt mir die Welt. Ich wollte einfach raus.«

Dort, am Niederrhein, wird für den 18-Jährigen ein scheinbar unspektakulärer Termin zu einem für seinen Lebensweg elementaren Erlebnis. Berti kellnert auf einer Weihnachtsfeier. Bei der Veranstaltung wird auch gesungen: Weihnachtslieder. Das Singen überlässt man nicht allein den Gästen, sondern auch einem semiprofessionellen Opernsänger, der hauptberuflich in Viersen Autos verkauft und nebenbei im Chor des Krefelder Stadttheaters wirkt. Dieser Tenor mischt auch Opernarien und andere Klassiker zwischen die »Stille Nacht« und das »O du Fröhliche« – und fasziniert Aldo Berti damit kolossal. »Ombra mai fu« aus der Händel-Oper *Xerxes*, Agustin Laras Kunstlied »Granada« oder Eduardo Di Capuas »O sole mio«: Der angehende Hotelfachmann ist begeistert. Zum ersten Mal erlebt er eine außergewöhnliche Stimme live. Noch nie hat er ein Opernhaus oder ein Theater von innen gesehen.

Zur gleichen Zeit bekommt Aldo Berti Schallplatten mit Liebesduetten von Giuseppe Di Stefano und Maria Callas in die Hände, die ihn emotional tief bewegen. Aber es soll nicht allein beim Hörgenuss bleiben. Er spricht den Viersener Autohändler an und lässt sich von ihm Gesangsunterricht geben. Nach drei Monaten empfiehlt der ihn an einen Profi weiter. Am Krefelder Stadttheater macht sich Berti auf die Suche und stößt dort auf einen Mann, der noch eine wichtige Rolle in seinem Leben spielen wird: ein 20 Jahre älterer Sänger und Schauspieler.

Anderthalb Jahre arbeiten die beiden ein- bis zweimal pro Woche intensiv an Bertis Stimme. Dann verweist auch der Profi seinen eifrigen Schüler weiter. Berti entschließt sich, am Mozarteum in Salzburg vorzusingen, der Geburtsstation vieler genialer bis breitenpopulärer Künstler wie Herbert von Karajan oder Udo Jürgens. Berti hat Erfolg. Er kürzt seine Ausbildung ab, begnügt sich mit dem Titel »Hotelfachgehilfe« und geht nach Österreich. Bei Professor Rudolf Knoll lässt er sich zum Opernsänger ausbilden.

Seine Eltern halten ihn für verrückt, auf Künstlerkarrieren gibt man in Achim nichts. Aber Aldo geht seinen Weg. Mit einem Engagement am Salzburger Landestheater finanziert er sich das Studium am Mozarteum. Und während der Salzburger Festspiele dürfen die Studenten den Staatsopernchor ergänzen. So hat er das Glück, die letzten zehn Tage von Herbert von Karajan mitzuerleben. Der Dirigent will mit Giuseppe Verdis *Un ballo in maschera* die Festspiele eröffnen, stirbt aber am 16. Juli 1989 während der Probenzeit, wenige Tage vor der Premiere. Eine Aufnahme der Oper wird rechtzeitig gemacht und von der Deutschen Grammophon veröffentlicht. Placido Domingo singt Riccardo, den Titelpart, Berti spielt eine seiner Wachen, darf den Erdolchten am Ende auffangen.

Berti verabschiedet sich in den folgenden Jahren von diesen Chorjobs, die nicht viel mehr bringen als nette Anekdoten. Er wird schnell Solist, ersingt sich das Stipendium der Richard-Wagner-Stiftung, darf 1994 in Bayreuth an Proben und Workshops teilnehmen. Er wechselt ans Staatstheater

Kassel, wo er wieder auf seinen musikalischen Ziehvater aus Krefelder Tagen trifft. Es folgen drei weitere Jahre in Salzburg und dann die seltsame Begegnung mit Iris Adami Corradetti in Padua.

Aldo Berti lebt wenig später mit seiner damaligen Freundin in Lausanne, hastet von einem Engagement zum nächsten. Bis er 1994 einen Anruf erhält von der Frau seines Freundes und ehemaligen Gesangslehrers. Ihr Mann sei gerade zum Sterben nach Hause gebracht worden, sagt sie. Man habe ihn in den Sessel gesetzt, und sie wisse nicht, was sie tun solle.

Sein Freund hatte in den letzten Monaten das wahre Ausmaß seines Gesundheitszustands vor Berti verschwiegen. Nun erfährt dieser mal eben, dass sein Ziehvater Darmkrebs im Endstadium hat. Keine Frage, Berti reist sofort nach Kassel und nimmt sich vor, so lange zu bleiben wie nötig. Der Beginn eines Schlüsselerlebnisses. Berti trifft auf einen vom Zwerchfell an abwärts unbeweglichen, ausgezehrten Mann. Ein Perfusor, der regelmäßig Narkosemittel ausstößt, hält ihn künstlich gelähmt, damit er die Schmerzen nicht spürt. Er liegt im Wohnzimmer in einem Krankenbett. Von dort kann er auf die Kasseler Herkules-Statue blicken. Zusammen mit der Ehefrau pflegt Berti seinen Freund, schläft in seiner Nähe.

Bertis Lehrer kennt die Geschichte von Signora Corradetti und bittet seinen ehemaligen Schüler, auch ihm die Hände aufzulegen. Von einem Heiler hatte er den Ratschlag bekommen, zum dritten Akt von Wagners *Parsifal* zu meditieren, das sei gute Heilungsmusik.

»Wir stellten die Musik an, ich legte ihm die Hände auf, und nach zehn Minuten ging Tumormasse aus seinem künstlichen Darmausgang ab«, erinnert sich Berti. Er sammelt das Gewebe und gibt es dem Hausarzt zur Untersuchung. Der bestätigt: Es handelt sich in der Tat um ein abgestoßenes Geschwür. »Als wir begannen, war sein Bauch bretthart. Ich konnte ertasten, dass er voll war mit Tumoren. Wir haben drei Wochen gearbeitet, der Bauch wurde frei, Tumormasse ging immer unmittelbar nach den Behandlungen ab.«

Aber Bertis Freund stirbt. Es ist einfach zu spät, viele Organe sind bereits zerstört. Ein Heilerfolg ist das nicht, doch Aldo Berti wird klar, dass er mit seinen Händen tatsächlich etwas bewirken kann.

Das ist nicht das Ende der Geschichte der beiden. In den letzten gemeinsamen Stunden passiert etwas, das Aldo Berti das »schönste Erlebnis meines Lebens« nennt. »Während der *Parsifal*-Meditationen haben wir uns erkannt«, sagt Berti. »Wir haben gemerkt, dass da ein Band ist, das über dieses Leben hinausgeht.«

Dreimal ist der Sterbende klinisch tot, dreimal sagt der Mann vom Pflegedienst, dass es gleich vorbei sein wird. Doch die Ehefrau, so erinnert sich Berti, habe sich noch nicht von ihrem Mann verabschiedet, habe ihn nicht loslassen können. »Sie hatte immer wieder gehofft, dass er wieder gesund wird. Sie war verzweifelt.«

Deshalb setzt sich Berti jedes Mal, wenn sein dahinsiechender Freund in Agonie fällt, neben ihn, betet und ruft ihn innerlich zurück. Dreimal kommt er wieder zu Bewusstsein. Beim letzten Mal, an einem Samstagmorgen, sagt er: »Jetzt hast du mich aber von weit weg geholt.« Der Gesangslehrer, ein Protestant, der immer sehr viel Wert auf die Sakramente gelegt hatte, fügt an: »Ich glaube, jetzt sollten wir doch mal einen Priester holen.«

Jener glaubt, er würde auf jemanden treffen, der kaum noch ansprechbar sei. Als er eintritt, sitzt der, um den es geht, zurechtgemacht und aufrecht in seinem Bett und meint in fast heiterem Ton: »Wollen Sie mir über die Schwelle helfen?« Der Geistliche ist überrascht und bejaht. Die Anwesenden zelebrieren die Letzte Ölung, beten zusammen. Der gläubige Lehrer sagt dem Priester, dass er mal so gegen 19 Uhr wiederkommen solle.

Er verabschiedet sich intensiv von seiner Frau, danach lange von seinem Freund Aldo. Sie halten sich bei den Händen, schauen sich an, sprechen miteinander, ohne zu sprechen. Dann sagt er: »So, nun lasst mich mal sterben.« Er lehnt sich zurück, fällt wieder in Agonie. Sein Gesicht wirkt plötzlich jung. Er öffnet die Augen, schaut nach oben und nickt. Zweimal geschieht das.

In dem Moment hat Berti das Gefühl, die Wände des Wohnzimmers würden hinabklappen. »Ich stand wie unter freiem Himmel. Ich fühlte mich, als würde ich auf dem ersten Stock eines Rohbaus stehen. Es war eine Grenze gefallen, eine Grenze nach oben. Ich spürte die Präsenz der geistigen Welt.«

Berti sieht plötzlich die verstorbene Mutter seines Freundes, die er bisher nur einmal als Neunzigjährige gesehen hatte. Daneben dessen verstorbenen Onkel. Ihm begegnete er kein einziges Mal. »Sie standen am Ende des Lichts. Ich übergab ihn in die Hände seiner Mutter. Ein Stück begleitete ich ihn.« Dann geht der Scheidende allein weiter, dreht sich um und sagt zu Berti: »Ich liebe dich, mein Sohn. Geh zurück und lebe.« Um kurz vor sieben ist der Krebspatient tot. Wenig später klingelt – wie bestellt – der Pfarrer.

»Es war ganz enorm«, sagt Berti. »Es gibt nichts, was erhebender und intensiver war als dieser königliche Übergang. Ich hatte vorher immer Gefühle für ihn gehabt, wie sie ein Sohn für seinen Vater hat. Er hatte keine eigenen Kinder. Für mich ist er, auch heute noch, mein Vater. Er hat das genauso gesehen.«

Nach diesem Erlebnis beginnt sich Bertis Leben entscheidend zu wandeln. »Mir war klar, dass ich eine Aufgabe habe, ich wusste aber noch nicht, wie die genau aussehen sollte. Mir wurde offenbar etwas geschenkt, und deswegen musste ich etwas ändern.« Aber was?

In der ersten Zeit nach dem Todeserlebnis denkt Berti, er werde verrückt. Er spürt seinen Freund, er hört seinen Freund. Er glaubt, er müsse sich bald von Fachleuten psychisch behandeln lassen. »Es war, als würde das Antennenkabel nicht richtig im Fernseher stecken.«

Irgendwann steckt der Stecker. Berti singt wieder, lebt wieder. Aber in dem Bewusstsein, dass es eine geistige Welt, eine andere Dimension außer unserer materiellen, tatsächlich gibt. »Darüber hatte ich mir jahrelang keine Gedanken mehr gemacht, nachdem ich von der katholischen Kirche so enttäuscht und traumatisiert worden war«, sagt Berti. »Ich hatte die Heuchelei der Prediger durchschaut. Gott war seitdem eine Spinnerei für mich. Ich war fest davon überzeugt, dass das alles Lug und Trug ist und kleinkariertes Denken. Bis sich mir der Himmel öffnete und ich ihn erfuhr.« Er glaubt plötzlich nicht mehr nur an Gott, er weiß, dass es ihn gibt. »Statt Gott könnte man auch sagen: Schöpferkraft, Allah, Ordnungsprinzip oder der große Baumeister aller Welten. Das ist eine Wahrheit. Es gibt ein Leben außer unserem sichtbaren. Das steht für mich nicht mehr infrage.«

Heute ist Aldo Berti wieder religiös, trat aber nicht mehr in die Kirche ein. In seiner Praxis am Bodensee liegt ein Rosenkranz mit einem Kreuz, im Fenster hängt das Auge der Fatima, auf dem Couchtisch stehen ein Buddha und das Yin-Yang-Symbol aus dem chinesischen Daoismus. »Wir erklimmen alle den gleichen Berg«, sagt Berti, »aber das sehen wir oft erst, wenn wir oben sind. Vorher kommen wir von verschiedenen Seiten, sehen uns nur aus der Ferne, sprechen verschiedene Sprachen. Gott hat nicht eine religiöse Gruppe ausgewählt, sondern den Menschen selbst. Es geht nicht darum, einem Guru nachzulaufen, sondern Gott zu finden, und zwar in sich selbst. Das Göttliche schwingt in jedem von uns. Wenn wir diesen Kern finden, sind wir Gott ganz nah.«

Ein paar Monate nach dem Abschied von seinem alten Freund bekommt Aldo Berti Besuch von Doris Dausend. Sie ist eine Freundin der Familie des verstorbenen Gesangslehrers, wird von der Witwe auf den Sänger mit den heilenden Händen aufmerksam gemacht. Dausend betreibt zu der Zeit mit ihrem Mann ein Kino im rheinland-pfälzischen Wittlich und hat mit 58 Jahren und nach zwei überstandenen Brustkrebsoperationen nun Metastasen im Rückenmark. Chemotherapie und Bestrahlungen kommen für sie nicht infrage. Nein, sie glaube nicht, dass sie dahin gehe zu diesem Heiler, man höre so viel Schlimmes im Fernsehen über solche Leute. Sie lässt sich überreden. »Als Aldo Berti die Tür öffnete, wusste ich sofort, dass das kein Lügner ist«, sagt Doris Dausend. Zuerst spricht sie mit ihm über ihren Krankheitsverlauf, lässt sich dann von ihm behandeln.

Wieder lässt Berti zum dritten Akt des *Parsifal* die Hände über einem Patienten schweben. Bei Doris Dausend kommt die Krankheit zum Stillstand, nach einem halben Jahr und sechs Anwendungen verschwindet der Krebs vollständig und langfristig. An extremen Temperaturwechseln merkt Dausend sogar, wie sich die Tumore in ihrem Körper auflösen. »Während der Behandlung habe ich im Geiste Bilder gesehen, die ich erst nach Monaten für mich und mein Leben deuten konnte«, erklärt sie. »Ich hatte das Gefühl, von der ersten Sitzung an getragen worden zu sein.« Dausends Hausarzt und Orthopäde, ein skeptischer Schulmediziner, muss sich eines Besseren belehren lassen – heute wirkt er selber als Heiler. »Die Heilung von Frau Dausend war für mich der initiale Punkt zu sagen, dass dies nun meine Bestimmung ist«, sagt Aldo Berti.

Er singt noch bis 1997. Seine letzten Stücke an der Hamburger Kammeroper in der Max-Brauer-Allee sind *Viva la*

Mamma von Donizetti und *Die schöne Helena* von Jacques Offenbach. Parallel behandelt er bereits in seiner Wohnung in Hamburg-Eidelstedt. An der Deutschen Paracelsus Schule macht Berti eine Vollzeitausbildung zum Heilpraktiker, drei Jahre lang. Von montags bis donnerstags wird reine Schulmedizin gelehrt, freitags geht es um naturheilkundliche Ansätze, ein ganzes Jahr studiert er nur chinesische Medizin. »Ich wollte ein arztähnliches Grundwissen haben«, sagt Berti, »und nicht bloß spekulativ an den Menschen arbeiten. Ich wollte wissen, was im Körper passiert.« Seine neue Arbeit als Heiler spricht sich herum. Nur übers Weitersagen kommt Berti an neue Patienten. Weitere, zum Teil spektakuläre Heilerfolge stellen sich ein.

Natürlich erfährt auch Bertis Familie in der norddeutschen Tiefebene vom Lebenswandel ihres Sohnes, Enkels und Bruders. Seine grundgütige Großmutter Rufina, zu der er immer den engsten Draht hatte, nimmt ihn eines Tages beiseite und vertraut ihm ein Familiengeheimnis an. Sie berichtet, dass auch sie über Fähigkeiten verfüge, die man im Volksmund als übersinnlich bezeichnen würde. »Sie war hellfühlig und hellsichtig, konnte Dinge voraussagen. Aus Angst vor ihrem Mann hatte sie das in der Familie aber immer verschwiegen.«

Das ist aber noch nicht alles. Rufina berichtet, dass Aldo Bertis Urgroßvater Johannes damals in Krassna – einer kleinen rumänischen Stadt 20 Kilometer von Bukarest entfernt, in die Katharina die Große die Familie 1814 umgesiedelt hatte – ebenfalls ein recht bekannter Heilkundiger gewesen war. Er war ein Bauer, dem höheres Wissen attestiert wurde. Ihn rief man, wenn Kühen Geburtshilfe gegeben werden musste, er kannte sich mit Kräutern aus, er besprach Warzen, die dann verschwanden. Er wurde geholt, wenn die Ärzte nicht mehr weiterwussten.

Nachdem er diese Geschichten gehört hat, gehen Aldo

Berti einige Lichter auf. Er erinnert sich an seine eigene Kindheit, an einen Vorfall, als er neun oder zehn Jahre alt war. Ihm sollte ein Zahn gezogen werden, weil er Schmerzen gehabt hatte und schlimme Karies festgestellt worden war. Es gab einen Termin für den Eingriff. In einer Woche sollte es so weit sein. Dem kleinen Aldo war das nicht geheuer. Täglich betete er inbrünstig. So wie Kinder nun mal beten: »Lieber Gott, mach bitte, dass der Zahn schnell wieder heil wird!« Der gefürchtete Tag kam, aber die Zahnärztin fand den faulen Zahn nicht mehr. Alle Zähne waren in bestem Zustand. »Damals habe ich das nicht hinterfragt«, sagt Berti.

Ein weiteres Ereignis fällt ihm ein: Während seiner Ausbildung kam er höchstens an den Wochenenden nach Hause, und auch das sehr selten. Samstagnachts wachte Berti plötzlich auf mit dem dringenden Bedürfnis, nach Achim zu fahren. Ein Gefühl, das er sonst nie verspürte. Er setzte sich frühmorgens in den Zug, klopfte an der Haustür. Er wunderte sich über die zahlreichen Verwandten, die anwesend waren, grüßte fröhlich seine Großmutter. »Weißt du denn nicht, dass diese Nacht dein Großvater gestorben ist?«, entgegnete sie.

Die dritte merkwürdige Begebenheit, die Aldo Berti nachträglich erinnert, ist ein Nahtodereignis. Er muss ungefähr sieben gewesen sein, als er mit seiner Großmutter vor dem Haus in Achim stand. Sie beobachteten einen VW-Käfer, der die Straße entlangfuhr, auf sie zusteuerte und Aldo mitriss. Die nächste Erinnerung, die Berti hatte, spielte sich im Krankenwagen ab. Er wachte auf und sprach zu seiner Großmutter: »Oma, ich habe dich so lieb.« Erst später wird ihm klar, dass er die Situation von oben gesehen hatte, auf sich und seine Großmutter blickend. Im Krankenwagen war Berti definitiv nicht aufgewacht.

»Ich wäre damals nie auf die Idee gekommen, dass das alles etwas nicht Normales ist.« Immer mehr Puzzleteile fügen sich für Aldo Berti zum Bild seines eigenen Lebens zusammen.

Ende der 1990er ist er nur noch Heiler. Sein Besuch in der Fernsehsendung von Pfarrer Jürgen Fliege im Jahr 2001 macht Aldo Berti über die Grenzen Hamburgs hinaus bekannt. Tausende Hilfesuchende rufen nach der Show an, wollen behandelt werden. Für unverzügliches Handauflegen werden Berti Ferienhäuser umsonst angeboten und Extrazahlungen in Aussicht gestellt. Busunternehmen wollen den Heiler sprechen und Ladungen von Kranken vorbeibringen. »Ich hätte richtig Kohle machen können«, sagt Berti. Hat er nicht. Er gibt dem Heilertourismus einen Korb. »Ich habe nie Massenheilungen durchgeführt. Kollegen mieten sich ganze Stadien, nehmen 30 Euro Eintritt und lassen 2000 Leute unter ihrer Hand durchmarschieren. Ich brauche die Einzelsitzung mit meinen Patienten.«

Berti ist damals immer ein halbes Jahr im Voraus ausgebucht. Sieben Tage pro Woche arbeitet er. Heute wartet man maximal einen Monat. Bertis Preise sind Werkstattpreise. »Wenn ich mein Auto in die Werkstatt bringe, kostet eine Stunde 100 bis 170 Euro. Ich orientiere mich mit 130 Euro an vernünftigen Handwerksleistungen. Es gibt viele Kollegen, die weit überziehen. Wenn man seine Gabe nicht mehr zu schätzen weiß, bin ich mir sicher, dass uns diese Fähigkeit genommen werden kann.«

Aber wie arbeitet der Heiler Aldo Berti? Welche Fähigkeit ist das? Was genau wirkt da? Und warum soll ausgerechnet eine Wagner-Komposition bei der Heilung helfen?

Die Patienten kommen idealerweise mit schulmedizinischem Befund und dem Ergebnis einer aktuellen Computertomografie zu Berti. Sie sollten sich nicht von ihren anderen Therapieformen verabschiedet haben. Drei Monate gibt er sich und dem Patienten. Danach empfiehlt er wieder eine Computertomografie der angegriffenen Organe. »Mir ist wichtig, dass man keine spekulative Diagnose stellt«, sagt Berti. »Die Menschen brauchen etwas, woran sie sich halten können, schwarz auf weiß. Drei, vier Sitzungen in drei Monaten reichen aus, um zu merken, ob sich etwas tut. Wenn die Therapie in dieser Zeit nicht angeschlagen hat, ist es unwahrscheinlich, dass es danach funktioniert.« Die Initiativkraft des Kranken sei dabei überlebenswichtig. »Wenn sich ein Patient nicht öffnet, hat es kaum einen Sinn, weiterzumachen. Bei 75 Prozent kriegen wir eine Lebensverbesserung oder eine Ausheilung hin, bei 25 klappt das nicht.«

Dennoch gibt es auch Fälle von äußerst unkooperativen Patienten, die erfolgreich ausgegangen sind. Wie der des über 60-jährigen Dachdeckermeisters. Er wurde wegen eines faustgroßen Lungentumors in einem anthroposophischen Krankhaus bei Hamburg behandelt. Berti nahm sich seiner an, legte ihm dreimal die Hände auf. Nach drei Monaten wurde der kernige Kerl wieder schulmedizinisch untersucht: Der Tumor war komplett weg. »Jetzt hat uns der Berti wieder ins Handwerk gepfuscht«, war der respektvolle Kommentar des behandelnden Professors. Wieder? Ein Jahr zuvor hatte Berti denselben Patienten von einem Nierentumor befreit. Warum aber war der Krebs zurückgekommen?

»Der Mann hat nicht wirklich verstanden, worum es geht«, erklärt Berti. »Er hat nichts an sich getan. Dabei verfolgt ihn ein schweres traumatisches Ereignis. Sein einziger Sohn erlag einer schweren Krankheit. Er spricht oft von ihm, wird dabei immer sehr emotional. Aber er lässt sich nicht wirklich auf eine tiefe, emotionale Arbeit ein, sondern denkt: ›Ich gehe zum Aldo, dann wird das schon wieder.‹«

Die Energie, die durch Aldo Bertis Hände strömt und den kranken Körper auf den Weg der Besserung bringt, ist also das eine. Das andere, so Berti, müsse die persönliche Aufarbeitung erlebter Ausnahmesituationen sein. Diese seien oft der verkannte Ursprung schwerer Krankheiten. »Letztendliche Heilung kann es nur geben, wenn wir erkennen, was hinter der Krankheit steckt. Bei 99 Prozent meiner Fälle bemerke ich emotionale Defizite, Traumata, Verletzungen, die weggedrückt wurden und lange verschüttet geblieben sind, sodass sie sich auf den Körper ausgewirkt haben. Bei den Patienten, die an diese Traumata herangekommen sind und sich ihnen gestellt haben, ist eine dauerhafte Heilung eingetreten. Heilung hat aber auch mit dem Erkennen von Lebensaufgaben zu tun, mit dem Erkennen von neuen Themen, mit aus Fehlern gezogenen Lehren. Manchmal braucht es auch erst eine Krankheit, um zu erkennen, dass man den heilen Pfad irgendwann verlassen hat.«

Bevor dieser Erkenntnisprozess einsetzt, ruht der Patient mit geschlossenen Augen auf einer Liege in den Praxen von Aldo Berti in Radolfzell am Bodensee oder Hamburg. Musik hilft ihm, sich in eine entspannende Situation zu begeben. Währenddessen verbindet sich Berti mit den Energien des Universums. Es sind dieselben Energien, die seit Jahrmillionen frei durch den Kosmos fließen. Es sind die Energien, die den Bauplan des Lebens in sich tragen und alles durchdringen. Es sind die Energien, mit denen religiöse Leitfiguren Wunder vollbrachten. Es sind die Energien, mit denen sich sogenannte Naturvölker seit Jahrtausenden verbinden und heilen. Es sind die Energien, an die jeder mit seinem Geist andocken kann. Es sind die Energien, die Wissenschaftler als Schwingungen einer bestimmten Frequenz identifizieren und deren Wirkung sie in zahlreichen Experimenten nachweisen konnten, sogar unabhängig davon, ob ein Heiler mit dem Kranken in einem Raum gewesen ist.

So ließ man in verschiedenen Studien Glaubensgemeinschaften wochenlang für mehrere Hundert Herzpatienten beten, die von dem Experiment überhaupt nichts wussten. Für eine Vergleichsgruppe wurde nicht gebetet. Das Resultat: Die Patienten, für die gebetet wurde, gesundeten im Durchschnitt deutlich schneller, mussten weniger Medikamente nehmen und starben erheblich seltener. Vorreiter der Studien ist der US-Kardiologe Mitchell Krucoff von der Duke University im amerikanischen Durham. »Wir können, ohne in esoterische Schwärmerei zu verfallen, konstatieren, dass ein Mensch, der einem anderen durch Gebete oder das Handauflegen seine Liebe und sein Mitgefühl übermittelt, mit der harmonisierenden und balancierenden Wirkung dieser feinstofflichen Energiezustände physische Krankheiten heilen oder lindern kann«, schreibt Aldo Berti in seinem Buch *Geistheilung und Energiearbeit*.

Wenn der Patient auf der Liege ruht, öffnet Berti sein Kronenchakra – das siebte, auf dem Scheitel befindliche Energiezentrum des Körpers – und lässt die freien Energien dort eintreten. Er spürt, wie sie durch ihn hindurchfließen. Mit seinen Händen gibt er ihnen eine Richtung. Es ist also nicht Berti, der heilt. Er bündelt die Heilenergien bloß in sich, richtet sie aus und überträgt sie auf den Patienten. Berti behandelt stets den ganzen Körper, egal, wo die Krankheit sitzt. Von oben nach unten geht er mit seinen Händen das Energiefeld durch, das jeden Menschen umgibt und konstituiert. Viele amerikanische wie asiatische Hochkulturen arbeiten zu Heilungszwecken seit Jahrtausenden mit dem feinstofflichen Chakrensystem, das mit dem grobstofflichen Körper des Menschen verbunden ist. Dass es so etwas überhaupt gibt, war Aldo Berti bis zu seiner Ausbildung völlig unbekannt. Die westliche Medizin hatte sich irgendwann entschieden, nur das in die Lehrbücher aufzunehmen, was sichtbar ist, obwohl Heilerfolge durch unsichtbare Energien immer ein Teil der Menschheitsgeschichte waren. Für das Unsichtbare und dessen Wirkung – Wunder genannt – war fortan allein die Kirche zuständig.

Berti erspürt diese energetischen Felder und die Aktivität

der Chakren, die biologische wie nicht biologische Systeme mit universeller Lebensenergie versorgen. Er erkennt die Dysbalancen, die Unwuchten, und versucht dann, durch gezieltes Handauflegen die Blockaden im Energiefeld zu lösen. Starke emotionale Erlebnisse, so hat Berti erfahren, brennen sich förmlich ins Energiefeld des Menschen ein. Wendet man sich diesen Altlasten nicht zu, materialisieren sie sich irgendwann im grobstofflichen Körper. Man wird krank.

Die verschiedenen Ausprägungen des körperlichen Energiefelds spürt Berti wie eine gallertartige Masse mit unterschiedlichen Verdichtungen und kann daran erkennen, ob sich ein Organ in seiner harmonischen Grundschwingung befindet oder eben nicht. Erkrankte Organe oder Bereiche des Körpers haben diese natürliche Grundschwingung verloren. Berti lässt sich auf den Takt ein. Bei Rheumapatienten spürt er einen viel schnelleren Takt. Im Fall von Tumorerkrankungen nimmt er zuweilen Hitze oder kleine Nadelstiche in seinen Händen wahr.

Als er seine Urpatientin Doris Dausend behandelte, empfand sie jene Eiseskälte, während seine Hände fast glühten. »Ich habe meine Hände lange über die erkrankten Stellen an ihrem Rücken gehalten«, sagt Berti. »Irgendwann löste sich etwas, und die Kälte, die sie spürte, verwandelte sich in Wärme und verteilte sich.« Die Tumore hatten sich aufgelöst und waren nicht mehr nachzuweisen.

Heilung muss aber nicht immer Gesundung bedeuten. Sie kann auch Aussöhnung meinen, in welcher der Patient dieses Leben verlässt. »Ich fixiere kein bestimmtes Ziel«, erklärt Aldo Berti. »Ich versuche, den Impuls zu setzen, damit sich ein energetisches System harmonisiert. Alles, was dann passiert, ist ein Geschenk. Jene Wunder geschehen zwar oft, aber ich strebe sie nicht an. Das, was passiert, passiert in einem größeren Zusammenhang und hat einen Sinn. Ich bin nicht der Richter darüber, was gut und was schlecht ist. Das, was mir möglich ist, das geschehe. Aber immer gilt: ›Dein Wille geschehe!‹ und nicht ›Mein Wille geschehe!‹«

Am Ende einer jeden Sitzung verpuppt Aldo Berti seine Patienten gedanklich in Gold. »Die Frequenz der Farbe Gold bewirkt, dass der Heilungsprozess weitergeht und negative Energien in positive umgewandelt werden.« Danach hüllt Berti den Patienten in einen Mantel aus blauem Licht. Der soll negative Energien abhalten. Dabei stellt er sich ein kräftiges Chagallblau vor. Schließlich hüllt er auch sich selbst gedanklich in einen blauen Lichtmantel, um sich ganz bewusst vor den negativen Energien, die er in seinen Praxen behandelt, zu schützen.

Gehen die Patienten nach der allerersten Sitzung nach Hause, haben sie eine von Aldo Berti gestellte Hausaufgabe im Gepäck. Dabei geht es um die emotionalen Belastungen, die jeder mit sich herumschleppt und die oft Auslöser jener Krankheiten sind, welche Berti therapiert. Die Hausaufgabe besteht in einer einfachen Technik: Berti fordert auf, in sich hineinzublicken, die schmerzhaften Traumata des Lebens hervorzuholen und ungeschönt auf einen Zettel zu schreiben, der daraufhin vergraben werden soll.

Was sich auf den ersten Blick fast banal liest, folgt einem energetischen Kreislauf, in dem negative emotionale Energien materialisiert und zur Verwandlung in den gesunden Ursprung zurückgeführt werden.

Aldo Berti verweist in diesem Zusammenhang auf den Unterschied zwischen Verzeihen und Vergeben. »Verzeihen ist Kopfsache, Vergeben ist Gefühlssache«, definiert er. »Über die Emotion speichern wir ganz viel ab. Die Lösung versuchen wir aber immer über die Ratio zu erlangen. Die Emotion jedoch sagt: Mir ist vollkommen egal, ob du verstehst, warum die Dinge waren, wie sie waren. Das Gefühl war einfach so, basta! Der Kopf kann verzeihen, Vergeben aber geht weiter. Man kann verzeihen, indem man die Ohrfeige, die man damals von der Mutter bekommen hat, damit begründet, dass die Gute sehr gestresst gewesen ist und sich einfach nicht zu helfen wusste. Das authentische Gefühl aber sagt: Ich bin verletzt und ungerecht behandelt worden.«

Eine der Plattformen, auf der sich diese Emotionen lösen können, ist das emotionale Schreiben, eine Art Vergeben oder besser: ein Abgeben. »Es geht darum, das, was wir in unsere Organe gedrückt haben, noch einmal in die Welt zurückbringen. Mit einem positiven Satz am Ende. Mutter Erde dient dann als Wandlungselement. Es geht darum, mich von etwas zu verabschieden, das mich bis zum heutigen Tage verletzt und begleitet hat, das aber nicht das Recht hat, mich bis zum Lebensende zu begleiten und krank zu machen. Ich habe das Recht, diese Geschichte von mir wegzugeben.«

Die Resonanz seiner Patienten auf diese Technik ist verblüffend. Die meisten berichten Berti davon, dass Räume wieder aufgehen, verborgene Talente ans Tageslicht kommen, sich neue Perspektiven ergeben, Schmerzen verschwinden. Die Energie ist wieder im Fluss.

Bei der Lösung von Blockaden hilft Aldo Berti zuweilen Richard Wagner mit seiner letzten, gewaltigen Oper *Parsifal*, die 1882, ein halbes Jahr vor seinem Tod, uraufgeführt wurde. Berti lässt nicht das komplette, viereinhalbstündige Bühnenweihefestspiel, wie Wagner es nannte, durch den Behandlungsraum rauschen, während er seinen Patienten die Hände auflegt, sondern nur den letzten Akt. Warum nur den letzten? Wagners Oper handelt von Erlösung. Während im ersten und zweiten Akt Wunden geschlagen und Intrigen gesponnen werden, entkräftete Könige dem Tod entgegensehen und verlorene Seelen durch die Welt wandern, erwartet den Zuhörer im dritten Akt die Katharsis, die Reinigung und Befreiung vom Leid.

Ritter Parsifal kehrt in der Erlöserrolle zurück in die Burg, in welcher der Heilige Gral verwahrt wird, jene Reliquie, aus der Jesus beim letzten Abendmahl trank und die anschließend am Kreuz sein Blut auffing. Die Ritterrunde, die ehemals durch die Enthüllung des Grals göttliche Kräfte erhielt, um für das Gute zu kämpfen, hat sich aufgelöst. Denn König Amfortas' Verletzung, die ein Widersacher mit dem heiligen Speer schlug – dieser soll Jesus am Kreuz die Wunde beigebracht haben –, öffnet sich jedes Mal, wenn der Gral enthüllt wird. In diesem Endzeitszenario erscheint nun Parsifal, der den Gegenspielern den Speer entwenden konnte und nun in der Lage ist, Amfortas' Wunde damit zu schließen. »Nur eine Waffe taugt: die Wunde schließt der Speer nur, der sie schlug«, lässt Wagner Parsifal singen. Anschließend wird der Gral für alle Zeiten enthüllt und verbreitet fortan seine Kräfte.

»Besonders der dritte Akt trägt in sich wirkliche Heilmusik«, interpretiert Aldo Berti, der in seinem Gesundheitszentrum inzwischen auch entsprechende Parsifal-Kurse anbietet. »Der dritte Akt beginnt in einer Phase, in der alles zerstört ist. Die Kräfte sind weg. Parsifal hat durch Überwindung, aber ohne Kampf, diesen Speer, der die Wunde schlug, also die Ursache des Leids, unentweiht wieder zurückgebracht, um am Karfreitag Amfortas' Wunde zu schließen. Im dritten Akt ist alles vereint, alles kehrt zurück. Die Elemente treffen sich, aber diesmal harmonisieren sie. Das führt am Ende in die Heilung.«

In seinen Therapiesitzungen bemerkt Aldo Berti, dass Wagners Musik auch bei Patienten, die mit Klassik und Oper bisher gar nichts zu tun hatten, eine selbsterkennende Wirkung zeigt. »Alle darin handelnden Personen spiegeln Wesensglieder von uns wider. Sie wecken etwas in uns, das noch im Schatten sitzt. Diese Musik führt uns wie eine Meditation in bestimmte Tiefen. Sie bringt uns in Resonanz mit dem Gralsgeschehen.«

Mehr als 40 Jahre beschäftigte sich Wagner mit *Parsifal*

und kam lange nicht zum Abschluss. »Wagner hat dann den ganzen *Parsifal* an einem Osterwochenende am Zürichsee in einem initiatorischen Zustand geschrieben«, sagt Berti. »Aus seinem Briefwechsel mit Friedrich Nietzsche geht hervor, dass Wagner anfänglich Angst vor dem Werk hatte, da es ihn emotional überforderte. Nietzsche und Wagner sprechen über die geistige Welt. Nietzsche bescheinigt seinem Freund, dass er niemanden kennt, der so einen Einblick in diese Dimensionen hat wie er und es schafft, diese Einblicke derart in Musik umzusetzen. Nietzsche hat Wagners Spiritualität erkannt. Ich bin mir sicher, dass Wagner als Werkzeug auserkoren wurde, um diese Heilschwingung in die Materie zu bringen und sie den Menschen zuzuführen. Ihm wurde der Bauplan mitgegeben, um mit einem bestimmten Frequenzspektrum Heilung zu erzeugen. Die geistige Welt braucht uns Menschen immer als Umsetzer.«

Eine Art Umsetzer ist Aldo Berti auch. Ob das denn jeder könne, dieses Heilen, wird er oft gefragt. Ja, sagt er dann, grundsätzlich könne das jeder, genau wie auch jeder Klavier spielen lernen kann. Nur habe der eine das Zeug zum Virtuosen, während es beim anderen nur für den Hausgebrauch reiche. »Aber jeder kann in sich schauen, auf eigene Ungleichgewichte achten, an sich arbeiten und Lebensenergie harmonisieren. Das heißt aber auch, an schlechten Eigenschaften zu arbeiten. Jeder von uns hat den Teufel und eine Mutter Teresa in sich. Aus jedem kann ein Massenmörder oder ein Friedensengel werden. Das zu akzeptieren und die Kanten abzuschleifen, die mir nicht gefallen, ist die Voraussetzung, um mir selbst und anderen in Harmonie gegenüberzutreten.«

Drei wesentliche Anleitungen führten nicht nur zu einem gesunden Menschen, meint Aldo Berti, sondern darüber auch zu einer gesunden Gesellschaft, die Krisen wie zu Beginn des dritten Jahrtausends nicht mehr hervorbringe.

Christliches Kreuz, Buddha-Figur, Yin-Yang-Zeichen: globale Glaubenssymbolik in Aldo Bertis Praxis.

Aldo Berti im Behandlungsraum seiner Praxis am Bodensee. Drei Wochen pro Monat praktiziert er hier, für eine Woche trifft er die Patienten in Hamburg.

beide Fotos: Martin Häusler

Foto: Martin Häusler

Aldo Berti mit Malteserhündin Gina. Von seinem ökologisch konstruierten Haus blickt der Heiler hinab auf das Westufer des Bodensees.

Wahrhaftig sein zu mir selbst.
Verantwortung dafür übernehmen.
Den Preis dafür bezahlen.

»Diese drei Sätze waren im Zuge meiner eigenen Findung und Befreiung sehr wichtig«, sagt Berti. »Wenn ich wahrhaftig zu mir selber bin und mein Leben daraufhin abklopfe, führt das auch zur Ehrlichkeit anderen gegenüber. Verantwortung zu übernehmen heißt, dass ich nicht meinen Eltern, meinem Partner oder einem Lehrmeister die Schuld für etwas zuweise. Ich habe es auch mit mir machen lassen. Wenn ich in einer Situation lebe, die mir nicht gut tut, und ich lebe weiter darin, trage ich auch dafür die Verantwortung. Und wenn ich den Preis für meine Ehrlichkeit bezahle, bedeutet das auch, dass manche dabei auf der Strecke bleiben. Denn nicht jeder kann mit Ehrlichkeit gut umgehen. Es gehen also Leute, aber es kommen auch neue hinzu, die Wahrhaftigkeit zu schätzen wissen. Wenn ich wahrhaftig bin, gebe ich auch meinem Umfeld die Möglichkeit, wahrhaftig zu werden. Selbst wenn meine Freunde auf einmal verwundert sind, dass ich nicht mehr so funktioniere, wie sie das gewohnt waren.«

Bertis Quintessenz: »Es ist überhaupt nicht gefragt, dass wir alle gleichgeschaltet werden, dass wir alle in gleicher Weise heilig oder selig werden. Jeder Mensch kann sich von seinem eigenen Punkt abholen, um sich selbst zu finden, mit allen Konsequenzen. Dann können wir frei werden. Das ist das Fundament einer nachhaltig funktionierenden Gesellschaft.« Einer Gesellschaft, die aus Nächstenliebe bestehen kann und sich nach der goldenen Regel richtet, die Jesus in der Bergpredigt aufstellt: »Alles nun, was ihr wollt, dass euch die Leute tun sollen, das tut ihnen auch!« Oder anders: Liebe deinen Nächsten wie dich selbst. Im Übrigen ein Merksatz, der in rhetorischen Abwandlungen integraler Bestandteil sämtlicher Glaubensmanifeste ist, ob im Islam, im Judentum, im Konfuzianismus, im Buddhismus, im Hinduismus oder in indianischen Kulturen.

»Nur wenn ich eine gesunde Selbstachtung habe, kann ich diese auch anderen bedingungslos entgegenbringen«, weiß Aldo Berti. »Ich muss nicht in Konkurrenz treten oder beweisen, dass ich besser bin. Denn ich weiß, dass ich mir selber genug bin.«

Diese Einstellung bildet eine wichtige Grundlage für Bertis tägliche Therapiearbeit. Er liebt seine Patienten »ohne Bedingung«. Egal, woher sie kommen, was sie getan haben oder welchen sozialen Stand sie haben. »Ich liebe das in meinen Patienten, was uns gleicht. Wir sind alle als nacktes, bloßes Baby auf die Welt gekommen. Auf dieser Ebene möchte ich den Menschen begegnen. Und ich glaube, wenn wir ein gesundes Maß an Selbstliebe und Aufmerksamkeit für uns selbst aufbringen, erkennen wir automatisch auch die Grenze des anderen an. Dann gibt es auch keine großen Kriege und keine kleinen Konflikte mehr. Wenn ich aber Masken trage und mich ständig nur behaupten muss, wenn ich nicht wahrhaftig bin und taktieren muss, kann es nur zu Konflikten kommen.«

Die Botschaft scheint klar. Aber wie soll die, bitte schön, in den Alltag eingebaut werden? In den Alltag ums Überleben Kämpfender? In den Alltag von Managern, die jede Moral längst über Bord geworfen haben?

»Das geht nur durch bewusstes Vorleben«, ist sich Berti sicher, der am Bodensee entsprechende Kurse gibt und mit Managern neuerdings sogar therapeutisch durchs Mittelmeer segelt. »Es führt nicht zum Erfolg, theoretisch zu bleiben. Es ist besser, dieses Verhalten in seinem engsten Kreis vorzuleben. Indem ich keinen Hehl aus meiner Überzeugung mache, sondern sie einfach lebe, wird sie für andere interessant. Dabei sollte man allerdings nie missionieren. Aber je authentischer ich bin, desto mehr zieht das Menschen an, die in dieser Gesellschaft nach Authentizität suchen.«

Aldo Berti arbeitet an und mit seinen Patienten. Und er sieht Hoffnung, sieht die globale Krisenlage nicht so aussichtslos wie andere. Er bewertet den seit einigen Jahren schrittweise ablaufenden Zusammenbruch als Reinigungsprozess, der uns klarmachen soll: »Wenn wir nur dem Materialismus hinterherlaufen, haben wir keine Chance. Aber die große Chance auf ein harmonisches Miteinander ist immer noch da. Da bin ich mir sicher.«

Fragt sich nur, ob diese Chance auch von den Führern der gigantischen Wirtschaftskartelle ergriffen oder von der milliardenschweren Medizinindustrie mitgetragen wird, deren Patienten Berti ein ums andere Mal aus der Patsche hilft. Wer hat denn nun recht im erbitterten Kampf um die Kranken? Die Schulmedizin? Die Tablettenhersteller? Die Homöopathen? Die Heiler?

»Es geht nicht ohne einander, sondern nur mit großem Respekt vor der Individualität der einzelnen Disziplinen«, sagt Berti. »Keiner sollte einen alleinigen Anspruch erheben. Man sollte sich akzeptieren, man sollte ineinandergreifen, das Gute zusammenführen und es zum Wohl aller Patienten, Konsumenten und Klienten wirken lassen. Ideal wäre, wenn die Medizin losgelöst vom blinden Kommerzwahn funktionieren könnte. Aber das wird wahrscheinlich nicht gehen. Die Pharmaindustrie hat wenig Interesse daran, Naturheilmittel in größerem Maß auf den Markt zu bringen. Jedes Jahr wird sogar über Lobbyisten versucht, funktionierende, homöopathische Produkte vom Markt zu nehmen sowie bestimmte naturbasierte Medikamente und Therapien verschreibungspflichtig zu machen. Solange auf Kosten Kranker Milliarden verdient werden, ist das eine Utopie. Aber Utopien sind dazu da, uns anzuspornen. Man wird sich auch in der Medizin nicht vor Heilerfolgen verschließen können.«

Ein Exempel haben die Verfechter der aus der traditionellen chinesischen Medizin hervorgegangenen Akupunktur statuiert. Vor 20 Jahren noch war die Behandlung per Nadel verlacht. Heute ist wissenschaftlich bewiesen, dass sie funktioniert.

Foto: Martin Häusler

JOSEPH E. STIGLITZ

Ökonom aus New York, USA,
geboren 1943 in Gary, USA

Vom rebellischen Chefvolkswirt der Weltbank zum gefeierten Nobelpreisträger – Wie der begehrteste Krisenredner nicht müde wird, für ein neues, gerechtes Weltwirtschaftssystem zu werben und die Vertreter des alten Wachstumsdenkens umzuerziehen

Es ist der Tag, an dem die US-Presse von der offiziellen Rückkehr der Gier berichtet. 23 der wichtigsten heimischen Geldinstitute – teilweise durch Rettungspakete der Regierung Obama subventioniert – wollen ihre Investmentmanager mit 140 Milliarden Dollar Gehalt und Bonuszahlungen für das Jahr 2009 belohnen. Es ist der Tag, an dem bekannt wird, dass in Europa Dutzende Banker ihre Bonuszahlungen für 2008 einklagen. Es ist der Tag, an dem das Internet berichtet, dass Bankkunden wieder höchst spekulative Zertifikate, also Wetten auf Kursverläufe von Preisen und Märkten, aufgeschwatzt werden. Es ist der Tag, an dem die UNO verkündet, dass inzwischen über eine Milliarde Menschen auf der Erde Hunger leiden. So viele, wie seit 1970 nicht. Grund für die alarmierende Zunahme: die weiterhin schwelende Weltwirtschaftskrise. Es ist der Tag, an dem der Senegalese Jacques Diouf, Chef der UN-Organisation für Ernährung und Landwirtschaft, einen dramatischen Appell an die Industrienationen richtet, genauso schnell, gemeinsam und kraftvoll wie im Falle der Weltwirtschaftskrise auf die globale Ernährungssituation zu reagieren. »Die technischen und ökonomischen Voraussetzungen sind gegeben«, sagt er. »Was fehlt, ist der politische Wille, den Hunger für immer auszumerzen.« Es ist ein sehr milder Herbsttag in New York City. Die Sonne scheint, und in der Uris Hall auf dem Campus der Columbia University geht es zu wie in einem Bienenstock. Studenten und Studentinnen strömen in das Gebäude der Business School, die meisten verteilen sich über die Aufzüge in den verschiedenen Stockwerken, manche verschwinden in der Bibliothek, an die 50 haben eine lange Schlange gebildet, um sich eine Impfung gegen die Schweinegrippe geben zu lassen.

In dem Trubel, annähernd unbemerkt, ein Mann Mitte 60, gekleidet in Grau, in der Hand ein Plastikbeutel mit einem Softdrink und einem Rosinenbrot-Sandwich. Er sieht abgekämpft aus. Letzte Nacht ist er von einer einwöchigen Vortragsreise durch Europa zurückgekehrt. Er wird gleich mit dem Lift in den achten Stock fahren. In seinem Büro mit der Nummer 814 wartet bereits ein dreiköpfiges Journalistenteam aus Japan, um ihm die letzten Weisheiten zur Weltwirtschaftskrise zu entlocken. Eigentlich müssten ihm die Studenten dort unten in der Lobby zu Füßen liegen oder zumindest hinter vorgehaltener Hand über ihn tuscheln. Denn dieser Mann ist Joseph Stiglitz, legendärer Nobelpreisträger im Wirtschaftsfach und seit Jahren die treibende Kraft im Kampf um ein nachhaltiges globales Finanzsystem.

Sind sich diese ambitionierten Studenten im Erdgeschoss eigentlich darüber bewusst, wie prekär die Lage ist, worauf unsere Gesellschaft zusteuert und in welcher Verantwortung sie als Führungselite bald stehen werden? Joseph Stiglitz fällt zu der Frage eine Anekdote ein, die so frisch ist wie die Krise selbst. Frühjahr 2009, der Bankenkollaps ist in vollem Gange. Horrormeldungen fast täglich. Stiglitz unterrichtet den Grundlagenkurs für Makroökonomie, das Herzstück seines Fachs. Das, was Stiglitz vermittelt, ist der Stoff, aus dem sein Nobelpreis ist. Im Kern geht es um seine Erkenntnis, dass Märkte nicht perfekt sind, dass sie unterschiedlich und unvorhersehbar reagieren und dass irgendwann aufgestellte westliche Wirtschaftstheorien über frei, eigenständig und effizient arbeitende Wirtschaftssysteme längst ihre Glaubwürdigkeit verloren haben und sogar als sozialer Spaltpilz wirken. Die Unwuchten von Märkten und instabile Systeme, so eine weitere Hauptthese des Ökonomen, rühren her von Informationsdefiziten, von einem (gesteuerten) Ungleichgewicht entscheidender Kenntnisse.

Es ist die letzte Einheit des vierteiligen Kurses, dessen erster bis dritter Teil vorher von anderen Kollegen geleitet wurde. »Ich machte eine außerordentliche Erfahrung«, sagt Stiglitz, nachdem die Japaner sein Büro verlassen haben und es ein wenig ruhiger wird. »Am Ende des Kurses kamen einige Studenten zu mir und fragten, warum sie ihre Zeit mit den alten Theorien der anderen verschwenden mussten, die doch offensichtlich irrelevant und untauglich geworden sind.«

Die Kollegen des Nobelpreisträgers hantierten immer noch mit den gerade jetzt offensichtlich überholten Theorien über effiziente Märkte und vertraten offensiv genau den neoliberalen Finanzfundamentalismus, der in die Krise geführt hat. »Es gibt sie noch, die Kollegen, die glauben, die Globalisierung habe einen wunderbaren Nutzen für die Armen. Ich finde es nach wie vor bemerkenswert, welchen Widerstand einige meiner Kollegen in Anbetracht der globalen Lage an den Tag legen. Das Fatale ist: Falsche physikalische Ideen scheren ein Atom wenig, falsche wirtschaftliche Ideen hingegen können das Verhalten aller Handelnden beeinflussen. Leute, die diese Ideen vertreten, haben keine Ahnung von der Begrenztheit und Gefährlichkeit ihrer Theorien. Aber vielleicht helfen auch diese Perspektiven den Studenten, weil sie dadurch die Argumente der anderen Seite kennenlernen. Dadurch können sie womöglich hinterfragen, welche Anschauung wohl mehr der Realität entspricht. Das war für mich ein positives Zeichen dafür, dass sie verstanden hatten: Es tut sich etwas in der Welt, und die anderen ökonomischen Theorien sind Teil des Problems. Das hat mich ermutigt.«

Joseph Stiglitz lehrt seit 2004 in New York. Zwei Kurse pro Semester leitet er hier, einen dritten, dreiwöchigen Intensivkurs gibt er an der Universität von Manchester. Mehr geht nicht. Sieben Monate im Jahr ist der Nobelpreisträger unterwegs, als Sprecher, Berater, Motivator, Weltenretter. Stiglitz war Professor in Yale, Princeton, Oxford und Stanford, wurde Wirtschaftsberater von US-Präsident Bill Clinton, Chefökonom der Weltbank und Bestsellerautor systemkritischer Literatur. Er kennt wie kaum ein anderer die Innenansicht der krisenverantwortlichen Institutionen. Und er nennt sie wie kaum ein anderer beim Namen.

In allen Winkeln seines Büros in der Uris Hall zeichnen Bilder und Bücher die Karriere des berühmten Chefs ebenso nach wie die Einstellung seiner Mitarbeiter. Während sein eigener Schreibtisch verblüffend leer ist, stapeln sich im Rest der stiglitzschen Kampfzentrale die Papiere: aktuelle Studien, international veröffentlichte Artikel, Ausgaben seiner Erfolgswerke *The Roaring '90s* und *Making Globalization Work*. An den Wänden hängen Ernennungsurkunden, eine merkwürdige Mischung aus Fotografien von Einstein, einem Bienenstock und dem Universum sowie eine amüsante historische Karikatur des Gesellschaftssystems zu Beginn des 20. Jahrhunderts. »Pyramid of Capitalist System« steht über dem optischen Pamphlet der einstigen Gewerkschaften. Ganz oben dargestellt ist ein Geldsack. Darunter die mächtigen Staatsführer und die Losung »We rule you« (Wir regieren euch). Darunter Vertreter der Kirche und die Losung »We fool you« (Wir halten euch zum Narren). Darunter das Militär und die Losung »We shoot at you« (Wir schießen auf euch). Darunter der Geldadel und die Losung »We eat for you« (Wir essen für euch). Ganz unten die den Überbau stützende Arbeiterklasse mit der Losung »We work for all« (Wir arbeiten für alle).

Was die Arbeiterklasse ausmacht, erfährt Joseph Stiglitz schon früh. Seine Heimatstadt Gary, gelegen am Südufer des Michigansees, wird 1906 als erstes großes Stahlzentrum der Vereinigten Staaten von Amerika gegründet. Allein der Name des Industriestandorts zeugt von den Prioritäten dieser Aufbruchszeit: Elbert H. Gary ist der damalige Chef der US Steel Company. Stiglitz' Großeltern waren Mitte des 19. Jahrhunderts mit einer der ersten Auswanderungswellen aus Weißrussland und Polen in den mittleren Westen gekommen. Sie betreiben einen Textilienhandel, leben in Ohio und Indiana. Stiglitz' Eltern ziehen 1939 nach Gary, wo vier Jahre später Sohn Joseph geboren wird. Die Schlote qualmen, Gary boomt. Durch Zuwanderung aus den Südstaaten wird die Stadt zum Schmelztiegel der Ethnien in einem ansonsten höchst rassistisch funktionierenden Amerika. Seine Familie aber lehrt ihn den Zusammenhalt. Die Mutter, eine Roosevelt-Verehrerin, ist eine von zwei weißen Lehrerinnen an einer fast ausschließlich von Schwarzen besuchten Grundschule. Sie will den Unterprivilegierten eine echte Zukunftschance geben. Noch nach ihrer Pensionierung kümmert sie sich hingebungsvoll um die Ausbildung von Schulabgängern, die ein Studium beginnen wollen, aber Schrift und Sprache nicht gut genug beherrschen. Der Vater ist selbstständiger Versicherungsagent und ein passionierter Streiter für Anstand und soziale Gerechtigkeit. Bürgerrechte sind dem Demokraten wichtig, Gesetze, die den Wettbewerb ordnen, sowie moralische Grundregeln. Er hält es für selbstverständlich, für die Haushaltshilfe, die zweimal pro Woche kommt, Sozialabgaben zu zahlen. »Sie wird das Geld brauchen, wenn sie alt ist«, sagt er.

Josephs Onkel tickt ganz genauso. Als erfolgreicher und sehr wohlhabender Anwalt sympathisiert er mit den Gewerkschaften. Es ist dieses familiäre Fundament, das Stiglitz später gegen die Ungerechtigkeiten des globalen Finanzsystems kämpfen und für die Belange der Entwicklungsländer eintreten lässt. Und es ist die Sozial- und Wirtschaftsstruktur der Metropole Gary, die ihn sensibel macht für die engen Zusammenhänge zwischen Menschen und Märkten. Bis Mitte der 1960er-Jahre wächst die Kommune. Berühmte Söhne und Töchter der Stadt, etwa die des Jackson-Clans, sorgen für ein passables Image. Dann beginnt der Niedergang. Die Stadt hängt am Tropf des Stahls. Leidet die Industrie, leidet Gary. Die Arbeitslosigkeit steigt, ebenso die Kriminalitätsrate. Zehntausende Bürger verlassen die Metropole. Heute ist die Einwohnerzahl von Gary sogar unter die 100 000-Marke gesunken. Der Bürgermeister Rudy Clay spricht offen von Wiederaufbau – wie nach einem Krieg.

Die Grundschulzeit fordert den jungen Joseph nicht besonders. Es hätte intellektueller sein können, sagt er. Gary war nicht als akademisches Sprungbrett bekannt. Dennoch schaffen es allein in Josephs Jahrgang vier ambitionierte Jungs, ein Stipendium für die weiterführende College-Ausbildung zu bekommen. Ungewöhnlich viel für die Zeit und diesen Ort. Was Joseph Stiglitz allerdings zugutekommt, ist das kunstvolle Debattieren, das er sich in Extrakursen angeeignet hat. Wiederum sind es die politischen Themen, mit denen er auf diese Weise in Kontakt gerät.

Stiglitz studiert in Amherst, einem vergleichsweise kleinen College in New England mit lediglich 1000 ausschließlich männlichen Absolventen. Es ist ein liberales College, das viel Wert auf die moralische und künstlerische Bildung legt und dafür bekannt ist, nicht zu stark zu spezialisieren, sondern seinen Studenten eine breite Bildung in humanistischen Fächern, Naturwissenschaften und Soziologie zu vermitteln.

»Wenn fähige junge Menschen in einem Alter zusammenkommen, in dem sie ihre ganzen intellektuellen Fähigkeiten ausschöpfen können, ohne dass die Begeisterung bereits von der Erfahrung verwässert worden wäre; wenn diese Menschen auf Wissenschaftler treffen, wenn sie Zugang zu Bibliotheken mit der vollen Bandbreite menschlichen Wissens haben und in den Laboren Gelegenheit bekommen, dieses Wissen zu ergänzen, dann entsteht etwas fast Mystisches«, beschreibt Charles Woolsey Cole den Charakter des Colleges, das er von 1946 bis 1960 als Direktor leitet. »Es entsteht ein Amalgam aus geistigem Wachstum, Persönlichkeitsbildung und dem Sinn für richtige Entscheidungen, getrieben von der Lust an der Weiterentwicklung. Diese vier Jahre bilden den Grundstein des Lebens. Sie befähigen die Absolventen, in Zeiten der Unsicherheit oder des heftigen Aufruhrs bei sich und ihrem Bewusstsein zu bleiben.«

Eine Gruppe aus drei Lehrern – Arnold Collery, James Nelson und Ralph Beals – schafft es, Stiglitz so sehr für die Ökonomie zu begeistern und sein Faible für Mathematik mit sozialen Fragestellungen in Resonanz zu bringen, dass er sich entschließt, den und nur den Weg zu gehen. Vorerst ohne Abschluss, wechselt er auf das berühmte MIT, das Massachusetts Institute of Technology, eine Schmiede für Wirtschaftsexperten. Er verlässt Amherst aber nicht, ohne bleibenden Eindruck auch bei den Kommilitonen hinterlassen zu haben. Die hatten den rührigen Stiglitz zum Präsidenten des Studentenparlaments gewählt. Erst in seiner Antrittsrede eröffnete er dem erwartungsvollen Publikum, dass er vorhabe, den Einfluss der Bruderschaften zu beschneiden. Weil er das Gefühl habe, dass diese Verbindungen dem sozialen Zusammenhalt mehr schaden als helfen würden. Dieses Ansinnen machte Stiglitz nicht gerade beliebter, denn über 90 Prozent der Studenten waren in Verbindungen organisiert. Daher konnte er sein Vorhaben in der kurzen Zeit nicht zum Erfolg führen. Ihm war es aber gelungen, eine Sensibilität zu schaffen, die zehn Jahre später tatsächlich zur Abschaffung der Bruderschaften in Amherst führte.

Ein anderes Beispiel für den reformatorischen Gestaltungswillen des jungen Stiglitz war die Etablierung eines Studentenaustauschprogramms. Das klingt erst einmal unspektakulär. Seine Idee bestand jedoch darin, den Austausch nicht mit irgendeiner Lehranstalt zu vereinbaren, sondern mit dem Morehouse-Partnercollege in Atlanta, das ausschließlich von weißen Südstaaten-Jungen besucht wurde. Das hieß: Schwarze Studenten aus dem liberalen Norden bekamen die Möglichkeit, für zwei Wochen am Curriculum in Georgia teilzunehmen, und umgekehrt. »Leute, die sich für so etwas einsetzten, wurden damals sogar getötet«, sagt Stiglitz. »Man stemmte sich in vielen Teilen der amerikanischen Gesellschaft gegen integrierende Maßnahmen.« Aber Stiglitz konnte nicht anders. Er musste ausscheren aus der rassistischen Gedankenschiene seiner Landsleute. Er war auch einer der 250 000 Demonstranten, die am 28. August 1963 am legendären »March on Washington for Jobs and Freedom« teilnahmen, um die Worte Martin Luther Kings zu hören: »I have a dream that one day this nation will rise up and live out the true meaning of its creed: ›We hold these truths to be self-evident: that all men are created equal!‹« (»Ich habe einen Traum, dass sich eines Tages diese Nation erheben und die wahre Bedeutung ihres Glaubensbekenntnisses ausleben wird: ›Wir halten diese Wahrheit für selbstverständlich: Alle Menschen sind als gleich erschaffen!‹«). Der emotionale wie intellektuelle Eindruck dieser Veranstaltung auf Stiglitz ist immens. Nur indem er später mit diesem aufrichtigen und tief sitzenden Empfinden für Fairness, Gleichheit und Gerechtigkeit in die Wirtschaftspolitik geht, kann es zu jener kraftvollen und Energie freisetzenden Kernschmelze von Ethik und Finanzen kommen, von Herz und Geld, von Menschlichkeit und Mammon.

Am MIT ist der zukünftige Nobelpreisträger von anderen zukünftigen Nobelpreisträgern wie Paul Samuelson (1970), Kenneth Arrow (1972), Franco Modigliani (1985) und Robert Sollow (1987) umgeben. Viele Professoren stehen zwar für einen allzu liberalen Wirtschaftsstil, andere hingegen reflektieren über einen Perspektivwechsel. Mit ihrem Stil kommt Stiglitz gut zurecht. Der besteht darin, einfache und konkrete Fragen aufzuwerfen, um Lösungen für die wirklich wichtigen Probleme der Gegenwart herauszudestillieren, etwa für die wirtschaftliche Schieflage unterentwickelter Regionen der Erde, für ungesundes Wachstum, Armut oder Massenarbeitslosigkeit. Stiglitz und seine Mitstreiter entlarven bisher als gültig angesehene Theorien – dazu zählt auch George Akerlof, mit dem er 2001 den Nobelpreis teilen wird – als unzulängliche und obsolete Annahmen. Wie die des wissenschaftlichen Urvaters der Volkswirtschaftslehre, Adam Smith, der im 18. Jahrhundert die Behauptung aufstellte, die Protagonisten freier Märkte würden »wie von unsichtbarer Hand« geführt und kämen so immer zu effizienten Ergebnissen. Dies mochte bei als perfekt angenommenen Märkten so stimmen, aber nicht bei unvollkommenen. »Ja, in gewisser Weise waren wir Rebellen«, sagt Stiglitz. »Meine Motivation war es, Probleme zu verstehen und zu lösen. Wir wollten die akzeptierte Natur der Ökonomie verändern, indem wir ihr nicht bloß die Mathematik zugrunde legten.« Er ist mit solcher Leidenschaft bei der Sache, dass er viele Nächte nicht zu Hause, sondern in der Uni verbringt, und tagsüber seine Kommilitonen mit bis zu acht Stunden langen Vorlesungen penetriert.

Wofür kann sich Stiglitz so begeistern? Es sind die vielen leeren Stellen, die bisher nicht gründlich genug erforscht worden waren. Bisherige Modelle gehen davon aus, dass sich Märkte ewiglich stringent entwickeln und ihre Protagonisten sich rational verhalten. Stiglitz und seine Mitstreiter aber beziehen weitere Variablen in die Berechnungen ein, die Finanzsysteme zu sehr fragilen und unsicheren Gebilden machen. Diese Fundamente von Stiglitz' preisgekrönten Analysen zu Strukturen, Einflussfaktoren und Reaktionsweisen von Märkten entstehen in Yale. Und in Kenia.

Dorthin reist er 1969, gerade mal 26 Jahre alt, im Rahmen eines siebenjährigen Lehrauftrags. Joseph Stiglitz ist im Namen der Rockefeller Foundation in Kenia, um dem gerade von Großbritannien unabhängig gewordenen Land die ersten Schritte in die Weltwirtschaft zu erleichtern. Die Briten haben ein Chaos hinterlassen in einem Land, das eigentlich reich ist und über große Potenziale verfügt. Die Kontrolle über die begehrtesten Regionen obliegt immer noch den einstigen Besetzern. Zudem werden die Kenianer nicht wirklich in die Prinzipien der Staats- und Wirtschaftsführung eingeweiht und bleiben sich selbst überlassen. »Bei meinem ersten Aufenthalt lag der Geist von Uhuru, was auf Kisuaheli ›Freiheit‹ bedeutet, und von Ujama, was ›Selbsthilfe‹ meint, in der Luft«, schreibt Stiglitz in seinem Buch *Die Schatten der Globalisierung*. Der Wille also ist da. Er hört zu, stellt Fragen, gibt Hilfestellungen, trainiert die lokalen Kräfte. Bei seiner Rückkehr Jahre später trifft er tatsächlich auf gut ausgebildete lokale Finanzexperten in den Regierungsbüros, doch viel besser geht es dem ostafrikanischen Land nicht. Die Wirtschaft kommt nicht aus dem tiefen Tal heraus, was zu einem großen Teil an der Zinspolitik des Internationalen Währungsfonds (IWF) liegt, eine Institution, mit der Joseph Stiglitz in seinem Leben noch häufiger aneinandergeraten wird.

Kenia hinterlässt Ende der 1960er erhebliche Spuren. Denn der junge Stiglitz bemerkt vor Ort und am eigenen Leib, dass die Wirtschaftspolitik des Westens ungerecht konstruiert ist und den Entwicklungsländern falsche Verhaltensweisen aufnötigt. Die Theorien, auf denen diese Politik basiert, seien außerdem viel zu kurz gedacht und zu statisch. Würde man daran nichts verändern, käme die Südhalbkugel nie aus ihrer Bittstellerposition heraus.

»Wir halten in unserer westlichen Welt sehr viel für selbstverständlich, ohne die Dinge, die uns jeden Tag begleiten, zu hinterfragen«, beschreibt Stiglitz den hilfreichen Perspektivwechsel. »In Kenia war ich gezwungen, jedes Detail von Grund auf neu zu analysieren. Wäre ich in einer Welt aufgewachsen, in der jeder den Status eines Landbesitzers gehabt hätte, hätte ich die Zustände möglicherweise akzeptiert. Aber weil ich inmitten der Arbeiterstadt Gary groß wurde, war ich den Kollegen gegenüber im Vorteil, die in wohlhabenden Vorstädten sozialisiert wurden. Mir war immer bewusst, dass es kein Wettbewerbsgleichgewicht gibt. Auch im Falle eines korrekten Verhaltens einiger Mitstreiter herrscht immer ein gewisser Grad von Diskriminierung. Diese alten Theorien waren falsch, und meine Aufgabe als Theoretiker war es, herauszufinden, welche Grundannahmen die entscheidenden sind, um realistischere Modelle zu entwerfen.«

In den 1980er-Jahren setzt sich Joseph Stiglitz für zwei Großprojekte ein, die wunderbar zu dieser Einstellung passen und seine Vision einer gerechten Finanzwelt spiegeln. Er kämpft für die Seneca-Indianer, deren Stamm im Bundesstaat New York ein höchst unfairer Pachtvertrag untergejubelt werden soll – und dies, nachdem die Ureinwohner bereits viele Jahrzehnte lang ausgenommen wurden. Stiglitz berechnet eine Summe von rund einer Milliarde Dollar, die den Indianern in der Vergangenheit verloren gegangen war, weil sie nie entschädigt wurden, und hilft dadurch mit, dass der Folgevertrag weitaus gerechter ist. Der Erfolg seines zweiten medienwirksamen Auftrags bleibt allerdings aus. Diesmal geht es um den skandalösen Umgang mit natürlichen Ressourcen. Mit einem Großgeschenk an die amerikanische Mineralölindustrie versucht US-Präsident Ronald Reagan, schnell und schmutzig zahlreiche Förderplattformen auf hoher See zu privatisieren. Stiglitz, sein Ökonomiekollege Jeffrey Leitzinger und eine Umweltschutzorganisation stemmen sich dagegen. Letztendlich sind die Steuerzahler die Genarrten, mehrere Milliarden ihrer Abgaben verschwinden in den Kassen der Wirtschaft.

Anfang der 1990er-Jahre sind die stiglitzschen Einsätze für ein Gleichgewicht der Märkte so bekannt und seine Theorien so gefragt, dass Bill Clinton ihn 1992 als wirtschaftlichen Berater in sein Kabinett holt. Damit beginnt die politische Karriere des parteilosen Stiglitz. Eine spannende Zeit, in welcher der Professor die Umwandlung der russischen Planwirtschaft in eine Marktwirtschaft aus nächster Nähe erlebt und am Beispiel der Ostasienkrise von 1997 erfährt, wie sich ein Finanzkollaps ankündigt und was er alles mit sich reißen kann. Stiglitz arbeitet ressortübergreifend im Clinton-Team, gibt Empfehlungen für den Handel und die Kartellgesetze, für Energie und Verkehr, für Landwirtschaft und Gesundheit. »Und ich wurde wieder sehr stark mit Umweltfragen betraut«, sagt er. »Dazu gehörte die Ausarbeitung eines Gesetzes zur Besteuerung des Kohlendioxydausstoßes. Das war Pionierarbeit. Wir scheiterten damals mit dem Vorschlag. Heute wäre er in Anbetracht des Klimawandels wichtiger denn je.« Viele andere Vorstöße und Denkansätze von Joseph Stiglitz prägen jedoch die Politik Clinton mit und führen zu neuen Debatten.

Als Sinnbild der politischen Stimmung sei hier nur ein Beispiel aus dem stiglitzschen Alltag in Washington geschildert. Der Kalte Krieg ist beendet, und es kommt zu Szenarien, die noch vor ein paar Jahren als völlig abwegig eingestuft worden wären. Ein Abrüstungsvertrag zwischen den USA und Russland wird geschlossen. Er sieht vor, dass ein amerikanisches Staatsunternehmen russisches Uran aus nuklearen Sprengköpfen der Roten Armee aufkauft, in die USA transportiert, es dort abreichert und so für Atomkraftwerke verwendbar macht. Mit den Einnahmen sollen die Russen ihr umfangreiches Kernmaterial besser unter Kontrolle halten, um es vor dem Zugriff sogenannter Schurkenstaaten oder Terroristen zu schützen. Eigentlich ein guter Deal. Doch die US-Uranproduzenten fühlen sich benachteiligt. Ihre Version: Russland verkaufe Uran zu Dumpingpreisen auf dem Heimatmarkt. Man beruft sich auf das »Gesetz gegen unlautere Handelspraktiken«, das ausschließlich zur Sicherung des US-Markts konzipiert wurde. Das Gesetz soll geändert werden, um den Abrüstungsbemühungen die Bahn frei zu machen. Doch die Änderung scheitert am Widerstand des Kongresses. Diese Anekdote erzählt er gern, um zu versinnbildlichen, wie sich Profitinteressen der USA regelmäßig gegen die gute Sache durchsetzen.

Nach der ersten Legislaturperiode bittet Bill Clinton seinen Starökonomen zu bleiben. Doch der sieht woanders neue berufliche Perspektiven. Stiglitz ist erstaunt, wie leicht sich die US-Binnenwirtschaft doch insgesamt steuern lässt, und will sich nun einer weitaus schwereren Aufgabe zuwenden: der Bekämpfung der Armut auf der Erde, die Stiglitz als »grauenvolle Ungerechtigkeit« ansieht. Vier Milliarden Menschen müssen damals mit weniger als zwei Dollar pro Tag auskommen. Dem Chefökonom der Weltbank scheint das Ziel, diese perverse Statistik zu verändern, nicht übertrieben. Doch in den nächsten drei Jahren erfährt Stiglitz vor allem, warum sich die Welt in einem derartigen Ungleichgewicht befindet, das Gefälle zwischen Nord und Süd immer stärker wird und sich das Verhältnis zu Russland trotz Beendigung des Kalten Krieges nur äußerst langsam bessert.

»Eine meiner Bedingungen für den Job bei der Weltbank war, dass ich das, was ich in Bezug auf Strategien für Entwicklungsländer für richtig halte, auch öffentlich sagen darf. Falls sie einen Pressesprecher brauchten, sollten sie im PR-Metier suchen, habe ich ihnen verdeutlicht. Wollten sie aber einen progressiven Ökonomen, dann würden sie sich mit mir und meinen Vorstellungen arrangieren müssen. Ich habe mich damals als eine Art übernationalen Beamten gesehen, der unabhängig von politischen Interessen agieren kann.« Die Weltbank akzeptiert die Forderung nach freier Rede. Der Deal geht jedoch nicht lange gut. Stiglitz bemerkt sehr schnell, dass Weltbank wie IWF keine Organisationen sind, die sich gleichermaßen um die Belange aller Staaten kümmern, sondern stark von den Interessen der Industrienationen, besonders der USA, beeinflusst und gelenkt werden. Besonders der streitbare, konservative und immer noch mit den überholten Ökonomietheorien operierende Wirtschaftsprofessor Lawrence Summers macht ihm das Leben schwer. Summers ist von 1991 bis 1993 ebenfalls Chefökonom der Weltbank, danach Staatssekretär im Finanzministerium unter Bill Clinton, später gar Clintons Finanzminister, anschließend Universitätspräsident in Harvard und zuletzt wirtschaftlicher Berater der Regierung Obama. Keine schlechten Posten, zumal bei Chefs und Institutionen mit einigermaßen gutem Image. Doch Summers gilt als einer der größten Zyniker und Agitatoren des amerikanischen Großmachtdenkens. Nicht selten musste er seine Posten aufgrund von Skandalen räumen.

Hier eine Kostprobe: Anfang der 1990er äußerte sich Weltbankökonom Summers zur Entsorgung von Giftmüll in einem Papier, das der Presse zugespielt wurde. »Die Verschmutzung sollte in dem Land mit den geringsten Kosten stattfinden. Das kann nur ein Entwicklungsland sein, in dem beispielsweise die Säuglingssterblichkeit sehr hoch ist.« Die Menschen würden dort gar nicht erst das Alter erreichen, in dem sie beispielsweise an Prostatakrebs erkranken könnten. In einem wohlhabenden Land aber, in dem die Lebenserwartung höher ist, sei die Wahrscheinlichkeit einer solchen Erkrankung deutlich größer, woraus höhere Kosten entstünden. »Die ökonomische Logik, eine Ladung Giftmüll in dem Land mit den niedrigsten Löhnen loszuwerden, ist untadelig«, so Summers. Er sei schon immer der Meinung gewesen, dass Länder in Afrika deutlich unterverschmutzt seien.

Später folgten Äußerungen zur vermeintlich geringeren Befähigung von Frauen für Finanzen und Naturwissenschaften, deretwegen er in Harvard den Hut nehmen muss. Zuletzt machte er Schlagzeilen, weil er in seiner Zeit als Professor auch einen der größten US-Finanzanleger beriet und dafür über fünf Millionen Dollar einstrich.

Leute wie Summers (siehe auch das Kapitel über Jakob von Uexküll) scheinen die härtesten Widersacher zu sein auf dem Weg zu einer Weltordnung mit Anstand. So ist es Summers selbst, der Stiglitz in seinem neuen Job als Chefökonom der Weltbank vom US-Finanzministerium aus torpediert. Summers gefällt nicht, wie sich Stiglitz den sich öffnenden Ländern im Osten zuwendet. »Man wollte keine innovativen Diskussionen über Geldpolitik, sondern die Debatten, wenn überhaupt, im Geheimen führen«, sagt Stiglitz. »Alternativen zu den amerikanischen Modellen sollten nicht öffentlich werden.« Als der russische Präsident Boris Jelzin die Weltbank um Rat zur Umstrukturierung des eigenen Finanzsystems bittet, will Joseph Stiglitz nach Moskau reisen. Dagegen legt das Finanzministerium vehement Einspruch ein. Stiglitz trifft sich trotzdem im Kreml. Derartige Konflikte ergeben sich regelmäßig, sodass dem Reformer eine zweite Amtszeit nur unter der Voraussetzung in Aussicht gestellt wird, dass er von seiner Prämisse, offen zu reden, Abstand nimmt. Natürlich lehnt einer wie Stiglitz ab.

Die Zeit in Washington beschert Stiglitz wichtige Einblicke, aber auch die Erkenntnis, dass das aktuelle System und er noch nicht zusammenpassen. Was Stiglitz erfährt, ist haarsträubend. Nicht nur, dass wichtige globale Institutionen von den Amerikanern unterwandert und politisch beeinflusst werden. Hinzu kommt, dass in ihnen Leute sitzen, die ihr Handwerk nicht verstehen. Stiglitz stößt allenthalben auf Fehlentscheidungen und wenig durchdachte Konzepte mit großem Zerstörungspotenzial, wie im Fall des geschundenen Äthiopien, das in den 1980er- und 1990er-Jahren von Hungersnöten und Bürgerkriegen beherrscht wird. Stiglitz reist wenige Wochen nach Amtsantritt in den Nordosten Afrikas, um nach Lösungen zu suchen. Er trifft auf den sehr offenen und kooperationswilligen Ministerpräsidenten Meles Zenawi.

Die ganze Geschichte wäre zu lang. Wichtig ist Stiglitz hierbei, zu verstehen, dass Rettungsaktionen wie die für Äthiopien nicht wegen der unterentwickelten Länder selbst, sondern aufgrund von Organisationen wie dem IWF extrem schwierig und kontraproduktiv verlaufen. Denn der Internationale Währungsfond fordert jedes Mal Zugeständnisse. Der Deal heißt: totale Liberalisierung des nationalen Marktes und Privatisierung staatlichen Eigentums gegen Kredite und moderate Zinsen. Die Entwicklungsländer sind in der Zwickmühle. Ein echter Ausweg wird ihnen nicht geboten. Sie haben die Wahl zwischen Ausbeutung oder Verarmung. Im Fall von Äthiopien gelingt es Stiglitz und anderen Volkswirten der Weltbank nach zähem Ringen, die Führung des IWF von neuen Krediten ohne weitere Zugeständnisse des Kreditnehmers zu überzeugen.

Doch Stiglitz lernt, dass es eines immensen Aufwands bedarf, das Gute durchzukämpfen. Organisationen wie der IWF seien undurchsichtig, schreibt er in seinem Bestseller *Die Schatten der Globalisierung*. Es würde nicht nur viel zu wenig Information von innen nach außen, sondern vermutlich noch weniger Information von außen nach innen gelangen. Der heftige Streit über die Vergabe von Krediten an

Äthiopien hätte ihm die Augen über die Arbeitsweise des IWF geöffnet. »Es gab eindeutige Beweise dafür, dass sich der IWF bezüglich der Liberalisierung des Finanzmarkts und der gesamtwirtschaftlichen Lage in Äthiopien irrte. Dennoch mussten die Ökonomen des IWF ihren Willen durchsetzen.« An einer anderen Stelle schreibt Stiglitz: »Für eine mittelgroße Institution wie den IWF ist es sehr schwierig, über jede Volkswirtschaft der Erde gründlich Bescheid zu wissen. Doch den IWF stört sein mangelndes Detailwissen nicht weiter, verfährt er doch nach seiner Einheitsmethode. Die Schwierigkeiten dieser Vorgehensweise zeigen sich besonders deutlich, wenn er sich mit den volkswirtschaftlichen Herausforderungen der Entwicklungs- und Transformationsländer befasst. Es gibt eine Fülle von Informationsproblemen, und kulturelle Gepflogenheiten wirken sich oftmals nachhaltig auf das ökonomische Verhalten aus. Dennoch werden die Makroökonomen durch ihre Ausbildung nur schlecht auf die Probleme vorbereitet, denen sie sich stellen müssen. An einigen der Hochschulen, an denen der IWF regelmäßig neue Mitarbeiter rekrutiert, stehen Modelle auf dem Lehrplan, in denen keinerlei Arbeitslosigkeit vorkommt.« Der Faktor Mensch fehlt! Was dazu führt, dass das Eingreifen des IWF nicht selten zu einem Anstieg der Arbeitslosigkeit führt. Ganze Staaten werden den manisch-depressiven Launen von Finanzinvestoren ausgesetzt und für den Turbokapitalismus geöffnet.

Während der Wirtschaftskrise in Asien Ende der 1990er bekommt Joseph Stiglitz aber auch mit, wozu selbstbewusste, weiterentwickelte Staaten in der Lage sind, wenn sie sich den Auflagen des IWF widersetzen. Auf der einen Seite steht Indonesien dafür, was passiert, wenn man sich dem IWF beugt: Das Land akzeptiert mehr als 20 Milliarden Dollar Rettungshilfe, damit der Wechselkurs der eigenen Währung gestützt wird und Gläubiger besänftig werden. Finanzielle

Unterstützung für die arme Masse wird nicht zugesprochen. Im Gegenteil, Indonesien senkt auf Druck des IWF sogar die Subventionen für Lebensmittel und Brennstoff, was die Preise verteuert. Stiglitz hatte bereits vorher vor sozialen Unruhen gewarnt. Die brechen nach den verheerenden Entscheidungen auch aus. Auf der anderen Seite stehen Länder wie Malaysia, China oder Südkorea, die ebenso von der Krise ergriffen wurden, die Durststrecke aber weitaus besser verkrafteten, viel schneller wieder auf die Beine kamen und dazu nicht mit dem Vertrauensverlust der Bevölkerung kämpfen mussten. Sie alle sträubten sich gegen die Auflagen des IWF.

Joseph Stiglitz steht für den Kontrapunkt zu jenem unheilvollen alten Denken, das die materielle Vormacht des Westens festigt und die Armen und Ungeliebten noch tiefer in die Hoffnungslosigkeit treibt. Nach seinem Abschied von der Weltbank und den Schockerlebnissen, die er dort hatte, wird er zum passioniertesten und kreativsten Kämpfer für eine neue Weltwirtschaftsordnung. Seine Forderung: Lasst uns die offensichtlich gescheiterte, westliche und rein finanzielle Variante der Globalisierung ins Gegenteil verkehren!

Was war Globalisierung bisher? Sie war das umjubelte Schlagwort der 1990er-Jahre und sollte allen Menschen auf der Erde gleichermaßen Wohlstand bringen. Um den zu erreichen, einigten sich einige wenige Herrschaften 1990 in Washington auf den sogenannten Washington Consensus, eine Vereinbarung, die interessanterweise im Dunstkreis jener Institutionen getroffen wurde, die fortan am stärksten von der Globalisierung profitierten beziehungsweise auf sie Einfluss nahmen: das US-Finanzministerium, die Weltbank und der IWF (sie alle sind zwischen der 15. und 19. Straße in Washington beheimatet). Kernforderungen des Consensus waren Liberalisierung, Deregulierung und Privatisierung der Märkte bei zeitgleichem Staatsabbau. Fragen nach Nachhaltigkeit, Gerechtigkeit, Beschäftigung und der Schnelligkeit von Reformen wurden erst zehn Jahre später gestellt, nachdem die Globalisierung in ihrer ursprünglich vereinbarten Form bereits viel Unheil angerichtet hatte. Was nicht heißt, dass die Globalisierung seit 2000 sehr viel anders verlaufen wäre.

2001 erhält Joseph Stiglitz den Nobelpreis für Wirtschaft – zusammen mit seinem einstigen Kommilitonen George Akerlof und dem kanadischen Ökonomieprofessor Michael Spence. »Ich wählte die Ökonomie in der Hoffnung, etwas hinsichtlich Arbeitslosigkeit, Armut und Diskriminierung zu verändern«, sagt Stiglitz am Schluss seiner Rede am 8. Dezember in der Aula der Stockholmer Universität. »Als Forscher hatte ich das Glück, auf ein paar Ideen zu stoßen, die unser Verständnis einiger Phänomene erweitern werden. Als Erzieher hatte ich das Glück, dass ich das Ungleichgewicht des Wissens ausgleichen konnte und ein paar hervorragende Studenten hervorgebracht habe, die nun selber forschen. Als Individuum habe ich mich nie damit zufriedengegeben, andere meine Ideen in die Praxis übersetzen zu lassen. Ich war in der glücklichen Lage, das selber tun zu können, als Regierungsmitglied und bei der Weltbank. Wir alle haben das Glück, in einer Demokratie zu leben, in der jeder für seine Einschätzung einer besseren Welt kämpfen kann. Wir Akademiker haben das Glück, durch unsere akademische Freiheit geschützt zu sein. Doch mit der Freiheit kommt die Verantwortung: die Verantwortung, die Freiheit richtig einzusetzen und alles zu tun, damit in der Welt der Zukunft nicht nur immer größerer wirtschaftlicher Wohlstand herrscht, sondern auch mehr soziale Gerechtigkeit.« Der Nobelpreis ist der Ritterschlag für Stiglitz, die offizielle und größtmögliche Anerkennung seiner Bemühungen und gleichzeitig ein Schlag ins Gesicht der gegen ihn arbeitenden alten Kräfte.

Mit der Popularität durch den Nobelpreis kommt 2002 der erste große Bucherfolg *(Die Schatten der Globalisierung)*. 2006 nimmt sich Joseph Stiglitz in dem Folgewerk *Die Chancen der Globalisierung* nicht nur die Vereinheitlichung der Weltwirtschaft vor, sondern gibt auch Änderungsempfehlungen, die letztendlich in einen globalen Gesellschaftsvertrag münden sollen. Er rügt den Postenproporz bei Weltbank und IWF (die Chefsessel sind Amerikanern und Europäern vorbehalten). Er kritisiert den unfairen Welthandel (Entwicklungsländer werden gezwungen, die Subventionen ihrer eigenen Wirtschaft einzustellen, während die Industrieländer ihre Subventionen beibehalten dürfen und damit die Preise in den Entwicklungsländern zerstören). Er straft die einseitigen Variablen ab, die bisher bei der Armutsbekämpfung eine Rolle spielten (das Augenmerk galt vor allem der Inflation und nicht der Arbeitslosigkeit). Seine Mängelliste findet kein Ende.

Aus der Generalkritik zieht Stiglitz konkrete Schlüsse. Beispielsweise fordert er ein neues System der Weltwährungsreserven und schlägt den Weltdollar vor, eine neue globale Reservewährung, mit der Staaten in Krisenzeiten in nachhaltige Lösungen investieren können. Er plädiert für eine Demokratisierung der Globalisierung, für die Abschaffung von Zöllen und Handelsblockaden, für den Abbau des Wissensgefälles zwischen Nord und Süd, für eine globale Angleichung der Löhne. Er setzt sich ein für eine Reform des Stimmrechtsverfahrens, für mehr Transparenz und eine Rechenschaftspflicht bei Weltbank und IWF, für eine größere Gestaltungskraft von Wirtschafts- und Sozialrat der UNO, für eine stärkere Beteiligung von Entwicklungsländern an globalen Beschlüssen, für die Einführung eines unabhängigen, globalen Gerichts, das Antidumpingzölle für Produkte festlegt, für eine neue Handelsrechtsordnung, die fairen Regeln unterworfen ist und nicht von Machtverhältnissen ab-

Foto: Martin Häusler

Instruktionen einer Mitarbeiterin: Im achten Stock der Uris Hall wird der Reise- und Vortragsplan von Joseph Stiglitz getaktet.

hängt. Er mahnt an, neue globale Monopole und Kartelle zu verhindern, weitere Entwicklungsländer in den Schuldenerlass mit einzubeziehen und den Entwicklungsländern eine Vergütung für den Erhalt der Artenvielfalt und die Bewahrung natürlicher Ressourcen zu zahlen. Auch diese Stiglitz-Liste ist noch viel länger.

Dies alles könne, so Stiglitz, sowieso nur geschehen, wenn das Denken globaler werde. Wenn ein verlorener Arbeitsplatz daheim oder ein gefallener Soldat der eigenen Armee nicht länger mehr zählt als ein entlassener Arbeitnehmer in der Ferne oder ein erschossener Infanterist in einer anderen Uniform. Wenn uns ein durch ein Selbstmordattentat zerfetzter Bus in einer westlichen Großstadt nicht mehr erschüttert als ein zerfetzter Bus in Israel oder in Pakistan. Stiglitz möchte das bekannte »Think global, act local« in »Think global, act global« umformulieren. »Das lokale Denken besteht fort, obwohl die weltweite wirtschaftliche Verflechtung zunimmt«, bedauert Stiglitz in *Chancen der Globalisierung*. »Diese Trennung von lokalpolitischer Orientierung und globalen Problemen ist über weite Strecken für die Unzufriedenheit mit der Globalisierung verantwortlich.«

Zur jüngsten Weltwirtschaftskrise hat Joseph Stiglitz 2009 ein weiteres Buch geschrieben, das *Im freien Fall* heißt. Der Finanzprophet kann es nicht lassen. Selbst im Anbetracht der Tatsache, dass er rechtzeitig vor dem Bankencrash 2008/09 gewarnt hat und dann mit ansehen musste, dass wieder nicht genug unternommen wurde. »Barack Obamas Wahlkampf war im wirtschaftlichen Bereich von meinen Büchern geprägt«, sagt Joseph Stiglitz. »Ich wünschte, gewisse Leute hätten meine Bücher ebenfalls genauer gelesen und sich über die Gefahren der Deregulierung informiert. Aber neue Ideen manifestieren sich nicht über Nacht, und sie trafen wohl Anfang des dritten Jahrtausends noch nicht den Zeitgeist. Vielleicht haben die Bücher einige Unentschiedene und manche Kritiker der alten Anschauungen überzeugt. Von den Fundamentalisten wurden sie jedenfalls ignoriert. Aber deren Ideen wurden auch nicht über Nacht akzeptiert, sondern infiltrierten das globale Bewusstsein über einen längeren Zeitraum. Daher bin ich optimistisch.«

Was Joseph Stiglitz an der Nachbereitung der Krise am meisten überrascht und gleichzeitig frustriert, ist das schlechte Benehmen der Banken. »Sie sehen ihre Fehler nicht ein. Sie stehen nicht für ihre Fehler ein. Sie machen einfach weiter wie bisher.« Stiglitz kennt diese Leute. Er hat mit ihnen an einem Tisch gesessen. Er hat mit ihnen gegessen. Er hat mit ihnen gepflegte Konversation betrieben. Es waren die skrupellosen Banker, die tagsüber fadenscheinige Fonds auflegten und dabei keine Sekunde lang an die Anleger dachten. Und es waren die politischen Hierarchen, die mal eben mit einer einzigen Entscheidung ganze Staaten ruinierten und Völker ins Verderben rennen ließen. »Ich habe in der Tat keinen einzigen Menschen getroffen, der sich im Nachhinein schuldig gefühlt hätte«, sagt Stiglitz. »Menschen stellen sich nicht gern selbst infrage. Sie arbeiten schwer daran, Glaubensinhalte zu kreieren, die in ihr Weltbild passen. Sie machen ihren Job. Man könnte sie fast Mörder nennen, aber sie sehen sich nicht so. Das macht es so schwierig. Im Gegenteil, sie denken, sie tun etwas Gutes und geben ihren Opfern sogar noch die Schuld.«

Stiglitz entlarvt seit nunmehr 40 Jahren intellektuelle Unzulänglichkeiten. Dabei kommt ihm zugute, dass er nicht nur argumentieren und für eine subjektive Ansicht plädieren muss. Er kann die Modelle seiner Gegner vielmehr rein wissenschaftlich auseinandernehmen und der ganzen Welt zeigen, dass sie bei näherer Betrachtung der Realität nicht standhalten. »Dadurch fangen die Ersten an zu zweifeln. Man kann also umerziehen. Mir ist bei der Weltbank kein grundlegender Paradigmenwechsel gelungen, aber ich habe es immerhin geschafft, das Finanzsystem in einen komplexeren Zusammenhang zu stellen und eine Wertedebatte anzustoßen.«

Joseph Stiglitz ist sich bewusst, dass Veränderungen längst überfällig sind und die Menschheit unmöglich den vorgegebenen materialistischen Weg der USA weitergehen darf. »Der Planet würde das nicht überleben«, sagt er. Der Rettungseinsatz für die Erde treibt ihn aber nicht zurück in die Politik. Das würde zu viele Zwänge mit sich bringen. Und er will und muss weiterhin sagen können, was er zu sagen hat. Deshalb bewegt sich Stiglitz jetzt und in Zukunft auf dem Schlachtfeld der Ideen, wie er es nennt. »Hätte ich den Kampf der Ideen gescheut, sähe die heutige Welt noch schlimmer aus. Man muss mit den Ideen der anderen in Konkurrenz treten, genau wie Wettbewerber in einem Markt. Nur so können die Menschen auf alle Ideen zugreifen und ihre Meinungen schärfen. Und ich habe den Eindruck, dass immer mehr Leute meine Ideen verstehen und für richtig halten. Ich bin hoffnungsvoll, dass wir die Globalisierung auf den richtigen Weg bringen können.« Bestes Beispiel für den schleichenden Bewusstseinswandel sind seine Studenten, die plötzlich überhaupt kein Verständnis mehr für die alten Wirtschaftslehren haben – und sich darüber zu beschweren beginnen.

Foto: Martin Häusler

JEKATERINA MOSCHAJEWA

Clown aus Korschenbroich, Deutschland,
geboren 1954 in Kemerowo, Russland

Clowns sind die besten Diplomaten, denn ihre Arbeit endet immer in der Versöhnung – Wie die russische Kunstfigur Antoschka die Gesellschaft aus alten Verhaltensmustern herausführen und daran erinnern will, frei, sozial und emotional zu denken

Es gibt schönere erste Lebensjahre als eine Kindheit in Kemerowo, mag man meinen. In Kemerowo regiert acht Monate lang der Winter. Der Frühling ist kurz, der Herbst ist kurz, und der Hauch von Sommer beschert den Einwohnern Extremtemperaturen von bis zu 40 Grad. Die noch junge sibirische Großstadt liegt auf halbem Weg zwischen kasachischer Steppe und Altai-Gebirge. Die nächste größere Metropole ist Nowosibirsk. Niemand wäre in den 1930er-Jahren freiwillig dorthin gereist. Dann setzte der russische Diktator Josef Stalin ein ganzes Volk in Bewegung. Er enteignete die Menschen und verteilte sie über sein Riesenreich in Gulags. Ein Schicksal, das die entwurzelten Familien von Valentina Dolgova und Michael Moschajew aufeinandertreffen ließ.

Valentina arbeitet als Kassiererin in einem Lebensmittelgeschäft, Michael muss erst Munition herstellen und verdient dann in derselben Fabrik sein Geld als Schlosser. Stalin hatte die Metallproduktion ins Hinterland verlagert, um ungestört und sicher vor den Angreifern aus dem Westen Waffen herstellen zu können. Innerhalb weniger Jahre wächst Kemerowo zu einer unwirtlichen Industriestadt mit schlechter Luft und mehreren Hunderttausend Einwohnern. Nach dem Krieg hilft Michael Moschajew mit, die Schwerter in Pflugscharen zu verwandeln. Man bleibt in Kemerowo.

1951 bringt Valentina Moschajewa Galina zur Welt, 1954 wird Jekaterina geboren. Doch allen Umständen zum Trotz verbringen die Schwestern eine wunderbare Zeit in der sibirischen Zwangsheimat ihrer Eltern. Als probates Überlebenselixier erweist sich die Kultur. Zum einen hat Kemerowo ein Operettenhaus, ein Theater und einen festen Zirkus, drei Orte, welche die Moschajews regelmäßig besuchen. Zum anderen sind Valentina und Michael beide künstlerisch veranlagt. Vor allem der Vater hält die Kinder mit heiteren Liedern, spannenden Geschichten und spontanen Inszenierungen bei Laune, während seine Frau täglich bis acht Uhr abends an der Kasse sitzen muss und erst gegen halb zehn nach Hause kommt. Er kocht nicht nur für seine zwei Töchter. Er macht den Haushalt auch zu einem Ort, an dem der gesamte Nachwuchs der Nachbarschaft etwas erleben kann. Viele Kinder leiden unter der Trostlosigkeit der Industriestadt und den Frustrationen ihrer saufenden Eltern. Die Moschajews hingegen versprechen Ablenkung. Die wenigen Kleidungsstücke der Eltern dienen als Kostüme, die Bühne ist die kleine Küche der Familie, die Fantasie ist der Regisseur. Es dauert nicht lange, da braucht Michael Moschajew keinen Unterhalter mehr zu spielen. Die Tochter übernimmt. Ob in der bescheidenen Wohnung oder draußen auf der Straße: Nach einer halben Stunde sind die von ihr animierten Kinder in ein frei erfundenes Stück vertieft.

Die Küche der Moschajews dient damals gleichzeitig als Kinderzimmer. Die Schwestern schlafen auf dem noch warmen Kachelofen, der den ganzen Tag über mit Kohle und Holz geheizt wird. Jekaterina ist erst ein sehr schüchternes, später jedoch ein sehr selbstbewusstes Kind, das vom Vater nicht nur künstlerisch erzogen, sondern auch aufs Überleben getrimmt wird. »Wenn du Probleme hast mit den Jungs auf der Straße, dann hau ihnen eins auf die Nase!«, ist einer seiner Ratschläge.

Damit kann sie beeindrucken. Genau wie mit ihrem Wissen. Sie fängt sehr früh mit dem Lesen an, taucht ab in die Geschichten Pasternaks, Dostojewskis, Balzacs oder Goethes, die in den dicken, duftenden Büchern ihrer Eltern und Großeltern stehen – das Einzige, was sie in der Nacht ihrer Deportation hatten mitnehmen können. Jekaterina kann so gut lesen und ebenso beeindruckend schreiben, dass sie ihrer drei Jahre älteren Schwester regelmäßig bei den Hausaufgaben hilft und Galinas Lehrerin sogar bittet, sie doch in die Klasse der Schwester aufzunehmen. Das kann sie zwar nicht durchsetzen, aber sie darf ein Jahr früher als alle anderen ihres Alters mit der Schule beginnen.

Das Kind – es ist das kleinste des ganzen Jahrgangs – schafft es mit seiner frechen und liebenswerten Art ebenso schnell auf die erste Bühne. Es träumt vom Ballett und tanzt mit sechs Jahren im örtlichen Operettenhaus vor, das Kurse für Nachwuchstalente anbietet. Jekaterina wünscht sich Musik von Richard Strauss, die sie aus dem Radio kennt, das zu Hause den ganzen Tag läuft. Der Pianist greift in die Tasten und spielt dem Mädchen einen Walzer vor. Allein tanzt sie über die Planken und bringt mit ihrem ersten kleinen Auftritt jenseits der eigenen Küche das Auswahlgremium zum Lachen. Denn sie bewegt sich mit dem Rücken zum Publikum. Sie wird aufgenommen. »Ich bin ein geborener Clown«, sagt Moschajewa. »Ich habe die Leute immer zum Lachen gebracht. Ich war Klassenclown, ich war der Entertainer der Familie. Und ich habe es immer sehr genossen, wenn die Leute um mich herum anfingen zu lächeln.«

In dem Theater mit seinen Werkstätten, Requisiten und

Kulissen fühlt sie sich wie in einem anderen Land. »Das war wunderschön. Ich war ständig dort, habe getanzt und konnte mir jede Vorstellung anschauen, von Operetten von Strauss bis hin zu *Schwanensee* von Tschaikowski. Dabei merkte ich, dass ich nicht bloß im Chor stehen und eine von vielen sein wollte. Ich wollte Primaballerina sein.«

Doch der Traum bleibt ein Traum. Jekaterina ist fast die ganze Kindheit und Jugend hindurch krank. Schon ihre Geburt läuft nicht nach Plan. Beim Anblick des Babys teilen die Ärzte Valentina Moschajewa mit, dass ihre Tochter behindert sei. Die Beine, völlig krumm. Ein Schock. Aber auch eine große Übertreibung. Mit Bandagen und Schienen kann die Fehlstellung innerhalb weniger Monate korrigiert werden. Doch schon bald bekommt Jekaterina Kinderrheuma, infiziert sich zudem erst mit Hepatitis A, dann mit Hepatitis B. Viele Monate muss sie im Krankenhaus von Kemerowo liegen, verbringt zwischen dem achten und 13. Lebensjahr jeden Winter von Dezember bis April dort. Zu viel, um mit den anderen Tänzerinnen mitzuhalten, und schier unerträglich für ihr Selbstbewusstsein.

Es sind die Bücher, die Jekaterina über die Zeit hinwegtrösten. Ihre Mutter und ihre Großmutter bringen ständig neue Romane ans Bett, die sie wie eine Verdurstende in sich aufsaugt. »In diesen Momenten war ich nicht im Krankenhaus«, sagt Moschajewa. »Ich war Maria Stuart. Ich war die Königin. Ich trank den köstlichsten Wein. Ich lebte in diesem Land. Es war ein schöner Weg, dem Leben zu entfliehen.«

Möglicherweise hat Kemerowo das Kind so krank gemacht. Jekaterina wird immer schwächer. Mit 14 rät der behandelnde Arzt den Eltern, ihre Tochter in ein Sanatorium zu schicken an einem Ort, an dem es wärmer ist. Andernfalls könne er nicht mehr für ihr Leben garantieren. Dieser warme Ort ist Sotschi am Schwarzen Meer, wo Jekaterinas Großmutter Anna inzwischen lebt. Ganze Sommer kuriert sich die Lieblingsenkelin dort aus, liest der Analphabetin Anna täglich aus den großen Klassikern vor.

Lange konnte Jekaterina die Trainingsrückstände, in die sie wieder und wieder geriet, durch ihr Talent ausgleichen. Doch das schafft sie jetzt nicht mehr. Das Ende für ihre Ballettambitionen. Es ist ihre Freundin Tatjana, die sie auf eine alternative Kunstform bringt und sie dahin mitnehmen möchte, wo sie ihre Freizeit verbringt. In den Zirkus. »Was ist schon die Manege gegen eine Bühne?«, fragt sich Jekaterina ein wenig überheblich. Aber es dauert nicht lange, und die verhinderte Primaballerina ist ebenso fasziniert von den Dompteuren und den Trapezartisten, von den Clowns und den Tieren. Es ist der Beginn einer neuen Leidenschaft, die fortan das komplette Leben von Jekaterina Moschajewa bestimmen wird.

Sie ist mal wieder bei ihrer Großmutter in Sotschi, als sie auf die Idee kommt, auf die Zirkusschule in Moskau zu gehen. Nicht irgendwann. Jetzt! Denn die große Karriere ist damals in Russland nur über die arrivierten Schulen in Moskau oder St. Petersburg möglich. Jekaterina bewirbt sich für die Aufnahmeprüfung und fährt – gerade mal 16 Jahre alt – mit dem Zug in die Hauptstadt. Wo sie einen Kulturschock erleidet. Denn Moskau begegnet ihr rau, kalt und unsympathisch. »Ich war erstaunt, wie seelisch unsauber und unterentwickelt die Menschen dort waren«, sagt sie. »Ich hatte vorher in meinen Büchern gelesen, Moskau sei so kultiviert. Aber da verkauft man seine eigene Mutter. Dort kündigen die Leute eine Einladung an, und du wartest bis zum Sankt-Nimmerleins-Tag auf einen konkreten Termin. Man interessiert sich nicht wirklich füreinander. In Sibirien kannst du dich so nicht verhalten, weil du dann nicht überleben würdest. In Sibirien erzieht dich das Leben zu Ehrlichkeit und Hilfsbereitschaft. Wenn du dort nicht hilfst, bist du kein Mensch.«

Zwei Wochen lebt Moschajewa in Moskau in einem Internat und kann die Jury insofern überzeugen, als man ihr anbietet, sich vier Jahre im Fach Jonglage zu perfektionieren. »Was soll ich vier Jahre jonglieren?«, fragt sie sich. »Ich will doch Clown werden.« Nein, reines koordiniertes In-der-Luft-Halten von Gegenständen, das ist nichts für sie. Jekaterina geht zurück nach Kemerowo, wo sie im Ausbildungsstudio des örtlichen Zirkus die hohe Kunst der Clownerie zu beherrschen versucht.

Dafür sorgt der in die Jahre gekommene Luftakrobat Alexej Wukolowitsch Schaposchnikov, der sich in seinen Nummern nur »Holt« nennt. Er legt das Fundament für die Clownkarriere seiner begabten Schülerin, bringt ihr Akrobatik bei, perfektioniert ihre Jonglage und unterrichtet sie im Umgang mit Tieren. »Er hat mir das Werkzeug gegeben, aus dem ich mich und meine Nummern erst erschaffen und entwickeln konnte«, sagt Moschajewa. »Diese Technik habe ich mein ganzes Leben lang genutzt, ohne mir jemals etwas zu brechen. Und ich habe sehr riskante Dinge gemacht.« Aber Schaposchnikov vermittelt nicht bloß Handwerk. Denn Clown zu sein bedeutet mehr, als witzige Kunststücke zu präsentieren. Es kommt auf das Wie an. »Dank ihm sind wir Menschen geworden«, sagt sie. »Er hat mir neben den Techniken, die man im Zirkus beherrschen muss, eine Lebenseinstellung beigebracht. Er hat mir Mittel mitgegeben, mit denen ich mich durchs Leben boxen, berühmt werden und zufrieden leben konnte. Seine Philosophie des Clowns war: Du bist eine Persönlichkeit. Daraus speist sich der Humor. Du hast nie die Gefühle eines anderen zu verletzen oder ihn zu erniedrigen. Wahre immer Respekt dem Publikum gegenüber. Die Menschen müssen mitlachen und nicht einander auslachen.«

Der Clown ist in Russland nicht nur eine Nummer unter vielen. Und auch der Zirkus an sich hat eine andere historische und künstlerische Grundlage als im Westen. Lenin erhob den Zirkus in den 1920er-Jahren in den Rang einer offiziellen künstlerischen Einrichtung. Der Artistik sollte die gleiche Anerkennung zuteilwerden wie der Oper oder dem Theater. Allerdings nicht ohne Hintergedanken: Der Zirkus diente – wie auch der Film – als wichtiges Propagandainstrument. Vor allem die industriellen Errungenschaften des kommunistischen Staates wurden dem Publikum in den Shows vor Augen geführt. Bis zu zwei Millionen Zuschauer gingen in Spitzenzeiten russlandweit jeden Tag in den Zirkus. Das Ministerium für Zirkusangelegenheiten pumpte große Mengen Fördergelder in die politische Akrobatik.

Sojus Gos Zirk hieß die zentrale Dachorganisation, die landesweit 6000 bis 7000 Künstler zusammenhielt und in die Arenen des Russischen Staatszirkus vermittelte. In Intervallen von zwei bis drei Monaten wurden die Artisten in Gruppen von jeweils rund 50 Mann von Zirkus zu Zirkus entsandt. Wobei Zirkus damals wie heute nichts zu tun hat mit Zelten, die aufgeschlagen und wieder abgebaut werden müssen. In jeder Großstadt hat der Zirkus ein festes Gebäude und ein ständiges Orchester. Nur die Künstlertruppen sind jedes Mal andere mit wechselnden Programmen.

Der Clown spielt in diesen Programmen eine ganz besondere Rolle. Er ist der rote Faden, der sich durch den Abend zieht: führt ein und verabschiedet, rettet über Umbaupausen hinweg und mischt sich plötzlich in die Nummern der anderen Künstler ein. Er ist der Zehnkämpfer der Kompanie. Während sich die Trapezartisten ausschließlich um ihr Metier unter der Saaldecke kümmern müssen, der Kollege auf dem Seil Sorge dafür tragen muss, dass er nicht abstürzt, und der Löwenbändiger die Raubkatzen in Schach zu halten hat, muss der Clown in jeder Disziplin Experte sein. Reprisen-Clown heißt das in Russland, und Jekaterina Moschajewa wird in Kemerowo zu genau so einem ausgebildet.

»Zirkus ist die ehrlichste Kunst des ganzen Universums«, sagt sie. »Das Theater ist faszinierend, aber es kann vortäuschen. Theater erlaubt dem Künstler, sich hinter Vorhängen zu verstecken, sich in ein schönes Licht zu stellen und sich auch mal zu versprechen. Im Zirkus kann ich mir das nicht erlauben. Es hilft auch nichts, wenn ich mit dem Regisseur schlafe, denn ich muss am nächsten Tag mein Handwerk beherrschen. Es fällt sofort auf, wenn man nicht gut ist. Dann falle ich vom Seil oder verhaue die Jonglage.«

40 Jahre lang wird die Perfektionistin in der Manege stehen. Das einst von Rheuma geplagte Kind wird zum Weltstar werden und in gigantischen Hallen vor 80 000 Menschen auftreten. Das Mädchen, das in Sibirien Respekt und Nächstenliebe lernte, wird es sich zur Aufgabe machen, die Welt zu retten, indem es aus den Menschen glücklichere Individuen macht auf dem Weg zu sich selbst. Doch bis dahin sind es noch ein paar Jahrzehnte.

Im Clownunterricht in Kemerowo begegnet Jekaterina Moschajewa dem sieben Jahre älteren Anatoli Latischev. Beide wollen sie als Clown Karriere machen. Möglichst beim Russischen Staatszirkus. Er ist ein belesener Intellektueller, mit dem sie sich auf Augenhöhe austauschen kann. Sie studieren so lange gemeinsam, bis sie sich blind verstehen. Sie spielen sich die Gags nur so zu, improvisieren in Sekundenschnelle. Sie tun sich als Duo zusammen, nennen sich »Anton und Antoschka«. Als sie 19 ist, heiraten sie.

Nach vielen gemeinsamen Auftritten bereiten sich die beiden 1973 auf die Aufnahmeprüfung beim Russischen Staatszirkus vor. In Minsk soll der Karrieresprung gelingen. Anatoli und Jekaterina entscheiden sich für ein Repertoire aus acht bis zehn Nummern. Er schlüpft in die Rolle des weißen Clowns, der für Autorität, Dominanz und Klugheit steht. Sie übernimmt die Figur des roten Clowns, Ausdruck von Rebellentum, Aufmüpfigkeit und Frechheit. Entsprechend funktioniert die Inszenierung. Anton will, dass Antoschka Geige lernt. Aber die weigert sich mittels unzähliger Tricks. Dafür will Antoschka, dass ein Hund von der Straße die Familie ergänzt. Anton duldet den Flohpelz im Haushalt nicht – lässt sich aber durch eine überzeugende Tierartistiknummer weichkochen. Die Jury ist begeistert. Das Paar ist engagiert. Und darf fortan mit dem Staatszirkus um die ganze Welt touren. Sie treten auf allen Kontinenten auf, bringen Millionen Menschen zum Lachen. Anton und Antoschka werden schnell zu den Stars des Programms. Ihr Erfolgsrezept liegt nicht bloß im Perfektionismus. Erst das tiefe Verständnis für die Triebfeder ihres Berufs macht Moschajewa zum Profi. »Als Clown kann ich alles machen«, weiß sie. »Ich kann fliegen. Ich kann auf dem Mars sein und auf dem Jupiter. Ich kann ins Mittelalter reisen und in die Steinzeit. Ich forme mir meine Welten selbst. In der Clownerie sind alle Mittel erlaubt, solange eine Idee dahintersteckt. Gags um der Gags wegen sind mir fremd. Denn der Clown ist kein simpler Spaßmacher. Er ist ein Philosoph, ein Poet, ein Dichter. Er hat etwas zu sagen.«

1979 bringt Jekaterina Moschejawa ihren Sohn Jaroslaw zur Welt. Er macht – logisch – die Tourneen des Ehepaars mit. Von Anfang an ist Heimat für ihn kein Haus mit Garten und einem Zaun darum. Er wächst auf mit der selbstverständlichen Haltung, Weltbürger zu sein und mit den Menschen, die ihm begegnen, seien sie auch noch so unterschiedlich, zu kommunizieren. »Zirkus ist wahrscheinlich die multi- nationalste Kunstform, die es gibt«, meint Moschajewa. »Artisten aus allen Ländern müssen täglich miteinander auskommen und Höchstleistungen bringen. Wir sind zu sozialem Handeln verpflichtet. In diese Gemeinschaft wachsen die Kinder der Künstler automatisch hinein. Zuerst spielen sie mit wenigen Worten. Nach einem Monat sprechen sie Polnisch, Amerikanisch, Italienisch. Es ist beeindruckend, das zu beobachten. Liebevolle körperliche Erfahrungen machen die Kinder zu Sprachgenies.« Auch Jaroslaw entwickelt sich zu einem begabten Jungen, der heute neben Russisch auch Japanisch, Englisch, Deutsch, Georgisch und Litauisch beherrscht.

Ende der 1980er-Jahre bringt die Moschajews eine Tournee nach Riga, wo ihnen eine junge Pferdepflegerin auffällt, die Tag für Tag vom Reitartisten beschimpft und schikaniert wird. Aus Mitleid nimmt sich Jekaterina ihrer an. Ein verhängnisvolles Unterfangen. Denn Anatoli hat ein Auge auf die attraktive 19-Jährige geworfen. Heimlich intensiviert sich ihr Kontakt während einer halbjährigen Südamerika-Tour. Zurück in Moskau – Jekaterina lernt gerade für die Abschlussprüfung ihres Studiums der Zirkus- und Theaterregie, das sie parallel zu den Gastspielen durchzieht –, gibt es im Juni 1989 das böse Erwachen. Anatoli eröffnet ihr, dass er sie für die Pferdepflegerin Tatjana verlassen wird. Von heute auf morgen. »Wir haben alles miteinander geteilt«, sagt Jekaterina. »Unsere berufliche Zusammenarbeit war viel mehr, als wenn man ein gemeinsames Büro nutzen würde. Wenn du eine Geige in zwei Teile sägst, kannst du auf keinem der beiden Teile spielen. Es war der volle Aufprall, ich habe alles verloren.« Erst im Nachhinein wird ihr klar, warum es so weit kommen musste. Ihr ganzes Leben hatten die beiden dem Clownberuf geopfert. Schafften es von ganz unten bis ganz oben. »Wir haben permanent gearbeitet. Auch wenn wir abends im Bett lagen, sprachen wir über unsere Auftritte. Die Arbeit war wichtiger als das Privatleben. Wir waren mehr Partner als Liebhaber, hatten keine Zeit mehr, uns gegenseitig zu bewundern.«

Der Gedanke, dennoch weiter miteinander aufzutreten, scheitert am emotionalen Widerstand der Pferdepflegerin. So wird das letzte Programm von Anton und Antoschka in Moskau gespielt. Dabei trifft Moschajewa auf den Kultur-

Impresario Enrique Kanjuki, der sie von den Gastspielen in Lateinamerika kennt und sehr schätzt, weil sie ihm lukrative Geschäfte garantiert. Kanjuki merkt sofort, dass irgendetwas passiert ist, quetscht die Neuigkeit aus ihr heraus und bietet ihr prompt ein Soloprogramm an. Antoschka allein in der Manege? Wie soll das gehen? 14 Jahre war sie Teil eines Duos! Was soll sie machen, einer wie Anatoli kommt so schnell nicht wieder? Jekaterina Moschajewa übt fortan täglich 16 Stunden für ihr eigenes Repertoire. »Ich arbeitete in dieser Phase wie ein Roboter«, sagt sie. Nicht nur, um sich von den emotionalen Verletzungen abzulenken, sondern auch, weil es der neue Job abverlangt. Das Besondere daran: Kanjuki will sie nicht in die Sägespäne der Manege schicken, sondern aufs Eis. Vier Monate hat Moschajewa Zeit, sich an das neue Element zu gewöhnen. Dann geht es nach Deutschland. Ein Dreivierteljahr durch die Republik mit dem Staatszirkus-Programm »Circus on Ice«. Ein gigantisches Event, von der *BILD*-Zeitung gesponsert und mit einer auf Kufen stehenden Antoschka als Zugpferd. Am Ende ist sie zwar wieder der gefeierte Star, doch weil ihr Kostüm keine großen Schutzvorrichtungen zuließ, schmerzt fast jeder Knochen.

1991 verlässt Moschajewa den Russischen Staatszirkus, der sie zwar mies bezahlt, aber immer eine schützende Hand über sie gehalten und sie verpflegt hatte. Ihr neues Leben als freischaffende Künstlerin im Kapitalismus beginnt. Statt der umgerechnet 25 Dollar Tagesgeld bekommt sie nun 600. Sie bleibt den Schlittschuhen treu und tourt mit »Holiday on Ice« vier Jahre um die Welt, tritt täglich zweimal auf. Zum Schluss weiß sie nicht mehr, wo sie gerade ist.

Von gigantischen Tourneen wie dieser hat sich Jekaterina Moschajewa verabschiedet. 100 Euro Rente zahlt ihr der Russische Staatszirkus heute jeden Monat. Mit einem deutschen Kulturmanager lebt sie in der niederrheinischen Provinz in einem Nest bei Korschenbroich. Die beiden sind in eine alte Bäckerei gezogen. Die Zedern auf dem Grundstück erinnerten sie an ihre Heimat in Sibirien, sagt Moschajewa. Das Backsteingebäude bietet genügend Platz für einen Probenraum, in dem Antoschka sich immer wieder neu erfinden kann. Ja, Antoschka gibt es noch. Sie tritt immer noch auf. Ihre Bühnenpartner sind zwei kleine Chihuahuas. Doch die große Manege muss ohne Antoschka auskommen. Neben ihren gelegentlichen Vorführungen gibt sie Workshops und hält Vorträge, in denen sie sich um eine menschlichere Gesellschaft bemüht. Was sie vermittelt, ist im Kern das geistige Erbe ihres Vaters Michael, ihres Ziehvaters Schaposchnikov und das der vielen, vielen Narren, die in der Renaissance nicht nur die Höfe unterhielten, sondern auch die Herrscher berieten.

Größere Schlagkraft soll das 2003 von ihr gegründete World Parliament of Clowns entfalten, das seinen Sitz im ersten Stock der Korschenbroicher Bäckerei hat. Darin organisiert sind nicht nur Koryphäen des Clownfachs wie der Amerikaner Patch Adams und der Russe Oleg Popov, sondern auch fachfremde Ehrenclowns wie der südafrikanische Bischof Desmond Tutu, der US-amerikanische Umweltschützer Jerome Ringo, der ungarische Philosoph Ervin Laszlo (siehe auch das Kapitel über Ervin Laszlo), der Schauspieler Dietmar Schönherr und der Regisseur Wim Wenders. »Jeder Mensch verfügt über einen inneren Clown«, sagt Moschajewa. »Alle tragen das Potenzial in sich. Aber gerade in Deutschland und den westlichen Ländern sind viele Leute sehr zugeknöpft und haben Angst, ihre Seriosität zu verlieren, wenn sie Dinge tun und sagen, die nicht zum Mainstream gehören. Denen kann geholfen werden. Wir verleihen ihnen eine Clownimmunität. Angenommen, ein Forscher hat eine wahnsinnige Theorie, die noch nicht bewiesen ist, dann hilft ihm diese Immunität. Er kann darüber reden und ist nicht mehr angreifbar. Heute klingt die Theorie vielleicht verrückt, morgen richtet sich die Welt danach. Viele Theorien und Entdeckungen sind untergegangen, weil die Schöpfer Angst hatten, von Spezialisten ausgebuht zu werden.«

Insofern ist das World Parliament of Clowns eine multilaterale Problemlösungsplattform in Krisenzeiten, die völlig anders an die chaotischen Zustände auf der Erde herangeht als die meisten offiziösen Organisationen. »Clowns fürchten das Chaos nicht, es ist ihr Element«, begründet Antoschka den Sinn des Parlaments, das nicht im konservativen Rahmen eines Plenarsaals tagt, sondern sich und seine Vordenker auf Veranstaltungen präsentiert. »Clowns verändern das Chaos durch Kreativität und Spontaneität. Und auch das Scheitern kann ein Teil des notwendigen Prozesses sein auf dem Weg zurück zu einer Welt in Harmonie, die weniger vom Ego als vielmehr vom Wir-Gedanken beseelt ist. Die Clowns der Welt sind die geborene Spezies, um dies zu erreichen. Sie müssen weder Geschlechtergrenzen noch ethnische oder religiöse Schranken überwinden. Sie können sie selbst sein und mit ihrer angeborenen Spiritualität, ihrer Weisheit und ihrem Lächeln die Menschen auf diesem Planeten zu einem neuen Denken und zur Übernahme einer globalen Verantwortung bewegen und die Menschheit auf diesem Weg ein wenig coachen.« Wir erinnern uns an Anton und Antoschka. An den weißen und den roten Clown. Es ist genau dieser Gegensatz zwischen Hierarchen und Untergebenen, zwischen Managern und Angestellten, zwischen Arroganz und Menschlichkeit, zwischen Konservativismus und Aufbruch, den es zu überwinden gilt. Und genau wie im Programm von Anton und Antoschka der Konflikt in der Versöhnung endet, gilt es auch in den Coachings, zu einem Verständnis von Einheit zu gelangen.

Wie funktioniert so ein Coaching? Wer kommt da hin? Und was soll es konkret bewirken? Besucher von Moschaje-

Foto: Martin Häusler

Jekaterina Moschajewa mit Bühnenhund Piri Piri in ihrem Garten am Niederrhein.

Foto: World Parliament of Clowns, Regina Boensel

Moschajewa als Clown Antoschka im indischen Bangalore als Gast der International Women's Conference 2007.

was Workshops sind auf der Suche. Meist sind sie auf ihrem Lebensweg in eine Sackgasse geraten, haben keine Ziele mehr, finden nur noch unzureichende Antworten auf ihre Fragen. Viele merken, dass sie auf dem Weg zum materiellen Wohlstand elementare Dinge aus den Augen verloren haben. Die Suchenden sind Manager und Banker genauso wie Professoren, Lehrer, Taxifahrer und Schüler.

Ihre Kurse bietet Jekaterina Moschajewa im Rahmen von Veranstaltungsreihen und in Seminarzentren an, etwa im ehemaligen Kloster Benediktushof im unterfränkischen Holzkirchen, heute ein Ort für spirituelle Persönlichkeitsentwicklung. In Antoschkas Seminaren und Referaten geht es zumeist um die Vermittlung emotionaler Intelligenz und um die Wiederentdeckung menschlicher Regungen. »Die meisten Leute erledigen ihre Arbeit tagein, tagaus in einem Hamsterrad. Doch ohne Humor und Kreativität bist du tot. Ich fordere die Teilnehmer auf, aus sich herauszugehen, aus alten Mustern auszubrechen, andere Einsichten zuzulassen.« Moschajewa kann regelmäßig selbst in der begrenzten Zeit merken, wie sich ganze Weltsichten verändern, allein durch einen Wechsel der Perspektive und die Imagination von Wunschvorstellungen. Nicht immer ein leichtes Unterfangen. »Jeder Mensch ist perfekt«, sagt sie. »Wenn er sich frei entwickelt, ist er engelsgleich. Die Bedingungen des Alltags aber töten Stück für Stück seine Gefühle ab. Da dies sehr schmerzhaft für das Herz ist, entstehen immer dickere Schutzschichten darum. Das Herz schlägt zwar noch, aber die Befreiung wird im Laufe eines langen Lebens immer schwieriger. Es gibt keine hässlichen Menschen. Es gibt nur zugemauerte Herzen. Die Aufgabe des Clowns ist es, das Herz wieder zu erreichen.«

Die Herzen öffnet Antoschka mit relativ einfachen Mitteln. So lässt sie ihre Gäste für fünf Minuten die Augen schließen und ihre Wunschwelt kreieren. In der Firma, in der Familie, in der Ehe. In diesen Momenten seien wir wie Gott, sagt Antoschka. »Die Leute glauben, sie könnten nicht fliegen, dabei können sie es.« Wir hätten uns nur abgewöhnt, die Kraft der Vorstellung mit in unsere Entscheidungen einzubeziehen. In einer anderen Übung fordert sie die Teilnehmer auf, sich vorzustellen, in ihnen flössen kleine Quecksilbertröpfchen. Selbst die steifsten Manager würden daraufhin weich und geschmeidig. Antoschka erinnert sie an die Möglichkeiten ihres Körpers und ihres Geistes und gibt ihnen nebenbei die Werkzeuge an die Hand, mit denen sie sich selbst reparieren können. Mauern sollen eingerissen, der innere Reichtum soll erschlossen werden. »Ich wecke Liebe, Verständnis, Unbekümmertheit und den Mut zur Naivität. Damit können wir selbst sehr aggressive Situationen meistern. Auch Manager und Politiker, die mit rein männlichen Energien wie Logik, Abgrenzung und Autorität unsere Welt prägen, vermögen das. Im privaten Gespräch wird man möglicherweise entdecken, dass Wladimir Putin kein schlechter Mensch ist. Aber er steckt in Bedingungen, die in dazu veranlassen, machtpolitisch zu handeln. Dennoch sind Politiker immer noch Menschen. Es gibt keine hoffnungslosen Fälle. Es kommt darauf an, jeden in sich einen kleinen Samen finden zu lassen. In jedem Menschen gibt es diesen Samen. Den versuche ich zu erwecken.«

Auf einem dreitägigen Symposium über Ethik und Liebe im Straßburger Europaparlament gelang es Antoschka und Patch Adams, den gesamten Saal aus dem Tiefschlaf zu befreien, in den die Teilnehmer nach den zahlreichen abgelesenen Vorträgen gefallen waren. Mit nur einer kleinen Dosis Slapstick konnten sie die Aufmerksamkeit der Entscheider aus Politik und Wirtschaft gewinnen, um sie für ihre Botschaft zu öffnen: »Alles, was ihr tut, sollte mit Liebe getan werden. Ob man einen Stoff webt, ein Brötchen bäckt oder eine Resolution verabschiedet. Wenn man es mit Liebe tut, vermittelt man Liebe weiter. Die Liebesschwingung manifestiert sich in der Handlung oder im hergestellten Produkt.«

Liebesschwingung? Wem das unkonkret oder allzu esoterisch vorkommen sollte, der sei an die Versuche des japanischen Wissenschaftlers Masaru Emoto erinnert. Der sorgte Ende der 1990er-Jahre für Aufsehen, als er die Ergebnisse einer Testreihe mit unterschiedlich energetisiertem Wasser vorlegte. Destilliertes Wasser, auf dessen Behältnis das Wort »Teufel« geklebt wurde, nahm plötzlich eine viel chaotischere Kristallstruktur an als Wasser, dessen Gefäß mit dem Wort »Engel« versehen wurde. Den gleichen Effekt erzielte Emoto mit Musik. Mit Heavy-Metal-Musik beschalltes Wasser strukturierte sich unruhig und asymmetrisch. Wasser, das mit den Klängen von Bachs Goldberg-

Variationen in Berührung kam, strukturierte sich in einem harmonischen Muster.

In einem anderen Experiment gab Masaru Emoto gekochten Reis in zwei identische Gefäße. Zwei Schulkinder wurden beauftragt, einen Monat lang jeden Tag kurz mit dem Reis zu sprechen. Das eine Reisglas bekam ausschließlich das Wort »Danke« zu hören, das andere das Wort »Dummkopf«. Das Ergebnis: Der positiv beeinflusste Reis war fast fermentiert und hatte ein sanftes, malziges Aroma. Der negativ beeinflusste Reis war verschimmelt und stank fürchterlich.

Als Logo für ihr Clownparlament hat sich Antoschka einen Schmetterling ausgesucht, Symbol für den Effekt, den selbst kleine Handlungen auf große Systeme haben können – ein Lächeln, ein Wort, eine Entscheidung, ein gelebtes Gefühl. Eine Erinnerung daran, dass auf diesem Planeten alles mit allem verbunden ist und jedes Individuum mithelfen kann bei der Bewältigung von gigantisch scheinenden Problemen und der Implementierung von Menschlichkeit in der Gesellschaft. Eine Erinnerung daran, dass sich positive Schwingungen tatsächlich fortsetzen.

Foto: Martin Häusler

DIETER BROERS

Biophysiker und Erfinder aus Kiparessia, Griechenland, geboren 1951 in Hamburg, Deutschland

Auf dem Sprung in ein neues globales Bewusstsein – Wie ein Wissenschaftler mit revolutionären Entdeckungen eine neue Aufklärung starten und die entmündigte Menschheit in die Erkenntnis führen will

Menschen, von Kindheit an gefesselt in einer Höhle. Mit den Augen nur gegen die Höhlenwand blickend. Nicht möglich, sich umzudrehen. Hinter ihnen eine Wand, dahinter ein Feuer. Gegenstände werden zwischen Wand und Feuer entlanggetragen. Aber die Menschen in der Höhle sehen nur die Schatten dieser Gegenstände, die Schatten der Welt da draußen. Jahrelang, jahrzehntelang.

So beginnt das Höhlengleichnis des griechischen Philosophen Platon, veröffentlicht in seiner zentralen Schrift *Politeia* um 370 vor Christus. Platon nimmt in seinem Gleichnis weiter an:

»Wenn einer entfesselt wäre und gezwungen würde, sogleich aufzustehen, den Hals herumzudrehen, zu gehen und gegen das Licht zu sehen, und, indem er das täte, immer Schmerzen hätte und wegen des flimmernden Glanzes nicht recht vermöchte, jene Dinge zu erkennen, wovon er vorher die Schatten sah: Was, meinst du wohl, würde er sagen, wenn ihm einer versicherte, damals habe er lauter Nichtiges gesehen, jetzt aber, dem Seienden näher und zu dem mehr

Seienden gewendet, sähe er richtiger, und, ihm jedes Vorübergehende zeigend, ihn fragte und zu antworten zwänge, was es sei? Meinst du nicht, er werde ganz verwirrt sein und glauben, was er damals gesehen, sei doch wirklicher als was ihm jetzt gezeigt werde?«

Platons nächste Annahme: Was, wenn dieser ehemalige Höhlenbewohner nun im Lichte der Erkenntnis lebte, zu seinen Leuten in die Höhle zurückkehren und von der wahren Welt berichten würde? Würde man ihn nicht für verrückt halten? Vielleicht sogar umbringen?

Dass das Höhlengleichnis Platons mit ihm zu tun haben könnte, erschließt sich Dieter Broers erst, als er jenseits der 50 ist. Ein gelernter Elektroingenieur aus Hamburg, Inhaber zahlreicher bahnbrechender Patente, Angstbild großer Wirtschaftskartelle, also auch ein offizieller Nachfahre griechischer Grübler und Leitfigur auf dem Wege hinaus aus der Dunkelheit? Kennt man Dieter Broers' schier unglaubliche Lebensgeschichte und seine Thesen zum Schicksal der Menschheit, könnte man das fast meinen. Dass er schon als Kleinkind all seine Haustiere Platon nannte, ohne dabei zu wissen, dass es jemanden mit diesem Namen vor über 2300 Jahren gegeben hat, mag dabei noch als nette Anekdote erscheinen. Dass er sich aber in Griechenland in der Nähe von Patras unbewusst ein Fleckchen Erde zum Leben gesucht hat, von dem sich später herausstellt, dass einst und genau dort Platon wirkte, macht dann schon nachdenklich.

»Ich sehe mich tatsächlich in der Tradition Platons«, sagt Broers. »Es geht mir um die Wiedervereinigung von Geistes- und Naturwissenschaft, die irgendwann zu konkurrierenden Fachbereichen wurden. Die Biologie begeht ja schon durch ihre Benennung Verrat. Bios soll die Lebendigkeit darstellen und Logos die Lehre dazu? Aber was bitte ist Lebendigkeit im Sinne der Biologie, wie sie heute gelehrt wird?

Leben wird degradiert zum Funktionsautomatismus. Das ist sicherlich nicht das Leben als solches. Wir sind weit mehr. Ich fühle mich aufgerufen, auf das Dahinter hinzuweisen, auf die Schnittstelle zwischen Geist und Materie, auf die Ganzheitlichkeit. Ich will den Menschen zeigen: Ihr könnt euch im platonischen oder sokratischen Sinne aus den Fesseln des Materiellen befreien, wenn ihr es denn wollt, und euch und die Erde retten! Und ich weise darauf hin, dass es da noch eine Welt gibt, die dieser übergeordnet ist. Und zu der Welt gehört ihr auch. Wir sind nicht ausgeklammert. Um das zu erkennen, braucht man Information. Und diese Information liefere ich. Dabei bin ich kein Missionar, ich habe kein Sendungsbewusstsein, sondern agiere aus einem Grundwissen, von dem ich nicht nur überzeugt bin, sondern von dem ich weiß. Ich agiere quasi wie ein Leuchtturm und gebe Signale ab. Jeder, der sie sehen möchte, möge sie sehen.«

Bereits seine Geburt verläuft nicht normal. Kurz bevor im Kreißsaal des alten Altonaer Krankenhauses bei Thea Broers die Anästhesie eingeleitet wird, macht sie eine merkwürdige Erfahrung. Wie durch eine Stimme aus dem Nichts erhält sie plötzlich eine Information: »Das Kind, das du auf die Welt bringst, wird ein ganz besonderes sein.« Bis heute kann sie nicht einordnen, wer der Absender dieser Nachricht gewesen ist. Die Geburt verläuft schwierig, Dieter wird per Zange aus dem Mutterleib gezogen. Danach berichtet nicht nur Thea Broers von »heiligen Gefühlen« im Kreißsaal, auch die Hebamme bemerkt, dass heute etwas anders ist als sonst. Alles Einbildung? Ganz normale Muttergefühle? Zumindest ein passender Auftakt zu einem außergewöhnlichen Lebensweg.

Schon recht früh, noch vor der Einschulung, weiht Mutter Broers ihren Sohn in die Botschaft ein. »Sie wollte mich darauf vorbereiten, mich darüber informieren, dass ich kein normales Kind bin«, erinnert sich Dieter Broers. »Für mich war das damals eher hinderlich. Ich wollte doch normal sein.«

Er ist es aber nicht. Er schaut niemals in ein Kinderbuch. Der Struwwelpeter, aus dem ihm seine Eltern vorlesen, interessiert ihn nicht. Ebenso wenig wie die Geschichten von Wilhelm Busch. Ganz anders, Broers schnappt sich Bände von Goethe und Schiller, von Uhland und Kleist und liest darin – ohne lesen zu können. Gemurmelt habe er dabei, erinnert sich seine Mutter. Spielzeuge erweisen sich als völlige Fehlinvestition. Um ein Mindestmaß an sozialem Netzwerk zu haben, verteilt der isolierte Genius seine Blecheisenbahn, Legosteine und Kartenspiele unter den Nachbarskindern. »Dieter kämpfte um Freunde«, sagt Thea Broers.

Sie ist damals Hausfrau, arbeitet halbtags als Hauswirtschafterin, ihr Mann verdient die Miete bei AEG als Elektroniker. Als ihr erster Sohn geboren wird, ist sie erst 18, er 19. Im fast völlig zerstörten Nachkriegs-Hamburg finden sie zuerst Unterschlupf in einer Notbehausung – einem improvisierten Schrebergarten. Später kann die Familie nach Altona umziehen, in einen Genossenschaftsbau. In dieser schweren Zeit als so junge Eltern auch noch mit einem so ungewöhnlichen Kind konfrontiert zu sein: Leichtigkeit klingt anders. Immerhin, Dieter vertreibt sich alleine die Zeit. Er braucht nicht mal Bücher dazu. Oft sitzt er minutenlang mit geschlossenen Augen in seinem Krabbelgestell und vertieft sich in seine ganz eigene Welt. »Ich habe sie mir nicht vorgestellt«, sagt er. »Sie war einfach da.« Eines Tages kommt sein Vater früher von der Arbeit nach Hause und findet ihn mal wieder sinnierend vor. Er spricht ihn an, Dieter öffnet seine Augen und blickt ungläubig hinauf zu seinem Vater. »Ich habe ihn gesehen, hatte aber ein Zuordnungsproblem«, erklärt Broers. »Ich konnte das Verhältnis von Vater und Sohn nicht mehr einschätzen. Ich hatte das

Gefühl, ich sei selbst erwachsen, war mir sicher, eigentlich größer sein zu müssen. Der Winkel war ein falscher. Und ich wunderte mich darüber, dass ich so wenige Ausdrucksmöglichkeiten hatte.«

Gerade mal vier Jahre alt, stößt Broers auf ein Buch über Astrophysik. Mit vielen Bildern, Darstellungen und Tabellen zum Kosmos und Planetensystem. Als sie ihm einmal über die Schulter schaut, fragt seine Mutter, was das denn da für Zahlen seien. Dieter antwortet wie selbstverständlich: »Das sind Formeln.« Er spürt, dass er dem, was er sucht, über derartige Lektüre näherkommt. Er spürt, dass das, wofür er sich interessiert, tatsächlich da ist. Auch wenn man es nicht sehen konnte. »Mir ging es wohl schon als Kind darum, das nicht Fassbare zu erfassen.«

Das Buch übers All wird zum treuen Begleiter. Später kommt ein Teleskop im Baukastensystem hinzu, das er sich selber zusammenschraubt. Stundenlang beobachtet Broers vom Dach oder vom Innenhof aus den Mond. Ablenkungsversuche der Eltern scheitern: Thea Broers will ihren Sohn bei der Eitelkeit packen. Dieter hat es damals die Frisur von Elvis Presley angetan, die er sich täglich zu formen versucht. »Stell' dir den Onkel Ernst vor«, sagt die clevere Mutter. »Der hat keine Haare mehr, weil er so viel denkt.« Broers pausiert tatsächlich 14 Tage – liest dann aber unverdrossen weiter.

Es ist auch die Zeit, in der der seltsame Sohn immer wieder ausbüxt. Auf eigene Faust macht er sich auf ins Dickicht der Hamburger Innenstadt, wird ein ums andere Mal von der Polizei aufgegriffen. Den Beamten sagt er, er suche sein Zuhause. Man bringt ihn zurück in die heimische Schnellstraße 29 im Stadtteil Altona. Diese Adresse allerdings hatte der kleine Broers nicht mit »Zuhause« gemeint.

»Er war nie richtig Kind«, weiß Thea Broers heute. »Er befasste sich immer mit dem Höheren. Uns ist unerklärlich, wie er schon als junger Mensch so ein breites Wissen haben konnte.« Das führt sogar dazu, dass Dieter Broers am ersten Schultag – kurz nachdem sich die Lehrerin vorgestellt hat – nach vorne geht, sich an die Tafel stellt und das Wort an die Klasse richtet: »Ich heiße Dieter Broers und ich sage euch jetzt, wo ihr herkommt.« Die Lehrerein traut ihren Ohren nicht. Die Folge: Dieter muss in die Ecke und sich schämen, bekommt einen Tadel und die Eltern einen Besuch der Lehrerin. Sie sollten doch ein bisschen mehr auf Autorität achten. Aber Dieter, der hinter der Tür lauscht, bekommt keinen Rüffel. Die Eltern halten zu ihm und tolerieren die merkwürdigen Eskapaden ihres ungewöhnlichen Sohnes.

Dieters Vater schafft es sogar, seinem unterforderten Kind ein Fünkchen von Interesse abzugewinnen. An Wochenenden bringt er kaputte Radios und Fernseher mit nach Hause, um sich mit den Reparaturen etwas nebenbei zu verdienen. Für Dieter sind die kleinen Bauteile tabu. Anschauen ja, mehr nicht. Aber das reicht ihm. Immer wieder weist er nach bloßer Betrachtung seinen Vater darauf hin, wo der Fehler in der Elektronik liegt. Das Misstrauen des Erwachsenen bricht. Tatsächlich, dieser kleine Kerl hat recht.

Eine Werkstatt, ein Labor, so wie sein Vater, ja, so etwas muss es irgendwann sein. Da Dieter das simple Hingucken langweilt, richtet er sich ein eigenes Labor ein. Ein virtuelles. Unterm Sofa. Er legt sich auf den Rücken und schaut gegen die Unterseite des Sitzmöbels. Er sieht Kabel, Schalter, Monitore, völlig untypische Geräte mit seltsam angeordneten geometrischen Bauteilen, die digital arbeiten – in Zeiten der analogen Technik. Und er repariert. »Das war mein Fenster in meine Wirklichkeit«, definiert Broers.

Als er sieben Jahre alt ist, stirbt sein Großvater. Dieter selbst kann das emotional nichts anhaben. Sein Vater hingegen ist am Boden zerstört. »Warum bist du so traurig«, fragt er ihn. »Weil doch mein Vater nicht mehr lebt«, antwortet er. Daraufhin versucht Dieter ihm beizubringen, dass er nicht traurig sein muss. Großvater sei immer noch da. »Ich habe ihn nicht gesehen, aber mir war so etwas von klar, dass er noch bei uns ist. Mir war klar, dass es diesen unvermeidlichen Tod, wie mein Vater ihn sieht, nicht gibt. Ich konnte aus dem Einschnitt nicht ableiten, dass das zu einer Traurigkeit führen kann.«

Auch jenseits der eigenen vier Wände sorgt Dieter Broers weiterhin für Gesprächsstoff. Er schafft es, Kinder und Mitschüler um sich zu scharen. Er erzählt von einer anderen Welt, die existiert, die wir aber nicht sehen können. Unsere Welt sei nur eine zweite Welt. Ein fader Abklatsch der viel schöneren und wahren ersten. Einer Welt, in der wir freier sind, wo man alles kann, sogar fliegen, wo es keine Vorschriften gibt. Unbewusst referiert Dieter Broers zum ersten Mal über Platons Höhlengleichnis. Nur versteht ihn keiner. Was ihn sehr traurig stimmt. Aber er muss authentisch gewirkt haben, denn die Kinder hörten ihm zu. Obwohl er durch die eingeschränkte Sprache eines kleinen Pennälers wenig Ausdrucksmöglichkeiten besitzt. Also verwendet er Bilder. Wie das von der Fliege, die von der Spinne gefressen wird. Broers versucht klarzustellen, dass von der Fliege zwar eine Hülle zurückbleibt, dass sie aber nicht wirklich tot ist, dass ein einfacher Umwandlungsprozess stattgefunden hat. »Dieses Wissen hatte ich mit erschreckender Sicherheit. Mir war klar, dass wir nichts anderes als Taucher sind, die in dieser Welt leben und von oben mit einem Sauerstoffschlauch versorgt werden und am Ende in die wahre Welt hochgezogen werden.«

Die Schulzeit nennt Dieter Broers sein dunkles Zeitalter, die schlimmste Zeit seines Lebens. Er weiß, dass das, was in den Schulbüchern steht, nicht mal die halbe Wahrheit ist. Broers prostituiert sich. Er verleugnet sich und spielt das Spielchen gezwungenermaßen mit. Er folgt der Psychologie seines Vaters: »Was die Lehrer können, kannst du schon lange! Wenn du deiner Zeit voraus bist, dann beweis es ihnen!« Broers büffelt, lernt in atemberaubender Geschwindigkeit, nutzt sein fotografisches Gedächtnis – und kehrt den Musterschüler heraus. Er kann nicht bloß die Inhalte wiedergeben, er nennt auch die Quellen inklusive der Seitenzahl. Es geht so weit, dass er sich die Bücher schnappt, aus denen zwei Klassen über ihm gelehrt wird. Er will nicht nur seinen Mitschülern, sondern vor allem seinen Lehrern voraus sein, die nichts weiter als antiquiertes Wissen verwalten. Dafür besucht er mit 14 erstmals die Hamburger Universität als Gasthörer, schwänzt sogar den Unterricht, wenn eine Vorlesung etwas außergewöhnlich Spannendes verspricht. Fast logisch, dass das zu wettbewerbsartigen Situationen mit den alten Lehrmeistern führt. Gerade in Broers' Spezialgebiet: der Physik. »Ich konnte den Lehrer entlarven«, erinnert sich Broers. »Er hat einfach Unwahres über das Induktionsgesetz und den Elektromagnetismus vermittelt. Da habe ich ihn auf eine Besonderheit hingewiesen. Das sei da und da publiziert, das solle er bitte lesen, was er hier sage, sei veraltet.«

Der Lehrer reagiert geschickt. Er lässt Broers unterrichten und setzt sich zu den Schülern. Kein Wunder, dass so ein Streber polarisiert. Die einen sind seine Fans. Die anderen suchen Gründe, um dem klugen Dieter eine aufs Maul zu hauen. Mit Mädchen läuft rein gar nichts. Emotional ist Broers nicht in der Lage, ihre Avancen zu deuten.

Das Abitur besteht Broers mittelmäßig. Die Unlustfächer ziehen den Schnitt nach unten. Jetzt kann es nur eines geben: die Philosophie! Er steht auf die alten Griechen und den Taoismus. »Ich wollte ein Instrument an die Hand bekommen, um das Sein zu erklären, wie ich es immer gesehen habe«, sagt er. »Nur aus dem Grunde habe ich die Schule besucht und die Strapazen erlitten.« Broers schreibt sich an der Hamburger Universität ein, besucht die erste

Veranstaltung über Existenzialismus – und ist, einmal mehr, schockiert. Wieder werden ihm vorgefertigte Doktrinen vorgesetzt. Er quittiert sofort. »Diesen heiligen Bereich wollte ich mir nicht durch einen weiteren Ismus kaputt machen lassen.«

Nach dreimonatiger Bedenkzeit entscheidet er sich, Elektrotechnik in Kiel zu studieren. Auch wenn er dort schon wieder mit den Lehrkräften aneinandergerät und sich gegen alle physikalischen Erklärungen wehrt, die in dem Satz enden: »Das ist so!« Broers fragt: »Warum ist das so?« Er rüttelt an Grundgesetzen und schafft sich gleichzeitig die handwerkliche Grundlage für die wegweisenden Erfindungen, die er in den nächsten Jahren machen wird.

»Viele wagen gar nicht mehr, zu hinterfragen. Wenn in der Physik etwas nicht passt, werden oft irgendwelche Konstanten eingefügt, damit es passt. Das hat mich nie beglückt. Ich habe ja gefühlt, dass da ein Teilstück fehlt, dass die Gesetze nicht vollständig sind. Viele nicht nachhaltige Erfindungen funktionieren nur, weil aus als gegeben angenommenen Grundgesetzen immer nur modifiziert und hochgerechnet wird. Ich sage: Wer sich aus dem System herausnimmt und aus einer anderen Perspektive schaut, etwas Anarchisches tut, kommt zu ganz anderen Ergebnissen.«

Die Erfinderkarriere des Dieter Broers beginnt mit Mitte 20 in einem Juweliergeschäft. Was er dort für wen kaufen will, interessiert noch nicht mal am Rande. Seine Aufmerksamkeit gilt damals der Alarmanlage. Er betrachtet sie, durchschaut sofort den Mechanismus und wundert sich, dass so ein Laden so schlecht gesichert ist. Noch in dem Verkaufsraum führt diese Erkenntnis zu seiner ersten Erfindung. Broers tritt den Heimweg an, setzt sich an den Schreibtisch und bringt seine Eingabe zu Papier. Mit einem kleinen Modell seiner Apparatur geht er zur Hannovermesse und bietet sein Verfahren völlig unbedarft einer Firma für

Sicherheitstechnik an. Die ist interessiert, will sich das Modell ansehen und sich wieder melden. Was nie geschieht. Wenig später bringt diese Firma eine ganz ähnliche Alarmanlage auf den Markt. Das passiert Broers nicht noch einmal. Eine Kombination aus Ultraschall und Infrarot steckt im Kern seiner zweiten Erfindung. Eine Technik, die ihrer Zeit voraus ist. Diesmal klappt die Anwerbung eines Abnehmers, Broers' Anlagen werden in Museen, Banken und Juweliergeschäften installiert. Der Quantensprung in der Sicherheitstechnik macht Dieter Broers zu einem reichen Mann, zum Millionär. Es ist die Zeit, in der es auch mit den Frauen klappt. Seine erste Freundin heiratet er, bekommt mit ihr eine Tochter. Dann erfährt er erstmals den unmittelbaren Zusammenhang zwischen Wunsch und Realität: »Was ich mir in meiner extrem ausgeprägten Vorstellungskraft mit Freuden wünschte, trat sehr schnell, kam fast schon wie auf dem Fließband in mein Leben.« Sichtbar wird allerdings nicht viel mehr als klassische Statussymbole: Anfangs wünscht er sich sein erstes Auto. Er bekommt es. Danach wünscht er sich ein zweites. Er bekommt es. Es folgt ein drittes. Mercedes, Porsche und Oldtimer stehen auf seinem Grundstück des eigenen Hauses an der Nordseeküste, das er sich ebenso wünschte. Ein zweites Haus muss es sein. Die Reisen, die er macht, werden immer exotischer. »Der zeitliche Versatz zwischen Wunsch und Erfüllung wurde immer kleiner. Der Kick verflüchtigte sich immer schneller. Die Spirale wurde immer enger«, sagt er. »So musste es offensichtlich so sein, dass ich von heute auf morgen, am höchsten Punkt meiner finanziellen Karriere, in den tiefsten Abgrund stürzte. Ich habe von heute auf morgen alles verloren.«

Die Ehe bricht unschön auseinander. Broers, der zum Schutz der Familie und aufgrund der Risiken, die er als Anbieter von vermeintlich sicheren Alarmanlagen trägt, sein gesamtes Vermögen samt Immobilien auf seine Frau überschrieben hatte, darf plötzlich das eigene Haus nicht mehr betreten. Die Konten sind gesperrt. Sogar seine Firma muss er später dichtmachen, da das Haus als Bürgschaft nicht mehr existent ist.

Nachdem Broers wie in einem schlechten Hollywoodfilm von seiner Frau an der Haustür abgewiesen wird, fährt er im Schockzustand nach Hamburg-Altona. Aber er bringt nicht den Mut auf, bei seinen Eltern zu klingeln oder Freunde um Hilfe zu bitten. Es ist Winter, sehr kalt, und um nicht zu erfrieren, verbringt Broers die Nächte in Treppenhäusern, die er sich vorher ausgeguckt hat. Er schläft immer ganz oben vor der Speichertür. Da ist es am wärmsten, und niemand kommt vorbei. Fünf Nächte läuft das so, dann ist sein letztes Bargeld verbraucht. Er überwindet sich und findet Zuflucht bei den Eltern.

»Das war eine schlimme, aber auch eine sehr wertvolle Zeit«, resümiert Broers diese Phase seines Lebens, die das Fundament für eine neue persönliche Zeitrechnung bilden sollte. Er ist 28, als er die Wirtschaftskrise im Privaten erlebt. Er muss Abschied nehmen vom Materiellen und ist völlig auf sich allein zurückgeworfen. »Ich hatte mich in den Quantitäten verloren und hatte kein Auge mehr für die Qualitäten. Diese Lektion wird bedauerlicherweise nicht jedem erteilt. Wir wissen alle, dass Geld nicht glücklich macht, wenn man es überbewertet. Aber das muss man erleben, sonst lernt man nicht.« An dieser Stelle zitiert Broers gerne die Bibel: »Eher geht ein Kamel durch ein Nadelöhr, als dass ein Reicher in das Reich Gottes gelangt.« Broers ist heute davon überzeugt, dass der einzige Sinn der Ehe gewesen ist, seiner Frau begegnet zu sein, seine Tochter in die Welt gebracht und genau diese große Erfahrung zu machen: Was sind Wünsche wirklich wert, wenn sie nicht aus dem Herzen kommen? Für diese Erfahrung ist er seiner Frau sehr dankbar. »Bei der Hundeausbildung muss einer den bösen Mann spielen, den mit dem Handschuh, wo der Hund dann reinbeißt. Der böse Mann ist ja eigentlich gar nicht böse«, vergleicht Broers. »Den hat aber meine Frau gespielt, damit ich diese Lektion lerne. Heute verneige ich mich vor ihr.«

Nun beginnt der spannendste Teil des Lebens von Dieter Broers. Ein Leben in Erkenntnis. Der Zugang nach oben scheint plötzlich wieder offen. Das führt nicht nur dazu, dass Broers nach einer Himalaja-Expedition auf den Nordgipfel des über 8000 Meter hohen Dhaulagiri sich und dem Team das Leben rettet. Zwar erreicht er diese Höhe nicht ganz, doch er macht hier oben eine bedeutsame Erfahrung. Nach einer Vorahnung besteht er darauf, nicht den nächsten, sondern den übernächsten Bus zurück nach Kathmandu zu nehmen. Er behält recht: Die ursprünglich geplante Busfahrt über die engen Pässe endet mit vielen Toten in einem Tal. Die Läuterung des an den Mammon verlorenen Sohnes führt auch dazu, dass er wieder Eingaben technischer Art bekommt. Und was für welche!

Nach der Rückkehr aus dem Himalaja hilft ihm eine vermögende Freundin mit einem leer stehenden Haus und einer kleinen Anschubfinanzierung für ein eigenes Labor aus. Broers schreibt Firmen an, die Magnetfeldtherapie-Geräte herstellen, denn er ist sich sicher, dass in diesem medizinischen Bereich noch viel Forschung nötig ist. Zu dieser Zeit glaubt man an die Wirkung jener Apparaturen – oder man glaubt nicht daran. Broers, der während des Studiums für den Bereich des Elektromagnetismus die größte Faszination entwickelt hatte, sieht diese Nische als seine Chance und lockt nun mit einer wissenschaftlichen Beweisführung für die tatsächliche Funktionsfähigkeit der Magnetfeldgeräte.

Ein Stuttgarter Unternehmen beißt an. Zeitgleich mit dem Auftrag erhält Broers von seiner Bank ein Darlehen und kann in einem spottbilligen Gebäude im bayerischen

Eichstätt ein anständiges Forschungslabor aufbauen. Er beschäftigt dort zwei feste und einen freien Mitarbeiter, die bald an verschiedenen Aufträgen herumtüfteln. Sie müssen sich im ersten Moment über ihren Chef gewundert haben, als er eines Morgens mit einer ungewöhnlichen Nachricht aus seiner über dem Labor liegenden Wohnung kommt. Es geht um die Idee eines völlig neuen Therapiegeräts auf der Basis elektromagnetischer Schwingungen. Wie es zu bauen sei, wisse er bereits.

Wieder hatte Dieter Broers eine Eingabe. Er vergleicht Eingaben mit den paar Handgriffen am Computer, durch die man per Mausklick Dateien von A nach B zieht. »Ich übertrage Informationen von der einen Welt in die andere«, erklärt er. »Ich habe mir nie stundenlang den Kopf zerbrochen oder jahrelang empirisch geforscht. Mit meiner Hände Arbeit habe ich es nie zu etwas gebracht.« Eingaben kommen bei Broers in Zuständen, die man gemeinhin als selbstvergessen bezeichnen würde, wissenschaftlich gesagt sind es Phasen, in denen das Gehirn in den Alphazustand schaltet, hervorgerufen durch ritualisierte, kontemplative Tätigkeiten wie Kartoffelschälen, Meditation oder monotones Fahren auf der Autobahn. In diesem Fall ist es stoisches Zähneputzen, das Broers in Sekundenbruchteilen die Vision eines Geräts bringt, das in der Lage ist, mittels spezieller elektromagnetischer Schwingungen Krankheiten zu eliminieren. »Es wurde mir ausgewiesen als *das* Heilungsgerät, als *das* Heilungsverfahren«, erinnert sich Broers. »Es war alles da. Ich sah ein komplett fertiges Verfahren. Ich konnte das Gerät wie ein Hologramm immer weiter auflösen, durchschaute sofort die Funktionsweise. Sogar die Grundparameter und die einzustellenden Feldstärken habe ich von vornherein gesehen.« Dann kommen ihm Zweifel. Broers geht auf und ab. Was mache ich jetzt? Was soll das? Wo kommt das her? Tausende Forscher sind an dem Thema gescheitert, und ich bekomme hier so etwas mitgeteilt? Er will gerade die Eingabe als fixe Idee aus seinem Gehirn verbannen, da bekommt er die Antwort: »Und doch wird es so sein!« Broers: »Das war so überzeugend, dass ich den Entschluss gefasst habe, das Thema anzugehen.«

Ein Vierteljahr braucht es vom ersten Impuls bis zur Fertigstellung des Geräts. Viele Bauteile müssen erst besorgt, einige sogar ganz neu angefertigt werden. Kaum ist Megawave, wie Broers seine Erfindung nennt, fertig, sind eindeutige Effekte nachzuweisen. Was dem Physiker jetzt schon glasklar ist, aber erst in jahrelangen wissenschaftlichen, universitären Studien bestätigt wird: Bestimmte elektromagnetische Felder haben Einfluss auf biologische Systeme. Konkreter: Niederfrequente elektromagnetische Wellen (um zehn Hertz), die auf eine hochfrequente Trägerwelle (150 Megahertz) aufmoduliert werden, sind in der Lage, aus dem gesunden Rhythmus geratene Körperzellen wieder aus der Krankheit zu holen und in den ursprünglichen harmonischen Zustand zu versetzen. Bisher hatte ein solcher Effekt als ausgeschlossen gegolten: Nicht thermische, also sehr schwache elektromagnetische Felder, können so etwas nicht! Das Gegenteil aber scheint nun der Fall.

Die Besonderheit an Megawave: Es bringt nicht nur Krankheiten zum Rückzug, es erlaubt dem Patienten auch, durch bioelektromagnetische Prozesse im Gehirn zu erkennen, warum er krank geworden ist. Offenbar werden während der Feldtherapie Einblicke ins Unterbewusstsein möglich – dorthin, wo die psychischen Gründe einer Erkrankung liegen, die sogenannten Leichen im Keller. Genauer: Verletzungen, Traumata, unverarbeitete Emotionen, nicht aufgearbeitete Beziehungen, verpasstes Loslassen, schlimme Taten. Dieser so hervorgerufene Alphazustand unseres Gehirns, den wir normalerweise beim Einschlafen und beim Aufwachen kurz durchwandern und somit verpassen, wird durch die äußeren elektromagnetischen Felder im Wachzustand hervorgerufen – und gestattet dem Patienten Aha-Erlebnisse hinsichtlich der tieferen Ursache seiner Krankheit.

Siebenmalige Megawave-Behandlungen für jeweils 40 Minuten über zwei hinter den Ohren angebrachte Kontakte reichen, um bei etwa 90 Prozent der Behandelten nachweisbare Effekte zu verzeichnen. Beinbrüche heilen schneller, Tumore lösen sich auf, Migräne verschwindet.

Eine gewaltige Innovation, die Erfüllung eines Menschheitstraums. Doch mit der Erfindung beginnen für Dieter Broers auch Jahre der Frustration und der Angst. Denn an einer relativ einfachen, schnellen und günstigen Beseitigung bestimmter Krankheiten sind diverse Kräfte und Kartelle gar nicht interessiert.

Die Bemühungen um die Patenterteilung beginnen sehr zäh. Erst 1982 klappt es im zweiten Anlauf, zunächst auf deutscher, dann, 1983, auch auf europäischer Ebene. Nachdem das Patent nach 18 Monaten offengelegt wird, bekommt Dieter Broers erste attraktive Angebote, es abzutreten. Er lehnt ab. Danach wird es kriminell. Er wird bedroht. Am meisten nimmt ihn die Warnung eines anonymen Anrufers mit: »Wir werden dich im Kofferraum spazieren fahren.« Ärzte, die später die Broers-Technik mit außergewöhnlichen Heilerfolgen einsetzen, bekommen Druck von der Ärztekammer. Menschen tauchen plötzlich in den Praxen auf und legen den Medizinern nahe, bestimmte Krankheitsbilder zu vernachlässigen und keine Werbung für das Gerät zu machen.

Der Erste, der den Druck zu spüren bekommt, ist Dr. Manutscher Busari, ein Chirurg aus Stolberg bei Aachen, damals enger Mitarbeiter von Dieter Broers. Zu therapeutischen Zwecken setzt er Megawave seit 1983 in seiner Praxis ein, zunächst bei als hoffnungslose Fälle geltenden Asthmapatienten. Die Wirkung der elektromagnetischen Wellen ist so frappierend, dass die Presse bald Wind davon bekommt – zuerst die holländische, denn viele Patienten kommen über die nahe Grenze zu Dr. Busari. So berichtet das *Eindhovens Dagblad* am 11. Oktober 1983 auf der Titelseite: »Wonderkastje tegen astma«. Weitere regionale Medien springen darauf an.

Während sich der Urheber jenes Wunderkastens in Peru eine kurze Auszeit gönnt, behandelt Busari einen sehr reichen und sehr kranken holländischen Großunternehmer mit dem broersschen Megawave-Gerät. Nach etwa zehn Behandlungstagen kann der tatsächlich wieder aus seinem Rollstuhl aufstehen. Eine medizinische Sensation deshalb, weil dieser Patient als austherapiert gegolten hat. Als Broers aus dem Urlaub zurückkommt, wird er schon am Flughafen von einer Meute Journalisten, dem Unternehmer und Dr. Busari empfangen. Der Geheilte hatte die Presse verständigt. Von diesem Erfinder müsse die Welt wissen. Eine breitere Öffentlichkeit erfährt erstmals von den wundersamen Heilerfolgen, die mit dieser bisher unbekannten Erfindung möglich sind.

Aus Dankbarkeit beteiligt sich der Holländer an der finanziellen Förderung des aussichtsreichen Projekts. Dr. Busari indes erhält Post von der Ärztekammer. Was er denn da mache? Was er da für einen Apparat habe? Ob der denn zugelassen sei? Ob hierzu eine klinische Studie vorliege? Dies ist der Zeitpunkt, um die nötige Grundlagenforschung anzustoßen.

Dieter Broers gelingt es 1984, Professoren der Humboldt-Universität Berlin (Prof. Roland Glaser), der Technischen Universität Berlin (Prof. Gunda Kraepelin), der Freien Universität Berlin (Prof. Ingolf Lamprecht) und der Universität Lübeck (Prof. Dr. Lebrecht von Klitzing) an einen Tisch zu bekommen und zur gemeinsamen Forschungsarbeit für das Megawave-Patent zu bewegen. »Da kommt ein scheuer, aber offensichtlich hochintelligenter Kerl vorbei, der voller Enthusiasmus ist und uns bittet, die von ihm festgestellten Phänomene wissenschaftlich zu untersuchen«, erinnert sich der beteiligte Biophysiker Lamprecht. »Vieles war für mich gewöhnungsbedürftig. Aber mir war klar, dass da jemand etwas entdeckt haben könnte, das gewaltig sein dürfte.« Für die Mikrobiologin Gunda Kraepelin passt ein »unkonventioneller Querkopf wie Dieter Broers« perfekt in die bunte Studentenmischung im Berlin der 1980er-Jahre. Sofort kann er sie in seinen Bann ziehen. »Sein Ansatz übte auf mich einen ungeheueren Reiz aus«, sagt sie. »Dass sich jemand für physikalische Wirkprinzipien in biologischen Systemen interessierte, das gab es damals überhaupt nicht.« Kraepelin ist bewusst, dass man mehr als ein Megawave-Gerät brauchen würde, um anständige Forschung zu betreiben. Aber das Geld reicht nicht. Aus eigener Tasche zahlt sie Broers 10 000 Mark, damit dieser schnell einen zweiten Apparat herstellen kann. Ein an das Forschungsministerium gestellter Forschungsantrag wird bewilligt. Broers wird Projektleiter.

Er koordiniert bis 1991 bis zu elf unterschiedliche Fachbereiche. Es ist ein Forschungsprojekt der Superlative und verbindet erstmalig Wissenschaftler aus West und Ost. Broers gründet die Firma Megawave GmbH, um eine Anbindung der Universitäten an die Industrie herzustellen. Die ist nämlich Voraussetzung für die Bewilligung von Fördergeldern des Bundesforschungsministeriums. »Wir konnten in dieser Zeit viel forschen, viel nachweisen, viel publizieren«, sagt Dieter Broers. »Allein im Bereich der Grundlagenforschung konnten wir zweifelsfrei darlegen, dass eine Wechselwirkung zwischen elektromagnetischen Feldern und biologischen Systemen existiert. Das Phänomen lag nun auch für Zweifler nicht mehr im Bereich des Unseriösen.« In der direkten Anwendung bei Patienten mit Rheumaerkrankungen konnten

Doppelblindstudien einen Placeboeffekt weitestgehend ausschließen. »Wenn ein sogenannter Austherapierter plötzlich wieder aufsteht, dann fesselt einen das. Das muss man miterlebt haben. Dann muss man weitermachen.«

Umso erschütternder ist, dass zwei große, von Broers und seinem Team organisierte Symposien an der Universität Braunschweig unter dem Titel »Hochfrequente elektromagnetische Wechselfelder und ihre Wirkungen auf biologische Systeme« (1991) und »Veränderung der Aktionspotentiale von Neuronen durch HF-Felder« (1992) für nur minimale Medienresonanz sorgen. Keine Schlagzeilen, keine Titelbilder auf den großen Gazetten und Magazinen. Eine nun auch wissenschaftlich bewiesene, epochale Entdeckung wird völlig ignoriert. Im Plenum sitzen damals allerdings auch Vertreter der Pharmaindustrie, Staatssekretäre und Abgesandte der Bundeswehr. Wenige Tage nach der ersten Pressekonferenz werden zwei führende Professoren des Teams sogar zu Forschungsminister Heinz Riesenhuber nach Bonn gebeten. Mit einer Luftwaffenmaschine geht es von Berlin-Tempelhof morgens hin und abends von Köln/Bonn zurück. Danach wird ein bestehender Forschungsauftrag abgebrochen, ein weiterer, eigentlich schon sicher geglaubter, abgelehnt. »Wir wurden einfach ›KW‹ gesetzt«, erzählt Gunda Kraepelin. »KW« heißt in der Amtssprache: »kann wegfallen«. »Wir haben mit dem Durchbruch möglicherweise zu viele Interessen berührt«, sagt die Forscherin. »Die Erfahrung zeigt, dass es immer irgendwelche Exoten gibt, die mit ihrer Erfindung 20 Jahre zu früh sind. Und zu früh zu kommen ist in der Wissenschaft genauso tödlich, wie zu spät zu sein. Die Zeit war noch nicht reif, wahrscheinlich, weil die Gesellschaft noch nicht genügend Probleme hatte.«

»Es gab zu viele Zweifler«, kommentiert Ingolf Lamprecht das vorläufige Ende. »Ich glaube, dass der nachgewiesene Effekt kranken Menschen helfen kann, aber es hätte ganz ohne Zweifel noch weiterer Forschung bedurft.« Doch die Grundlagenforschung setzt sich nicht in weiteren klinischen Studien fort.

»Das hat mich alles so frustriert«, sagt Broers. »Wie konnte es sein, dass eine solche Erfindung, die Menschen nicht nur heilt, sondern auch dazu bringt, zu erkennen, warum sie krank geworden sind, so unterdrückt wurde? Wie konnte diese Erfindung den Durchbruch nicht schaffen?« Broers geht die Sache so nah, dass er extreme Herzaussetzer von bis zu 20 Sekunden hat. Sein Kardiologe warnt ihn: »Du lebst noch ein Vierteljahr. Es sei denn, du machst einen radikalen Schnitt.« Broers befolgt den Rat, geht 1994 nach Griechenland, pflegt seine Oliven und gesundet dort.

Seit weit über zehn Jahren baut nun ein befreundeter Diplom-Ingenieur für Mikroelektronik, der Berliner Peter Feucht, die Megawave-Geräte in seiner Firma von Hand. Die Prokuristin des Unternehmens ist Bärbel Mücke. Sie erinnert sich an das erste Treffen mit Dieter Broers 1986 auf der Hannovermesse: »Da stand ein Mensch vor mir, der innerlich etwas bewegen wollte, es aber nicht schaffte. Seine Seele schrie nach etwas. Ich bemerkte dieses unglaubliche Potenzial. Er hat eine enorme Tiefe, die damals kaum einer erkannt hat.« Acht Jahre nach der ersten Begegnung finden die beiden auch in Sachen Megawave zusammen. »Vorher haben alle anderen erst mal das große Geld gesehen, ohne ein anständiges Fundament zu gießen«, blickt Mücke auf Broers' gescheiterte Anläufe zurück, Megawave marktfähig zu machen. In Feuchts Firma aber, wo unter anderem Entwicklungsarbeiten für AEG, MBB oder die Bundesanstalt für Materialprüfung durchgeführt werden, findet der Biophysiker nun einen verlässlichen Partner.

Trotz aller Attacken und Blockaden: Nach etwa einem Vierteljahrhundert sind heute weltweit mehrere Hundert Megawave-Geräte im Betrieb, stehen in Kliniken, medizinischen Praxen oder bei Privatpersonen. Viele hochrangige Persönlichkeiten, die per Zufall von der Therapieform gehört haben, setzen auf das Heilpotenzial von Megawave. Der großen Masse von Kranken bleibt die Anwendung der Innovation jedoch bisher verwehrt. »Es wird nach wie vor damit praktiziert«, weiß Broers. »Die Ärzte, die darüber nicht groß reden, haben keinen Stress. Wer sich aber an die Öffentlichkeit wagt, dem geht es nicht gut. Ich bin mir allerdings sicher, dass sich dieser Zustand aufgrund der Wirtschaftslage verändern wird. Diese Systeme brechen und werden fallen. So lange werden wir das aussitzen.«

Dr. Lothar Hollerbach, Facharzt für Allgemeinmedizin in Heidelberg mit eigener ganzheitlich ausgerichteter Praxis, therapiert mit außergewöhnlichem Erfolg mithilfe der Megawave-Geräte. Als der Arzt von der Erfindung hört, tritt er mit Broers in Kontakt und merkt, dass man die gleichen medizinischen Prinzipien vertritt. Im Rahmen einer Studie kann Hollerbach die Therapieerfolge seiner Vorgänger bestätigen – und hat bisher keinen Ärger bekommen. »Es kann nicht sein, dass die an der Universität vermittelte Medizin immer noch die jüngsten Erkenntnisse der Quantenphysik ausklammert und die Heilkraft des Geistes ignoriert«, sagt Hollerbach, der an der Universitätsklinik Heidelberg arbeitete, bevor er vor 27 Jahren seine Praxis als niedergelassener Arzt eröffnete.

Als Dieter Broers Mitte der 1990er-Jahre nach Griechenland flüchtet, hakt er Megawave innerlich ab. Doch die Führung von oben lässt ihm keine Ruhe. Broers scheint eine Mission zu haben. Nach wenigen Monaten auf dem Peloponnes erhält er die nächste Eingebung für eine weitere durchschlagende Erfindung: die Nutzbarmachung freier Raumenergie aus dem Äther. Die ultimative Lösung des Energieproblems (siehe auch das Kapitel über Adolf und Inge Schneider).

Er tut sich zusammen mit Prof. Dr. Helmut Reichelt, Experte im Fach Thermodynamik, der eine ähnliche Idee schon zu DDR-Zeiten entwickelt hatte. Gemeinsam kreieren sie ein neues Patent. Grundlage der Erfindung ist ein Kohlenstoff-Werkstoff, der durch seine »synchron gekämmte« atomare Struktur als Antenne funktioniert und so die Nullpunktenergie des Vakuums förmlich anzapfen kann. Das Ergebnis: Strom aus dem »Nichts« – überall und jederzeit verfügbar und ohne Emissionen.

Ungewöhnlich rasch verläuft die Anmeldung zum Patent. Zwar wird die Apparatur zur Nutzbarmachung freier Energie zuerst abgelehnt – so etwas kann und darf es nun mal nicht geben – doch dann dürfen Broers und Reichelt im Europäischen Patentamt in München ihre Erfindung zum Heizsystem umdeklarieren. Dadurch wird noch vor Ort das Patent erteilt. Das *Deutsche IngenieurBlatt* setzt die Erfindung im Juni 1995 auf die Titelseite mit der Überschrift »Neue Strahlungsheizung verbraucht bis zu 90 Prozent weniger Energie«. Zuvor hatten die Ingenieure des Verlags das revolutionäre Verfahren genauestens getestet.

Auch hausinterne Gutachter der Deutschen Forschungsgemeinschaft (DFG) prüfen die innovative Technik. Dort hatten Reichelt und Broers einen Forschungsantrag gestellt. Mit dessen Bewilligung sollte die Serienreife finanziert werden. Die DFG-Gutachter in Jülich müssen einen Kulturschock erlebt haben. Die Erfindung wird zu Beginn als Spinnerei abgeurteilt. Den Messinstrumenten vertrauen die Physikprofessoren nicht, holen ihre eigenen Prüfgeräte. »Der Effekt löste unkontrollierte Emotionen aus«, erinnert sich Broers. »Sie sagten die noch anstehenden Folgetermine ab und gingen mit uns im Park spazieren. Über die internen Gespräche, die dabei geführt werden, möchte Broers heute nicht genauer berichten. Insgesamt aber wird über die möglichen wirtschaftlichen Folgen dieser revolutionären Energieform diskutiert.

Wohl genau aus diesem Grund hält die Einschüchterung wieder Einzug ins Leben von Dieter Broers und seinen Partnern. Autoreifen werden mit Projektilen manipuliert, die bei höherer Geschwindigkeit in den Innenraum des Reifens dringen und damit das Gummi zum Platzen bringen. Anrufer drohen, Familienmitgliedern etwas anzutun. Unbekannte Kräfte versuchen zu verhindern, dass die Patentgebühr von damals 120 000 Mark pro Jahr – das Patent wird letztlich für 113 Länder erteilt – gezahlt werden kann. Konten sind plötzlich blockiert. Schließlich kommt ein Mutiger aus dem Team, der die Bedrohungen leid ist und öffentlich verkündet, sämtliche Informationen zu der Erfindung ins Internet stellen zu wollen, auf der Autobahn ums Leben.

Heute werden die Patente zwar immer noch in 87 Ländern aufrechterhalten, doch Reichelt und Broers sind schon lange keine Eigentümer mehr. Die Schweizer Firma Moletherm produziert und vertreibt seit 2009 jene dünnen Kohlenstofffolien, die – montiert auf Wände und den Fußboden – vorerst zumindest die Heiztechnik revolutionieren können.

In den 1990er-Jahren folgen weitere Patente, die Dieter Broers per Intuition in seinem Domizil in Griechenland erhält. Unter anderem die Informationsübertragung eines Medikamentenwirkstoffs auf die Trägersubstanz Wasser, das bloß vom Patienten getrunken werden muss. Mit dem positiven Effekt: keine Nebenwirkungen! Bedauerlicherweise hält der nachweisbare Wirkeffekt nur wenige Minuten an. Weiterer Forschungsbedarf wäre vonnöten. In dieser Lebensphase gründet Broers in Griechenland sein eigenes Institut. Von hier aus koordiniert er internationale und interdisziplinäre Forschung, an der nahezu 100 Naturwissenschaftler mitwirken.

Mut schöpft Broers dann im Jahr 2002, als ihn ein Freund aus dem Ostharz überschwänglich anruft, er könne ihm eine

Freistunde bei Elfriede Richter in Wernigerode abtreten. Elfriede Richter? Nie gehört. Richter, so erzählt der Freund, sei zu DDR-Zeiten *das* Orakel gewesen, eine außerordentlich verlässliche Wahrsagerin, von der sich auch Erich Honecker regelmäßig habe beraten lassen. Broers hält von solchen Leuten nichts, lässt sich aber überreden, da er zu dem Zeitpunkt sowieso Richtung Hamburg zu seiner Mutter fährt und nur einen kleinen Umweg machen muss. Um es kurz zu machen: Die alte Dame empfängt Broers eher unfreundlich. Als aber immer wieder die gleichen Karten auftauchen, die sie stets mit dem Satz »Ein Wunder wird geschehen« kommentiert, steht sie auf und fragt überrascht: »Wer sind Sie? Politiker? Ich sehe Ihren Namen in vielen internationalen Zeitungen!« Broers freut sich schon, weil er denkt, dass damit nur seine Erfindungen gemeint sein können. Aber Richter winkt ab: »Nein, keine Erfindung, keine Technik. Es wird etwas sein, an das Sie jetzt überhaupt nicht denken. Sie werden uns so etwas wie eine neue Weltanschauung bringen.« Kurz bevor Broers ihre Wohnung verlässt, nötigt sie ihm noch ein Autogramm ab. Viel kann der verhinderte Erfolgswissenschaftler mit alldem nicht anfangen. Aber die nächsten Signale lassen nicht lange auf sich warten.

2003 führt ein Kinobesuch in Nürnberg zum nächsten elementaren Lebensabschnitt. Mit einem Freund schaut sich Broers den Hollywood-Science-Fiction *Matrix Revolutions* mit Keanu Reeves und Laurence Fishburne in den Hauptrollen an. Der Film geht davon aus, dass die von den Menschen als reale Welt wahrgenommene Umgebung reine Illusion ist und in einer Matrix marionettenhaft gestaltet und beherrscht wird von den Maschinenwesen einer anderen Welt. Hauptcharakter Neo (Reeves) wird durch Morpheus (Fishburne) auf den Missbrauch aufmerksam gemacht und nimmt den Kampf mit der unsichtbaren Macht auf, um die Menschheit aus der Fremdbestimmung zu führen. Broers ist paralysiert.

»Ich war so gerührt und gleichzeitig schockiert wie bei keinem anderen Film«, sagt er. »Es hat mich von der Grundbotschaft her so sehr berührt, wie mich noch nie ein Kinofilm erreicht hat. Nichts traf meine empfundene Wahrheit so direkt wie der Film *Matrix*. Das, was da beschrieben wird, ist letztendlich nichts anderes als das Höhlengleichnis von Platon.«

Da ist er wieder, der alte Platon. Broers fühlt sich erinnert an seine Kindheit, an das dringende Wissen, dass unsere Welt da draußen einer Traumwelt gleicht, dass wir nur die zweite Ausformung einer ersten Idee sind. Obwohl die Kinoerfahrung genau sein Thema widerspiegelt, hätte Dieter Broers niemals gedacht, dass er tiefer in diese Materie eintauchen, geschweige denn darüber schriftstellerisch tätig werden würde.

Dennoch hat er Ende 2003 eine Eingebung, während er am Strand von Kiparessia zuschaut, wie die Sonne im Meer versinkt. Innerhalb von Sekundenbruchteilen ist ihm klar: Er schreibt unter dem Pseudonym Morpheus ein Buch über die Matrix. Er sieht den Inhalt, er sieht den Buchumschlag. Sofort steigt er ins Auto und fährt den Berg hinauf zu seinem Haus, um die Gedanken niederzuschreiben. Auf dem Weg dorthin passiert etwas Merkwürdiges. Eine graue Eule sitzt mitten auf der Straße und hindert Broers am Weiterfahren. Er steigt aus, geht in ihre Richtung. Die Eule fliegt davon. Am nächsten Tag begegnet ihm das Tier an der gleichen Stelle. Am dritten Tag landet eine Eule am Turm bei seinem Haus direkt neben ihm. Broers deutet das als Zeichen: Dieses Buch muss geschrieben werden.

Er geht im Internet in die Fanforen des *Matrix*-Films und sammelt mithilfe der Systemadministratoren Fragen. »Welche Frage würdet ihr Morpheus stellen, wenn ihr nur eine hättet?«, will Broers wissen. Er wählt die besten aus, lädt die Fragensteller zu sich ein und nimmt die Gespräche auf. Mit seinem höheren Wissen versucht er, so gut es geht, Antworten zu geben. Was ist die Realität? Wer konstituiert und konstruiert sie? Gibt es eine Schöpferkraft? Sein Werk *Der Matrix-Code* polarisiert, wird unter den Lesern heiß diskutiert und für die Überzeugten zum Kultbuch.

Das ist erst der Anfang der broersschen Publizistenlaufbahn, die von nun an mehr und mehr sein Leben bestimmt. Wieder tritt die gleiche Quelle in Erscheinung, die ihn auch zu seinen Erfindungen inspiriert hatte. Dieter Broers sitzt auf seiner Terrasse in Griechenland, da macht ihm eine von außen kommende Eingabe unmissverständlich klar: »Du gehst für zwei Jahre zurück in den deutschsprachigen Raum, nimmst dir ein Büro, organisierst dir einen Internetzugang und recherchierst. Alles, was du im Netz findest, speicherst du und druckst es aus.« Broers ist verwirrt. Was soll das alles bedeuten? Aber er weiß, dass er sich auf die Stimme verlassen kann. Er geht nach Deutschland. Er investiert viel Geld in Papier, Druckerpatronen und Aktenordner. Das Thema, das er recherchieren soll? Auch diesbezüglich scheint er geführt zu werden. Eines Nachts wacht er zwischen drei und vier auf, setzt sich an die Tastatur und gibt irgendeinen Suchbegriff ein. Broers landet auf einem russischen Server. Von dort wird er geleitet zum offiziellen Archiv der NASA. Er sieht Aufnahmen, die der amerikanische Satellit SOHO (Solar & Heliospheric Observatory) alle paar Minuten von der Sonne macht. Broers bemerkt darauf nicht herkömmlich interpretierbare Objekte neben dem Gestirn. Er tut, wie ihm befohlen. Speichern. Ausdrucken. Gut so, denn wenig später sind die Aufnahmen im Netz nicht mehr zu finden. Von da an ist Broers klar: Hier geht es um Anomalien der Sonne! Eine bisher unbekannte Thematik, die ihn die nächsten Jahre beschäftigen wird.

Ein weiteres Mal wird versucht, Broers außer Gefecht zu setzen. Dieses Mal brechen Unbekannte in seinen Wohnwagen ein, betäuben ihn, seine Begleiterin und seinen Schäferhund mit Gas, brechen den Safe auf und entwenden Unterlagen, die mit dem gerade Recherchierten für das Buch über die Sonne zu tun haben. Kurz bevor der Titel *Transformation der Erde – Interkosmische Einflüsse auf das Bewusstsein* in den Druck gehen soll. Broers muss sich ins Zeug legen. Am 23. August muss das Buch druckfertig sein. Er schafft es: *Transformation der Erde* erscheint, er erhält ein eindeutiges Zeichen »von oben«, dass dieser Teil der Mission erfüllt sei. Obwohl keine Werbung gemacht wird, verkauft sich Broers' zweites Buch in ungewöhnlicher Schnelligkeit über zehntausend Mal. Worum geht es in dem anscheinend so umstrittenen Kompendium?

Es ist das große Thema des Dieter Broers. Es ist der Übertrag des platonischen Höhlengleichnisses in die Jetztzeit. Und es ist die Zusammenführung seiner Megawave-Forschung mit aktuellen kosmischen Ereignissen. Broers' Recherchen lassen auf einen kurz bevorstehenden Wandel auf der Erde schließen, der bedingt wird durch Aktivitäten der Sonne und erst vor wenigen Jahren festgestellte Strahlung aus der Mitte unserer Milchstraße. Es ist wie ein Puzzle, das Broers zusammensetzt und das ein logisches Bild zu ergeben scheint:

Die Aktivität unseres Zentralsterns verläuft in Zyklen. Der nächste Zyklus endet 2012 und gipfelt voraussichtlich in außergewöhnlich starken Sonneneruptionen. Die Folge: Elektromagnetische Strahlung trifft in überdurchschnittlichem Ausmaß unseren Planeten. Die NASA warnt inzwischen offiziell vor nicht abzusehenden Schäden an unseren Strom-, Versorgungs- und Telekommunikationsnetzen. Dazu stößt Broers auf ein weiteres Himmelsschauspiel: Erst kürzlich entdeckten Astronomen das Phänomen der sogenannten Gamma-Ray-Bursts, intensiver, gebündelter und auf die Erde gerichteter Gammawellen aus dem Zentrum unserer Galaxie. Auch diese Gamma-Ray-Bursts häufen sich auffällig, nehmen an Intensität zu und beeinflussen das Magnetfeld der Erde ebenso wie das Bewusstsein der Menschen.

Ein nächstes Puzzlestück ist der sehr präzise, an den Zyklen der Gestirne orientierte Tzolkin, der Kalender der südamerikanischen Hochkultur der Maya. Er endet am 21. Dezember 2012. »Die Maya waren durch ihr außerordentlich hoch stehendes astronomisches Wissen in der Lage, nahezu sämtliche Großereignisse zeitlich zu bestimmen. Ihre im Tzolkin verewigten Berechnungen ergeben für 2012 einen letzten, fundamentalen Veränderungsprozess«, erklärt Broers. »Die Mayas beschreiben dies als ›Aufstieg in die fünfte Dimension‹. Betrachten wir unsere gegenwärtige, krisenhafte Weltlage und ihren Verlauf, der auf ein großes Finale hinzuweisen scheint, so könnten ihre Prophezeiungen stimmen.« Dieser Aufstieg, so die Prophezeiungen der Maya, würde durch einen Synchronisationsstrahl bedingt, der vom Zentrum unserer Milchstraße ausgeht und die Erde und damit die Menschheit neu ausrichtet. Synchronisationsstrahl? Die Bezeichnung der Maya für die Gamma-Ray-Bursts? Das Puzzle des Dieter Broers nimmt Gestalt an.

Schließlich erinnert sich der Biophysiker an zwei vertrauliche Begegnungen mit russischen Forschern und einem Regierungsangehörigen 1992 und 1994 in Moskau und Berlin. Bei den Treffen – Broers hatte vorher am Moskauer Pawlow-Institut über seine Megawave-Forschung referiert – geht es um Informationen der russischen Administration über einen bevorstehenden globalen Wandel. Broers schreibt über dieses zweite Treffen in seinem Buch *Transformation der Erde*: »Er (ein hoher russischer Regierungsangestellter) sprach von einer besonderen Phase, in der wir Menschen unseren Verstand verlieren würden, sollten keine besonderen Vorbereitungen im Sinne von Gegenmaßnahmen getroffen werden. Wiederum berichtete er mir, was für mich am erstaunlichsten war, dass die Menschheit sehr bald eine fundamentale Umwälzung erfahren werde, eine neue Epoche, in der nur harmonische und göttliche Aspekte ausgetragen werden können. Diese Aussage war für mich von erstaunlicher Bedeutung, weil ich diesen Herrn als einen selbsternannten Atheisten kannte.«

Dieter Broers geht langsam ein Licht auf: Er weiß durch seine Megawave-Forschung, welche Auswirkungen elektromagnetische Wellen auf den Organismus des Menschen haben können. Er weiß nun auch, dass die Menschen um das Jahr 2012 in hohem Maße kosmisch bedingter elektromagnetischer Strahlung ausgesetzt sein werden. Er weiß von wissenschaftlichen Erhebungen, die eindeutige Zusammenhänge nachweisen zwischen kosmischer Strahlung und dem ganz alltäglichen Leben auf der Erde: So folgen beispielsweise Herzinfarktraten, Selbstmordraten, Stimmungsschwankungen oder Unfallzahlen den Aktivitäten im All – bis hin zum Aufstieg und Fall von Hochkulturen.

Was also steht der Menschheit bevor? Broers ist kein Verfechter apokalyptischer Szenarien wie der Hollywood-Regisseur Roland Emmerich, der mit seinem Kinofilm 2012 Ende 2009 den Weltuntergang durchspielte. Broers sieht in dem kommenden Wandel eine Chance. Er sieht die Veränderungen vor allem im Bewusstsein wirken. Ihm sei, sagt er, als »würde Gott Hand anlegen in der Evolution«, als würde die Menschheit, die durch egogetriebene Gier den Planeten an den Rande des Abgrunds geführt hat, wieder auf die richtige Spur gebracht werden. Und zwar durch Erkenntnisgewinn in eben den Bewusstseinszuständen, die sein Megawave-Gerät generiert. Immerhin wirken zunehmend Megawave-ähnliche Felder aus dem All auf die Erde ein. »Wir werden an unser kosmisches Erbe erinnert«, beschreibt Broers. »Das, was mit der Welt heute passiert, ist vergleichbar mit einem onkologischen Geschehnis im Körper. Einzelne Zellsysteme koppeln sich vom harmonischen Ganzen ab und stören das Verhältnis von Geben und Nehmen. Sie mutieren, indem sie beginnen, egoistisch zu handeln. Sie verhalten sich damit asozial. Das nennt man Krebs. Der führt zum Tod, sofern man nichts dagegen tut. Das sind eindeutige Entsprechungen. Wir Menschen verhalten uns in unserem egobezogenen Sein wie eine Krebszelle. Aber wie beim Megawave-Projekt gibt es auch elektromagnetische Strahlung auf globaler Ebene, die gesellschaftliche, politische und wirtschaftliche Krebszellen wieder resozialisieren kann. Indem wir erkennen, warum wir krank geworden sind.« Es wäre die rettende Hinwendung zum nachhaltigen Miteinander, eine Art Evolutionssprung um kurz vor zwölf.

Was aber haben die von Broers im Umfeld der Sonne entdeckten Objekte, deren Existenz bestimmte Kräfte möglicherweise verschleiern wollten, damit zu tun? Dieter Broers bietet in seinem Buch *Transformation der Erde* eine Erklärung an, die auf nicht irdische Intelligenzen hinweist: ein ungeklärtes kosmisches Phänomen, das die NASA angeblich schon seit den 1980er-Jahren verfolgt. Anhänger von Verschwörungstheorien weisen darauf hin, dass in verschiedenen öffentlich zugänglichen astronomischen Programmen im Internet (wie zum Beispiel Google Space) seit einiger Zeit bestimmte Regionen im All unkenntlich gemacht werden. Für jedermann zu sehen sind allerdings Fotos und Filme auf der Videoplattform YouTube, aufgenommen von Urlaubern, Spaziergängern und Hobbyastronomen. Sie sollen ein planetenartiges Objekt in der Nähe der Sonne zeigen. Ein Objekt, das die Basis der Flugkörper ist, die Broers damals nachts in seinem Nürnberger Büro am Computer beobachten konnte? Aufnahmen, die der SOHO-Satellit von jenen Flugobjekten macht, stehen seit wenigen Monaten nun auch offiziell und regelmäßig auf den Internetseiten von NASA und ESA. »Man könnte anhand einiger dieser Bilder fast denken, dass

Foto: Martin Häusler

Broers und seine Erfindung Megawave: Der kleine Kasten setzt die Patienten in spezielle elektromagnetische Felder. Sie sollen Heilung bedingen.

diese unbekannten Objekte Einfluss auf die Sonnenaktivität nehmen«, sagt Broers vorsichtig. »Ich weiß es nicht. Da soll sich jeder bitte seine eigene Meinung bilden.«

Auf dem Weg zur Wahrheit kommt Dieter Broers möglicherweise ein Mann zu Hilfe, der 2006 das Buch *Transformation der Erde* in die Hände bekommt und völlig fasziniert ist. Dieser Mann arbeitet in der Computerbranche und war ehemals bei der Luftwaffe der Bundeswehr beschäftigt. Er macht es sich zur Aufgabe, die SOHO-Bilder zu dekodieren und jenes Treiben im Umfeld der Sonne genauer sichtbar zu machen. Tausende von Arbeitsstunden investiert er, findet letztendlich die adäquate astronomische Software und

Foto: Martin Häusler

Wird seit seiner Kindheit von philosophischer Literatur inspiriert: Dieter Broers im Garten seiner Blockhütte im österreichischen Waldviertel.

kommt 2007 zu dem gewagten Schluss: »Was wir dort sehen, sind unsere kosmischen Nachbarn beim interplanetaren Reisen. Sie nutzen die Sonne als Energiequelle.« Wird die Sonnenaktivität also auch von anderen Intelligenzen beeinflusst? Ist die Menschheit tatsächlich nicht allein? Ist eine der größten Fragen endlich beantwortet? Soll die Bekanntmachung dessen etwa der broerssche Auftrag sein? Soll er dadurch für ein globales Bewusstsein sensibilisieren, das die Menschheit als Einheit begreift? Jener Computerfachmann lässt 2007 über einen Kontakt in den USA der UNO seine Recherchen zukommen. Später händigt er die Informationen auch der Führung der deutschen Luftwaffe aus.

Was auch immer um die Sonne schwirren und auf die bisher publizierten Recherchen folgen mag: Dieter Broers geht es um die Wahrheit, um das Ende der Desinformation, um eine Sensibilisierung für die globalen Veränderungen und deren Gründe. Diese Mission setzt er Ende 2009, parallel zu Roland Emmerichs Weltuntergangs-Blockbuster, mit seinem neuen Bestseller *(R)evolution 2012* und dem gleichnamigen Dokumentarfilm fort, der das emotional bewegte Kinopublikum zuweilen zu minutenlangem Applaus hinreißt. »Ich möchte die Menschen darauf vorbereiten, dass jetzt etwas mit ihnen und der Erde passiert. Und dass das nicht unbedingt zum Fürchten ist. Es geht in diesem Moment um Selbstbesinnung und um das Loslassen vom Materiellen. Wenn wir die Angst vor dem Wandel ablegen und mit Gottvertrauen durch das Leben gehen, kann die Schwimmweste gelöst werden. Es wird wohl ausnahmslos jeder erst mal unten aufprallen. Das ist erforderlich, um unser Ego zum Loslassen zu bewegen. Dann aber geht es um die Einsicht: Ich bin weitaus mehr als mein Körper und mein Ego.«

Dieter Broers wird viele Jahre von einem Albtraum verfolgt. Er sieht eine riesige Welle auf sich zurasen und kann sich im letzten Moment vor ihr retten, indem er hochschwebt. Heute träumt er einen anderen Traum: Die Welle rast auf ihn zu, und er ist in der Lage, sie anzuhalten. Sie kann ihm nichts mehr antun. »Da will ich die Menschen hinführen.«

Wie wird die Welt nun aussehen nach der Transformation, nach dem Bewusstseinwandel, den Dieter Broers kommen sieht? »Es ist eine Welt, die in einer anderen Dimension schwingen wird. Das Leben dort wird sich aus der Freude erschließen, Freude als gelebte Liebe. Diese Freude kommt zustande durch eine Erkenntnis, die alle Menschen auf Augenhöhe betrachtet. Alles ist eines, alles wird als schön wahrgenommen und funktioniert im hehrsten Sinne sozial.

Dieser Zustand gleicht dem Paradies, von dem alle Religionen gleichermaßen sprechen. Wir werden keine materiellen Ängste und überzogenen Bedürfnisse mehr haben, die uns diese Erde so schädigen ließen. Die Bühne des Lebens ist wie eine Lehreinheit, aus der wir unsere Schlüsse ziehen können. Jenseits der Bühne, außerhalb der platonischen Höhle, hätte die Menschheit dann die Gelegenheit, die Lektionen umzusetzen.«

Foto: Martin Häusler

MARCELO C. DE ANDRADE

Umweltaktivist aus Rio de Janeiro, Brasilien, geboren 1958 in Belo Horizonte, Brasilien

Mit den Verursachern gegen die Umweltvernichtung – Wie ein ehemaliger Arzt Großkonzerne und das Geldmonopol ins Boot holt, um mit seiner Organisation Pro Natura eine Erde in Nachhaltigkeit zu erschaffen

Das 200 Kilometer breite Nigerdelta im Süden Nigerias gehört zu den am meisten geschundenen Regionen der Welt. Nirgendwo auf dem afrikanischen Kontinent zeigen sich die Konsequenzen eines werte- und rücksichtslosen Raubtierkapitalismus so konzentriert wie dort. Seit 1956 der erste Tropfen Öl gefördert wurde, stolpert das Land von einer Krise in die nächste, während sich die Lage in dem 70 000 Quadratkilometer großen Fördergebiet zwischen Burutu und Opobo immer weiter verschärft. Vor allem europäische und amerikanische Ölkonzerne verdienen Milliarden an den Quellen vor der Küste, aus denen in Spitzenzeiten zwei Millionen Tonnen Rohöl pro Tag gepumpt werden. Derweil opfern die wechselnden Regimes ihre entrechtete Bevölkerung, um die Ölproduktion sicherzustellen, denn die korrupten Regenten verdienen kräftig mit. Hunderte von Rebellen und Bürgerrechtlern – der berühmteste von ihnen war der 1995 hingerichtete Ken Saro-Wiwa – verloren ihr Leben, 30 Millionen Menschen jede Lebensperspektive.

Obwohl seit fünf Jahrzehnten riesige Gewinne aus dem Erdboden vor Nigeria sprudeln, ist das Nigerdelta die ärmste und am meisten vernachlässigte Region des Landes. Ende der 1990er-Jahre heißt es im Nigerdelta-Umweltbericht: »Armut ist vorherrschend im Nigerdelta und steht im Zusammenhang mit der Verschlechterung des landwirtschaftlich nutzbaren Bodens und der Fischfanggebiete. Die betroffenen Menschen verarmten. In vielen Fällen wanderten sie aus, um in den städtischen Armenvierteln zu enden, oder sie blieben in ihren Dörfern, um sich mit dem ertragarmen Land und der schlechten Wasserqualität herumzuschlagen.« Auch Land und Wasser sind Opfer des ausbeuterischen Paktes zwischen Regierung und Industrie geworden. Kontinuierlich fließt Öl ins Meer und in die Arme des Nigers, der Boden ist verseucht, die Luft durch das Abfackeln des nebenbei an die Erdoberfläche geförderten Gases schwer belastet. Die Kriminalität hat in den vergangenen Jahren exponentiell zugenommen, Pipelines werden angezapft und gesprengt, Angestellte der Spritkonzerne regelmäßig entführt. Es herrscht die blanke Anarchie.

Heute weisen die indigenen Völker darauf hin, dass auf ihrem Land Billionen Dollar erwirtschaftet wurden, ohne dass sie je einen Cent davon gesehen hätten. Dabei wurde das »Prinzip der Herkunft« in den 1950er-Jahren, noch vor der Unabhängigkeit von Großbritannien gesetzlich verankert. Das ging jedoch nur kurze Zeit gut, ehe mit der Dominanz des Öls – vorher gehörten Erdnüsse, Felle, Leder, Kakao, Palmöl und Kolanüsse zu den Hauptressourcen – die Mittelbewilligung für die Region auf null gesenkt wurde. Erst Bürgerkriege führten wieder zu minimaler Beteiligung an den Einnahmen.

In diese fast aussichtslose Situation mischt sich 1997 ein völlig unbekannter Brasilianer ein, noch nicht einmal 30 Jahre alt, als Arzt und ehemaliger Olympionik dazu völlig fachfremd. Doch Marcelo C. De Andrade bietet Auswege. Elf Jahre zuvor hat er die erste Nachhaltigkeitsorganisation der südlichen Hemisphäre gegründet und bereits erfolgreiche Erfahrungen mit sozioökologischen Krisenregionen im eigenen Land machen können. Jetzt will er mit Pro Natura ähnliche Impulse auch woanders setzen. Gemeinsam mit dem einstigen Geschäftsmann Guy Reinaud, der die Internationalisierung der jungen Organisation übernommen hat, während Andrade den Vorsitz von Pro Natura innehält, sucht man sich eine Gegend, deren Niedergang von einer einzigen Industrie geprägt ist. Das Nigerdelta scheint dafür geradezu ein Paradebeispiel zu sein. Als Kern seiner Initiative wählt er Akassa, eine kleine Stadt mitten in den Mangroven des Deltas. Von hier aus soll eine ganze Region aus der Armut und wieder in Arbeit gebracht werden, soll Unabhängigkeit vom übermächtigen Öl erlangen und angeleitet werden, nachhaltig zu wirtschaften. 50 000 Menschen will er so neue Hoffnung geben. Von Beginn an setzt Andrade auf das Engagement konträrer Seiten: das der Allerärmsten und das der Ölmultis. Von den bisher so verhassten Konzernen, in diesem Fall ist es das norwegische Energieunternehmen Statoil, kommt das nötige Geld. Pro Natura bewegt Statoil dazu, in die nachhaltige Entwicklung der Region zu investieren, noch bevor die Skandinavier anfangen, Öl zu pumpen. 400 000 Dollar zahlt Statoil am Anfang an das neu gegründete Akassa Board, ein Planungsgremium, in dem die Dorfbewohner sitzen, und 100 000 Dollar an Pro Natura, damit das Projekt in die Wege geleitet werden kann.

Von Pro Natura selbst kommen das Know-how und das Know-who, von den Bewohnern die grundlegenden Änderungsvorschläge, starke Initiativkraft und am Ende die komplette Umsetzung. Marcelo De Andrade, Guy Reinaud und sein Nigerdelta-Programmdirektor William D. Knight wollen vor Ort wissen: Was sind eure Probleme? Was könnte getan werden, um sie zu lösen? Was könnte euch glücklicher und zufriedener machen? Welche Rolle könntet ihr selbst dabei spielen? Welche Rolle könnten andere dabei spielen? Sie machen sofort klar: Hier geht es um Teilhabe. »Wir sind ein Werkzeug, um Dinge zum Laufen zu bringen«, erklärt Andrade das Grundkonzept von Pro Natura. »Es geht nicht darum, neue Abhängigkeiten zu schaffen, denn wir gehören da nicht hin. Wir helfen in einer Phase des Übergangs, wir befähigen die Menschen. Unser Ziel ist es jedes Mal, hinterher überflüssig zu werden.«

Nach einigen Workshops mit den Bürgern und Stammesführern in Akassa und Umgebung erstellen die Betroffenen Ende 1997 ihren eigenen Akassa-Community-Development-Plan. In den ersten drei Jahren wird ein ausschließlich von Frauen verwaltetes, transparentes Spar- und Kreditsystem etabliert, werden Maßnahmen für bessere Gesundheit, Ernährung und Bildung initiiert, die Bewohner trainiert, um nachher die administrativen Aufgaben selbst zu übernehmen, auf die Regierung wird eingewirkt, den kommerziellen Fischfang in der Deltaregion herunterzufahren. »Die Gewalt nahm ab, die Kinder waren besser ernährt, die Stimmung einer ganzen Region hat sich verändert«, umreißt Marcelo De Andrade die ersten Erfolge. »Die Rolle der Frauen hat sich grundlegend geändert«, bestätigt die Dorfbewohnerin Lucy Owenga. »Heute wird unsere Meinung ernst genommen, wir können selber Entscheidungen treffen.«

Inzwischen hat sich das Entwicklungskonzept von Akassa sogar entlang der Küstenlinie des Nigerdeltas ausgebreitet. Hunderttausende vom eigenen Staat Vergessene wirken jetzt am Aufschwung ihres Landes mit. Der Ausgangspunkt dafür lag 3000 Kilometer weit entfernt auf der anderen Seite des Atlantiks.

Verantwortung für Natur und Gesellschaft wird Marcelo De Andrade schon früh antrainiert. Er ist erst zwei Jahre alt, als er mit seinem Großvater Justino Carvalho in den Wäldern bei Araguari im Westen des brasilianischen Bundesstaats Minas Gerais jagen geht. Die mehrmonatigen Sommerurlaube verbringt der junge Marcelo dort, bis er 16 ist. Großvater ist nicht von Schießlust getrieben, sondern hat es auf Tauben und Wachteln abgesehen – für den unmittelbaren Bedarf der Familie. Marcelo ist beeindruckt und darf ab und zu den Abzug betätigen. Dann schießt und schießt er und findet kein Ende. Doch ist eine bestimmte Zahl an Vögeln erreicht, steckt der Großvater konsequent das Gewehr weg. Marcelo ist enttäuscht und meint, dass da doch noch so viele Wachteln seien. »Was meinst du, wie viele wir heute essen können?«, entgegnet der Großvater. »Wir brauchen heute nicht mehr Wachteln schießen.«

»Ironischerweise waren es Jäger, die mir alles über die Natur erzählten«, sagt Andrade. »Ihre Geschichten bilden die Grundlage für das, was ich heute tue. Sie brachten mir damals schon bei, dass wir respektvoll mit der Umwelt umzugehen haben und Maß halten müssen.«

Das sind nicht die einzigen Lehren, die Marcelo De Andrade aus seiner Kindheit in die Zukunft rettet. Großvater Justino Carvalho ist in den 1950ern und 1960ern ein mächtiger Viehzüchter und ein bekannter und wohl gelittener Geschäftsmann in der Region – mit einer Familientradition von 400 Jahren allein auf dem südamerikanischen Kontinent. Er ist verantwortlich für fast alle Belange des öffentlichen Lebens. Oder besser: Er übernimmt Verantwortung. Als Marcelo ungefähr elf ist, nimmt der Großgrundbesitzer seinen Enkel jeden Samstag nach dem Mittagessen an die Hand und setzt sich mit ihm auf die Veranda. Da warten bereits Dutzende von Menschen in einer langen Reihe. Es sind meist Kleinbauern und einfache Arbeiter, die zum Teil zwei bis drei Tage auf dem Pferderücken verbracht haben, nur um Don Justino zu treffen. Es geht um Hilfe bei Ungerechtigkeiten, es geht um Ratschläge, um Geld für ein neues Rind oder einen Zaun, um Schutz vor Verbrechern. Marcelo soll nur dasitzen und zuhören. »Für mich waren das nie unterprivilegierte Bürger«, sagt er. »Es waren Menschen mit Stolz und Würde. Was sie wollten, war, unabhängig zu leben, für sich selber sorgen zu können. Gleichzeitig lernte ich aber auch, Verantwortung für andere zu übernehmen und zu helfen, wenn man helfen kann.« Der Großvater plant, sein Vermächtnis an den Enkel weiterzugeben. Aber die ins Landesinnere drängende Zivilisation holt ihn ein. Gesellschaftliche Institutionen treten an seine Stelle. Aus dem verschlafenen Araguari wird langsam, aber sicher eine Großstadt.

Mit den regelmäßigen Aufenthalten in der Natur ist es vorbei, als Andrade in Rio de Janeiro mit dem Rudern anfängt. Schnell stellt sich heraus, dass er außerordentlich talentiert ist und es bei entsprechendem Einsatz sogar bis ins olympische Team schaffen könnte. Extremes Training führt Andrade tatsächlich zuerst in den National-, dann auch in den Olympiakader. Seine Paradeboote sind der Vierer ohne Steuermann und der Achter. Der Preis dafür ist hoch: In Spitzenzeiten trainiert er täglich acht Stunden, muss um halb fünf aufstehen, um noch vor der Schule drei Stunden seinen Körper zu stählen und seine Technik zu verbessern. Nach dem Unterricht rundet eine zweite Rudereinheit das anstrengende Ritual ab. Dazwischen lernt der Klassenathlet nur ungern. Ihm kommt zugute, dass es für passable Noten ausreicht, dem Lehrer einfach nur aufmerksam zu folgen und sich Notizen zu machen.

Dank eines Stipendiums des Olympiateams kann Marcelo De Andrade in Rio Medizin studieren. Weiter spielt die Natur keine Rolle mehr in seinem Leben. Zum knallharten Training gesellt sich jetzt noch die Lernerei für die Arztprüfung und den Doktortitel. In sämtlichen Tests darf sich Andrade nicht weniger als 80 Prozent der erreichbaren Punkte leisten. Nachdem er nach den ersten beiden Semestern von der Veterinärmedizin zur Humanmedizin gewechselt hat, arbeitet er sechs Jahre lang nebenbei in der Notaufnahme von Rios größtem Krankenhaus, dem Hospital Municipal Miguel Couto. Meistens übernimmt Andrade die Nachtschicht, da die Ärztinnen Angst vor der Dunkelheit haben und lieber am Tage arbeiten. »Zu Recht«, sagt er. »Fast jede Nacht war es wie in einem Horrorfilm. Uns fehlte sehr viel medizinische Ausrüstung. Wir waren völlig überfordert mit den Verletzten. Uns blieb nichts anderes übrig, als zu improvisieren.« Die Besonderheit der Klinik: In direkter Nähe frisst sich Rocinha, die größte Favela Brasiliens, in die Berge des südlichen Rio. Um die 100 000 Menschen leben in der Armensiedlung. Regelmäßig muss Andrade mitten in der Nacht ausrücken, wenn es mal wieder eine Schießerei im Getto gegeben hat. Dann parkt er den Krankenwagen am Rand der Favela, um die engen Gassen zwischen den Baracken gemeinsam mit einer Krankenschwester und zwei Polizisten zu Fuß zu durchqueren. Nachdem die Opfer versorgt sind, verteilt Andrade auf dem Rückweg Medikamente an die Bedürftigen. Schon als junger Student setzt der Mann aus Minas Gerais die Lehren seines Großvaters fort: Verantwortung!

Eine symptomatische Situation aus dieser Zeit Ende der 1970er ist die Begegnung mit dem Drogenboss Gustavo (Name geändert). Es ist die Sonntagsnachtschicht, morgens gegen drei. Andrade geht mit einem Kaffee über die Flure des Hospitals. Eine Stimme, die aus dem Dunkel des Treppenhauses kommt, spricht ihn an: »Hey, Doc!« Die Stimme gehört Beto, einem kleinen Ganoven, den Andrade aus der Favela kennt. Die Freundin seines Freundes sei angeschossen worden, sagt er. Sie sei gerade im Operationssaal. Nachdem man ihr die Kugeln rausgeholt habe, müsse sie das Krankenhaus sofort wieder verlassen. »Unmöglich«, sagt Andrade. »Sie muss erst mal auf die Intensivstation.« Beto winkt ab. Nein, wenn klar ist, dass man sie hier gerettet hätte, würde man nicht nur sie abknallen, sondern auch ihre Helfer. »Wer ist dein Freund?«, fragt Andrade. »Es ist die Frau von Gustavo«, flüstert Beto. Andrade wird klar, dass tatsächlich Gefahr im Verzug ist, denn Gustavo ist der Chef einer der führenden Drogenbanden von Rocinha. Er ruft den Leiter des Krankenhauses an, der ihm den Rat gibt, die Frau am Hintereingang in eine Ambulanz zu packen und fortzubringen. Er solle in die Unterlagen schreiben, die Frau sei nach der Operation einfach weggelaufen. Andrade tut's. Wenige Stunden später – der junge Arzt will gerade seinen Dienst für diese Nacht beenden – taucht wieder eine Person aus dem Dunkel des Flurs auf. Es ist Gustavo persönlich, der Andrade danken will. Nicht nur für die Sache mit seiner Freundin, sondern auch für den jahrlangen Einsatz in der Favela. »Er wusste alles über mich«, erinnert sich Andrade. »Dass ich kostenlos Medizin abgebe, wenn ich dort bin, dass Donna Anna in ihrem Verhau für mich Kaffee kocht, dass ich ursprünglich aus Minas Gerais komme.« Gustavo bietet an, ihm ein Foto einer Person zu geben, auf die er aufpassen soll. Er sei ihm etwas schuldig. Andrade lehnt dankend ab, sagt aber, er werde bei Bedarf auf sein Versprechen zurückkommen. Damit gibt sich Gustavo zufrieden.

Marcelo De Andrade scheint hoffnungslos verstrickt in die Arbeit im Krankenhaus, ins Studium und die Ruderwettkämpfe. Doch ihm kommt eine Idee, die ihn wieder mit der so vermissten Natur in Kontakt bringt und gleichzeitig seinen Trainer nicht verärgert. Er spricht seine Sponsoren an, die ihn mit Sportkleidung, Uhren und Sonnenbrillen ausstatten, dafür aber bisher keinen nennenswerten Werbeeffekt verzeichnet haben. Andrade überzeugt sie, in Expeditionen zu investieren: »Ich steige auf Berge und durchquere die Wüste, und ihr unterstützt mich dabei. Ich verspreche euch eine zehn Mal höhere Medienpräsenz als jetzt.« Einige Firmen lassen sich darauf ein und ermöglichen dem Sportler

1982 die erste Abenteuerreise nach Patagonien. Es folgt eine Amazonas-Expedition.

Sosehr er die Rückkehr zur Natur genießt: Andrade ist erschrocken, als er bemerkt, wie fragil und bedroht das System Erde ist. Er wusste, dass das kontinuierliche Wachstum langsam auch entlegene Ökosysteme erreicht. Aber dieses Ausmaß hätte er nicht für möglich gehalten. Er sieht, wie die ersten Gletscher weichen. Er findet Müll mitten in den Anden. Er sieht von der Erosion freigesetzten weißen Sand mitten im eigentlich tiefgrünen Amazonasgebiet. Seine Sorgen spielen in den Reportagen, die er abliefert, erst mal keine Rolle. Die prächtigen Wildnistrips des Promiruderers kommen an, Andrades Fotos werden in zahlreichen Magazinen abgedruckt. Beim dritten Abenteuer 1985 ist erstmals das Fernsehen dabei, ein Team des größten brasilianischen Senders Globo. Die Besteigung des Aconcagua, mit knapp 7000 Metern der höchste Berg Südamerikas, wird zu einem entscheidenden Erlebnis.

Mit seinem Partner José steigt Marcelo De Andrade vor, um im letzten Lager vor dem Gipfel auf 6500 Metern auf den Rest der Truppe und das Fernsehteam zu warten. Aber die anderen Bergsteiger kommen nicht. Es bleibt den beiden nichts anderes übrig, als zu pausieren. Sie nehmen sich vor, maximal eine Woche auszuharren. »Wir warteten sechs Tage«, sagt Marcelo De Andrade. »Ich weiß nicht genau, was in der Zeit mit mir passierte, aber irgendwann fing ich an, am helllichten Tag Träume zu bekommen. So, als ob ich einen Film sähe von der Entwicklung der Erde.« Andrade sieht Gondwana, die kompakte Landmasse des 200 Millionen Jahre alten südlichen Urkontinents, die Tektonik lässt ihn auseinandertreiben, Afrika und Südamerika trennen sich im Zeitraffer. Er kann wahrnehmen, wie sich auf der afrikanischen Seite die Sahara ausbreitet, während sich auf der südamerikanischen Seite die Anden aufschieben, die reiche Regenfälle bedingen. Sie machen aus der einstigen Wüste einen prächtigen Regenwald. Andrade kann in diesem Moment nicht bloß die weite Vergangenheit beobachten. Er blickt auch in die Zukunft und bemerkt, dass der Regenwald verschwindet und Südamerika wieder zur Wüste wird. »Das war stärker als ein Traum«, versucht Andrade zu erklären. »Es war so stark wie eine Erinnerung an ein Damals und ein Morgen zugleich. Ich sah, wie die Menschen in den nächsten 50 Jahren die Erde zerstörten. Ich war mir auf einmal sicher, dass ein solches Szenario eintreten kann.« Andrade ist tief getroffen. Er zermartert sich in den folgenden Tagen das Hirn. Was soll ihm dieses Schreckensbild der Erde sagen? Psychologen würden die Erlebnisse Andrades in den Bergen als eine Art Initiation beschreiben, eine Einweihung in eine höhere Erkenntnis – die Folgen hat.

Einen Tag bevor das Team endlich zu Andrade und José vorstößt, landet ein riesiger schwarzer Vogel in der Nähe des Zelts. So ein Tier haben die beiden noch nie zuvor gesehen. Es ist kein Kondor. Der hätte in dieser unwirtlichen Höhe auch gar nichts verloren. Sie glauben, er müsse wohl vor einem heftigen Sturm nach hier oben geflohen sein. Sicherheitshalber befestigen sie ihr Zelt, das ungeschützt auf dem Fels steht, zusätzlich mit schweren Steinen. Und tatsächlich, in der folgenden Nacht bricht ein extremes Unwetter über sie hinein. Härtesten Winden und Temperaturen von minus 40 Grad Celsius müssen sie trotzen. In der Klarheit und Stille des nächsten Tages passiert Erstaunliches: Andrade wird von seinen depressiven Gedanken über den Gang der Welt befreit. »Ich dachte plötzlich nicht mehr an das negative Horrorszenario und die Zerstörung der Erde, sondern nur noch daran, diese Probleme zu lösen. Mir war klar: Menschen stehen morgens nicht einfach auf und nehmen sich vor: ›So, jetzt brenne ich mal eben den Wald hier ab. Mir ist gerade danach.‹ Einen Wald abzubrennen macht

Arbeit, es kostet Geld, es raucht, es stinkt. Warum zum Teufel machen Leute so etwas? Weil sie nicht wissen, wie sie überleben sollen. Es ist für sie ein Weg, mit Viehzucht und Ackerbau eine Lebensgrundlage zu erwirtschaften. Es ist also ein ökonomisches Problem, das dahintersteckt. Und wenn die Ursache mit Ökonomie zu tun hat, muss auch die Lösung damit zu tun haben.«

Den Gipfel des Aconcagua erreicht Andrade mit seinem Team nicht, einigen Leuten geht es zu schlecht, da sie die dünne Luft nicht verkraften. Sie kehren um. Trotz alledem schlägt die Fernsehreportage voll ein. Die Mutigen sind in den Medien für Wochen gefragte Gesprächspartner.

Am Tag seiner Rückkehr trifft Marcelo De Andrade Eliezer Batista, den Nachbarn seines Vaters und Chef des größten Eisenerzproduzenten der Welt. Der junge Andrade erzählt nicht bloß von den unwirtlichen Umständen seines zweimonatigen Trips. Er konfrontiert Batista auch mit den merkwürdigen Gedanken, die er dort oben hatte, und mit seinen Sorgen um die Erde. Batista schlägt ein gemeinsames Frühstück vor, gleich am nächsten Morgen. Dort überrascht der Bergbau-Tycoon Andrade mit einer klaren Ansage: »Ich helfe dir. Komm wieder, wenn du einen 50-Jahres-Plan gemacht hast.« 50 Jahre? Marcelo De Andrade hat bis dahin noch nicht mal die nächsten fünf Minuten seines Lebens geplant. »Macht nichts, nimm dir die Zeit, die du brauchst«, sagt Batista. Die nächsten verregneten zwei Wochen verbringt Andrade wieder in Einsamkeit auf einem Berg. Diesmal nur in 2400 Meter Höhe. Im Itatiaia-Nationalpark zwischen Rio de Janeiro und São Paulo konzipiert er die Grundmauern von Pro Natura. Seinen Plan geht er danach zwei Tage lang mit Eliezer Batista durch.

Der bringt Andrade in den kommenden Monaten mit einigen Geschäftspartnern zusammen. Vor allem aber mit der Hilfe seines Jugendfreunds Arminio Fraga, später Präsident der brasilianischen Zentralbank, ist Marcelo De Andrade in der Lage, 1986 in einem eigenen Büro die Arbeit von Pro Natura aufzunehmen. »Was ich damals tat, war sehr innovativ«, sagt Andrade. »Es gab den WWF, und es gab Greenpeace, die machten Aktionen und riefen zum Schutz des Regenwalds und bedrohter Tierarten auf. Das hat seine Berechtigung. Mir war aber klar, dass wir zur Lösung derart großer Probleme zusammenarbeiten müssen mit denen, die von den bisherigen Umweltorganisationen bekämpft wurden. Zivilgesellschaft, Regierungen und Industrie mussten wieder an einen Tisch.« Andrade macht etwas, was sich Mitte der 1980er überhaupt nicht gehört. Als Umweltschützer legt er eine Krawatte an und spricht mit den Bossen. »Greenpeace machte die Welt auf die Probleme aufmerksam. Pro Natura brachte den Leuten vor Ort die Werkzeuge, um einen nachhaltigen Weg einzuschlagen: wissenschaftliche Beratung, Marktwissen, Technik, Finanzierung, Marketing.«

Was ist das für ein 50-Jahres-Plan, mit dem Marcelo De Andrade seine Förderer so beeindruckt? In den ersten fünf Jahren sollen Pilotprojekte in Problemzonen im eigenen Land gestartet werden. Andrade entscheidet sich für zwei Maßnahmen im Atlantischen Regenwald und im Amazonas-Regenwald. Mit alternativen Anbauprogrammen und Ausbildungsoffensiven will er den Rest des Regenwalds und die dortige Artenvielfalt vor dem kompletten Untergang bewahren. In der zweiten Fünfjahresphase des De-Andrade-Plans werden die erfolgreich getesteten Ideen aus der Heimat ins Ausland gebracht. Eine Pionierarbeit, denn bisher geht die globale Entwicklungshilfe von Nord nach Süd. Von den satten in die bedürftigen Länder. Nun fließt der Strom von Süd nach Süd. Exportartikel: Lösungen. Für die dritte Fünfjahresphase ist vorgesehen, die nachhaltigen Prinzipien in Regionen zu installieren, in denen es nur einen ökonomischen

Treiber gibt, der den Zerfall eines Landstrichs auf dem Gewissen hat – und diesen Treiber mit ins Boot zu holen. Wie im Falle des Nigerdelta-Projekts. Die vierten fünf Jahre sollen nachhaltiges Wachstum bringen und gleichzeitig detaillierte Informationen für die fünfte Fünfjahresphase. Dann sind die Projekte sich selbst überlassen, und Pro Natura wird nur noch zentral von einem Standort aus wirken. Das Ende dieser 25-jährigen Test- und Findungsphase ist 2010. Danach wirkt Pro Natura, so der Plan, auf dem ganzen Erdball im Stil einer Nachhaltigkeitsagentur, die individuell zugeschnittene Entwicklungskonzepte anbietet.

Marcelo De Andrade beendet 1985 seine Karriere als Arzt und verabschiedet sich aus dem Olympiakader. »Es ging nicht anders. Ich war viel zu sehr mit Pro Natura befasst, ich habe meine ganze Energie und Leidenschaft dort hineingegeben.« Sein Geld verdient Andrade in dieser Zeit mit Modeljobs für Kleidung oder Softdrinks. Inspiriert durch Arminio Fraga, steigt er zudem ins Finanzgeschäft ein und bringt Investoren zusammen, die Geld in Start-up-Unternehmen stecken wollen.

Seine große Passion für Naturexpeditionen pflegt Andrade weiter. Er glaubt, dass die Unternehmungen ideale Werbeträger sind, um die noch junge Arbeit von Pro Natura öffentlich zu machen. Wieder bricht er auf in die Wildnis, die Medien folgen ihm. Doch als er nicht müde wird, warnende Worte in seine Statements einfließen zu lassen, verliert das Fernsehen plötzlich das Interesse. »Die Medien wollten den Abenteurer und nicht jemanden, der ökologische Botschaften aussendet. Ich fuhr damit gegen die Wand. Wissenschaftler hielten meine Äußerungen für nutzlos und unqualifiziert. Und ich selbst hatte zu dem Zeitpunkt noch keine konkreten Lösungsvorschläge. Wahrscheinlich war es zu früh dafür.« Anfang der 1990er demontiert Andrade schweren Herzens sein Indiana-Jones-Image. Die Besteigung des

Kilimandscharo in Tansania ist das letzte große Spektakel. »Danach steckte ich mein Ego in eine kleine Schachtel und stellte sie weg.«

Als die erste Fünfjahresphase des 50-Jahres-Plans zu Ende geht, findet 1990 in Brasilien die erste anglobrasilianische Regenwaldkonferenz statt. Margret Thatcher ist die erste Staatschefin der G7-Staaten, die sich der bedrohlichen Tropenvernichtung annehmen will. Da niemand in ihrem Kabinett in der Lage ist, die Konsequenzen der Abholzung einzuschätzen, geschweige denn ihnen entgegenzuwirken, bittet sie Guy Reinaud, Geschäftsführer des britischen Chemiegiganten ICI, der bereits viele landwirtschaftliche Geschäfte mit Brasilien abwickelte, ein Pilotprojekt zu initiieren. Reinaud schreibt einen Wettbewerb unter nicht staatlichen brasilianischen Organisationen aus, mithilfe derer er das Projekt umsetzen will. So gerät er zum ersten Mal an Marcelo De Andrade. Pro Natura scheint die ideale Adresse zu sein, denn die ersten Lerneffekte der eigenen Pilotprojekte im Amazonas und im Atlantikregenwald sind bereits da. Bei der feierlichen Übergabe des Konvoluts an die Umweltminister der beiden Staaten zieht Marcelo De Andrade im letzten Moment das Dokument zurück, um den Herrschaften eine Lektion mit auf den Weg zu geben. »Ich gebe Ihnen diese Papiere nicht, damit sie als eine weitere Studie im Regal verstauben«, sagt Andrade den überraschten Politikern. »Warum setzen wir die Vorschläge nicht um und schauen, ob es funktioniert?« Da meldet sich Guy Reinaud zu Wort: »Okay, ich sponsere das Amazonas-Projekt für die nächsten fünf Jahre!« Reinaud wird nach Andrade der wichtigste Mann bei Pro Natura. Zwei Jahre später, nach der legendären Klimakonferenz von Rio de Janeiro, schlägt Reinaud Andrade vor, sich aus dem Chemiegeschäft zurückzuziehen, mit Anfang 50 vorzeitig in Rente zu gehen und seine komplette Arbeitskraft der Rettung der Erde zu widmen. »Alles, was auf der Konferenz besprochen wurde«, sagt er, »funktioniert im kleinen Maßstab bereits bei dir, Marcelo.« Reinaud wird Chef von Pro Natura International mit Sitz in Paris.

Neben Reinaud gibt es einen zweiten Mann, der kurz nach der ersten Regenwaldkonferenz von 1990 bleibenden Eindruck hinterlässt: Prinz Charles. Nachdem er seine Teilnahme an der Konferenz absagen muss, besucht er Brasilien wenig später. Drei Dinner werden in den drei Tagen zu seinen Ehren gegeben. Bis heute weiß Marcelo De Andrade nicht, wie er zu der Ehre kam, an einem dieser Abendessen teilnehmen zu dürfen. Er sitzt am Tisch von Lady Diana und ist enttäuscht, weil er nicht mit dem bekennenden Umweltschützer Charles sprechen kann. Andrade steht nach dem Dinner mit einem Drink auf der Veranda, als sich eine Hand von hinten auf seine Schulter legt und eine relaxte Stimme sagt: »Wie kann man als junger erfolgreicher Mann seinen Job als Arzt aufgeben und sich dem Wohl der Welt verschreiben?« Andrade dreht sich um und blickt in das Gesicht des britischen Thronfolgers. »Wollen Sie das wirklich wissen?«, fragt der Brasilianer. »Yes.« – »Ich auch«, antwortet Andrade. Sie lachen, sprechen ein wenig, die Zeit ist knapp. »Ich verlasse mich darauf, dass Sie bald mal nach England kommen und mich besuchen.« Das meint Charles ernst. Zwei Monate später bekommt Andrade eine Nachricht aus London. Ob es ihm etwas ausmachen würde, Charles nicht im St. Jame's Palace, sondern auf seinem Landsitz in Highgrove zu treffen? Er habe sich bei einem Sturz vom Pferd eine Rippe angebrochen und müsse sich jetzt ausruhen.

Einen ganzen Tag verbringt Andrade mit Prinz Charles. Sie essen zusammen, gehen im Park spazieren und reden und reden. Einziges Thema: Was wirkt wirklich, um die Zerstörung der Erde aufzuhalten? Am Ende gibt Charles seinem Freund mit auf den Weg, was Andrade seit seinen Gedanken auf dem Aconcagua schon ahnte: »Falls Sie alles vergessen sollten, was wir heute besprochen haben, erinnern Sie sich zumindest an eines: Folgen Sie Ihren Instinkten und arbeiten Sie weiterhin mit den großen Konzernen zusammen. Die haben das meiste Geld und damit die meiste Kraft. Sie können die schlimmsten Schäden anrichten, aber ihren Einfluss auch für das Gegenteil einsetzen.« Seit dieser Begegnung öffnen sich in Europa alle Türen für Marcelo De Andrade wie von selbst. »Ich bin sicher, dass Charles damit etwas zu tun hat«, sagt er.

Aber das Geschäft von Andrade läuft nicht immer so reibungslos, wie es sich bis hierher angehört haben mag. Immer wieder gibt es Firmen, die es nicht ernst meinen mit ihrem ökologischen Engagement, die nur an einem grünen Make-up interessiert sind und Andrade mittelfristig von der Fahne gehen.

Den schlimmsten Rückschlag, den Pro Natura hinnehmen muss, fabriziert allerdings die brasilianische Politik selbst. Was 1998 geschieht, vernichtet fast das gesamte Lebenswerk von Marcelo De Andrade. Zwei Legislaturperioden geht sein Amazonas-Projekt gut, bis ein neuer Gouverneur gewählt wird, dessen Umweltminister seine eigenen Taschen füllen will. In einer persönlichen Unterredung fordert er 30 Prozent der von der Weltbank bewilligten sieben Millionen Dollar Fördergeld. Als er Andrade seine Schweizer Kontoverbindung nennen will, verlässt dieser das Ministerbüro und reist sofort nach Washington. Dort übergibt er die Angelegenheit der Weltbank, die daraufhin Interpol einschaltet. Zwei Jahre später sieht Andrade durch Zufall im Fernsehen, wie jener Politiker von der Polizei abgeführt wird. Er ist kein Bandenchef wie Gustavo aus der Rocinha-Favela, sondern der Drahtzieher eines internationalen Drogenkartells. Der Fall zieht sich so lange hin, dass Marcelo De Andrade die Aktivitäten von Pro Natura in Brasilien für sechs Jahre völlig herunterfahren und das Unternehmen neu aufbauen muss.

Bis heute haben über 50 Firmen die Bemühungen von Pro Natura unterstützt. Fluggesellschaften, Banken, Kosmetik- und Uhrenhersteller, Autobauer, Pharmaunternehmer. Zu 70 Prozent finanziert sich das Lebenswerk von Marcelo Andrade über Sponsoren aus der Wirtschaft. Wissenschaftliche Unterstützung bekommt Pro Natura inzwischen von rund 40 Universitäten, Museen und anderen Forschungseinrichtungen aus 17 Ländern. 20 Stiftungen haben sich bisher für Andrades Projekte engagiert, genauso wie die UNO und die EU. Helfen konnte das internationale Beraterteam um Andrade, bestehend aus vielen in Rente gegangenen Experten, bisher in über 30 Ländern, von Laos bis Guayana, von Guadeloupe bis Gabun.

Seine Zukunftsprognose ist hoffnungsvoll. »Ja«, sagt er, »die Welt kann gerettet werden. Ich war in den letzten 25 Jahren Zeuge, wie es Menschen schafften, umzukehren. Denn Menschen sind von Grund auf gut. Nur sind es meistens die Bösen, die sichtbar werden und in den Medien erwähnt werden. Unsere kreativen Möglichkeiten sind erstaunlich, doch werden sie oft erst geweckt, wenn die Menschheit mal wieder gegen die Wand fährt. Es sind dann nicht unbedingt die Intellektuellen, die Ideen bringen. Es sind oft auch Leute, die weder lesen noch schreiben können.«

Zu den jüngsten Innovationen von Pro Natura gehören die Super Vegetable Gardens im Niger und im Senegal, ein Großprojekt gegen die weltweite Unterernährung in den Tropen. Eine Million dieser Gärten sollen in den nächsten Jahren angelegt werden. 30 Jahre Forschungsarbeit führten zu einer bis in alle Details durchdachten Anbaumethode, mit der eine zehnköpfige Familie über ein 50 Quadratmeter großes Gemüsefeld versorgt werden kann. Speziell ausgewählte Samen, ökologische Bodenzusätze, Bewässerungs-

Foto: Ero Natura

1994 geht das Projekt zur Erhaltung des Atlantischen Regenwalds in Brasilien in die nächste Runde. Andrade appelliert an die Beteiligten.

apparaturen, Schutzfolien und Werkzeuge sind Bestandteile des Gartensets, das in Frankreich produziert wird und 244 Euro kostet. Das Besondere an den Super Vegetable Gardens: In 45-Tageszyklen kann geerntet werden, unabhängig von der Jahreszeit. Der Wasserverbrauch kann um 80 Prozent verringert werden, und zwei Personen müssen nicht mehr als zwei Stunden Arbeit pro Tag in die Beete stecken.

Die Düngung des Bodens ist ein Beispiel dafür, wie eng Pro Natura auch mit innovativen Forschern zusammenarbei-

Foto: Martin Häusler

Marcelo de Andrade bei einem seiner Aufenthalte in Paris. Hier hat das internationale Büro seiner Firma Pro Natura den Sitz.

tet. Die überdurchschnittliche Fruchtbarkeit der Böden wird über Biokohle erreicht, die nachhaltig aus Biomasse gewonnen und über Pro Naturas »Green Charcoal Technology« hergestellt wird. Diese Erfindung ist nicht etwa neu. Die Inspiration dazu kommt von den präkolumbianischen Indianern der Amazonasregion, die diese ökologisch verträgliche Düngung schon vor mehr als 7000 Jahren anwendeten.

Geologen stießen bei Expeditionen durch die Amazonasregion immer wieder auf einen von ihnen als »Terra Preta« klassifizierten dunklen, dichten, feuchten, wohlriechenden Boden. Sie fanden heraus, dass er nicht rein natürlich entstanden sein kann, sondern ein cleveres Produkt der dortigen Zivilisation gewesen ist. Die Farbe rührt vom hohen Anteil biologisch entstandener Kohle her, die sich aus in sauerstoffarmer Umgebung verrottenden Bioabfällen entwickelt. Konsequenz sind zum einen überdurchschnittlich viele Bioorganismen, zum anderen die Fähigkeit, Nährstoffe und Wasser für lange Zeit zu speichern. Visionäre Wissenschaftler wie der Holländer Wim Sombroek oder der Deutsche Bruno Glaser fanden heraus, dass Pflanzen auf dem dunklen Gemisch schneller wachsen als auf anderen Böden. Außerdem ist ein Hektar Terra Preta, ein Meter tief, in der Lage, 250 Tonnen Biokohle aufzunehmen, während ein normaler Boden nur 100 Tonnen schafft.

Was heißt das? Die nachhaltig und sauber entstandene Erde könnte der Menschheit zwei große Dienste erweisen: Sie könnte die weltweit angespannte Ernährungssituation entschärfen. Und sie könnte eine wichtige Rolle spielen in der Bekämpfung des Treibhauseffekts. »Unsere Berechnungen haben ergeben, dass die Emissionseinsparungen zwölf bis 84 Prozent größer sind, wenn man Biomasse zurück in den Boden gibt, anstatt sie zu verbrennen«, schreibt Johannes Lehmann vom Fachbereich Crop and Soil Sciences der Cornell University in Ithaka, New York, in der Zeitschrift

Science. »Biokohle bietet die Chance, Industrien mit einem negativen Kohlendioxyd-Haushalt entstehen zu lassen.«

Leider greifen an dieser Stelle wieder die alten Kräfte des Kapitalismus, gegen die De Andrade & Co. beharrlich angehen. Denn sowohl Biomasse als auch Bioabfälle sind inzwischen begehrte und umkämpfte Ausgangsstoffe zur Herstellung von Biokraftstoffen. Dabei gibt es mittlerweile Anlagen, die beide Interessen bedienen können. Der Amerikaner Danny Day hat mit seiner Firma Eprida ein Verfahren entwickelt, um aus 100 Kilogramm Biomasse immerhin 46 Kilogramm Biokohle sowie fünf Kilogramm Wasserstoff herzustellen. Die reichen für 500 Kilometer Wegstrecke mit einem Wasserstoffauto. Dieser kurze Exkurs zeigt, wie Innovationen einzelner Forschungsdisziplinen direkt in die Problemlösungsketten von Pro Natura eingespeist werden können.

Was ist derweil aus dem Nigerdelta-Projekt geworden? Meldungen im Sommer 2009 jedenfalls sind erschreckend. Weiterhin verbreiten Milizen im Delta ein Klima der Angst, um die Ausbeutung der Region durch die Ölkonzerne zu stoppen. Ständige Entführungen und Sabotageakte gehören immer noch zum Alltag. Die Regierung in Lagos bietet den Rebellen inzwischen Amnestie und eine monatliche Zahlung von 20 000 Naira an (knapp 100 Euro), falls sie ihre Waffen niederlegen.

Pro Natura lässt sich dadurch nicht beirren. 19 Kommunen profitieren derweil von dem Aufbauprogramm, das allein in dem Örtchen Akassa begann. »Wir sind fest entschlossen, die auf Teilhabe basierende Stadtentwicklung weiterzuverfolgen«, sagt Projektleiter Bill Knight. »Es bietet die beste Chance, eine gerechte Verteilung von Gütern unter den Kommunen sicherzustellen. Die Unterstützung kommunaler Selbstverwaltung ist der sicherste Weg zum Frieden. Trotz der anhaltenden Konflikte und Sicherheitsprobleme laden wir immer noch Gruppen ein, um im Stile einer ›lebendigen Universität‹ von den Leuten in Akassa zu lernen.«

Mit den Projekten von Pro Natura ist Marcelo De Andrade zu einem Botschafter der Erde geworden. Zu einem Brückenbauer zwischen den Schwächsten und den Stärksten. Zu einem Missionar der Botschaft seines Großvaters Justino Carvalho: Hilf, wenn du helfen kannst, und übernimm Verantwortung! »Die meisten meiner Anstrengungen habe ich darauf verwendet, Leute zu motivieren, das Richtige zu tun«, sagt Andrade. »Ich war und bin kein Superheld. Ich war und bin auch nicht reich. Ich habe nur plötzlich gespürt, dass Dinge dringend verändert werden müssen, und wurde mit Leuten zusammengebracht, die Einfluss hatten.«

Foto: Martin Häusler

INGE und ADOLF SCHNEIDER

Publizisten aus Zürich, Schweiz,
geboren 1944 in Thun, Schweiz, und 1943 in Gengenbach, Deutschland

Ein Ehepaar macht es sich zur Lebensaufgabe, die wohl nachhaltigste aller Energieformen populär zu machen: die freie Energie – Warum der Strom der Zukunft weder aus Atom- und Kohlekraftwerken noch aus Solarzellen kommen könnte

Seit Inge Schneider eine dieser Maschinen, die in der Lage sein sollen, die freie Energie im leeren Raum anzuzapfen, in Betrieb gesehen hat, lässt sie das Thema nicht mehr los. Wie wäre es, wenn die Welt nicht mehr abhängig wäre von den mächtigen Ölkartellen? Was wäre, wenn Strom nicht mehr zentral über die Kraftwerke der Energieversorger zum Verbraucher käme? Wie sähe eine Erde aus, die auf der Suche nach Kraftstoffen nicht mehr ausgebeutet und deren Atmosphäre nicht mehr verschmutzt werden würde? Wie wäre das Leben ohne die Risiken der nuklearen Energieerzeugung? Wie funktionierte das Projekt Menschheit, wenn Energie überall und jederzeit zur Verfügung stünde, für alle gleichermaßen? Die Welt würde sich fundamental verändern.

Am 13. März 1984 kann die Journalistin Inge Schönthal (später Inge Schneider) zusammen mit dem Atomphysiker Dr. Hans Weber einen Blick in die Zukunft der Stromerzeugung werfen. Im Emmental in der Schweiz gibt man ihnen die Möglichkeit, eine Maschine zu beobachten, die nichts weiter als den Effekt des Gewitters zur Stromerzeugung nutzen soll. Schneider beschreibt das Gerät als rund einen Meter breit, 45 Zentimeter tief, 60 Zentimeter hoch und 20 Kilogramm schwer. Es besteht im Kern aus zwei gegenüberliegenden Scheiben, die, einmal per Hand angestoßen, in entgegengesetzter Richtung rotieren und »ruhig und geräuschlos und ohne weiteren Antrieb« weiterlaufen. Angeschlossen an diese Anlage sind zu Demonstrationszwecken eine Glühlampe und ein Heizstab – beide angelegt auf 220 Volt. Die Lampe scheint nach einem Moment so grell, dass man wegsehen muss. Der Heizstab wird in wenigen Sekunden so heiß, dass er glüht. »Noch nie haben wir so etwas gesehen«, sagt Schneider. Atomphysiker Weber, der bis heute an vielversprechenden Verfahren zur Radioaktivitätsverringerung in nuklearen Brennstäben forscht, darf das Gerät überprüfen und kann die Existenz externer Stromquellen ausschließen. Die Maschine läuft einfach immer weiter und produziert Strom. »Sie bezweckt die Trennung von Ladungen und damit die elektrostatische Aufladung von zwei Kondensatoren«, erklärt Weber. »Nach meiner Analyse werden die Ladungen von der Luftelektrizität geliefert.« In dem Artikel, den Schneider später in ihrer Broschüre *Technologien zur Freien Energie* veröffentlicht, zitiert sie den inzwischen verstorbenen Diplom-Ingenieur Otto Oesterle, der weitergehende Mutmaßungen über die Funktionalität der Freien-Energie-Maschine anstellt und befindet, dass das »Gewitter im Kleinen« nicht alles sein kann. »Um solche Geräte zu bauen«, sagt er, »sind Ätherstrukturen anzuwenden, die stark mit dem freien Raumäther zusammenwirken. Man kann durch die Gegenrotation von zwei Scheiben einen Ätherwirbel erzeugen, dessen Masse gegenüber der Umgebung um seine Achse nicht rotiert, sondern nur gegenüber dem Beobachter, der sich auf einer Scheibe befindet. Die Maschine verwendet diese Gegenrotation.«

Was ist unter diesem Äther zu verstehen, aus dem die Energie kommen soll? Seit Aristoteles um 350 vor Christus machen sich Physiker wie Philosophen Gedanken über die Frage, was im leeren Raum um uns herum und im Vakuum des Weltalls eigentlich geschieht. Dass darin etwas geschieht, scheint klar. Aber wie genau Informationen und Energien durch das Äther genannte Medium (nach dem griechischen Wort für Himmel) fließen, darüber wird bis heute diskutiert. Der französische Philosoph René Descartes zerbrach sich den Kopf darüber, die Physiker Isaac Newton, Michael Faraday und Hermann von Helmholtz ebenso. Ende des 19. Jahrhunderts kommentiert Heinrich Hertz die Debatten über den Äther mit dem Satz: »Nehmt aus der Welt die Elektrizität, und das Licht verschwindet; nehmt aus der Welt den lichttragenden Äther, und die elektrischen und magnetischen Kräfte können nicht mehr den Raum überschreiten.« Man kann im leeren Raum also irgendetwas vermuten. Nur sehen die einen im Äther eines der Elemente, eine Art Fließmedium – bereits Platon nannte als die fünf Elemente Erde, Feuer, Wasser, Luft und Äther. Die anderen sehen im Äther sogar den einzig existierenden, lückenlosen und untrennbaren Stoff, aus dem das komplette Universum besteht. Wieder andere meinen, dass sich freie Energie auch ganz ohne die Existenz eines Äthers gewinnen lasse.

Welches Modell auch zutreffen mag: Es sind Neutrinos, elektrisch neutrale Elementarteilchen, die sich über den Äther bewegen. Ihre Existenz ist bewiesen, Nobelpreise wurden dafür verliehen. Anhänger der Freien-Energie-Forschung, wie Prof. Dr. Konstantin Meyl, gehen davon aus, dass man die Neutrinos aus dem Äther als Stromerzeuger verwenden kann. Ein Vorgang, bei dem man in der Tat von Energie*gewinnung* sprechen könnte. Denn während Energie aus Kohle nicht gewonnen wird, sondern nur aus Umwandlungsprozessen entsteht und aufgebraucht wird, käme im Falle der Raumenergie die Energie »aus dem Nichts« und wäre unendlich.

Spätestens seit den aufsehenerregenden Erfindungen des kroatisch-amerikanischen Physikgenies Nikola Tesla vor über 100 Jahren basteln Profis und Amateure an Maschinen, um jene frei und kostenlos im Äther verfügbare Energie nutzen zu können. Das Gerät, das Inge Schneider gesehen hat, ist längst nicht das einzige, das funktionieren soll. Weit über 150 unterschiedliche Ideen, Herangehensweisen, Erfindungen, Tüfteleien und angemeldete Patente existieren im Jahr 2010. Da gibt es welche, die mit Magneten funktionieren, manche bringen allein über elektrostatische Aufladungen Rotoren zum Drehen, viele arbeiten mit sich bewegenden Elementen, einige sind statisch konzipiert (siehe auch das Kapitel über Dieter Broers). Inzwischen wird sogar im Internet die Videoplattform YouTube genutzt, um in diversen Filmen die Funktionsweise völlig verschiedener Apparaturen zu demonstrieren. Der Ökonometrieprofessor und Ehrenpräsident der Deutschen Vereinigung für Raumenergie Dr. Dr. Josef Gruber listet in seinem Standardwerk *Raumenergie-Technik* über 20 verschiedene Gruppen von Erfindungen auf, welche die freie Energie nutzen wollen: Nullpunkttechnologien, Plasmareaktoren, gravitationsmodifizierende Systeme, magnetische Systeme, Tesla-Systeme und, und, und. Es scheint, als würde überall auf der Welt an einer revolutionären Technik geforscht – und keiner kriegt es mit.

Bezweifler dieser Raumenergieapparaturen könnte ein recht einfaches physikalisches Experiment überzeugen, das der Holländer Hendrik Casimir, Entwicklungsleiter bei Philips, erstmals 1948 durchführte und das seither die Wissenschaft beschäftigt. Es wird als Grundlagenversuch auf dem Gebiet der Raumenergie angeführt und scheint Beweis dafür, dass – salopp formuliert – im luftleeren Raum unsichtbare Kräfte wirken. Casimir richtete elektromagnetische

Wellen verschiedener Länge auf zwei senkrechte und hintereinander montierte Quarzplatten in einem Vakuum. Durch die Platten gelassen wurden nur Wellen, die kürzer waren als der Abstand der beiden Platten. Der dadurch entstandene Druck führte dazu, dass sich die Platten annäherten. Der sogenannte Casimir-Effekt.

»Noch bevor viele Generationen vergehen, werden unsere Maschinen von einer Kraft angetrieben, die überall in unserem Universum verfügbar ist. Es ist nur eine Frage der Zeit, wann es dem Menschen gelingen wird, sich an das Räderwerk der Natur anzuschließen«, sagte Nikola Tesla am 20. Mai 1891 bei einem Vortrag in New York. Kurze Zeit später perfektionierte derselbe Mann das Wechselstromsystem allerdings derart, dass es sehr schnell und mit Nachdruck zur Grundlage unseres gesamten elektrischen Versorgungsmechanismus wurde. Tesla, der mit seinen unzähligen Erfindungen (von Beleuchtungssystemen bis zum Radioempfang, von der kabellosen Stromübertragung bis zu Hochfrequenzmaschinen) ganze Industrien befruchtete, wurde gleichzeitig Opfer seines eigenen Pioniergeists. Denn der Tesla-Motor, den er Anfang des 20. Jahrhunderts auf Grundlage der freien Energie entwickelte, lief ganz ohne Brennstoffe und benötigte keine langen Überlandleitungen. Er zog die Energie aus dem freien Raum. Die Wirtschaft hatte sich jedoch längst sowohl auf den Benzinmotor als auch auf den über weite Strecken zu transportierenden gepulsten Wechselstrom eingerichtet und die ersten Millionen damit verdient. Tesla hingegen war klar, dass sein Wechselstromprinzip zwar das alte, nicht gepulste Verfahren verbesserte, dass eine solche Art Strom jedoch nicht der Weisheit letzter Schluss sein konnte. Denn er scheint sogar in der Lage, den Menschen auf Dauer zu schädigen. Heute nennt man das Phänomen Elektrosmog. Der gepulste Wechselstrom war für Tesla immer nur eine Zwischenstation in der

Evolution der Elektrizität. Sein Herz schlug für die freie Energie. »Ich hoffe, so lange zu leben, bis ich fähig sein werde, eine Maschine mitten in den Raum zu stellen und sie durch keine weitere Wirkkraft in Bewegung zu setzen als durch das bewegende Medium um uns herum«, schrieb er am 30. September 1894 in der *New York Times*. Erst mit 75 Jahren holte er seine Pläne zur Raumenergie wieder aus der Schublade und baute einen Pkw der Nobelmarke Pierce Arrow um, indem er den Benzinmotor gegen einen Elektromotor austauschte. Der Hamburger Heinrich Jebens, damals Direktor des Deutschen Erfinderhauses, fuhr am 9. Dezember 1930 gemeinsam mit Tesla in jenem ersten und später verschwundenen Raumenergieauto von Buffalo zu den Niagarafällen und wieder zurück. Eine Strecke von über 50 Kilometern, auf der Geschwindigkeiten von bis zu 90 Meilen in der Stunde (145 km/h) erreicht wurden. In einer über 70 Jahre geheim gehaltenen Aktennotiz schrieb Jebens damals, dass ihm Tesla anvertraut habe, die Grundidee für den Freie-Energie-Motor beruhe auf einem seiner früheren Patente. Die als richtig erkannten elektromagnetischen Schwingungen der Ätherenergie würden in elektrische Spannung umgeformt. Klaus Jebens veröffentlichte 2006 die Aufzeichnungen und Erinnerungen seines Vaters Heinrich in dem Buch *Urkraft aus dem Universum*, das Adolf und Inge Schneider verlegt haben. Danach, soll Tesla in jenem Winter 1930 gesagt haben, wäre es gar nicht so schwierig, diese überall existierende Kraft anzuzapfen. Man müsse nur den richtigen Weg wählen. Den hatte Tesla offenbar gefunden, auch wenn er noch einige Verbesserungen an dem Motor vornehmen wollte.

Kurz nachdem Tesla 1943 starb, so wird kolportiert, wurden die Tresore in seiner New Yorker Wohnung aufgebrochen und die Unterlagen zu vielen seiner bahnbrechenden Erfindungen gestohlen. Wer die Auftraggeber der Einbrüche gewesen sind, wurde nicht ermittelt. Man kann es höchstens vermuten.

Warum kann man sich nicht längst eine dieser raumenergetischen Maschinen kaufen und autonom Strom gewinnen, wo es doch angeblich seit über 75 Jahren so vielversprechende Experimente gibt? Oder globaler gefragt: Warum trägt diese Technik nicht längst zur Lösung des Energieproblems dieser Erde bei?

Glaubt man den Hunderten innovativer und angesehener Forscher, die sich seit Jahrzehnten mit der freien Energie beschäftigen: Diese Technik wäre längst marktreif. Einer dieser Entwickler sprach Ende der 1990er-Jahre mit einem der weltweit mächtigsten Strombosse. Für den war das Thema Raumenergie keine Überraschung. Er soll wortwörtlich gesagt haben: »Diese Energie heben wir uns auf für die Zeit danach.« Für die Zeit danach? Was für eine Aussage im Anbetracht des Zustands der Erde.

Eine Internetseite, die sich mit der Unterdrückung raumenergetischer Erfindungen beschäftigt, gibt Auskunft über eine vermeintliche Verfolgung der Wissenschaftler. Mit dem Stichtag 24. August 2007 zählen die Rechercheure 96 unterdrückte Energieerfindungen, 20 tote, vermisste oder verletzte Energieerfinder und Raumenergieaktivisten, 31 Energieerfinder, die mit dem Tode bedroht wurden, fünf Energieforscher, die verhaftet wurden, 5000 vom US-Patentamt als geheim eingestufte Erfindungen.

Diese Statistik vermittelt wohl auch einen Eindruck davon, was die Arbeit von Inge und Adolf Schneider so mühsam macht. Ihr unermüdlicher Einsatz führte die beiden selbst mehrmals an den Rand ihrer Existenz.

Adolf Schneider wird 1943 im Schwarzwald geboren, Inge Schönthal ein Jahr später nur wenige Hundert Kilometer weiter südlich in der Schweiz. Über 40 Jahre später werden sie an einem Kiosk im Züricher Stadtteil Schlieren zum ersten Mal aufeinandertreffen. Sie werden dort beide nach dem Weg fragen zu einem vom Schweizerischen Erfinderverband organisierten Vortrag über zukünftige Energietechnologien. Sie wird sich auf der Veranstaltung in seine Nähe setzen und eine Magie spüren. Ihre Füße werden sich unter dem Tisch berühren. Sie werden danach in ein Café gehen, sich später im Auto umarmen, sich vier Monate später verloben, zusammenziehen und im selben Jahr heiraten.

Adolf Schneiders Großvater ist Chef der großen Frankfurter Möbelfirma Schneider & Hanau, die über 200 Mann am Edelinventar für Kreuzfahrtdampfer wie die Titanic schnitzen lässt. Die Weltwirtschaftskrise führt 1930 zum Bankrott des Unternehmens. Adolf Schneiders Vater ist da bereits Ingenieur der Elektrotechnik. 1943 wird er zum Kriegsdienst eingezogen und ins eisige Norwegen beordert. Mit einem Nierenschaden kommt er 1945 zurück. Ein Bein muss als Folge einer Blutvergiftung amputiert werden. 1953 stirbt er. Sein Sohn Adolf wird Kriegswaise. Die kurze gemeinsame Zeit mit dem Vater reicht jedoch aus, um den Sohn für die Technik zu begeistern. Der Vater erklärt ihm die Funktionsweise von Motoren, Transformatoren, Radios oder Uhren. Eifrig schreibt Adolf Schneider alles in einen kleinen Notizblock. Der Vater ist ebenso am Feingeistigen interessiert, schwärmt für die Mysterien der Astrophysik und liest Immanuel Kants *Kritik der praktischen Vernunft*. Dort fasziniert ihn vor allem eine Aussage Kants: »Zwei Dinge erfüllen das Gemüt mit immer neuer und zunehmender Bewunderung und Ehrfurcht, je öfter und anhaltender sich das Nachdenken damit beschäftigt: der gestirnte Himmel über mir und das moralische Gesetz in mir.« Solche Aussagen beginnen zunehmend auch das Leben von Sohn Adolf zu prägen. So sind es der Vater und die große Bibliothek über parapsychologische Phänomene eines Freundes der Familie in Bad Nauheim, die das neugierige Kind veranlassen, schon während der Schulzeit ungewöhnliche Fragen zu stellen. »Da gibt es also Sachen, über die man normalerweise nicht spricht und die in der Schule nicht vorkommen«, ist ihm schnell klar.

Und obwohl nach katholischen Prinzipien erzogen, blickt Schneider schon früh und hartnäckig auch hinter die Geschichten und Gleichnisse aus der Bibel. Besonders dann, wenn es um die Wunder Jesu geht. »Brotvermehrung, Heilungen von Schwerkranken, kann es das wirklich geben? Ich habe mir Denkmodelle überlegt, weil ich mir sicher war: Da muss etwas dran sein. Die können doch in der Bibel nicht so verrückte Sachen behaupten, wenn es nicht so abgelaufen ist.« Er beschäftigt sich wie viele Kinder seines Alters zwar auch mit dem obligatorischen Zauberkasten, Schneider ist aber klar, dass das in der Bibel keine Tricks sind. »Die Wunder mussten mit etwas zu tun haben, das existent ist, das wir aber nicht sehen können.« Das Übrige besorgt dann im Gymnasium ein anthroposophisch denkender Mathelehrer, der als Vertretung von einer Stuttgarter Waldorfschule einspringt und nur für wenige Stunden den Unterricht übernimmt. Er empfiehlt Schneider Rudolf Steiners Buch *Wie erlangt man Erkenntnisse höherer Welten?* und *Der vierdimensionale Raum* des österreichischen Mathematikers Roland Weitzenböck. Sie zeigen ihm, dass man viel weiter operieren kann als nur innerhalb eines dreidimensionalen Raums. »Es war, als wenn ein längst vorhandenes Wissen ins Bewusstsein kommen würde«, erinnert sich Adolf Schneider.

Dank eines vom Staat finanzierten Stipendiums für Kriegswaisen kann er nach der Schulzeit in Stuttgart Elektrotechnik studieren. Sein Durst nach Wissen über die Dinge, die nicht offiziell gelehrt werden, hält weiter an. Er beschäftigt sich intensiv mit der Frage, ob der Mensch die einzig intelligente Lebensform im All ist. Wie würde uns das

Wissen über eine zweite Erde verändern? Welcher Religion würden die Bewohner dieser anderen Welt angehören? Hätten sie womöglich denselben Gott? Schneider interessiert sich für Ufo-Phänomene, über die in den 1950ern erstmalig auch in Deutschland diskutiert wird. Aber er liest sich nicht nur beharrlich neue Erkenntnisse aus der Wissenschaft und den Grenzwissenschaften an. Er publiziert auch von Anfang an über die unausgeschöpften Potenziale der Technik. Erst als Chefredakteur der Schülerzeitung, dann an der Universität mittels selbst verlegter Broschüren, danach während seiner langen beruflichen Laufbahn bei Siemens in Fachzeitschriften und Fachbüchern.

Im Münchner Zentrallabor des Elektronikriesen ist Schneider Anfang der 1970er spezialisiert auf Innovationen in der Telekommunikation. »Wir arbeiteten an einer revolutionären Technik, dem Fernsehtelefon. Allerdings waren uns die Amerikaner immer voraus.« Siemens kooperiert damals mit der Post, denn man braucht für die Bildübertragung 300 Telefonkanäle. Das Projekt wird eingestellt, weil die Technik mittelfristig nicht kostengünstig auf den Markt gebracht werden kann. Für Schneider folgt die Erforschung eines anderen großen Felds: das der ersten digitalen Telefonanlagen. 1986 wird er Laborchef bei Siemens.

Bei den Kollegen im Konzern macht Adolf Schneider aus seinen privaten Interessen kein Geheimnis. Wie auch, er veröffentlicht ja weiterhin. 1973 erscheint sein erstes Buch *Besucher aus dem All*, 1976 legt Schneider mit *Das Geheimnis der unbekannten Flugobjekte* nach. »Meine Mitarbeiter fanden das überhaupt nicht befremdlich«, sagt er. »Sie fanden es eher lustig bis spannend. Denn sie sahen, dass ich meine Gedankengänge nicht sektiererisch wie eine Religion vertrat, sondern aus wissenschaftlicher Sicht an die Sache heranging. Ich fragte mich: Wenn es Ufos geben sollte, wie würden die dann überhaupt fliegen?« Schneider besucht in der Zeit viele Kongresse, hört sich Vorträge von Augenzeugen an. Besonders beeindrucken ihn Berichte ernst zu nehmender Persönlichkeiten, wie der des PanAm-Piloten William B. Nash. Der erzählt von einer Begegnung seines Passagierjets mit Ufos im Luftraum über der amerikanischen Ostküste am 14. Juli 1952. »Nashs Bericht über seinen Flug von New York nach Miami war so außergewöhnlich, dass ich dachte, da scheint mehr dahinterzustecken als ein Wetterphänomen oder eine optische Täuschung. Sechs feurige Kugeln hatten sich Nashs Flugzeug genähert, drehten dann im spitzen Winkel ab, mit 20 000 km/h. Eine solche Geschwindigkeit und solche Manöver waren damals wie heute für ein irdisches Flugzeug unmöglich.«

Nashs öffentliche Zeugenaussagen sind der Anfang einer bis heute anhaltenden Aufklärungswelle. Fast jährlich veröffentlichen Regierungen inzwischen Akten mit unaufgeklärten Begegnungen am Himmel. Hauptakteur der Offenlegung ist zurzeit der amerikanische Arzt Steven Greer mit seinem Disclosure-Projekt. Dutzende von ehemaligen hochrangigen Mitgliedern von Regierungen, Militärs und Rüstungsindustrie konnte er zu eidesstattlichen Erklärungen in Bezug auf Begegnungen mit außerirdischen Intelligenzen bewegen. Greer soll selbst US-Präsident Bill Clinton über das Ufo-Phänomen in Kenntnis gesetzt haben, da Informationen darüber angeblich nicht mehr ungefiltert zu den Regierungschefs gelangen. 2009 hat er sich unmittelbar nach der Präsidentschaftswahl mit einem ausführlichen Dossier auch an Barack Obama gewandt. Greer sieht sich nicht nur als Aufklärer, sondern – wie Adolf und Inge Schneider – als unerbittlicher Kämpfer für die offizielle Freigabe von raumenergetischen Technologien, die seiner Meinung auch mit dem Ufo-Phänomen zusammenhängen. Auch über die bisherige Verhinderung dieser progressivsten Energiealternative klärte er Barack Obama 2009 detailgenau auf.

Adolf Schneider besucht in den 1960ern eine der ersten Ufo-Forschungsgruppen in München, gehört 1974 zu den Gründungsmitgliedern von MUFON-CES, einer Vereinigung von namhaften Physikern, Mathematikern, Meteorologen, Biologen, Psychologen und Ingenieuren, die es sich zur Aufgabe machen, Ufo-Daten systematisch zu sammeln und zu analysieren mit dem Ziel, Natur und Ursprung des Phänomens zu verstehen. Bis heute leitet der Diplom-Physiker Illobrandt von Ludwiger die zentraleuropäische Dependance der bereits 1969 in Amerika etablierten Organisation.

Über zehn Jahre ist Schneider Mitglied von MUFON-CES, gibt die ersten zehn Tagungsbände mit heraus. Er selbst steuert viele Felduntersuchungen über Ufo-Sichtungen bei. Seine eigenen Bücher treffen den Nerv der Zeit. Erich von Däniken hatte mit seinen Werken zur Raumfahrt im Altertum bereits für Aufsehen gesorgt. Schneider hingegen thematisiert in seinen Büchern Begegnungen mit jener unerklärlichen Technologie im Hier und Jetzt. Im Zuge seiner Recherchen lernt Schneider Mitte der 1970er-Jahre auf einem Kongress in Basel den Arzt Dr. Hans Nieper kennen, einen querdenkenden Krebsspezialisten und zugleich Verfechter eines Raumenergieverfahrens, das auf der Nutzung von Gravitation basiert, um Strom zu gewinnen. Nieper gründet 1983 die Deutsche Vereinigung für Schwerkraftfeldenergie (DVS), später umbenannt in Deutsche Vereinigung für Raumenergie (DVR), in deren Vorstand Adolf Schneider heute sitzt. Nieper gilt bis zu seinem Tod 1998 als Koryphäe auf dem Feld der freien Energie. Die Begegnung ist für Schneider entscheidend. Er muss dem umstrittenen Thema zum Durchbruch verhelfen.

Auch Inge Schönthal stößt irgendwann auf die Theorien des Dr. Nieper – und wenig später auf ihren zukünftigen Ehemann Adolf Schneider.

Sie wird in ein christliches, aber nicht frommes Elternhaus hineingeboren, in dem die Eltern ihren Kindern vorleben, was in der Bibel steht: »Einen anderen Grund kann niemand legen außer dem, der gelegt ist in Jesus Christus.« Es ist eine behütete Welt, in der sie aufwächst, am Waldrand oberhalb der Stadt Thun, in einem Haus, vor dem an Sonntagen die Schweizer Fahne flattert. Sie wird geimpft mit dem Geräusch klappernder Schreibmaschinen und mit leichten Klavierklängen, die ständig die Räume durchfluten. Der Vater ist künstlerisch inspirierter Sozialarbeiter des Blauen Kreuzes und schreibt zuweilen Theaterstücke für seine Organisation, die Mutter ist Journalistin bei lokalen Zeitungen. »Das Klappern und das Klimpern waren immer da«, sagt Inge Schneider. »Dabei einzuschlafen war wunderbar und ein Zeichen dafür, dass die Welt in Ordnung ist.« Sie ist die Älteste von vier Geschwistern und bekommt die Faszination für das Wort mit in die Wiege gelegt. In der Schule allerdings wird Inge zur Einzelgängerin. Mit den Lehrern kommt sie nicht zurecht, mit den Klassenkameradinnen auf der Realschule, die eine reine Mädchenschule ist, ebenso wenig. Das männliche Element als Inspirationsquelle fehlt ihr. Auch der Unterrichtsstoff ist – außer Deutsch und Musik – nicht ihr Ding. Die technischen Themen, die sie interessieren, stehen für Mädchen nicht auf dem Lehrplan. Daraufhin flüchtet sie sich in die Literatur, liest begeistert Belletristik wie *Oliver Twist* von Charles Dickens oder Hector Malots *Heimatlos* und schreibt regelmäßig Tagebuch. Nach den Pflichtjahren verlässt Inge Schönthal den Schulbetrieb umgehend. Sie will einfach nur weg. Danach besucht sie die Handelsschule in Thun, wo plötzlich ein völlig anderes Klima herrscht. Die Lehrer gehen sehr auf die Bedürfnisse und Fähigkeiten der einzelnen Schüler ein. Unter den zwölf Absolventen entpuppt sie sich plötzlich als die Beste. Woraufhin ihr die Direktorin ein Studium empfiehlt.

Doch Schönthal will nicht weiter die Schulbank drücken, sondern ihre Erfahrungen im Leben machen. Eine Berufsberaterin schlägt ihr vor, entweder Fotografin, Sozialarbeiterin, Kunstkritikerin oder Journalistin zu werden. Letztlich sind es beide Talente der Eltern, die in ihrer beruflichen Laufbahn zum Ausdruck kommen werden – das Soziale und das Journalistische.

Zuerst macht Inge Schönthal ein Praktikum in einem Heim für taubstumme Männer. Danach arbeitet sie sechs Jahre für die Schweizerische Fachstelle für Alkoholfragen in Lausanne. Aus der Sekretärin wird schnell eine Redaktionssekretärin, die vor allem die zweisprachige Verbandszeitschrift *Freiheit* lektoriert, aber auch mit ersten eigenen Artikeln auffällt. Sie schiebt ein journalistisches Praktikum beim *Oberländischen Volksblatt* in Interlaken ein, kehrt dann wieder zur Fachstelle nach Lausanne zurück. Die Freundschaft zu dem Schweizer Journalisten Peter Jaeggi bringt sie als Lektorin zum Ringier-Verlag. Als einzige Frau unter den zwölf Lektoren muss sie sich Ansehen erkämpfen. Denn keiner traut der Quereinsteigerin ohne journalistische Ausbildung Fähigkeiten zu, die Texte verbessern könnten. Sie belehrt ihre Kollegen eines Besseren – und verlässt dann die Redaktion. Später folgt sie ihrem Freund, der Chefredakteur einer Schweizer Jugendzeitschrift wird, nach Solothurn. Dort betreut sie die Ressorts Soziales, Tiergeschichten und Musik.

Danach nimmt Inge Schönthal wieder den Weg in den Sozialbetrieb, übernimmt den Aufbau der Informationsabteilung in der Zürcher Invalidenversicherungsstelle und schreibt Berichte über die Versehrten und ihre Erkrankungen. »Diese drei Jahre haben mich sehr inspiriert«, sagt sie. »Ich hatte Kontakt mit Menschen und konnte – wenn auch anders als sonst – dem Schreiben treu bleiben.« Bis zu diesem Zeitpunkt hat das Leben der Inge Schönthal keinen

Hauch von einer Mission. Bis eine Liaison sie dazu bringt, sich auf die spirituelle Suche zu begeben. Sie kommt mit vielen neuen Themen in Kontakt, von denen sie bisher noch nicht einmal ansatzweise gehört hatte. Unter anderem fallen ihr das Buch *Revolution in Technik, Medizin und Gesellschaft* von Dr. Hans Nieper in die Hände. »Das war wie eine Erleuchtung«, sagt sie. »Unbegrenzte Energie aus dem All. Das ist es! Dafür werde ich mich einsetzen!«

In dieser Zeit lebt Schönthal in einer Art Frauengemeinschaft in einem offenen Haus an der Zürcher Goldküste. Die Damen interessieren sich für Grenzwissenschaften und das Land hinter dem gängigen geistigen Horizont. Sie laden innovativ denkende Ärzte, Psychiater, Therapeuten, Erfinder oder Tierschützer für Vorträge in ihre Räumlichkeiten ein, veranstalten Konzerte. Immer wieder kommen auch Wissenschaftler vorbei, die sich mit freier Energie beschäftigen. Ebenso unternimmt Schönthal mit einer der Frauen Reisen zu jenen aus der Reihe tanzenden Forschern. Es entsteht eine kleine Arbeitsgruppe zur freien Energie. So kommt es nicht nur zu dem eingangs geschilderten, für Inge Schneider nachhaltigen Erlebnis im Emmental. Es ergibt sich für sie auch die Möglichkeit, auf einem mit Raumenergie angetriebenen Motorrad zu fahren, das von Hans Nieper bereits in seinem Buch beschrieben wurde.

Dann der Tag im März 1986. Adolf Schneider und Inge Schönthal treffen als Ortsfremde an einem Kiosk in Schlieren aufeinander und erkundigen sich nach dem Weg zu dem Hotel, in das der Schweizerische Erfinderverband visionäre Wissenschaftler geladen hat, darunter der ehemalige Siemens-Ingenieur Dr. Wolfgang Volkrodt, Spezialist für Motorenbau und seit Jahren umtriebig auf dem Gebiet der freien Energie. Es soll um die Fragen gehen, wie weit die Entwicklungen für die nachhaltigste aller Energien sind und als wie mächtig sich die Blockaden immer noch darstellen.

»Als wir nach dem Vortrag zusammen im Café saßen, merkte ich, dass wir über Dinge sprechen konnten, über die ich mich vorher mit noch niemandem hatte austauschen können«, sagt Inge Schneider. »Unsere erste Umarmung später im Auto war sehr erotisch, und ich hatte das einzigartige Gefühl, als ob in dem Moment die Energiefelder zweier Planeten zusammenflossen. Und als ich später in seiner Münchner Wohnung die Prinz-Eisenherz-Hefte und das von ihm selbst nachgebaute Excalibur-Schwert sah, war mir klar: Das ist mein Mann!«

Es beginnt eine Pendelbeziehung zwischen München und Stein am Rhein am Bodensee. Im Dezember 1986 wird aus Inge Schönthal Inge Schneider. Und als der erste Versuch mit einer gemeinsamen Wohnung in München misslingt, weil ihr die Berge fehlen, quittiert er seinen Job bei Siemens und zieht mit ihr in die Schweiz. Adolf Schneider sucht sich neue Tätigkeitsfelder in der Elektroindustrie, um die nötige Grundlage zu verdienen. Das Herzblut aber fließt in den Jupiter-Verlag, den die beiden 1987 gründen. Ein Verlag, der sich schwerpunktmäßig mit alternativen Erfindungen in der Energie- und Antriebstechnologie beschäftigen soll. »Uns war bewusst, dass wir Newcomer im Verlagswesen sind«, sagt Inge Schneider, »aber wir dachten, es wird einfach, die Leute werden erkennen, worum es uns geht, sie werden angesteckt werden von unserem Enthusiasmus, sie werden unsere Bücher kaufen und lesen. Es wurde schwerer als gedacht. Wir steckten viel Geld in den Verlag, verkauften dafür eine Eigentumswohnung. Aber wir waren und sind auch heute nicht davon abzubringen, denn die Thematik der freien Energie, die uns zusammengeführt hat, bestimmt unsere Aufgabe in diesem Leben.«

Ergänzt werden sollen die Printprodukte der Schneiders durch Vortragsreihen, um noch mehr Fachpublikum zu erreichen. Den ersten Kongress veranstalten sie 1988. Bis

2009 organisieren sie über 30 Tagungen, Workshops und Kongresse, die Titel tragen wie »Energie und Schöpfung«, »Innovative Energietechnologien«, »Neue Energietechnologien aus den USA« oder »Energie für das neue Jahrtausend«. Die Redner kommen aus der ganzen Welt, bringen ihre Erfindungen manchmal gleich mit. Der erste Versuch, ein eigenes Hotel – das »Falkenfluh« oberhalb des Örtchens Oberdießbach – zu mieten und es als festes Zentrum für Forschung und Zusammenkünfte zu nutzen, scheitert. Nicht aber, trotz aller finanziellen Engpässe, das Verlagsgeschäft. 1996 beginnen Adolf und Inge Schneider, zusätzlich das zweimonatlich erscheinende NET-Journal herauszugeben, ein Magazin, das die neuesten Entwicklungen und Resultate im Forschungszweig der freien Energie zusammenfasst und die Branche auf den neuesten Stand bringen soll. Sie bauen ein weltweites Kontaktnetz auf, unternehmen Reisen zu Freie-Energie-Forschern und lassen ihre Erkenntnisse in das Journal und in eigene Buchveröffentlichungen einfließen. Darüber hinaus geben die beiden Broschüren mit Anleitungen zum Nachbau raumenergetischer Geräte heraus.

Damit sich das Engagement nicht im Austausch von Ideen erschöpft, gründen Inge und Adolf Schneider 1998 die Trans Altec AG. Entschlüsselt: eine Aktiengesellschaft zum Transfer alternativer Technologien. Denn das große Manko bei der Erforschung der freien Energie ist das nötige Kleingeld. Das geben Investoren nur, wenn sie perfekt funktionierende Prototypen sehen. Doch in den seltensten Fällen sind die Erfinder in der Lage, diese ohne größeren finanziellen Einsatz zu liefern. »Es gibt Multimillionäre und Milliardäre in Deutschland und Russland, die investieren würden, wenn sie eine laufende Maschine sehen könnten. Es kann jedes Jahr so weit sein«, sagt Adolf Schneider.

Oft sind es die Schneiders, die anstelle des zögerlichen Geldmonopols den Einsatz aus ihrem Privatvermögen beisteuern. »Wir sind die Rufer in der Wüste«, sagt Inge Schneider. »Wenn wir nicht irgendwann erhört werden, müssen wir aufgeben. Man muss ja auch leben können. Wir haben dermaßen viel investiert, über eine Million Franken, in den Bau von Geräten und für die Forschung, weil es niemand anderes getan hat.«

Die Hingabe an ihre Mission geht so weit, dass Inge und Adolf Schneider monatelang die Nächte in ihren Lagerräumen und auf Campingplätzen verbringen, weil sie sich kein Hotelzimmer, geschweige denn eine Wohnungsmiete mehr leisten können. Bis heute kommt es vor, dass sie abends die Tische ihres Büros in Schaffhausen zusammenschieben, Matratzen darauf ausbreiten und mit dem Computerbildschirm zu ihren Füßen einschlafen. »Das ist immer noch ein Pioniergefühl«, sagt Inge Schneider. »Aber das übergeordnete Ziel ist wichtiger als privater Luxus.«

Immer wenn es knapp wird für das beseelte Ehepaar, kann es sich auf das soziale Netzwerk und das Verständnis des Bekanntenkreises verlassen. »Es kommt immer wieder vor, dass plötzlich Förderer auftreten«, sagt Adolf Schneider. »Und auch Leute, denen wir den Kredit nicht sofort zurückzahlen können, glauben nach wie vor an uns. Wir könnten einen katastrophalen Ruf haben.« Immerhin der bleibt ihnen erspart.

Inge und Adolf Schneider sind mittlerweile so etwas wie der europäische Knotenpunkt für die Freie-Energie-For-schung. Sie vernetzen Wissenschaftler und Geldgeber. In ihrer täglichen Arbeit erfahren sie allerdings – neben der Behinderung durch die Energiekartelle und der mangelnden finanziellen Unterstützung – ein weiteres Hindernis der Branche: das der Geheimhaltung von Entwicklungserfolgen. »Auch wir müssen uns wundern, warum viele Ideen nicht umgesetzt wurden«, sagt Adolf Schneider. »Vielen steht einfach ihr Ego im Weg. Es herrscht große Zurückhaltung, wenn es um die Freigabe des Know-hows geht. Außerdem denken viele Forscher zu sehr in ihrem Bereich und schauen nur angstvoll über den Tellerrand. Dagegen organisieren wir Workshops, in denen Leute zusammengeführt werden, die am gleichen Thema forschen. Hinsichtlich dieser fortschrittlichen Technik muss es diesmal ein Zusammen geben und kein Gegeneinander. Denn die Raumenergie mit ihrer dezentralen Verfügbarkeit ist die sozialste aller Energien.«

Einer der größten Verbündeten von Adolf und Inge Schneider ist der bereits erwähnte Ökonometrie-Professor Josef Gruber aus Hagen-Hohenlimburg. Als der erstmals vom Phänomen der Raumenergie hörte, ließ er sich gerade Solarkollektoren aufs Haus schrauben. »Natürlich war ich anfangs skeptisch«, sagt er. »Aber wäre ich nicht hundertprozentig davon überzeugt, dass es die Raumenergie gibt und wir sie nutzen können, würde ich den Mund halten.« Gruber schrieb Dutzende Briefe an führende Politiker und Manager, verschickte 300 Exemplare seines Buches *Raumenergie-Technik*, ein detaillierter, fast 300 Seiten umfassender Status-quo-Bericht zur Raumenergie aus dem Jahr 2008, an Bundespräsident Horst Köhler, Bundeskanzlerin Angela Merkel, an alle Minister, alle Fraktionsvorsitzenden, viele Ministerpräsidenten und etliche Organisationen und Energiekonzerne. »Es kann nun keiner sagen, man wäre nicht informiert worden. Ich empfehle allen, die heute in der Politik und der Energiewirtschaft tätig sind: Befasst euch mit dieser neuen Energietechnik, werdet aktiv, seid keine Bremser, macht mit, steigt ein, trefft Vorkehrung für eine breite Anwendung«, appelliert Gruber. »Der Übergang in das Raumenergiezeitalter bietet die große Chance, die Weltwirtschaftskrise rasch und ohne Rückfall zu überwinden. Raumenergie ist die wahrscheinlich größte technische Revolution in der neueren Geschichte, denn sie macht eine nachhaltige Energiegewinnung weltweit möglich. Sie würde einen neuen Kondratiew-Zyklus aufbauen, der weit mehr ist als ein Konjunkturaufschwung.« Die von dem russischen Wirtschaftswissenschaftler Nikolai Kondratjew aufgestellte Theorie zum Konjunkturverlauf von Märkten geht von aufeinanderfolgenden 50-Jahres-Zyklen aus, die jeweils von durch Innovationen bedingten Wachstumsschüben geprägt sind und zu grundlegenden Paradigmenwechseln und gesellschaftlichen Veränderungen führen.

Aber wie sollen die vielen gegeneinander wirkenden Kräfte vereint werden, um einen neuen Wirtschaftszyklus auszulösen? Der US-Forscher Dr. Thomas E. Bearden schlägt vor, ein zweites Manhattan-Projekt zu initiieren – allerdings mit einem viel positiveren Hintergrund, als ihn die erste Variante hatte. Zwischen 1942 und 1945 diente das Manhattan-Projekt in den USA dazu, in einer konzertierten Aktion von 130 000 Wissenschaftlern rechtzeitig die Atombombe zu entwickeln, um den Deutschen zuvorzukommen. Es ist bekannt, dass das Vorhaben tragischerweise gelang. Aber es zeigte, wozu Menschen, die zusammenarbeiten, innerhalb kürzester Zeit fähig sind. So fordert nicht nur Bearden eine ähnliche Initiative zugunsten einer beschleunigten Entwicklung funktionierender Raumenergietechnik. »Das Geheimnis des Erfolgs ist Zusammenarbeit«, sagt Josef Gruber. »Es müssten alle Experten eingespannt werden, vom Max-Planck-Institut über das Fraunhofer-Institut bis hin zur Helmholtz-Gesellschaft oder der Leibnitz-Gesellschaft, um mit den Universitäten und der Wirtschaft zu kooperieren. Wenn die produktiven Kräfte gebündelt werden, kann die Einführung der Raumenergietechnik bald beginnen.«

Wenn man sie denn lässt. Gruber selbst hat von Mordanschlägen auf Raumenergieentwickler erfahren, Adolf Schneider weiß von konkreten Übergriffen des US-Geheimdienstes, und Mike Brady, wohl einer der hoffnungsvollsten

Raumenergieerfinder mit Firmensitz in München und Wollerau in der Schweiz, wurde mehrmals persönlich bedroht. In einem Interview mit Inge und Adolf Schneider berichtet er von drei Männern, die ihn nachts aufsuchten und warnten: »Wenn Sie nicht aufhören, mit Ihrer Technologie in den Markt einzutreten, werden Sie massive Probleme bekommen.«

Diese Technologie beruht auf der Verwendung von Magneten. Brady erklärt den Schneiders die Funktionsweise seiner Erfindung, die er von Ingenieurbetrieben in Deutschland, Österreich und der Schweiz herstellen lässt und über seine Firma Perendev vertreibt. »Bei allen Magnetmotoren mit einzelnen Magnetelementen haben wir stets das Problem, dass diese im Ruhezustand in irgendeiner Stellung ›einrasten‹ und im Feld hängen bleiben. Der Trick bei meiner Anordnung ist, dass ich in einem Zwischenring der Zylinderhülsen eine über einen bestimmten Bereich wirksame magnetische Abschirmung eingebaut habe, die ein solches Einrasten verhindert und einen kontinuierlichen Lauf des Rotors ermöglicht.«

Brady bietet inzwischen 100-Kilowatt-Magnetmotoren für einfache Haushalte und 300-Kilowatt-Magnetmotoren für Firmen an, will später auch größere Megawattanlagen bauen. Die Geräte können nicht gekauft, sondern nur für 100 bis 300 Euro im Monat geleast werden. Eine eingebaute Blackbox informiert Brady jederzeit per Satellit über Aufenthaltsort und Zustand seiner 1,20 mal 1,20 mal 1,40 Meter großen Apparate. Mit den Bestellungen und Anfragen kommt Brady kaum noch nach. Zehntausende sind es inzwischen. Bereits 62 Raumenergiemaschinen tun laut Brady ihren Dienst in Deutschland, Spanien, Österreich, Ungarn, Polen, der Slowakei und der Schweiz. Drei 300-Kilowatt-Geräte hat er jüngst ins tiefste Kasachstan an einen Maschinenbauer geliefert, der aufgrund der schlechten örtlichen

Foto: Martin Häusler

Adolf und Inge Schneider kämpfen seit über 20 Jahren für die freie Energie. Die revolutionären Anlagen, die die beiden sahen, sind weitaus größer als dieses Modell.

Netze täglich nur eine Stunde Strom hatte und kaum produzieren konnte. Jetzt werden seine Anlagen mit Raumenergie betrieben und laufen den ganzen Tag – ohne rauchende Schornsteine oder hohe Energierechnungen. Allerdings, so Brady, habe der Kunde für die Magnetmotoren einen kleinen Bunker bauen müssen. Bisher sei eine ungesicherte Aufstellung der innovativen Technik zu gefährlich.

2006 hat er die Erfahrung selbst mit vermeintlichen Investoren machen müssen. Die ließen sich ein Gerät vorführen und versuchten es ein paar Tage später zu stehlen. Die Tat konnte im letzten Moment von der Polizei vereitelt werden.

»Seit über zehn Jahren arbeite ich an der Durchsetzung der Raumenergiemaschinen, und ich werde immer noch be-

Foto: Martin Häusler

Die Schneiders vor den Lagerräumen in der Schweiz. Ihr komplettes Archiv verwahren sie hier unterirdisch.

droht«, sagt der gebürtige Südafrikaner. »Aber ich habe keine Angst vor dem Tod. Wenn es so weit sein soll, dann ist das eben so.« Die bisherige Unpopularität der Raumenergie sieht Brady allerdings als Trumpf. »Je mehr Menschen sagen, dass die Nutzbarmachung von freier Energie Unsinn ist, desto ruhiger kann ich arbeiten. Die nicht abreißenden Schmähungen im Internet ignoriere ich nur noch.« Doch aus dieser Grauzone will Mike Brady bald herauskommen. Er plant eine groß angelegte Vorstellung seiner Erfindung vor Publikum, Presse und Investoren. Inge und Adolf Schneider, deren TransAltec AG möglicher Schweizer Lizenznehmer ist, sollen ihm helfen, die Veranstaltung zu organisieren. »Wenn das Thema dann eine breite Öffentlichkeit hat, sind die Medien wiederum mein Schutz«, sagt Brady und hofft, dass eine wirksame Pressekonferenz nicht nur Vorurteile gegen ihn und seine Erfindung eliminiert, sondern auch Geldgeber überzeugt. 17 bis 22 Millionen Euro braucht Brady, um das erste Werk in der Schweiz bauen zu können. Es soll seine Magnetmotoren endlich auch massenweise herstellen und mit einem Output von 100 Geräten pro Monat die weltweiten Anfragen befriedigen. »Ich mache das alles nicht wegen des Geldes«, erklärt Mike Brady. »Ich mache es aus Sorge um den Planeten. Es muss dringend ein Wechsel in der Energieerzeugung stattfinden. Mein Traum wäre, wenn eines Tages mein Sohn sagen könnte: ›Das ist das Vermächtnis meines Vaters!‹ Es war und ist ein harter, langer Kampf. Aber mir scheint, dass die Menschheit langsam reif dafür ist.«

Ein anderer Entwickler, auf den die Schneiders große Hoffnungen setzen, ist Leslie I. Szabó. Der ungarische Elektroingenieur und Mathematiker mit 30-jähriger Erfahrung in der Stromindustrie entwickelt seit den 1980er-Jahren Magnetkraftwerke, die inzwischen eine Leistung von bis zu 300 Megawatt bringen, autonom funktionieren, keinerlei

Emissionen erzeugen sollen und wirtschaftlich betrieben werden können. 2007 konnte sich Adolf Schneider von der Funktionsfähigkeit von Prototypen im Budapester Labor der Szabó-Firma Gamma Manager überzeugen. Er berichtet über Wirkungsgrade von 140 Prozent. Szabós sogenannte EBM-Technologie (Energy by Motion) nutzt die magnetischen Flüsse innerhalb und außerhalb von Magneten und wandelt sie in Strom um. Es sollen bereits Bestellungen aus China, Kanada und Russland vorliegen. Erste Kraftwerke sollen 2010 in Betrieb gehen.

Wie würde die Welt von morgen aussehen, wenn derartige Raumenergietechnik globale Verbreitung fände? Wie würde sich der Alltag mit jenen uns noch fremdartig erscheinenden Motoren im Keller und im Auto gestalten? Ganze Industrien müssten sich umstellen. Import und Export von Öl, Kohle und Gas wären völlig nebensächlich bis unnötig. Es würde auf den Autobahnen keine Tankstellen mehr geben müssen, sondern nur noch Rastplätze. Nationen, die einen Großteil ihres Bruttoinlandsprodukts auf den Abbau von Rohstoffen gründen, wären gezwungen umzurüsten. Das schürt Ängste, denn es würde einen Verlust von Macht bedeuten, Macht, die sich bisher auf materielle Abhängigkeiten gründete. »Wer heute gutes Geld verdient, kann das auch in Zukunft tun«, beschwichtigt Josef Gruber, »aber eben mit nachhaltigen Produkten und Dienstleistungen. Wir werden neue Autos brauchen, neue Heizungen, neue Kraftwerke, neue Elektrogeräte. Das alles bietet sehr großes Potenzial für neue Arbeitsplätze.« Statistiker Gruber hat berechnet, dass nach Amortisation der Anfangsinvestitionen ein Haushalt jährlich mindestens 3500 Euro sparen könnte – und zusätzlich eine einwandfreie Kohlendioxydbilanz hätte.

Der Staat müsste sein komplettes Steuersystem umbauen. Eine Mineralölsteuer hätte keine Grundlage mehr. Sie könne umgewandelt werden in eine Kilometerabgabe, schlagen

Wissenschaftler wie Gruber vor. Denn die Nutzung der Raumenergie hätte einen Anstieg der Mobilität zur Folge, die reglementiert werden müsste.

»Diese Situation würde der Entdeckung des Feuers oder des Rads gleichkommen«, sagt Adolf Schneider. »Die Beherrschung durch die Energiekartelle hätte ein Ende, die Umweltverschmutzung und die Ausbeutung der Erde auch. Dass sich die Raumenergie endlich durchsetzt und für jeden erschwinglich ist, für diese Vision kämpfen wir.«

Nikola Tesla ahnte nach eigener leidvoller Erfahrung bereits in den 1940er-Jahren, dass die Raumenergietechnik noch einen langen, unsicheren Weg vor sich haben würde. Kurz vor seinem Tod im Jahr 1943 soll der Mann, der sich sein Leben lang gesehnt hatte nach einer Erde ohne Not, voller Energie und grenzenlosem Licht, gesagt haben: »Vielleicht ist es besser in unserer gegenwärtigen Welt, dass eine revolutionäre Idee oder Erfindung, statt gefördert und gepflegt zu werden, in ihrem Heranwachsen behindert und misshandelt wird durch Mangel an Mitteln, selbstsüchtige Interessen, Pedanterie, Dummheit und Ignoranz, dass sie attackiert und unterdrückt wird, dass sie bittere Prüfungen und Nöte im Kampf um die kommerzielle Existenz durchlaufen muss. So nähern wir uns dem Licht. So wurde alles Große der Vergangenheit verlacht, verdammt, bekämpft und unterdrückt – bloß, damit es umso kraftvoller, umso siegreicher aus diesem Kampf hervorgehen konnte.«

Foto: Martin Häusler

ERVIN LASZLO

Philosoph aus Budapest, Ungarn, und Montescudaio, Italien, geboren 1932 in Budapest, Ungarn

Ein Wunderkind nutzt die Erleuchtungsmomente beim Klavierspielen und wird zu einem der führenden Philosophen der Neuzeit und einem Anwalt der Erde – Wie die Systemtheorie des Ervin Laszlo Auswege aus der Krise aufzeigt

Der Fall Laszlo steht für die Misere des globalen Wissenschaftsbetriebs, ist Beispiel für einen eitlen Kampf der Egos. Allein der Eintrag über den Denker in der Internetbibliothek Wikipedia lässt erahnen, dass er nicht überall wohlgelitten ist. Da heißt es unmittelbar in der ersten Zeile: »Ervin Laszlo ist ein ungarischer Vortragsreisender und Autor«. Vortragsreisender? Das kann alles sein. Wissenschaftler, die sich in ähnlichen Forschungsfeldern aufhielten, kommen zu anderen Ehren. Alfred North Whitehead wird bei Wikipedia als »Philosoph und Mathematiker« bezeichnet. Talcott Parsons als »soziologischer Theoretiker«. Niklas Luhmann als »Soziologe und Gesellschaftstheoretiker«. Stephen Jay Gould als »Paläontologe, Geologe und Evolutionsforscher«. Ervin Laszlo muss sich damit zufriedengeben, als Vortragsrei- sender bezeichnet und wenige Zeilen später für seine weitreichenden Theorien zur Evolution biologischer Systeme kritisiert zu werden.

Die Hauptsache ist, dass ihm das nichts ausmacht und sein Denkwerk von vielen anerkannt wird. Spricht sein Schaffen – über 100 Bücher, über 300 Fachartikel, Lehraufträge an den Universitäten von Yale, Princeton und New York sowie jahrlange Beratertätigkeit bei der UNO und Gründung des Club of Budapest – doch für sich. Der Effekt der Einträge bei Wikipedia ist jedoch nicht zu unterschätzen. Hieraus speist sich das gefährliche Halbwissen ganzer Gesellschaften. Themen können beschleunigt, aber genauso unterdrückt werden. Menschen, die nicht ins System passen, werden diskreditiert, etablierte Lehrmeinungen kaum um neue Erkenntnisse ergänzt. Denn mitwirken an dem sich ständig vergrößernden Almanach des Internetzeitalters kann jeder. Also auch die, denen bestimmte Positionen nicht passen.

Zum Beispiel die von Ervin Laszlo. Kann man sich vorstellen, dass jahrelang von Universitäten ausgebildete Physiker, Philosophen und Soziologen Probleme haben, die wissenschaftlichen Thesen eines Mannes zu respektieren, der sich 30 Jahre seines Lebens als Pianist die Lorbeeren verdiente und nie eine Bank in einem Hörsaal drücken musste? Und der dann auch noch Dinge behauptet, die sich nicht ins geläufige Denken schmiegen?

Es ist die Systemtheorie des Ervin Laszlo selbst, die dieses Phänomen zu erklären vermag. Sie geht unter anderem davon aus, dass es schier unmöglich ist, den etablierte Denkmuster vertretenden Mainstream in seiner Mitte zu verändern. Umwälzungen finden demnach an den Rändern statt. Ervin Laszlo kommt vom Rand und steht für eine Weltsicht, die aus den gewohnten Bahnen bricht und gerade dadurch in der Lage ist, die Probleme auf der Erde zu erklären. Diese Mechanik der Ablösung und die Gegenwehr sind so alt wie die Wissenschaft selbst. Der Physiker Werner Heisenberg, der 1932 den Nobelpreis erhielt, erklärte das Dilemma mit einem Satz: »Wissenschaftler haben nicht das Problem zu lernen, sondern das Problem zu vergessen.«

Am Anfang des dritten Jahrtausends, warnt inzwischen

nicht nur Ervin Laszlo, gehe es aber genau ums Vergessen. »Die Hauptursache für die Weltkrise ist, dass die Führungseliten von Politik, Wirtschaft und Wissenschaft mit einer alten Weltsicht regieren und sich abgekoppelt haben vom Rest der Gesellschaft wie von der Umwelt«, beschreibt er. »Es kommen ständig neue Erkenntnisse hinzu, die Alten wollen sie aber nicht wahrnehmen, weil ihre Ideologien infrage gestellt werden. Das kann man fast verstehen. Die Wissenschaft besteht zu 95 Prozent aus Technikern, die ihre Technik gelernt haben und sie nicht so gern vergessen wollen. Die Innovationen von den Rändern müssen allerdings irgendwann als legitim erkannt werden. Dann kann etwas Neues passieren. Solange diese Außenpositionen aber immer noch als Metaphysik, Esoterik oder New Age beschimpft werden, kann es nicht funktionieren. Es ist für Kritiker leichter, diese Richtungen nicht ernst zu nehmen, als sich damit zu beschäftigen.«

Ervin Laszlo geht in seiner Evolutionstheorie davon aus, dass jedes biologische System nach Erhalt strebt und erst dann nachgibt, wenn zunehmendes Chaos zur Labilität, zum sogenannten Bifurkationspunkt, führt. Damit meint Laszlo die Schwelle, an der ein marodes System kippt und von einem neuen, unter anderen Regeln konstituierten, abgelöst wird. »Ich glaube, dass wir diesem Punkt näher kommen«, sagt er. Die Frage ist, ob es dafür erst zu einem totalen Zusammenbruch des bestehenden Systems kommen muss oder ob der Weg für neue Einsichten und deren Umsetzung noch rechtzeitig freigegeben wird.

Ervin Laszlo formuliert seine Ideen zur Entwicklung und Rettung der Erde in der Toskana, rund 50 Kilometer südlich von Pisa. In den 1970er-Jahren kauft er eine ehemalige Kapelle an einem Berghang vor der kleinen Ortschaft Montescudaio. Sie wurde zum Stall umfunktioniert und zuletzt dem Verfall überlassen. Ein traumhaftes Domizil, entdeckt während eines Familienurlaubs. Dauerhaft wohnt Laszlo seit den 1980er-Jahren dort mit seiner Frau Marjorie. Im ersten Stock schreibt er, umringt von Bücherregalen, an einem an eine Kommandobrücke erinnernden Schreibtisch seine Gedanken nieder. Die Inspirationen aber bekommt er immer noch einen Stock tiefer an der Tastatur seines schwarzen Petrof-Flügels.

Fast genauso, wie es vor 50 Jahren angefangen hatte, als der junge Laszlo zwischen Mozart-Partituren und seinem Notizblock im Minutentakt hin- und herwechselte. »Die Ideen kamen mir immer während der Musik«, sagt Laszlo. »Ich habe mich über bestimmte Stücke in einen Bewusstseinszustand gespielt, in dem ich frei assoziieren konnte.« Zu dumm, dass er auch bei großen Konzerten in solche Situationen geriet und plötzlich nicht mehr wusste, wo er nun innerhalb einer Sonate war. Am Anfang oder am Ende?

Es ist die klassische Musik, die Ervin Laszlos Leben bis zum 28. Lebensjahr völlig dominiert. Schon mit vier Jahren versucht seine Mutter Maria, der es nicht vergönnt ist, Karriere am Klavier zu machen, ihn für den Klang eines Flügels zu begeistern – vergeblich. Als Laszlo fünf ist, schafft sie es endlich. Die große Karriere des Wunderkinds Ervin beginnt mit lediglich einer halben Übungsstunde am Tag. Mutter und Sohn halten sich nicht lange mit Tonleitern oder Fingerübungen auf. Es geht sofort in die Kompositionen. Maria Laszlo muss den Jungen nicht zwingen oder gar brechen. Es reicht ein gut gemeintes »Lebe dich ein in die Musik, Ervin!«. Der spielt nicht vom Blatt. Sein Lernen funktioniert über die Ohren. Es genügt, dass seine Mutter ihm eine der Schellackplatten aufs Grammofon legt und er sich das Stück ein paarmal anhört.

Auf eine Kindheit mit verdreckten Hosen und blauen Flecken muss Ervin Laszlo bei alledem nicht verzichten. Nachmittags spielt er Fußball im benachbarten Budapester Stadtpark, im Winter ist er begeisterter Eishockeyspieler auf dem zugefrorenen Teich. In dem Zimmer, in dem er schläft, steht gleichzeitig der Flügel, der für ihn ein so normales Möbelstück ist wie ein Tisch oder ein Sofa. »Ich war nicht dagegen, und ich war nicht dafür«, sagt Ervin Laszlo. »Es war meine Identität. Ich konnte mir nicht vorstellen, jemals etwas anderes zu machen, als Klavier zu spielen.«

Seine Mutter ist Hausfrau, sein Vater, Stefan Laszlo, übernimmt als Jurist die Schuhfabrik des Großvaters. In den nach Leder duftenden Hallen von »Graciosa« arbeiten über 100 Schuster, unter ihnen auch Laszlos Onkel. Neben der Mutter ist er der einzige Musiker in der Familie. Der Violinist ist zugleich der Erste, der Ervin Laszlo mit der Philosophie in Kontakt bringt. Er liest viel Nietzsche, Schopenhauer und Schiller, schreibt in den Produktionsräumen der Familie mehr an seinen eigenen Abhandlungen, als dass er Schuhsohlen vernäht. Aber noch erreichen den jungen Ervin die Botschaften über den Sinn des Lebens kaum, zu sehr hält ihn die klassische Musik gefangen.

Weder in der Grundschule noch im Gymnasium kann Laszlo im Musikunterricht glänzen. Es gibt ihn einfach nicht. Mit sieben besucht er jedoch parallel zur Schule erstmals die Liszt Ferenc Zenem vészeti Egyetem, die Franz-Liszt-Musikakademie, nimmt zusätzlich Stunden bei den besten Pianisten des Landes. Sein erstes großes Konzert gibt Ervin Laszlo mit neun Jahren – und sorgt damit für erstaunte Blicke im Auditorium des Pester Redoutensaals. Kaum jemand weiß, dass sich hinter dem Namen auf den Plakaten ein Kind verbirgt. In kurzen Hosen, Kniestrümpfen und Bandagen an den bei einem Sturz verletzten Beinen tritt er an den Flügel, um in Begleitung der Ungarischen Symphoniker Mozarts Klavierkonzert in A-Dur zu zelebrieren. Gagen gibt es nicht. Gelockt wird Laszlo von kleinen Lorbeerkränzen, die er sich nach den Auftritten aufsetzen darf, und von

Süßigkeiten, die in seiner Garderobe hinterlegt werden. Zwei bis drei Auftritte hat das gefeierte Wunderkind von nun an jedes Jahr.

Als er 15 ist, verlässt Ervin Laszlo nicht nur das Gymnasium. Er verlässt auch sein Land. 1947 dämmert es dem Vater, einem aufrechten Sozialdemokraten, der nur Gewerkschaftsmitglieder einstellt, dass eine kommunistische Diktatur Ungarn regieren wird. Die Familie dissidiert und bricht auseinander. Zuerst machen sich Ervin Laszlo und seine Mutter auf in die Schweiz. Mit zwei Koffern, einem nur drei Wochen gültigen Reisevisum und in die Schuhsohlen eingenähtem Geld. Allerdings ist der Trip ganz offiziell. Ervin tritt mit einem Beethoven-Konzert an beim Internationalen Musikwettbewerb in Genf, bei dem er später einen der ersten Preise gewinnen wird. »Ich empfand den Abschied nicht als schlimm«, sagt Laszlo. »Das Leben in Ungarn wurde immer enger. Es lockte die große Welt, das große Abenteuer.« Das Abenteuer besteht aus zehn Tagen Genf, sechs Monaten Paris und fünf Jahren Amerika. In dieser Zeit wird aus dem Wunderkind, welches das Publikum für Süßigkeiten unterhält, ein junger Mann, der so viel verdient wie nie mehr in seinem Leben.

In Paris kommen Laszlo und seine Mutter in einem kleinen Zimmer in der Nähe der Oper unter. Der Vorteil: Es ist kostenlos. Der Nachteil: Im Erdgeschoss ist ein Fischgeschäft, welches das karge Obdach der Laszlos maritim ventiliert. Ganz anders der Ort, an dem Ervin fortan üben darf: im Gartenhaus eines luxuriösen Anwesens in der Avenue Foch zwischen Triumphbogen und dem Bois de Boulogne, Sitz des Bankenpatriarchen Baron Guy de Rothschild. Der französischen Pianistin Marguerite Long, Fan des jungen Laszlo und Geliebte Maurice Ravels, ist der Kontakt zu den Rothschilds zu verdanken. Laszlo übt nicht nur im Dunstkreis der aristokratischen Hautevolee. Er unterhält sie auch mit beschwingten Matineen. Man schmückt sich damit, ein ungarisches Wunderkind exklusiv zu beschäftigen. Doch jeden Abend geht dieses Wunderkind zurück in das kleine Zimmer über dem Fischgeschäft.

Nach einem halben Jahr treten Mutter und Sohn den Weg nach Amerika an, wo sie viel später wieder auf Stefan Laszlo treffen, der Ungarn im letzten Moment verlassen konnte. Die englische Sprache hört Ervin das erste Mal auf dem Schiff nach New York. Sechs Monate läuft das Besuchervisum für ihn und seine Mutter, einmal kann es für die gleiche Dauer verlängert werden. Nur eine Woche, bevor die beiden das Land verlassen müssten, setzt sich die Politik für die Laszlos ein. Nach einem Konzert in Washington kommt Claude Pepper, demokratischer Senator Floridas, in die Garderobe des ungarischen Virtuosen. Sie kennen sich von einem Auftritt Laszlos in der amerikanischen Botschaft in Budapest vor einigen Jahren. Ob er etwas für ihn tun könne, fragt Pepper. Laszlo zögert nicht lange. Pepper genauso wenig. Über eine sogenannten Private Bill, einen persönlichen Antrag, der erfolgreich durch den Kongress geht, bekommen die Laszlos im Eilverfahren die amerikanische Staatsbürgerschaft.

Künstlerisch startet Ervin Laszlo nun voll durch. Nach dem ersten großen Konzert in der Town Hall von New York City werden ihm drei Angebote von Künstlermanagern vorgelegt. Er entscheidet sich für Lawrence Evans von der Agentur Columbia Artists, die auch den Jahrhundertgeiger Yehudi Menuhin unter Vertrag hat. Daraufhin gibt Laszlo 50 bis 60 Konzerte pro Jahr, tourt durch die ganze USA und Kanada. »Das hat mich nie angestrengt«, sagt er. »Der einzige Stress lag in den Konzerten, die ich in New York gegeben habe. Damit musste man einmal im Jahr die Kritiker aus den Feuilletons überzeugen.« Laszlo sind die Besprechungen egal, dem Manager nicht. Er macht aus den Auftritten des

Teenagers ein Hollywood-Ereignis. Der Mutter, die bisher die künstlerische Betreuung übernommen hatte, wird angeraten, ihren inzwischen 18-jährigen Sohn nunmehr alleine reisen zu lassen. Laszlo ist jetzt Teil des Showbusiness, bekommt große Jubelstorys in angesehenen Publikationen wie dem *Time Magazine* oder *Newsweek*. Er dankt Amerika, indem er sich bereit erklärt, mit seiner Musik die Zivilbevölkerung der Länder zu unterhalten, in denen die USA Militärbasen haben. Auf Island oder während des Koreakriegs im Sommer 1950 im Mittleren Osten. Es geht um den guten Eindruck.

In New York kommt Laszlo stärker in Kontakt mit den Sinnfragen des Lebens. 1951 trifft er sich regelmäßig mit einer Gruppe von Studenten an der New School For Social Research in Greenwich Village. Es ist eine Art Club der toten Dichter. Die jungen Freigeister wollen Poeten werden und Schriftsteller, planen, gesellschaftlich etwas zu verändern. Sie diskutieren über die Triebkräfte des Seins. Laszlo ziehen die Debatten so in den Bann, dass er mit philosophischen Vorlesungen an der Universität seine bisherigen Ansichten unterfüttert.

Die feingeistigen Freundschaften haben ein Ende, als Laszlo mit 20 zurück nach Europa geht. Seine Gedanken kreisen aber weiterhin um die Frage: Wer sind wir, und was hält uns am Leben? Er merkt, dass der beste Platz zum Denken der Klavierstuhl ist. Hunderte Seiten von Papier füllt er mit seinen Betrachtungen, Tag für Tag, Monat für Monat, Jahr für Jahr.

In Rom und in Hamburg nimmt er für das Label RCA seine ersten Platten auf – Kompositionen von Franz Liszt und Jean Sibelius – und tourt in den nächsten Jahren quer durch seinen Heimatkontinent, durch Südamerika, Asien und den Nahen Osten. Die 1950er-Jahre sind zwar in erster Linie von den Reisen des Pianisten geprägt, doch den tiefsten

Eindruck in Laszlos Vita hinterlässt die Begegnung mit der Finnin Barbro Carita Marjorie Jägerhorn 1956 in London. Ein Jahr später heiraten die beiden in Paris. Sie ziehen nach Starnberg in Bayern und bekommen 1959 ihren ersten Sohn Christopher.

Unter dem Eindruck der Familiengründung kommt es in der Neujahrsnacht zu einem nachhaltigen Erlebnis. Die Laszlos sind nach Berchtesgaden gefahren, um gemeinsam zu entspannen und Silvester zu feiern. Nach Mitternacht stehen sie auf dem Balkon des Hotels und blicken in den tiefdunklen Himmel. Da passiert etwas mit Ervin Laszlo. Es ist kein normaler Gedanke, der ihm da kommt, keine Idee, kein Vorsatz fürs neue Jahr, den er sich selbst setzt. Es ist, als bekomme er einen Auftrag für sein Leben. Ihm ist plötzlich glasklar: »Ab jetzt wende ich mich ernsthaft und systematisch meinen Gedanken zu! Jetzt beginnt eine neue Lebensphase! Es war ein großes Erlebnis, wie ich es sonst nur von der Musik kannte. Es war ein Imperativ!« Woher dieser Auftrag kam? »Heute würde ich sagen, dass ich in einen Bewusstseinszustand geraten bin, über den ich eine Verbindung eingehen konnte mit einer Umgebung, die Informationen bereithält.« Laszlo nennt diese Umgebung das »fünfte Feld«. Es soll Jahre später elementarer Bestandteil seiner Evolutionstheorie werden.

Von nun an schreibt er alle seine philosophischen Gedanken zur menschlichen Existenz auf. Zu diesem Zeitpunkt denkt er noch nicht daran, mit dem Klavierspielen aufzuhören. Denken, formulieren, musizieren, das ist der Dreiklang seines Lebens zu Beginn der 1960er-Jahre.

1961 ziehen die Laszlos in die Schweiz. Wenig später erhält der Pianist über den Philosophieprofessor Josef Bochenski einen ersten Forschungsauftrag am Osteuropa-Institut in Fribourg. Im Kern geht es um das Werk ungarischer Philosophen und die Einbettung ihrer Erkenntnisse in einen philosophischen Gesamtkontext. 1963 wird Laszlo zum erstenmal nach Budapest zurückkehren. Seine Mission: Wissenschaftliche Befragung von Landsleuten wie dem marxistischen Philosophen Georg Lukács. Sein Vorwand: klassische Konzerte. Sein Gefährt: der damals extrem angesagte Porsche 356 B in cremefarbener Lackierung. Seine Begleitung: Marjorie und sein Sohn Christopher, der in dem Zweisitzer hinten quer auf einer kleinen Matratze liegt.

Dazwischen liegen die einschneidende Begegnung mit einem holländischen Verleger und infolgedessen die ersten Publikationen: Eine seiner Tourneen führt Laszlo im Herbst 1962 nach Den Haag. Am Abend nach einem seiner Konzerte kommt er ins Gespräch mit dem Chef der philosophischen Abteilung des Martinus-Nijhoff-Verlags. Sie sprechen über Laszlos Hobby und die Theorien des Briten Alfred North Whitehead, die Laszlo fundamental beeindrucken: Whitehead steht für eine organismische Philosophie, welche die Welt nicht über den Bezug von Dingen erklärt, sondern über in Verbindungen stehende Prozesse. »Diese Idee von Whitehead hat mich sehr geprägt. Ich sah das Leben plötzlich anders: Alles entwickelt sich, alles verändert sich, alles fließt, alles fügt sich zusammen. Das war ein völliger Wahnsinn.«

Der Verlagsmensch ist begeistert von dem Klavierspieler Laszlo, bittet ihn, ihm doch ganz unverbindlich die Abhandlungen zu zeigen, die er da tagtäglich so verfasst. Laszlo übergibt ihm die Loseblattsammlung mit handschriftlichen Notizen. Der Nijhoff-Verlag erklärt sich tatsächlich bereit, die Ideen des Ungarn zu veröffentlichen. 1963 erscheint der erste, viel beachtete Titel *Essential Society*. Darin stellt Laszlo die These auf, dass soziale Evolution nach den gleichen Prinzipien abläuft wie die Evolution in der Natur. Evolutionäre Gesetze wären damit universell. Sosehr Ervin Laszlo auch mit seinem literarischen Debüt beeindruckt, der

Verleger muss ihn bitten, in Zukunft die Vorteile einer Schreibmaschine zu nutzen. Der ohnehin die Arbeit mit Tasten gewohnte Beethoven-Virtuose kauft sich eine schöne, alte Remington.

»Vorher war ich Musiker und hatte die Philosophie als Hobby«, sagt er. »Nach der Begegnung mit dem Nijhoff-Verlag war es umgekehrt. Erst jetzt kam mir der Gedanke, dass meine Aufzeichnungen nicht nur für mich, sondern auch für andere interessant sein könnten. Ich hatte vorher nie darüber gesprochen, weil ich mich schämte und mich vor Kommentaren fürchtete wie: Es ist doch nur ein Musiker, der das sagt. Was will der schon wissen? Das hätte mir wehgetan.«

1966 erfährt die Musikerkarriere Laszlos den Todesstoß. Er gibt Beethoven in Bonn. Während sich die Triolen und Synkopen wie von alleine spielen, rutscht Laszlo wieder ab in die Welt des freien Denkens. »Das war nicht gewollt. Es kam immer wie von selbst, wenn ich nur losließ. Bonn war ein Moment der Erkenntnis, dass ich die Philosophie nicht abstellen kann und will. Philosophie ist für mich faszinierend und erregend zugleich.«

Als er in Bonn nach sekundenlangen Reflexionen über den Übertrag der whiteheadschen Metaphysik auf die Kulturentwicklung zurück in die Realität kommt, spielt er immer noch Beethovens Waldstein-Sonate, weiß aber nicht mehr, an welcher Stelle er ist, ob er einen kompletten Satz wiederholen muss oder nicht. Er entscheidet sich richtig. Das Publikum merkt nichts. Doch diese Erfahrung veranlasst Laszlo, am nächsten Tag das Angebot der Yale University in den USA anzunehmen, das ihm zu diesem Zeitpunkt vorliegt.

Der Forschungsauftrag der philosophischen Fakultät ist Auftakt für die zweite Karriere des Ervin Laszlo, die des Philosophen. Er geht mit seiner Familie zurück nach Amerika, spricht, forscht und lehrt bis 1973 in Yale, Bloomington,

Akron, New York und Princeton. Parallel dazu reicht er an der Pariser Sorbonne seine Thesen ein, um den Doktortitel zu erlangen. Mit Erfolg. »Es ist leichter, Ansichten zu erneuern, wenn man nicht in eine Lehre eingebettet aufwächst und dadurch schon früh einer Gehirnwäsche unterzogen wird«, beschreibt Laszlo die Vorteile, deretwegen er aber immer auch misstrauisch beäugt wurde. »Ich hatte das große Glück, nicht durch eine Universität gehen und nie ein vorgeschriebenes Curriculum befolgen zu müssen, sondern bin immer nur zu den Veranstaltungen gegangen, die mich interessiert haben. Ich habe Bücher geschrieben, und die Sorbonne hat meine Arbeiten später mit einem Doktortitel legitimiert.«

Man könnte die Ereignisse des Jahres 1973 als den Beginn seiner dritten Karriere bezeichnen, der des Aufklärers und Weltenretters. Durch seine Seminare in Princeton auf ihn aufmerksam geworden, wird Laszlo vom Club of Rome gebeten, das Grundlagenprojekt »Goals For Mankind« zu organisieren und durchzuführen. Diese Aufgabe beschäftigt ihn fünf Jahre. Parallel dazu wird er Projektdirektor im UNITAR, dem Institute for Training and Research der Vereinten Nationen in New York, um ein Programm für eine neue Weltwirtschaftsordnung auszuarbeiten. Diese beiden ersten Aufgaben von globaler Bedeutung führen zu völlig unterschiedlichen Ergebnissen.

Der Club of Rome ist eine nicht kommerzielle und keiner politischen Organisation verpflichtete Vereinigung, die 1968 von dem italienischen Geschäftsmann Aurelio Peccei und dem schottischen OECD-Direktor Alexander King aus Sorge um und Verantwortungsgefühl für den Planeten Erde gegründet wird. In regelmäßigen Veröffentlichungen und Deklarationen seiner Mitglieder gibt der Club of Rome warnende Statusberichte über den Zustand der Welt sowie Handlungsempfehlungen für Politik und Wirtschaft heraus. Nachdem sich Peccei und seine Leute bisher um die äußeren

Grenzen des globalen Wandels gekümmert haben, will er von Laszlo nun eine Einschätzung der inneren Grenzen haben. Also thematisiert Laszlos Report »Goals For Mankind« erstmals den menschlichen Faktor in seiner kulturellen Ausprägung. Heißt: Welche Einflüsse und Lösungsansätze tragen die unterschiedlichen Haltungen und Werte der Völker der Erde in sich? Daraufhin werden die Ziele des Club of Rome umgeschrieben.

Das UNITAR-Projekt hingegen wird zur Frustveranstaltung und scheitert an der Machtpolitik der Industriestaaten. Ziel ist, über makroökonomische Marktforschung sinnvolle Stellgrößen zu finden, die eine neue Balance im Verhältnis von nördlicher und südlicher Hemisphäre herzustellen vermögen. Damals spricht man noch von Erster und Dritter Welt. Die neue Weltwirtschaftsordnung des Ervin Laszlo sieht jedoch Zugeständnisse der Industrienationen vor. Kein Nullsummen-, sondern ein Plussummenspiel für Nord und Süd. Alle über die UNO und die Weltbank abgewickelten Prozesse sollen überprüft und zugunsten der armen Staaten neu gegliedert werden. Das System Erde in wirtschaftliche Gerechtigkeit zu bringen und die bisher Benachteiligten mit mehr Selbstständigkeit auszustatten, dieses Ansinnen verhindert die Machtpolitik der wichtigsten Industrieländer unter den UNO-Mitgliedern.

Doch der Verleger Robert Maxwell veröffentlicht Laszlos Umstrukturierungsvorschläge in der fünfzehnbändigen *New International Economic Order Library*. Die detaillierten Publikationen werden allen UN-Delegationen und -Botschaftern über mehrere Jahre zur Verfügung gestellt – bis 1980 in einer Sondersitzung der UNO grünes Licht für die neue Weltwirtschaftsordnung gegeben werden soll. Als es zur Abstimmung kommt, verlassen die US-Amerikaner, die Engländer und die Deutschen den Saal und enthalten sich. »Damit brach alles zusammen«, sagt Laszlo. »Es war schlimm.« Er wirft die Flinte jedoch nicht ins Korn, sondern macht sich an eine neue Initiative, um die Entwicklungsländer untereinander besser zu koordinieren. Fast vier Jahre arbeitet er Tag und Nacht an dem Program For Regional And Interregional Cooperation Among Developing Countries (RCDC). Das Projekt wird aufgrund unterschiedlicher Interessen wieder zum Vabanquespiel. 1984 händigt Laszlo UN-Generalsekretär Perez de Cuellar seine wertvollen Konzepte aus und verabschiedet sich aus der offiziellen Weltpolitik. Es beginnt ein neuer Lebensabschnitt als unabhängiger Forscher und Autor mit Lebensmittelpunkt in der Toskana.

Die persönlichen Lehren, die Laszlo aus der Arbeit bei der UNO gezogen hat, gehen ein in sein Vorschlagswerk für eine Rettung des Systems Erde. »Ich habe damals erkannt, dass sich die einzelnen globalen Systeme miteinander verbinden und austauschen müssen«, sagt Laszlo. »Nur so kann ein größerer Informations- und Materiefluss zustande kommen. Die Struktur folgt der Funktion! Was übrigens ein natürlicher Vorgang ist. Die Offenheit zwischen Ländern ruft Organisationsformen einer höheren Ebene auf den Plan. Das Problem ist nur, dass souveräne Staaten ausschließlich ihre eigenen Interessen vertreten und sich nicht für die Allgemeinheit einsetzen. Daran hat sich bis heute nicht viel geändert. Das große Problem der UNO ist, ein Club souveräner Staaten zu sein. Es gibt darunter durchaus Idealisten, die ganzheitlich und systemisch denken. Dazwischen aber sind Leute platziert, die im Auftrag ihrer Staatschefs immer wieder alles zum Scheitern bringen.«

Vor dem Hintergrund dieses Dilemmas fordert Laszlo eine neue, nicht internationale, sondern übernationale Organisation. Sie müsse global denken und agieren können und mit Souveränität auf höherer Ebene ausgestattet sein. »Ich stelle mir eine weise, von Philosophen und spirituell denkenden Wissenschaftlern geleitete Diktatur auf der Grundlage einer übernationalen Verfassung vor«, sagt Laszlo, »so, wie Platon es sich gedacht hat. Wir haben fast 200 formal geschaffene Nationalstaaten, denen es fast ausschließlich um das eigene Fortkommen geht. Da kann man kein gemeinsames Spiel spielen. Das ist zu komplex.« Laszlo sieht nur einen Weg, diese übernationale Organisation zu etablieren: durch die Umwälzung des ganzen Systems. »Und die bedarf möglicherweise eines Schocks. Man braucht nach der Finanzkrise wohl eine weitere, stärkere Krise, welche die Umwälzung motiviert. Solange sich die Systeme erhalten können, werden sie sich erhalten.«

»It's a crime to waste a good crisis« – Es ist ein Verbrechen, eine gute Krise nicht zu nutzen – ist ein geflügeltes Wort der Reformkräfte. Doch wie wäre eine Krise zu nutzen, wenn nicht über einen Totalzusammenbruch des Systems Menschheit durch Naturkatastrophen und gewalttätige Auseinandersetzungen, den nach Schätzungen die Hälfte der Weltbevölkerung nicht überleben würde?

»Erziehungsprogramme sind notwendig, greifen aber langsam«, sagt Ervin Laszlo. »Schneller sind über die Medien und das Internet verbreitete Botschaften, die uns die vielen globalen Einzelkrisen als eine erkennen lassen und klarmachen müssen, dass der Selbstregulierungspunkt der Erde bald überschritten sein wird. Man muss die totale Krise nicht unbedingt erleben, denn wir können sie antizipieren. Doch zuerst muss das Bewusstsein her, dass eine Wandlung notwendig ist.« Barack Obama habe dieses Bewusstsein ins Weiße Haus getragen, so Laszlo. Im heimischen Italien sei man davon aber noch ziemlich weit entfernt. »Fatalismus ist dennoch nicht angebracht. Die Rettung versuchen wir durch Institutionen wie den Club of Budapest zu beschleunigen.«

Die Grundidee für den Club of Budapest wird bereits 1978 geboren, während Laszlo, der Gründer des Club of

Rome, Aurelio Peccei, und Victor Urquidis, Direktor von El Colegio de México, gemeinsam über den Kapitolsplatz in Rom spazieren. Die drei haben gerade das Treffen zum zehnjährigen Bestehen des Club of Rome hinter sich gebracht. Mehrere Hundert honorige Amtsträger waren eingeladen, viele Reden zur Rettung der Erde wurden gehalten, in der ersten Reihe saß der umstrittene italienische Ministerpräsident Giulio Andreotti, es wurde in den noblen Räumlichkeiten des Juweliers Bulgari getafelt. Und nun gehen Laszlo, Peccei und Urquidi ratlos durch Rom und stellen sich – wie man es nur aus den Beziehungskomödien Hollywoods kennt – in derselben Sekunde die Frage: »Was nun?« Erst müssen sie schmunzeln, dann dämmert ihnen, dass zehn Jahre Club of Rome zwar viele Deklarationen gebracht haben, aber dass sich daraus nur wenige Veränderungen in Politik und Wirtschaft ergeben haben. Man ist sich einig, dass man sich dringend auf neue Zielgruppen konzentrieren muss. Nicht die Führungseliten, sondern die breite Masse muss erreicht werden. Nicht die eher logisch und männlich über die linke Gehirnhälfte denkenden Entscheidungsträger, sondern der normale Bürger – und zwar durch emotional und intuitiv über die rechte Gehirnhälfte entscheidende Künstler. Der Blick fällt auf Laszlo. Er sei doch viele Jahre Künstler gewesen. Er hätte doch sicher noch ein entsprechendes Netzwerk. Laszlo erklärt sich bereit, Vorkehrungen für einen neuen, den Club of Rome ergänzenden Verein zu sorgen. Doch die Umsetzung dieser Aufgabe wird schwerer als vermutet. Wo immer er kann, wirbt Laszlo für seine Initiative. Die Ideen kommen gut an, aber es fehlt jemand, der für die nötigen Finanzen sorgt. Hinzu kommt der plötzliche Tod Pecceis, und auch mit Urquidi ist nicht mehr zu rechnen, da er mit seinem Colegio in Mexiko genug zu tun hat.

Auf dem Dritte-Welt-Kongress in Budapest im September 1993 soll der letzte Versuch unternommen werden.

Während der Physiker Edward Teller, Mitentwickler der Atombombe und Vater der Wasserstoffbombe, einen Vortrag über den Bau modernster Atomkraftwerke hält, nutzt Ervin Laszlo die Chance, um auf den Nutzen eines neuartigen Thinktanks zur Rettung der Erde hinzuweisen, der Seite an Seite mit dem Club of Rome arbeiten und die Herzen der Menschen ansprechen soll – nicht die Gehirne der Manager. Laszlo glaubt nach seiner Rede nicht an einen Effekt, wird aber am Tag danach von der ungarischen Regierung angerufen. Innerhalb weniger Tage kann er mit Unterstützung des heimischen Premier- und Kulturministers beginnen, seinen Plan zu realisieren. Man stellt Laszlo eine imposante Immobilie in Budapest zur Verfügung – daraus ergibt sich der Name der neuen Organisation: Club of Budapest. Um Missverständnissen vorzubeugen, macht Laszlo von Beginn an klar, dass dies kein lokaler Club im Sinne einer Raucher- und Debattierlounge ist, sondern trotz des Namens eine globale Vereinigung. Zuerst holt er ungarische Weggefährten wie den verehrten Staatschef und Schriftsteller Árpád Göncz in das Gremium. Als der Geiger Yehudi Menuhin zu Besuch in Budapest ist, wird auch er eingeladen. Menuhin erinnert sich aus New Yorker Zeiten an Laszlo und sagt prompt zu. Nach dem Schneeballprinzip gesellen sich große innovative Künstler und Denker wie Sir Peter Ustinov, Václac Havel und Michail Gorbatschow dazu. Bis hin zum Dalai-Lama.

Die Begegnung mit ihm ist prägend. 1995 hält sich Laszlo für einen Vortrag in Indien auf, als er erfährt, dass der Dalai-Lama in der Gegend ist. Es gelingt ihm, eine spontane Audienz beim Oberhaupt der Buddhisten zu bekommen. Aber wie alle, die mit dem Dalai-Lama sprechen wollen, wird auch Laszlo darauf hingewiesen, dass dieser nur wenige Minuten Zeit haben wird. Sein Terminkalender sei eigentlich dicht. Es kommt anders. Der Dalai-Lama ist so begeistert von dem gerade von Laszlo verfassten Manifest für den Club of Budapest, dass er das Dokument drei Stunden lang mit seinem Gast aus Ungarn durchgeht und einige wertvolle Veränderungen vorschlägt. So entsteht im indischen Madras das »Manifesto on the Spirit of Planetary Consciousness« des Club of Budapest. Im Herbst 1996 wird es bei einer feierlichen Zeremonie in der ungarischen Hauptstadt der Weltöffentlichkeit präsentiert. Es geht um die Etablierung einer neuen Ethik, um die Vernetzung von Generationen und Kulturen und die Zusammenführung von Wissenschaft, Kunst und Spiritualität.

Der Club of Budapest ist nur eine von vielen Aufklärungsplattformen des Ervin Laszlo. Seit 30 Jahren verbreitet er seine Botschaften für eine bessere Erde über alle nur denkbaren Kanäle: Kongresse, Bücher, Artikel, Podiumsdiskussionen, Internet.

Am 9. September 2009 startet Ervin Laszlo mit dem Club of Budapest die »Worldshift 2012«-Kampagne im Londoner British Museum. Mit einer Serie von Veranstaltungen, Konferenzen und Konsultationen sollen die Völker der Erde und deren Führer bis zum viel zitierten Datum des 21. Dezember 2012 (siehe auch das Kapitel über Dieter Broers) über die Dringlichkeit und Notwendigkeit eines Umsteuerns aufgeklärt werden. Denn an dieser kosmischen Weggabelung, die der Menschheit in der Katastrophe gleichsam eine Chance zur Veränderung bietet, werde sich, so Laszlo, entscheiden, ob die Menschheit weitermacht wie bisher und sich so der Selbstauslöschung nähert, oder ob der friedliche Pfad der Nachhaltigkeit mit einem neuen Wertesystem eingeschlagen wird.

»Dieser Bewegung, die wir in London initiiert haben, geht es darum, eine effektiv arbeitende Gruppe von Menschen zu bilden, die sich voller Hingabe für die Rettung der Erde einsetzen wollen«, sagt Ervin Laszlo. »Diese Gruppe soll dabei helfen, weltweit die kritische Masse von Menschen aufzubringen, die es braucht, um einen Wandel auf der ganzen Welt zu bewirken.« Damit die Botschaften möglichst schnell und global wirken, schließen sich die Veranstalter des Londoner Start-Events – die Non-Profit-Organisationen 999 it's time, events4change und Positive TV – mit dem Club of Budapest und weiteren Institutionen aus den USA, Japan, Frankreich und England zusammen, um die WorldShift Alliance zu bilden. Sie ist der Kern, von dem aus der Wandel erwachsen soll, hat ihren Sitz in Brüssel und London und besteht aus drei schlagkräftigen Bereichen: WorldShift Media, WorldShift Publications und WorldShift Events.

Der von Laszlo propagierte Bewusstseinswandel soll auf diese Weise in allen Lebensbereichen Einzug halten und mit veralteten Weltanschauungen aufräumen. In seinem Buch *Makroshift* fasst Laszlo bereits 2001 fünf grundlegende, als Irrtümer entlarvte Mythen des 20. Jahrhunderts zusammen, die seiner Meinung nach zuallererst aus den Köpfen verbannt werden müssen:

1. Die Natur ist unerschöpflich. »In vielen Gebieten Afrikas, Asiens und des präkolumbianischen Amerika hatten die Völker eine tiefe Achtung vor der Umwelt und verbrauchten nur so viel, wie die Natur regenerieren konnte, doch aufstrebende Kulturen neigten dazu, ihre Umwelt auszubeuten. In einer voll globalisierten Industriekultur mit ungeheurem technologischem Machtpotenzial ist der Glaube an die Unerschöpflichkeit der Natur nicht nur ausgesprochen falsch, sondern auch äußerst gefährlich. Wenn wir an dieser Anschauung festhalten, wird unser ökologischer Fußabdruck größer sein als die biologische Produktivität und die Schadstoffaufnahmefähigkeit unseres Planeten.«

2. Die Natur ist ein gigantischer Mechanismus. »Diese Vorstellung eignet sich für das Erzeugen und Betreiben mittelalterlicher Technologien wie Wassermühlen und Windmühlen, Pumpen, Uhrwerke und von Tieren gezogene Pflüge und Wagen, aber sie versagt, wenn Düsentriebwerke, Atomreaktoren, Computernetzwerke und genetisch veränderte Pflanzen und Mikroben ins Spiel kommen. Hochmoderne Technologien funktionieren nicht mehr wie newtonsche Maschinen und haben keine direkt berechenbare Wirkungen. Das Ergebnis ist die Beeinträchtigung lokaler und kontinentaler Ökosysteme.«
3. Das Leben ist ein Kampf ums Überleben. »Die kritiklose Übernahme des Darwinismus aus dem 19. Jahrhundert in den gesellschaftlichen Kontext ist gefährlich, wie Hitlers Naziideologie gezeigt hat. Heutzutage hat sich der Sozialdarwinismus über die bewaffnete Aggression hinaus zum subtileren, aber in mancher Weise genauso gnadenlosen Kampf zwischen Konkurrenten auf dem Markt entwickelt. Wird dieser Kampf weiterhin so geführt, schafft er eine immer breitere Schere zwischen Reich und Arm und konzentriert Reichtum und Macht in den Händen von Konzernchefs und internationalen Finanzmagnaten.«
4. Der Markt nutzt allen. »In der Wirtschaft tröpfelt der Reichtum von den Reichen hinunter zu den Armen. Die Flut, sagte John F. Kennedy, hebt alle Boote. Dieser Mythos des Markts ist tröstlich; es überrascht daher nicht, dass ihn oft die Gewinner zitieren. Leider lässt er eine Voraussetzung außer Acht, die schon früh von Ökonomen festgestellt wurde: Dass der Markt nur unter der Bedingung einer so gut wie perfekten Konkurrenz Nutzen bringt, wenn also alle Spieler mit mehr oder weniger dem gleichen Einsatz an den Start gehen.«
5. Je mehr wir konsumieren, desto besser sind wir. »Die Gleichsetzung von menschlichem und finanziellem Wert

(›Haste was, biste was‹) ist von Firmen bewusst betrieben worden. Früher haben Hersteller nicht gezögert, für den unbegrenzten Konsum als realistische Möglichkeit und für den auffälligen Konsum als Ideal zu werben. Die Risiken und Nebenwirkungen des Konsumrauschs waren um 1950 noch nicht bekannt, aber heute sind sie es weitgehend. Doch der Mythos, dass jemand ein besserer, ja überlegener Mensch ist, wenn er mehr besitzt, hat sich hartnäckig gehalten.«

Diese Mythen ergänzt Laszlo in seinen Werken durch weitere, hinderliche Missverständnisse westlicher Gesellschaftsbildung: Ordnung sei alleine durch Hierarchie herzustellen. Nationalstaatsideologie soll die einzig wahre politische Realität sein. Jeder könne sich nur auf sich selbst verlassen. Alle Störungen im System seien mit bewährten Problemlösungsmethoden umkehrbar. Die Analyse der Einzelteile sei der beste Weg zur Problemlösung. Das Leben könne in unterschiedliche Sektoren untergliedert werden wie Arbeit, Familie, Erziehung, Religion, Wirtschaft oder Kunst. Entweder der starke Staat oder die stärksten Unternehmen wüssten am besten, was gut für alle ist. Alles, was gemessen werden kann, sei real. Die Beschäftigung mit Spiritualität und den inneren Dimensionen des Lebens sei vage und daher unbedeutend für den wahren Alltag.

»Die erste neue Maßgabe unserer Zeit sollte offensichtlich sein«, sagt Laszlo. »Legen wir die Anschauungen ab, die nicht mehr in unsere Welt passen.«

Ervin Laszlo hat es nie bei der analytischen Betrachtung des Systems Menschheit belassen. Er leitet unnachgiebig Handlungsanweisungen aus seinen Betrachtungen ab. Es sind über viele globale Kanäle mit Nachdruck verbreitete Empfehlungen an Privatpersonen, Managements und Politik, die auf eine Kernerkenntnis aller, auch der in diesem

Buch versammelten Visionäre hinwirken wollen: Das neue Bewusstsein muss das System Erde als Einheit betrachten und die Probleme dieses Systems mit der Achtung und der Nutzung seiner Unterschiedlichkeiten zu lösen versuchen.

Im Manifest des Club of Budapest von 1996 hält Ervin Laszlo eines seiner Plädoyers: »Inzwischen besteht für jeden von uns die moralische und praktische Pflicht, hinter die Fassade der Ereignisse zu schauen – hinter die Machenschaften und Polemiken praktischer Politik, hinter die reißerischen Schlagzeilen der Medien und hinter den vordergründigen ›Schick‹ des gerade aktuellen Lebens- und Arbeitsstils. Wir sind aufgefordert, hinter den Dingen den eigentlichen Gang der Entwicklung zu erkennen und den Geist sowie das Bewusstsein zu entwickeln, die uns in die Lage versetzen, Probleme und Chancen umfassend zu erkennen – und danach zu handeln. Dieses neue Denken zu entwickeln heißt, Kreativität in allen Menschen und in allen Teilen der Welt zu fördern. Unsere heutige wirtschaftliche, soziale und technologische Umgebung ist unsere eigene Schöpfung, die wir nur mit der Kreativität unseres eigenen Denkens bewältigen können. Wirkliche Kreativität verharrt nicht starr angesichts eines ungewöhnlichen und unerwarteten Problems, sondern begegnet ihm offen und ohne Vorurteile.«

Ausgehend von einer Studie von Paul H. Ray und Sherry Ruth Anderson aus dem Jahr 2000, sieht Laszlo den Anteil der sogenannten Kulturkreativen in der Gesamtbevölkerung der westlichen Länder hoffnungsvoll steigen. Sie bilden den genauen Gegenpol zur Gruppe der Modernisten, die sich an materielle Werte, ausschließliche Gewinnmaximierung und eine obsolet gewordene Wissenschaft klammert. In seinem Buch *Wie kann ich die Welt verändern?* beschreibt Laszlo die Kulturkreativen. Sie seien einer ganzheitlichen Lebensausrichtung verbunden, bevorzugten ökologisch nachhaltige Lebensmittel sowie authentische, unverfälschte Produkte, vertrauten nicht allein der Schulmedizin, seien offen für alternative Heilmethoden, verzichteten auf äußere Statussymbole oder abgrenzende Hecken oder Zäune rund um ihr Grundstück, schätzten Freizeitangebote, die ständig ihren Horizont erweitern, ihren Alltag vergeistigen und damit beleben und inspirieren, kauften nicht impulsiv, sondern informierten sich vorab über die Produkte und schenkten Herstellern und Werbung nicht ohne weiteres Vertrauen, nähmen aktiv am Kunst- und Kulturleben teil, nutzten die Medien in ihrer Gesamtheit und schauten weniger Fernsehen, bauten seltener neue Häuser, weil sie die ewige Bindung an einen Ort als unzeitgemäß ansehen, und sie sähen sich schließlich als mündige Bürger, die selbst Motivation verspürten, Dinge mit Verantwortungsbewusstsein zusammenzuführen und Probleme zu lösen – auf persönlicher wie auf gesellschaftlicher Ebene, lokal wie global.

Laszlos Ausführungen bleiben nie abstrakt. Es sind die Aspekte des täglichen Lebens, denen er sich in seinen Büchern widmet. So gibt er beispielsweise Führungskräften Checklisten für verantwortungsvolles Management an die Hand, erinnert sie an ihre Verpflichtungen gegenüber Aktionären, Angestellten, Kunden, Verbrauchern, Geschäftspartnern, der Umwelt und dem Gemeinsinn. »Die Firma wird nicht tätig auf Märkten, die unter einem Regime stehen, welches die menschlichen Grundrechte verletzt«, heißt es darin zum Beispiel. Oder: »Die Firma gibt, wann immer es möglich ist, Geschäftspartnern den Vorzug, die einen ethischen Führungsstil nachweisen können.« Oder: »Es herrscht ein offener Dialog zwischen der Firma und den Gemeinschaften, in denen sie tätig ist.« Oder: »Die Investitionsstrategie der Firma enthält negative Auswahlkriterien für unerwünschte soziale, umweltpolitische und geschäftliche Aktivitäten.« Oder: »Die Firma erstellt eine eigene Ökobilanz und betreibt aktive Ökoeffizienz.«

Große Hoffnung auf dem Weg in ein neues, ganzheitliches Bewusstsein, das auch und gerade Managern abverlangt wird, setzt Ervin Laszlo in die aufkeimende Spiritualität, die meist das tiefe Verständnis beschleunigt, Teil eines Ganzen zu sein, und zwar über das bloße intellektuelle Verstehen hinaus. »Alle Religionen basieren auf Spiritualität«, sagt Laszlo. »Alle ursprünglichen Einsichten der großen Propheten waren spiritueller Natur. Sie hatten noch die Verbindung zur Natur, haben deren Kräfte gespürt und versucht, ihre Erlebnisse in Worte zu fassen. Diese Erlebnisse wurden dann allerdings durch die institutionalisierte Religion von der ursprünglichen, inspirierenden Empfindung abgekoppelt. Was geblieben ist, sind oft leere Rituale und einseitige Lehren. Der direkte Zugang zu einer höheren Wirklichkeit bleibt den Priestern vorbehalten. Die Religionen müssten wieder mehr zurück zu den spirituellen Grundlagen, die sie bedingt haben.«

Im Gegensatz zur Religion brauche die Spiritualität keinen besonderen Platz zur Ausübung und auch keine Priesterschaft, so Laszlo. Ihr Tempel sei der Geist des Individuums und der Altar das Bewusstsein, das sich durch Meditation und Beten in Resonanz mit der kosmischen Schöpfung bringen und so verändern lasse. Danach wäre Spiritualität eine Privatangelegenheit, die Konsequenz daraus aber ein ganzheitlich soziales Denken. Laszlo deutet es als hoffnungsvolles Zeichen, dass die Spiritualität inzwischen auch in Eliteuniversitäten wie Harvard, in einigen Wirtschaftsschulen, gemeinnützigen Organisationen und über viele freie und unabhängige Kurse und Workshops Einzug in die Gesellschaft hält.

»Die alten Verbindungen aus den Anfängen der Religionen erneuern sich, wenn auch langsam«, sieht Laszlo eine Veränderung. »Die Wissenschaft entdeckt einiges wieder, kann inzwischen nachweisen, dass über subtile Verbindungen alles zu allem gehört und alles beeinflusst. Früher war das eine typisch geistliche, esoterische Aussage. Heute kann sie von der Quantenphysik und der Gehirnforschung bestätigt werden.« Damit steht er in der Tradition Werner Heisenbergs, der sagte, dass der erste Schluck aus dem Becher der Wissenschaft zum Atheismus führe, dass aber auf dem Boden des Bechers Gott warte.

Auch die Ansichten des Theologen Thomas Berry passen perfekt in das holistische Weltbild Laszlos, das die Menschheit aus der Krise führen könnte. Berry geht davon aus, dass die neue Sicht der Welt durch eine Inventur der Wissenschaft zustande kommen kann. Damit ist die Erkenntnis verbunden, dass das Göttliche alles und jeden gleichermaßen durchdringt – das Universum wie unser Gehirn, unsere Zellen wie die Galaxien, die Manager wie die Bäume.

Bei der Vermittlung solcher Thesen kommt Ervin Laszlo ein weiterer Aspekt seiner systemischen Philosophie zu Hilfe: das fünfte Feld (siehe auch das Kapitel über Georg Thurn). Wissenschaftlich könnte man dieses fünfte Feld als Nullpunkt-Energiefeld des Quantenvakuums bezeichnen, poetischer formuliert, wäre es die Heimat allen Seins. Die Heimat von Sichtbarem wie Unsichtbarem, von Geist und Materie, von Bewusstsein und Kommerz. Beide Pole dieses Dualismus sind real, aber nicht jeweils für sich erklärbar. Daher geht Laszlo von einem viel grundlegenderen Bereich aus, der Informationen in sich trägt und untrennbar verbunden ist mit der Evolution des Universums. Die in dieses Feld ständig neu einfließenden Informationen hätten, so Laszlo, Auswirkungen auf das Gesamtbewusstsein der Menschheit. Wird eine »kritische Masse« von Vertretern des neuen globalen Bewusstseins erreicht, so bedingt dies eine Veränderung des fünften Feldes, was wiederum auf alle Menschen wirkt. »Eine kollektive Anstrengung von Nicht-Regierungsorganisationen wie dem Club of Budapest kann dem Wunsch nach einem neuen politisch-wirtschaftlichen Bewusstsein mehr Gewicht geben«, sagt Laszlo. »Wir versuchen das nicht über Macht, sondern über innere Einsicht.«

Diese Einsicht könne zwar auch durch klassische Lerneffekte hervorgerufen werden, aber eben auch und viel flächendeckender durch über das fünfte Feld bedingte Umprogrammierungen des menschlichen Erbguts. »Bei den meisten gefährdeten Arten sorgen genetische Mutationen dafür, dass sich neue Generationen anders verhalten und so die Art erhalten bleibt«, erklärt Laszlo. »Bei der Spezies Mensch finden aber auch epigenetische Transformationen statt. Das heißt, dass das fünfte Feld von außen steuert, welche Abschnitte unserer DNA aktiviert werden und zum Ausdruck kommen und welches Bewusstsein dadurch entsteht. Die Gene selbst müssen dabei nicht verändert werden. Diese Flexibilität wohnt uns seit Jahrmillionen inne. Unser Gehirn hat enorme Fähigkeiten, die bei Weitem nicht ausgenutzt werden. Es funktioniert wie eine Antenne, die mit dem fünften Feld als Sender und Empfänger in Verbindung tritt. Und nun, wo diese Antenne breiter wird, können auch Signale mit anderen, neuen Informationen empfangen werden, die wir bisher ignoriert haben. Im Westen wurde eine ganzheitliche Weltanschauung seit Galileo Galilei und Isaac Newton unterdrückt. Der Mensch von heute glaubt nur das, was er sieht. Und was er nicht sieht, existiert auch nicht. Diese alte Weltsicht und die damit verknüpfte alte Denkweise muss sich ändern.«

Sind es womöglich diese neuen Fähigkeiten, die uns vor dem totalen Zusammenbruch unserer Zivilisation bewahren? In seinem jüngsten Werk *Weltwende 2012* spielt Ervin Laszlo ein Gedankenexperiment durch, lässt eine fiktive Lehrerin und einen Verwaltungsbeamten aus dem Jahr 2032 aus ihrem Leben berichten. Sie erzählen von einer Welt in Frieden, Toleranz und Offenheit. Neue, von Empathie, Intui-

Foto: Martin Häusler

Laszlos schwarzer Petrof-Flügel steht dort, wo früher der Altar gewesen ist. Eine alte Kapelle ist heute das Wohnzimmer des Philosophen.

Foto: Martin Häusler

Relikte der Zeit als Starpianist: Ervin Laszlo mit einer Auswahl seiner Schallplatten, die er vor allem in den 1950er-Jahren einspielte.

tion und Feinfühligkeit geprägte Generationen dominieren in Laszlos Projektion das Leben auf dem Planeten. Sie nutzen das fünfte Feld tagtäglich, stehen somit ständig in Resonanz mit der ganzen Welt, ihren Menschen und der Natur, haben ein tieferes Verständnis für die Bedürfnisse anderer. Dadurch ist es möglich, eine neue Ethik zu begreifen und umzusetzen.

Egozentriertes Denken und eine eng begrenzte Weltsicht gehören der Vergangenheit an. Das äußere Wachstum wird vom inneren Wachstum abgelöst. Eine saubere Umwelt und intakte soziale Netze werden höher geschätzt als die Anhäufung von Geld, Aktien, Häusern und Autos. Auch die Lehrpläne der Schulen haben sich grundlegend verändert. Der Stoff ist ganzheitlich ausgerichtet, grenzt niemanden aus und wird ergänzt durch Hauptfächer wie ökologische Nachhaltigkeit, öffentliche Gesundheit und Wohlfahrt, interkulturelles Verständnis sowie faire und nachhaltige Ökonomie.

Die Angst als dominierendes Gefühl von Bürgern, Familien und Staaten wurde abgelöst von Stabilität und Sicherheit. Es ist keine Stabilität, die durch Autoritäten aufrechterhalten wird, sondern vielmehr von kooperierenden und nachhaltigen Netzwerken, Kommunen, Nationen, Organisationen. Alle Länder und die einstigen Pakte sind vereint durch ein gemeinsames Wertesystem. Das selbstzentrierte Staatensystem ist transformiert in ein übernationales System, das organisiert wird durch verschiedene Foren, die zwar autonom wirken, aber nicht hierarchisch angeordnet sind. Sie stehen auf gleicher Ebene im ständigen Austausch. Die Foren entscheiden über Fragen zum Frieden und zur Sicherheit, zum Umweltschutz, zur Informationspolitik und zum Finanzsystem. Das die Einhaltung der generellen Prinzipien beobachtende Forum nennt Laszlo in seiner Zukunftsprojektion United Peoples' Organization (UPO), Organisation vereinigter Völker, eine Nachfolgeinstanz der UNO. Es gilt das viel zitierte, aber selten befolgte Subsidiaritätsprinzip: Probleme werden zuerst in Eigenverantwortung auf den Ebenen zu lösen versucht, wo sie auftreten. Eine höhere Staatsmacht hat sich dabei zurückzuhalten und greift höchstens helfend ein, falls lokale oder regionale Kräfte nicht in der Lage sind, eine Lösung herbeizuführen.

Die UPO hat nicht mehr nur politische Mitglieder. Eine ebenso wesentliche Rolle spielen Nicht-Regierungsorganisationen. Auch Vertreter der Zivilgesellschaft und der Wirtschaft sitzen mit in den Gremien. Die Wirtschaft selbst ist ausgerichtet auf die Aufrechterhaltung eines harmonischen Systems und nimmt Rücksicht auf natürliche Ressourcen und soziale Verhältnisse. Das sei keine Utopie, lässt Laszlo seinen fiktiven Verwaltungsbeamten sagen. »Es wurde nur der Blickwinkel aller ökonomischen Aktivitäten verschoben. Alle haben nun ein Ziel. Es geht nicht mehr um stetiges Wachstum, sondern um Nachhaltigkeit in Gesellschaft und Umwelt.«

Auch das Geldsystem ist 2032 ein anderes. Nach der Finanzkrise von 2008 und der ein Jahrzehnt dauernden Suche nach der idealen Lösung wird ein System etabliert, das Geld wieder mehr in seiner Tauschfunktion wahrnimmt und weniger als wertsteigerndes Instrument für seine Besitzer. Eine neue Weltwährung löst Dollar, Euro und Yen ab. Der sogenannte Gaia orientiert sich an einer menschlichen Grundlage, richtet sich nach der Größe der Population und nicht nach der Größe der Tresore eines Landes. Jede Vereinigung hat ihre eigene Gaia-Währung, die sie in Umlauf bringt und über Steuern teilweise wieder zurückerhält. Zwischen den Vereinigungen werden die Gaia-Währungen für den Tauschhandel eingesetzt.

Die lebensfeindlichen Technologien sind ebenso zu Randerscheinungen geworden. Nukleare Waffen wie Atomreaktoren wurden nach und nach abgerüstet. Aus früher als alternativ deklarierten Quellen wird nun ein Großteil der Erde mit Strom versorgt. Die Energie wird nicht zentral über riesige Kraftwerke gewonnen, sondern lokal erzeugt (siehe auch das Kapitel über Adolf und Inge Schneider).

Laszlo beendet seine 2032-Vision mit einer gemeinsamen Stellungnahme des Paares: »Eine nachhaltige Welt zu schaffen ist im Prinzip möglich. Dies auch in der Praxis hinzubekommen hängt jedoch davon ab, was wir heute dafür tun: Ob wir unser Bewusstsein entwickeln und beginnen, uns bewusst und rechtzeitig zu verändern.«

In seinem eigenen Credo für eine neue Erde hebt Laszlo immer wieder die Liebe und die Einheit hervor, zwei Schlüsselwörter aller Religionen und jeder Form von Spiritualität. »Übertragen auf die Wissenschaft, lauten diese Wörter heute Verbindung und Zusammenhang«, sagt Laszlo. »Letztendlich meinen die Begriffspaare dasselbe. Denn Verbindung (Liebe) herrscht zwischen allen Teilen, Atomen und Galaxien. Und der Zusammenhang (Einheit), den diese Verbindung herstellt, unterliegt allen Prozessen der Evolution. Es gibt in diesem Universum keine Evolution ohne eine Koevolution.«

Sind die vielen Fragen, die sich Ervin Laszlo als junger Mann gestellt hat, heute gelöst? »Wir werden nie wissen, ob wir die letzte Wahrheit gefunden haben. Der menschliche Verstand ist ein offenes Unternehmen«, sagt er. »Aber es besteht kein Zweifel, dass unsere Vorstellung von der Welt veraltet ist. Wir leben in einer viel subtileren, mehrdimensionalen Welt, die mysteriöser und wundervoller ist, als die meisten glauben. Es gibt aufregende Möglichkeiten, die wir endlich nutzen sollten. Doch solange ein Verhaltenscode nicht einem tief empfundenen Interesse entspricht, wird aus der gemeinsamen globalen Unternehmung nichts.«

Aber hat man es nicht auch geschafft, dass Autofahrer an einer roten Ampel stehen bleiben und wieder losfahren, wenn es grün wird? Laszlo lacht. »Das ist alles sehr kulturbedingt. Hier in Italien fährt man los, wenn von rechts und links niemand kommt.«

Foto: Martin Häusler

GEORG THURN-VALSASSINA

Architekt aus Rastenberg, Österreich, geboren 1942 in Karwin, Oberschlesien (heutiges Karviná, Tschechien)

Geomantisch konstruierte Häuser arbeiten mit den Energien von Erde und Kosmos und wirken anders auf ihre Bewohner als herkömmliche Bauten – Warum innovative Architektur in der Lage ist, der Menschheit aus der Krise zu helfen

»Ich sehe, dass unsere Gesellschaft großen Bedarf hat, wieder in die Harmonie zurückzufinden. Ein Hilfsmittel dafür ist die Architektur, denn sie hat große Bedeutung als Schwingungsträger. Das wird leider vollkommen unterschätzt. In alten Zeiten war dieses Wissen noch vorhanden. Heute hat man sich beim Bauen auf moderne Ästhetik und bloße Funktionalität festgelegt, sodass die Wirkung, die Architektur definitiv hat, nicht zur Geltung kommt. Dieser Trend begann schon in der Barockzeit. Die Fürsten und die Kirchen wollten protzen und zeigen, wer sie sind. Ich fürchte, da verloren die Bauwerke ihre Kräfte.«

Das sagt Georg Thurn-Valsassina, der zurzeit wahrscheinlich größte Querdenker im Architekturfach. Seine Mission: Er will den Bauwerken ihre Kräfte zurückgeben. Will sie so konstruieren, dass ihre feinenergetischen Schwingungen wieder positive Effekte auf das menschliche Bewusstsein ausüben können. Der Weg zu der Erkenntnis, dass dies möglich ist, war lang, steil und steinig, und oft trug es Thurn aus den engen Kurven hinaus. Heute sind die Menschen, die in seinen Gebäuden leben und arbeiten, sich treffen und sich unterhalten, trauern und beten, spielen und konferieren, parken und warten, Beweis dafür, dass seine Konstruktionskunst mehr ist als eine nett umgesetzte Theorie.

Geschäftsleute bestätigen ihm, dass Vertragsverhandlungen in seinen Gebäuden völlig unüblich ablaufen – ganz ohne die Kämpfe eitler Egos, ganz ohne das martialische Finale, aus dem Sieger und Besiegte hervorgehen. Menschen, die in einer von Thurns Aussegnungskapellen Abschied nehmen von einem lieben Verwandten, berichten davon, dass Angst und Traurigkeit sich wandeln in Freude und Dankbarkeit. Ein Sparkassendirektor, dem Thurn eine gläserne Pyramidenkuppel über die Schalterhalle baute, erzählt von viel zufriedeneren Kunden und Mitarbeitern. Das Personal eines thurnschen Pflegeheims sieht sich plötzlich motivierter und belastbarer als bei vorigen Arbeitgebern. Sogar Demenzpatienten würden aus der Apathie herauskommen und wieder am Leben teilnehmen können. Und Seminarteilnehmer spiritueller Kurse haben in den Thurn-Bauten erweckungsähnliche Erlebnisse.

Was ist das für eine Energie, die Georg Thurn-Valsassina da offenbar aktiviert? Was unterscheidet seine Gebäude vom herkömmlichen Einerlei? Und wie kann überhaupt ein aus toten Materialien gebautes Haus lebende Organismen beeinflussen? Eigentlich sind diese Fragen längst beantwortet. Nur sind die Antworten irgendwann verloren gegangen.

Graf Georg Thurn-Valsassina selbst lebt in einer über 800 Jahre alten Burg, gelegen auf einem Granitkegel inmitten der tiefgrünen Hügel des niederösterreichischen Waldviertels. Ein verdienter Ritter namens Hugo von Rastenberg soll die Festung Ende des 12. Jahrhunderts erbaut haben, um Angriffe gegen die östlichen Reitervölker der Awaren und der Madyaren abzuwehren. Das Geschlecht der Thurn lässt sich Ende des 19. Jahrhunderts auf der Burg nieder. Um 1840 beginnen erste Umbauten der Festung, und erst im

20. Jahrhundert wird die Wehranlage von drei Generationen kontinuierlich zur Wohnburg umgebaut. Zimmer, die vorher nur per Leiter zu erreichen waren, werden zugänglich gemacht, Fenster werden in stockdunkle Kammern gebrochen, das Gemäuer wird elektrifiziert, ein Abwasser- und Heizungssystem installiert. In den 1980ern sind es Georg Thurn-Valsassina und seine Frau Christiane Singer, die mit viel Liebe zum Detail wieder einen gewissen Charme in die kühle und weitläufige Festung bringen. »Wir sind in den ältesten Flügel der Burg eingezogen, haben die alte Meierei renoviert, im Wald eine Rotunde gebaut und was weiß ich noch alles getan«, schreibt die Schriftstellerin Singer in ihrem Buch *Rastenberg*, eine Hommage an den Ort, zu dem sie die Liebe trieb, »aber an jener Eingangshalle, die in den ersten Burghof führt und durch die wir zwanzigmal am Tag ein- und ausgehen, hat sich nichts verändert. Der Herr des Hauses, der sie passieren muss, um über eine steile Steintreppe in die Stockwerke zu gelangen, die er bewohnt, schätzt keine Veränderung in seinem Flügel.«

Mit jenem »Herrn des Hauses« ist Philipp von Thurn-Valsassina gemeint, der strenge und autoritäre Vater Georg Thurns, ein Mann, der großen Anteil hat an dem Lebensweg seines Sohnes – obwohl die beiden zu unterschiedliche Charaktere waren, um sich wirklich zu verstehen.

Georg Thurn wird 1942 auf Schloss Solza, Sitz der oberschlesischen Industriellendynastie Larisch-Mönnich, geboren. Der Familie seiner Mutter Mary gehören riesige Steinkohlegruben, die große Teile Österreichs mit Brennmaterial versorgen. Sein Vater, ein Abkömmling des mittelalterlichen Mailänder Grafengeschlechts der della Torre, ist zu dem Zeitpunkt bereits im Krieg, eingezogen für Hitlers Russlandfeldzug. Nur eine Blinddarmentzündung bewahrt ihn vor der tödlichen Kesselschlacht um Stalingrad.

1945 entschließen sich die Thurns zur Flucht, da die russische Armee naht. Sie verlassen Burg Rastenberg und beziehen Quartier im Salzburger Land. Eine rettende Entscheidung, denn wie man ihnen hinterher berichtet, hatten sich die einmarschierten Russen sofort auf die Suche nach dem Grafen gemacht, um ihn aufzuknüpfen. Das Land Salzburg indes fällt an die Amerikaner.

Als sich die Familie zurück nach Rastenberg wagt, steht die Burg noch, aber der größte Teil des Inventars ist verschwunden. Die Russen hatten vor allem Brauchbares wie die wuchtigen Schreibtische oder die schweren Vorhänge mitgenommen, das andere Mobiliar schnappte sich die Landbevölkerung. Ein netter Zug, dass Philipp von Thurn ihnen die eigenen Möbel wieder abkauft und sich sogar noch bedankt, weil sie eigentlich ja darauf aufgepasst haben. Doch es ist seine düstere Seite, die von nun an das Leben auf Burg Rastenberg bestimmt. »Mein Vater hat einen unglaublichen Schock aus dem Krieg mitgebracht«, sagt Georg Thurn. »Davon hat er sich sein Leben lang nicht erholt. Meine Mutter erzählte, dass er so ein lustiger junger Mann gewesen war. Als er aus Russland zurückkam, war er nur noch misstrauisch und schwarzseherisch. Darunter haben wir in unserer Jugend sehr gelitten.«

Philipp von Thurn-Valsassina leitet nach dem Krieg den Forstbetrieb der Familie. 1100 Hektar Fichtenwald gilt es zu kultivieren. Die Erwartungen an den Erstgeborenen Georg sind klar: Er wird sein Nachfolger auf Burg Rastenberg. Während sich der Vater um die Bäume sorgt, ist Mary die Familie überlassen. »Sie hat sich darum gekümmert, das Leben für ihre vier Kinder akzeptabel zu machen«, weiß Thurn. »Die Bedingungen nach dem Krieg waren hier ziemlich schlecht. Aber sie stand für die Emotion und für die Freiheit.« Zum Aufbauprogramm für den Nachwuchs gehören regelmäßige Urlaube innerhalb des breiten Verwandtschaftsnetzes, die Mary Thurn-Valsassina arrangiert.

So wird es ihrem Sohn schon früh leichtgemacht, Französisch, Englisch und Italienisch zu lernen. Die Bastelei, die erstes Indiz für seinen späteren Beruf ist, beginnt Georg im Alter von zehn Jahren: Er baut Flugzeuge, Schiffe und Eisenbahnen aus Holz, sägt und leimt nicht nur nach Vorlage, sondern schnitzt sich die komplizierten Bauteile auch selbst.

Nach der Volksschule besucht Georg Thurn das Internat des Piaristen-Gymnasiums im 30 Kilometer entfernten Krems an der Donau. Die Lehranstalt wird geleitet von erzkatholischen ungarischen Geistlichen des Piaristenordens. Die Zustände dort verschärfen sich von Jahr zu Jahr. Thurn ist 17, als die Schülerschaft eine Rebellion vom Zaun bricht. Die strenggläubigen Mönche stellen den Jungen nicht genügend Heizmaterial zur Verfügung, lassen sie frieren. Auch die freie Zeit jenseits des Schulgeländes wird peinlichst reglementiert. Es ist ein abermals verbotener Kinobesuch, der Georg und seine Kameraden durchdrehen lässt. Sie verbarrikadieren sich in den oberen Stockwerken, reißen im Stile einer Rockband die Wandverkleidung herunter und werfen sie aus dem Fenster. Sessel werden auseinandergenommen und in den Öfen verheizt. Georg Thurn-Valsassina macht an diesem Tag seinem Familienstammbaum alle Ehre: Urahn Heinrich Matthias von Thurn hatte 1618 mit dem Fenstersturz von Prag immerhin den Dreißigjährigen Krieg angezettelt. Habsburg wurde das Fürchten gelehrt.

Doch der Aufstand von Krems geht nach hinten los. Konsequenz: Alle über 16-Jährigen fliegen vom Internat, dürfen aber weiterhin dort zur Schule gehen. Eine Nachricht, die den Burgherrn von Rastenberg dennoch schockiert. »Für einen Ordnungsmenschen wie ihn war das eine Katastrophe«, sagt Georg Thurn. »Es wurden Leistung und Disziplin verlangt, andererseits aber nie gewürdigt. Ich empfand das Verhalten der Internatsleitung als ungerecht und überzogen. Da hätte ich Bedarf gehabt, mich von meinem Vater gestützt zu fühlen. Das war aber, wie in so vielen Fällen, nicht so.« Ihm wird endgültig klar, dass dieser Wunsch als Illusion abzuhaken ist. Georg Thurn muss sich in Krems eigenständig eine neue Bleibe suchen, glänzt trotz aller Widrigkeiten aber wenig später im Abitur vor allem im Fach darstellende Geometrie. Schon damals verfügt er über ein außergewöhnliches Vorstellungsvermögen, kann ohne große Berechnungen Schnittlinien dreidimensionaler Körper an die Tafel zeichnen. Das beeindruckt die Lehrer. Auch die Mädchen der Stadt entdecken in dieser Zeit den Reiz des aparten Jünglings, doch erst viel später wird bekannt, welche junge Dame sein Herz erobern konnte.

Obwohl Georg Thurn bereits mit 16 klar ist, dass er Architektur studieren will, folgt er dem Wunsch seines Vaters und beginnt an der Wiener Hochschule für Bodenkultur das Studium der Forstwirtschaften. »Dass ich mich dagegen nicht zur Wehr setzte, war eine Frage der Bestimmung. Wenn man sein Leben lang darauf vorbereitet wird, den Nachfolger zu stellen, dann ist das Maxime. Einen Gegengedanken gab es da nicht. Ich bin also erst mal der Tradition gefolgt.« Das allgemein gehaltene Grundstudium mit naturwissenschaftlichen Fächern wie Biologie, Physik und Chemie gefällt Georg Thurn, das mühsame Hauptstudium langweilt ihn nur noch und wird zur reinen Pflichtübung. Wie verbaut man einen Wildbach? Wie berechne ich Wassermengen, die durch einen kanalisierten Flusslauf strömen? Wie hoch müssen dabei die Mauern sein? Welche Neigung muss eine Straße haben? Wie scharf darf man die Kurven anlegen? Wie groß muss ein Güllebecken sein, wenn 35 Kühe im Stall stehen? Das integrierte Ingenieurstudium ist Thurn zu unwesentlich. Und die Denke der Kommilitonen zu spießig. »Mit Forstwirtschaft kommst du gut unter«, heißt es da. »Damit kriegst du einen Job fürs

Leben.« Georg Thurn gruselt es. Job fürs Leben? Als wüsste er schon jetzt, was mit 50 mit ihm los sein wird. Eine schreckliche Vorstellung.

Mit 25, direkt nach dem höchst erfolgreichen Abschluss des Forststudiums, beginnt für Georg Thurn eine weitaus spannendere Zeit. Er eröffnet seinem Vater, dass er in Zürich zusätzlich Architektur studieren wird. Die Reaktion war abzusehen: »In unserer Familie gibt es nur Militärs. Warum du nur so etwas Blödes studieren willst. Am besten wäre es für dich, in einem Entwicklungsland, in Thailand oder Burma, ein Forstpraktikum zu absolvieren.« Aber der Sohn ist nicht davon abzubringen. Zuerst hat er es seinem Vater recht gemacht, jetzt will er seinen eigenen Wunsch leben. »Es gab eine unglaubliche Skepsis gegen alles, was ich unternommen habe«, zieht Georg Thurn Bilanz. »Ursprünglich war ich wahnsinnig abhängig vom väterlichen Urteil. Ich habe brav studiert und immer das für ihn Richtige gemacht. Ich war der perfekte Befehlsausführer. Aber eine wahre Förderung gab es nie. Das Gefühl der Enge, das mir auch die aristokratische Gesellschaft vermittelte, erzeugte den Druck, der nötig war, um ausbrechen zu müssen. Folglich blieb mir nur die Wahl, gegen den Strom zu schwimmen. Es war wohl die wichtigste Erfahrung meiner Jugend, mich vom Urteil anderer unabhängig zu machen, damit angefangen zu haben, mir selber zu trauen.«

Es ist das angespannte Verhältnis zum Vater, das Georg Thurn jene Energie entwickeln lässt, die er im Laufe seines Lebens noch oft brauchen wird. »Für ihn war die Erhaltung das Wichtigste. Ich kam mit Ideen, die nicht in die Tradition gepasst haben. Dieses Denken, von der Angst geprägt, wollte ich partout nicht akzeptieren. Der Widerstand hat ein hohes Kräftepotenzial geweckt: So durfte mein Leben nicht aussehen. Deshalb bin ich meinem Vater unendlich dankbar. Ungewollt hat er meinen Weg bestimmt.«

Die architektonischen Ambitionen sind in den Augen des Vaters der eine Makel, die Heirat mit der Französin Christiane Singer der andere. Fünf Jahre hatten die beiden gewartet, 1967 sollte es endlich so weit sein. Für Georg Thurn ist es die ganz große Liebe, seine Familie sieht die feingeistige Literatin aus Marseille aber kaum in der Lage, später mal eine Burg inklusive Forstbetrieb zu betreuen. So darf die Hochzeit weder in Österreich noch in Frankreich, sondern nur auf neutralem Boden stattfinden. Man entscheidet sich für Gstaad in der Schweiz. »Entweder ihr kommt oder ihr kommt nicht«, sagt Georg Thurn zu seinen Eltern, »aber ich werde heiraten.« Sie kommen. Die Ehe wird genau 40 Jahre dauern. Kurz vor ihrem Tod im Frühjahr 2007 sagt Christiane Singer auf dem Sterbebett ihrem geliebten Mann voraus: »Du hast noch eine große Karriere als Architekt vor dir. Und viele Leute werden zu dir kommen.« Sie wird recht behalten.

Schon während des Architekturstudiums an der Eidgenössischen Technischen Hochschule baut Georg Thurn etliches Prestige auf. Bei der mündlichen Abschlussprüfung üben sich die Prüfer in Demut: »Eigentlich wollen wir Ihnen gar keine Fragen stellen, hier sind Sie der Fachmann. Also, reden Sie!« Und Thurn berichtet schwärmerisch von seiner Vorstellung völlig flexibler Städte. »Wir waren top!«, erinnert er sich. »Wir wollten die neue Welt machen.« Blickt Georg Thurn heute auf seine Ideen zurück, schüttelt er nur den Kopf über sich selbst und ist fast froh, dass er mit seinem so enthusiastisch verfolgten Projekt scheiterte.

Es geht ihm und dem Studententeam um Professor Helmut Spieker um progressiven Städtebau, der sich in der totalen Durchstrukturierung des urbanen Raumes manifestieren soll. Konstruiert werden soll die Stadt von morgen mit wenigen vorgefertigten Bauteilen aus Stahl oder Beton, die aber zu möglichst viel in der Lage sind. Ein Wohnhaus könnte so blitzschnell zum Bürohaus werden, ein Bürohaus in Nullkommanichts zur Produktionsstätte. Ein Kindergarten könnte sich in ein Hospital verwandeln, eine Schule in ein Altenheim. Georg Thurn ist berauscht von den technischen Möglichkeiten. Er entwickelt ein eigenes Bausystem namens »Telem«, das er nach Weiterentwicklung in München zum Patent anmeldet. Dieses Projekt, das ihm gleichzeitig das Diplom beschert, soll die Grundlage seiner Architektenkarriere werden. Da ist sich der ehrgeizige Thurn damals sicher. Er will sich nicht auf die lange Ochsentour machen, sondern sofort mit Originalität punkten.

Nach dem Studium geht er ohne konkrete Aufträge nach München, erfüllt sich den Traum von der Selbstständigkeit und eröffnet in Schwabing sein erstes Architekturbüro mit einer Angestellten. Frisch von der Universität, bringt er die Überzeugung mit, das Metier des Architekten inhaltlich voll zu beherrschen. Absolventen der Eidgenössischen Technischen Hochschule waren immerhin die besten Europas – jugendlicher Größenwahn. Es ist 1973, die Olympischen Spiele sind vorüber, und die Hauptstadt Bayerns gilt als Eldorado für Architekten. Thurn geht bei Stahlproduzenten Klinken putzen, um ebenso aufgeschlossene Industrielle von seiner Vision zu überzeugen. Irgendwer muss die Bauteile ja herstellen. Doch im Herbst kommt der Jom-Kippur-Krieg dazwischen und damit die erste große Ölkrise. Niemand will mehr investieren. Thurns Idee ist erstmal tot. »Ein Glück, dass das nicht geklappt hat«, sagt er. »Man wäre so eingeschränkt gewesen. Wo wäre die gestalterische Freiheit geblieben? Plötzlich bist du in einem System und kannst nur noch Kombinatorik betreiben.«

Der Österreicher will seinen Münchener Traum aber nicht aufgeben. Eine schnöde Annonce bietet ihm eine neue Perspektive: Ein Architekt wird gesucht, der Freizeitanlagen plant. Genauer: Wasserskiseilbahnen. Thurn arbeitet wie ein Verrückter an dem Konzept und bekommt den Zuschlag. Er reist durch Deutschland, schaut sich Seen und Baggerlöcher an. In Tampa, Florida, soll die erste Anlage entstehen. Ein Spaßkomplex mit Restaurant an einem 400 Meter langen und 150 Meter breiten Teich. »Wieder werde ich mit 33 Jahren als Spezialist, diesmal von Freizeitanlagen, durch die Lande gereicht. Ein Teil von mir stand aber nicht richtig dahinter. Es ging nur ums Fußfassen, ums Fußfassen, ums Fußfassen.« So ist es fast logisch, dass auch dieses Projekt den Bach runtergeht. Der Fiskus schnappt sich den Bauherrn: Steuernachzahlung in Millionenhöhe. Georg Thurn bekommt lediglich sein Honorar ausgezahlt. Das Abenteuer München ist gescheitert.

Schweren Herzens macht sich der desillusionierte Architekt auf den Weg zurück nach Österreich. Nicht nach Wien, Graz oder Salzburg. Er klopft tatsächlich wieder an die schwere Pforte von Burg Rastenberg, tritt sogar in den Forstbetrieb seines Vaters ein. Parallel dazu arbeitet er im Büro eines befreundeten Architekten, um Praxiszeit für die Ziviltechnikerprüfung zu sammeln. Die Prüfung ist in Österreich Pflicht für alle, die ein Architekturbüro leiten wollen. Wieder muss Thurn pauken. Diesmal 5000 Seiten Gesetzestexte. Was für eine Frustration. Und zwei Berufe gleichzeitig sind auch nicht gerade förderlich für das Familienleben. Christiane aber steht eisern hinter ihm. 1982 kann er sein Unternehmen in der Heimat neu starten.

Es läuft schleppend an. Doch als sich Georg Thurn dem Aktionsbündnis »Pro Waldviertel« anschließt, kommt wieder Zug in seine Arbeit. »Wir wollten das rückständige Waldviertel im äußersten Nordosten Österreichs wieder auf Vordermann bringen«, sagt er. »Ein Teil des Plans betraf auch die regionale Architektur.«

Schnell erarbeitet sich Thurn einen phänomenalen Ruf. Er findet einen Dreh, der den bauwilligen Leuten gefällt.

Mit vielen liebevollen Details und örtlichen Materialien führt er die regionale Tradition in eine Baukultur mit modernem Anspruch. Zum Teil laufen 15 Projekte parallel, zu Spitzenzeiten hat Thurn zehn Mitarbeiter. Elfmal gewinnt er die Goldene Kelle, eine hohe Architekturauszeichnung in Niederösterreich. Der heimgekehrte Jungunternehmer baut jede Menge Einfamilienhäuser, gestaltet Straßenmeistereien, Kindergärten, Wohnanlagen und Ortsplätze. Nie setzt er große Klötze in die Landschaft, sondern plant fein gegliederte Gebäude, die der Identität der Region entsprechen und nicht dem internationalen Trend der anonymen Stahl- und Glasästhetik folgen.

Die 1980er-Jahre stehen aber nicht nur im Zeichen eines beruflichen Neuanfangs. Den viel größeren Einfluss auf den Weg des katholischen Grafensohns Georg Thurn-Valsassina hat in dieser Zeit die Entdeckung der geistigen Welt.

1983, Thurn ist schon über 40, erfährt er erstmals, dass unser Dasein mehr Dimensionen hat als die drei, mit denen er sich seit Jahren am Zeichentisch abmüht. Eine Freundin stellt ihm im benachbarten Jaidhof eine Frau namens Marlene vor, die dort einen Vortrag über die Verwandlung des Menschen hält. Thurn weiß damit erst mal nichts anzufangen, ist von der Hamburgerin Marlene aber so fasziniert, dass er sich auf das spannendste Abenteuer seines Lebens einlässt. Marlene gesellt sich für ein paar Jahre immer wieder zum Ehepaar Thurn. »Ich habe die spirituelle Welt anfangs nicht aus Neugier betreten, sondern bin da über die Frauenpower reingegangen«, erklärt Georg Thurn. »Ich hätte den Sprung nicht gemacht, wenn mich Marlene nicht gelockt hätte. Ich hatte schon immer eine Faszination für große und starke Frauen, die etwas extrem Ungewöhnliches machen, die sich in Bereiche hineinwagen, vor denen sich eine normal Bürgerliche verkriecht. Ich habe alle ihre Verrücktheiten mitgemacht.«

Die Beziehung zu seiner Frau Christiane ist nach über elf Jahren so gefestigt und von einem derartigen Urvertrauen geprägt, dass solche Freiheiten erlaubt sind. Andere Frauen kamen an den attraktiven Thurn nie wirklich heran. Der Exklusivwunsch einer Beziehung wird nicht erfüllt. Er hält Christiane Singer die ewige Treue. »Es waren wohl genau diese Freiheiten, die diese Verbindung so tief werden ließen«, sagt Thurn. »Wissend, was los ist, haben wir immer Diskretion walten lassen und keine überflüssigen Fragen gestellt. Das wäre zu intim gewesen. Es war eine sehr erstaunliche Beziehung.«

Marlene ist die Türöffnerin ins Transzendente. Sie arbeitet als Therapeutin, gibt geführte Meditationen in der Tradition Oshos, jenes früher als Bhagwan bekannten Philosophieprofessors aus Poona in Indien, der Glaubenssysteme ablehnte und auf authentische religiöse Erfahrungen setzte. Diese Erfahrungen – auch jenseits der Gruppen um Osho – erschüttern Georg Thurns Leben. »Auf den Kursen sind Dinge passiert, die schier unglaublich waren. Ich dachte: Das gibt's doch gar nicht!« Er gibt sich so sehr den Erlebnissen hin, dass er fast täglich neue Horizonte erreicht, dabei aber fast den Verstand verliert. Über geführte Meditationen gerät er regelmäßig in Bewusstseinszustände, die ihn sich selbst und sein Leben erkennen lassen. Er fliegt durch Fantasiewelten, steigt aus bläulichen Pyramiden empor, kann sie sich von oben anschauen. Inkarnationen seiner Seele laufen wie Kinofilme vor seinem geistigen Auge ab. Thurn bemerkt, dass er in den Phasen höheren Bewusstseins Informationen bekommt, an die er normalerweise nicht gekommen wäre. Anfangs geht es ihm um Fragen zu seiner Familie, seinen beiden Söhnen, seiner Ehe, seinem Beruf. Oft bekommt er die Antworten, noch bevor er die Fragen gedacht hat.

Das wohl einprägsamste Ereignis hat Thurn während einer Gruppenmeditation im österreichischen Alpbach 1988 auf einem Kongress mit dem Titel »Andere Wirklichkeiten – Begegnungen zwischen Wissenschaft und Spiritualität«, an dem auch der Quantenphysiker und Relativitätstheoretiker David Bohm und der Dalai-Lama teilnehmen. In der Meditation wird die Technik des von dem tschechischen Psychotherapeuten Stanislav Grof entwickelten holotropen Atmens angewandt. 60 Teilnehmer liegen in einer Halle auf dem Rücken und hecheln sich zu lauter Musik in andere Bewusstseinszustände – hervorgerufen durch ein verändertes Kohlendioxyd-Calcium-Verhältnis im Blut, welches das pH-Niveau des Körpers ins Basische hebt.

Bevor ihn seine Frau Christiane als Letzten der Gruppe wach rütteln muss, geht Georg Thurn durch ein Erlebnis, in dem er sich in einem Sarkophag aus Marmor liegen sieht. Von dort schaut er über seine marmornen Fußspitzen in die gläserne Rosette über dem Portal einer gotischen Kathedrale. »Das hat mich zutiefst berührt«, sagt er. »Meine Hände entspannten sich. Ich konnte mitansehen, wie diese Kirche gebaut wird. Der Beginn der Gotik muss phänomenal gewesen sein. Da ging es ja darum, mittels der Vertikalität des Raums und der farbigen Fenster das göttliche Jerusalem auf die Erde zu bringen.« Doch es bleibt nicht bei der reinen Beobachtung der Konstruktion. Thurn hört in jenem entrückten Zustand zweimal denselben Satz: »Wir haben sie gebaut! Wir haben sie gebaut!« Diese vier Worte lösen krampfhaftes Schluchzen aus, die tiefste je erlebte Emotion. Lang macht er sich anschließend Gedanken darüber. Wer ist mit »wir« gemeint? Spricht da eine höhere Instanz? Melden sich verstorbene Baukünstler aus der Seelenwelt? Oder meint »wir« auch Georg Thurn selber? Heute vermutet er, dass die ihm innewohnende Seele immer wieder in Biografien von Architekten auf die Erde gekommen ist und dass diese Architekten danach strebten, ein großes Werk zu vollenden. In verschiedenen Meditationen sieht er sich mal als

Baumeister im später versunkenen Inselreich Atlantis, von dem Platon erstmals berichtete, mal steht er als persönlicher Architekt neben dem Pharao Echnaton im alten Ägypten. Und auch zu dem im 17. Jahrhundert in Rom tätigen und von Michelangelo inspirierten Konstrukteur Francesco Borromini, der den schwingenden Rhythmus und das Spiel von konkav und konvex in die Architektur einbrachte, spürt Georg Thurn eine sehr starke Nähe. Ein Stich des venezianischen Malers Canaletto in seinem Rastenberger Büro erinnert ihn ständig an Borromini. Er zeigt die von ihm gestaltete Kirche Sant'Agnese in Agone auf der Piazza Navona.

Neben den meditativen Kursen unternimmt Georg Thurn in den 1980ern auch spirituelle Expeditionen nach Indien. Zu zweit mit Christiane. Oder zu dritt mit Christiane und Marlene. »Zu dritt in einem Ashram! Was für eine Verrücktheit!« Dieser Ashram ist das hinduistische Meditationszentrum des von Millionen verehrten Gurus Sathya Sai Baba, der für Toleranz, Frieden und einen einzigen Gott eintritt, der alle Menschen gleich liebt.

In einem anderen Jahr besucht Thurn das Kloster Herakan im Himalaja, wo Babaji, ein großer spiritueller Meister, verehrt wird. Er gibt sich derart den Ritualen hin, dass er die Welt um sich völlig vergisst. Er badet jeden Morgen um vier Uhr und bei sechs Grad Celsius im Ganges, beginnt danach das Meditieren. Eine Glatze lässt er sich auch scheren und steigt mit dem Zeichen des Gottes Vishnu auf der Stirn in Wien aus dem Flugzeug.

Schließlich wandert er mit seiner Frau tagelang durch Nepal. »Auf der Suche nach dem Meister«, wie Thurn seine damalige Motivation beschreibt. Denn nach hinduistischer Weltanschauung kommt man ohne den Meister nicht von der Stelle. Wenn ein Meister nicht die Shaktipat genannte Energieübertragung zur Einweihung praktiziert, findet angeblich keine geistige Öffnung statt. Da niemand weiß, wo sich sein Meister aufhält, pendelt Thurn auf einer Landkarte verschiedene Punkte aus. Erst findet er die Höhle von Milarepa, einem berühmten tibetischen Meister des 13. Jahrhunderts. Dann stößt er an anderer Stelle auf längst verlassene Ruinen. Auf die längst verstorbenen Meister treffen Christiane und er logischerweise nicht. »Es war für uns der totale spirituelle Aufbruch«, sagt Georg Thurn, »aber in diesem Moment dämmerte es mir: Die Suche nach dem Meister ist nichts für mich.«

Ein Traum tut das Übrige. Thurn berichtet, dass er es nicht über sich gebracht hätte, ein Schüler von Sai Baba zu werden. Er fühlt sich wie ein Abtrünniger. Wie ein spiritueller Versager, der einer göttlichen Inkarnation die Gefolgschaft verweigert. Dann besänftigt ihn der Traum: »Wir, die Schüler, stehen weiß gekleidet in einer Reihe, es heißt, Sai Baba kommt. Er nähert sich. Es werfen sich alle in den weißen Sand. Ich merke, dass ich als Einziger in der falschen Richtung liege. Ich sehe seine Füße näher kommen, mein Herz rast, aber er bricht in schallendes Gelächter aus. Da dachte ich: Er akzeptiert meinen Weg, der findet gut, dass ich ein Querkopf bin.«

Thurn sieht ein, dass er zu denen gehört, die ihren Weg selbst finden müssen, dass das Leben die beste Schule ist. Die Suche nach dem Meister knickt ein. Er befreit sich von dem spirituellen Stress: »Ich entwickelte mich nicht, und ich war total verbohrt.« Auch die Verbindung zu Marlene bricht Ende der 1980er auseinander.

Die strenge, ja, dogmatische Spiritualität begräbt Georg Thurn also. Er besinnt sich auf seinen eigenen Spürsinn. Genauso wie in seinem Beruf. Nachdem er in den ersten Jahren die geistige und die architektonische Welt auseinanderhält, verknüpft er die beiden Gebiete Mitte der 1980er erstmals. Geomantie könnte man die Schnittmenge dieser Felder nennen. Über das geomantische Bauen gibt es zu diesem Zeitpunkt kaum Erkenntnisse. Schriften aus dem Altertum lagern vereinzelt in Bibliotheken, aber aktuelle Studien sind Mangelware. »Feinenergetisches Bauen war Niemandsland«, sagt Thurn, der auf eigene Faust Pionierarbeit leisten muss.

Was ist Geomantie überhaupt? Der Begriff entstammt dem Griechischen und meint Weissagung oder auch Deutung der Erde. Das könnte den Schluss nahelegen, dass sich Geomanten lediglich im Reich nebulöser Interpretationen geologischer Phänomene aufhalten. Skeptiker mögen das bis heute so sehen. Tatsache ist, dass weltweit und seit Jahrtausenden geomantisch gebaut wird. Das Paradebeispiel dafür sind die Pyramiden, die nicht nur in Ägypten, sondern auf dem ganzen Globus vor rund 5000 Jahren entstanden. Beschreiben Schulbücher Pyramiden noch immer beharrlich als gewaltige Grabanlagen für die Pharaonen, so ist das nicht einmal die Hälfte der Wahrheit. Pyramiden sind Energiezentren, die nicht nur durch ihre äußere Form, sondern auch durch ihre exakte Lage messbare physikalische Effekte erzeugen. Sie sind in der Lage, Körper zu mumifizieren. Sie vermögen aber eben auch, bewusstseinserweiternde und erkenntniserleichternde Zustände bei Menschen hervorzurufen, die sich in ihnen befinden. Gleiches trifft auf steinerne Anlagen wie Stonehenge in England oder Carnac in der Bretagne zu, die nicht zufällig an diesen Stellen errichtet wurden. Die alten Römer legten ihre Marschachsen durch Europa ebenso wenig aus purer Lust an der Symmetrie so kerzengerade durch die Landschaft. Vielmehr sollte ihre energetische Position es den Soldaten ermöglichen, tagelange Märsche ohne Ermüdung zurückzulegen. Im Mittelalter sind es die neu entstandenen Kirchen der Gotik, die auf geomantischer Basis fußen. Sie stellen viel mehr dar als mit christlicher Symbolik und Weihrauchatmosphäre ausgestattete Gotteshäuser. Den Baumeistern – allen voran dem im zwölften Jahrhundert wirkenden französischen Staatsmann und Geistlichen Suger, der die Abteikirche Saint Denis in Paris plante – war stets klar, dass sie damit auch exakt abgemessene Resonanzkörper schufen, die Einfluss haben auf Prozesse im menschlichen Körper und – noch wichtiger – auf seinen Geist.

Die uralte Tradition der Geomantie geht von dreierlei aus. 1.) Die Erde gibt elektromagnetische Strahlung ab, die auf uns wirkt. Das tut sie nicht an allen Orten gleichmäßig, sondern innerhalb eines über den Erdball verlaufenden energetischen Gitternetzes. 2.) Der Kosmos gibt elektromagnetische Strahlung ab, die auf uns wirkt. 3.) Dreidimensionale Formen akkumulieren und verdichten diese Strahlung. Besonders dann, wenn die Formen auf Kreuzungslinien im energetischen Gitternetz der Erde platziert werden.

Aber welche Energien wirken da? »Es geht um Schwingungen, biokybernetisch relevante Frequenzen und Informationsübertragung«, erklärt Georg Thurn. »Wir wissen, dass jedes unserer Organe eine Schwingung erzeugt, jedes Molekül, jedes Elektron, sogar jeder Gedanke. Wir sind Schwingung. Die Natur ist Schwingung. Und es gibt äußere Schwingungen, die uns eher herabziehen, und es gibt Schwingungen, die uns aufbauen (siehe auch die Kapitel über Dieter Broers und Ervin Laszlo). Diese Schwingungen kommen sowohl aus der Erde als auch aus dem Kosmos und treffen in jeder Sekunde unseren Körper, der wie eine Antenne funktioniert. Die alten Baumeister wussten, dass man durch Architektur diese natürlichen Einstrahlungen nutzen kann. Die Energie, die wie ein sanfter Landregen auf die Erde kommt, kann man über harmonisch konstruierte Gebäude trichterartig bündeln. Die Menschen in ihnen kommen in eine Art Heilbad. Je nachdem, welche Schwingungsfrequenz herausgearbeitet ist, führt das beim Menschen zu einem Intelligenzsprung, zu einem Gesundheitssprung, zu einem Wahrnehmungssprung, zu einem Intuitionssprung oder zu einem Telepathiesprung.«

Das sagt Georg Thurn im Jahr 2010. Vor 25 Jahren allerdings ist das auch für ihn völliges Neuland. Den in den Sphären der Geomantie noch nicht bewanderten, rationalen Architekten überzeugen mehrere theoretische Vorträge, vor allem aber Experimente. So unternimmt er 1985 auf einer Alm im Salzburger Land mit einer Gruppe den Versuch, mithilfe einer Drahtkonstruktion »Tempelatmosphäre« zu schaffen, also genau die Schwingungen zu erzeugen, die beispielsweise in gotischen Kirchen wie Notre-Dame in Paris oder dem Kölner Dom herrschen. Das soll auf einer ganz normalen Wiese geschehen, die aufgrund ihrer vielen Wasseradern für sensible Menschen eher Unruhe verströmt. Mit zwei Meter hohen Stäben bauen die Männer und Frauen eine 16-eckige Drahtpyramide mit einem Durchmesser von zehn Metern. »Wir setzten uns da rein und fühlten uns einfach toll«, erzählt Thurn. »Nicht nur die vorher festgestellten Wasseradern waren nicht mehr zu orten. Es herrschte vollkommene Ruhe, man fühlte sich vollkommen frei, das Denken war nicht mühsam, alle Sorgen waren weg, ein Zustand innerer Freiheit kam auf und auch ein Glücklichsein. Dass es so etwas geben konnte! Das war für mich der Eintritt in eine neue Welt.«

Wieder ist es eine Welt, in der in den ersten Jahren viele Rückschläge, großer Schmerz und höllische Existenzängste auf ihn warten. Ganz normalen Bauherren die Wirkung von Geomantie zu erklären scheint wie ein Spießrutenlaufen. Um nicht den Glauben zu verlieren, muss sich Georg Thurn die Sinnhaftigkeit der Geomantie immer wieder selbst einreden. Denn sein ganzes Umfeld hält seine Ideen für Mumpitz. »Ich konnte die Projekte nur an den Mann bringen, wenn ich nichts von den eigentlichen Inhalten erzählte. Das hat die Leute zu sehr verschreckt«, sagt er. »Finanziers und Auftraggeber haben ein großes Machtbedürfnis. Die wollen Dinge steuern. Und plötzlich kommt da einer und erzählt etwas, wovon man sich überfahren und bloßgestellt fühlt, weil man über das neue Metier noch nichts weiß. Aber wenn man selbst auf Dauer kein Echo hat, wächst die Frustration ins Unermessliche.«

Georg Thurn kommt eine Idee: Vielleicht muss er die Auftraggeber einfach in genau die gleichen Erfahrungen führen wie sich selbst? Das geht nur mit einem realen Vorbild im Maßstab 1:1, das die Zweifler überzeugt. Thurn entschließt sich, als erstes geomantisches Projekt der europäischen Neuzeit ein Seminarhaus zu bauen. Direkt in seiner Nähe auf dem Granit des Waldviertels. Es soll nicht nur Investoren anlocken, sondern auch den interessierten Bürger in Workshops die befreienden Energien spüren lassen. Der von seiner Idee wieder total elektrisierte Architekt denkt sogar daran, dass dieses Gebäude eine Keimzelle sein könnte für die dringend notwendige Erweckung der Menschheit, die nicht müde wird, radikalen und separierenden Weltanschauungen sowie vernichtendem Konsumversprechen hinterherzulaufen. »Wir wollten ein Zentrum gründen, in dem sich die Weisen des Ostens und die progressive Wissenschaft des Westens vereinigen. Wir wollten ein neues geistiges Feld schaffen.«

Doch wieder beginnen die Probleme. Vier Jahre dauert die Standortsuche. Zuletzt zieht der Anbieter des gefundenen Bauplatzes sein Angebot im letzten Moment zurück. In seiner Wut und Verzweiflung kommt Thurn plötzlich das riesige Waldareal seines Vaters in den Sinn. Er läuft den Berg hinter der Burg hinauf und findet eine traumhafte Lichtung, die vor wenigen Jahren ein Wintersturm geschlagen hat. Hier und nur hier kann der Ort sein! Er nimmt sich vor: Wenn sein Vater diesen Wunsch wieder mit einem Veto belegt, dann verlässt er Burg und Erbe für immer! Ohne dass er die Drohung aussprechen muss, scheint er seine Bitte mit einem solchen Nachdruck vorgetragen zu haben, dass Philipp Thurn-Valsassina, sehr sensibel für die Energien der Macht, tatsächlich meint: »Ja, wenn er das will, dann soll er das machen.«

Georg Thurn verfolgt das Bauvorhaben wie noch keines zuvor. Bei jeder Schraube passt er auf, besteht darauf, dass die Handwerker jedes bisschen Schutt unmittelbar entsorgen und nicht unachtsam in den Baugrund werfen. Sägespäne werden mit dem Staubsauger penibel aus dem Dachgebälk entfernt. In seinem Buch *Subtiles Bauen* gibt Thurn Einblicke in das geomantische Konzept des Hauses. »Dachbalken sind als V-Antennen ausgebildet, eine auf dem Gegenstromprinzip verlegte Fußbodenheizung als Ring innerhalb der Fassade hat Schutzcharakter, das Yin-Yang-Prinzip ist eingehalten, Zahlen und Winkel wurden bewusst gewählt. Das harmonische Zusammenwirken dieser Elemente schafft den Resonanzeffekt des Hauskörpers, ähnlich dem Körper eine Violine, ohne den die gestrichene Saite kaum einen Ton abgibt.« Laut dem Erbauer erzeugt sein Seminarhaus, das er »Die Lichtung« nennt, eine »Energiesäule mit zwei gegenläufigen Spiralen«. Und in der Tat ist im Zentrum des Gebäudes eine eigenartige Kraft zu spüren, die den Körper vom Scheitel bis zur Sohle durchströmt. Einen weiteren indirekten Beweis für die Besonderheit dieses Ortes liefert im Jahre 2001 die Schneeschmelze. Das tauende Eis bildet auf dem Schilfteich, der das Haus am südlichen Teil wie ein Halbmond umschließt, mehrere regelmäßige Bögen aus, ähnlich den Feldlinien, die man aus Experimenten mit einem Magneten und Eisenspänen kennt.

Physiker können in verschiedenen Bereichen des Hauses veränderte niederfrequente elektromagnetische Strahlung messen. Diese auf den Menschen wirkende Strahlung ist wiederum über Gehirnstrommessungen nachzuweisen. Rechte und linke Gehirnhälfte arbeiten plötzlich in einem

Gleichklang, der höhere geistige Fähigkeiten hervorruft. Und es ist nicht nur der Kopf, dessen Aktivität sich verändert. Untersuchungen der roten Blutkörperchen haben ergeben, dass sie einen anderen, höheren Ordnungsgrad annehmen. »Ein Organismus hat die Tendenz, in die Unordnung zu gehen, was Entropie bedingt, also Energieabbau«, sagt Georg Thurn. »Je geordneter er aber ist, umso vitaler ist er, umso höher die Immunkraft, umso geringer die Krankheitsanfälligkeit, umso höher die Lebensfreude.«

Thurns Zutaten und Anweisungen zum geomantischen Bauen lesen sich fast wie eine Gebrauchsanleitung zum Zusammenschrauben eines Ikea-Schranks. Und doch gehört mehr dazu. Das »Funktionieren« eines Gebäudes habe auch mit der Inspiration seines Erbauers zu tun, sagt er. Zu Hilfe kommen Georg Thurn dabei die spirituellen Techniken, die er in den 1980ern lernte. Dabei lenkt seine Intention die Energie. »Ich muss eine starke Vorstellung davon haben, was ich erreichen will, dann wird mir der Weg gezeigt. Es ist fast so, als wenn mir Zugang gewährt wird zu einem Bildspeicher. Wenn ich den Bleistift in die Hand nehme, dann werde ich geführt, dann zeichnet sich das Ding. Es war ein langer Prozess, dieser inneren Führung zu glauben und sie anzunehmen. Dafür habe ich 20 Jahre gebraucht. Mein ganzer Organismus musste lernen: Wenn so eine Information kommt, kann ich ihr glauben.«

Obwohl »Die Lichtung« von Beginn an für sich spricht und sich inzwischen als begehrter Seminarstandort etablieren konnte, erlebt Georg Thurn 1989 nach Fertigstellung pure Ernüchterung. »Ich dachte, das löst jetzt eine Welle aus. Denkste! Es dauerte. Ich habe mich oft gefragt, warum es bei mir so langsam ging, warum musste ich so viele Stufen nehmen? Die Antwort ist: Ich kann anderen nur etwas beibringen, wenn ich es selbst durchlebt habe. Und bei mir selbst hat es ja auch lange gebraucht.«

Die nächsten Jahre verbringt Thurn weiterhin mit der Gestaltung regionaler Gebäude, denen er immer noch seinen Ruf verdankt. Zwischendurch gelingt es ihm allerdings immer wieder, geomantisch inspirierte Häuser zu bauen: Kapellen, ein Parkhaus, ein Golfhotel, die Schalterhalle einer Sparkasse. Jedes Projekt steht für andere Energien. Jedes Projekt steht für andere Wirkungen. Langsam, aber sicher schleicht sich die Geomantie in jedes seiner Projekte. »Ich bewundere Giorgio, dass er trotzdem durchgehalten hat«, sagte seine Frau Christiane gegen Ende ihres Lebens. »Er hat 20 Jahre keinen Erfolg gehabt. Ich hätte das nie durchgehalten.«

Das geomantische Bauen ist längst nicht ausgereizt. Thurn träumt beispielsweise von einer Klinik, in die man tagsüber Heilwirkung, nachts Entspannungswirkung geben kann. Erreichen will er dies über eine Veränderung der Dachform, die als Antenne verschiedene Frequenzen einfängt und weiterleitet. Einen Entwurfsplan für einen Friedenstempel in Indien, der die Glaubenskrieger besänftigen soll, hat er längst gemacht. Der Auftraggeber ist allerdings gestorben, das Projekt ins Stocken geraten. Ein weiteres gigantisches Projekt in Texas hätte wie die tibetische Hauptstadt Lhasa und die Pyramiden von Gizeh auf dem 30. nördlichen Breitengrad errichtet werden und Energien aussenden sollen. Doch die Geldgeber sprangen ab. Der vorläufige Höhepunkt von Thurns Karriere soll – wenn alles gut geht – 2010 ein Schulungszentrum im holländischen Dronten sein. Das Pulsarinstitut des Niederländers Marcel Derkse will in einem auf einer Polderlandschaft errichteten Komplex Seminare zur Persönlichkeitsentwicklung anbieten. Georg Thurn-Valsassina greift dazu tief in die Trickkiste und implementiert alles in die insgesamt vier Gebäude, was geomantisch möglich ist. Die in einer langen Sinuskurve geschwungenen Außenwände korrespondieren in ihrer Form mit den langsamen Gehirnschwingungen während einer Meditation. Verschwenkte Flügeldächer sollen Energie verwirbeln, eine Kuppel in Form des Erdkristallgitters den Heilgeist der Erdgöttin Gaia aktivieren. Die Seminarräume sind gekoppelt an die rechte und die linke Gehirnhälfte, sodass in dem einen Raum analytisch gearbeitet werden kann, während im anderen intuitive Aufgaben angeregt werden.

Thurn belässt es nicht bei Formen und Winkeln. Er überträgt zusätzlich das Chakrensystem des menschlichen Körpers auf das ein Hektar große Feld und versieht die verschiedenen Gebäudeteile so mit zusätzlichen Energien. Da das Halschakra für die Kommunikation steht, setzt Thurn die Versammlungshalle auf diesen Energiepunkt. Auf dem der Erkenntnis zugedachten Stirnchakra soll ein Plenarsaal für 300 Menschen entstehen. Das Kronenchakra ist als Meditationsplattform angelegt und liegt unter freiem Himmel. »Wenn man so will, kreiere ich mit dem Chakrensystem ein Wesen und gebe dem Gebäude Vitalkraft, Aura und Nähe zum Menschen«, sagt Thurn. »Chakren sind Energiewandler, die lebenswichtige hohe Frequenzen auf menschliches Maß transformieren und den Seelenkontakt der Aura zur Welt des Geistes aufspüren. Das Projekt in Holland sprengt die Fesseln der Tradition. Hier ist totale Befreiung angesagt. Jede Bindung an kollektive Einengung wird gelöst.«

Warum ist das alles nötig? Warum können wir nicht einfach weiter in ganz normale Büros gehen, in ganz normale Kirchen und in ganz normale Schulen? Vier Wände, Dach drauf, fertig! Das können wir. Das werden die meisten wohl auch weiterhin genauso tun. Doch die sich zuspitzende Krisensituation auf der Erde verlangt nach Alternativen. Im Kern geht es Thurn um das Aufwachen aus der Unmündigkeit, eine Art zweite Aufklärung ohne Geheimnisse und Interventionen machtbesessener wie paralysierter Institutionen. »Das Einzige, das mich nur noch interessiert, ist, die

Schwingungen so anzuheben, dass die Menschheit in einen anderen Bewusstseinszustand gerät und endlich aufhört, sich auszubeuten und umzubringen«, erklärt Georg Thurn seine Absicht. »Ich schaffe die Räumlichkeiten, die das Schwingungsfeld aufbauen, das der neuen Bewusstseinslage entspricht. Diese Bewusstseinslage, in der es um nichts anderes geht als um Nächstenliebe und den Abschied vom Materialismus, ist noch nicht da, aber sie ist in Vorbereitung. Dazu brauchen wir die Menschen. Ich sehe, dass ich in die Lehre gehen musste, um es ihnen zu vermitteln. Denn die meisten erkennen nicht die Brisanz der Situation.« Dabei sieht sich Thurn keineswegs als neuer Guru oder gar Meister. Er will erklären und erfahren lassen. Das tut er inzwischen auch in eigenen Seminaren, die er meist in Frankreich gibt. Darin führt er ein in den Geist der mittelalterlichen Bauhütten, erklärt die akupunkturartige Funktion geomantischer Bauwerke. Aber vor allem will er die Teilnehmer einweihen in das neue Bewusstsein. »Dafür benötigen wir offene Energiekanäle, eine Aktivierung der Mitochondrien, den Energiekernen in den Zellen, durch Biophotonen und die Aktivierung der interdimensionalen Schichten der DNA«, schreibt Thurn in einer seiner Seminarankündigungen. »So gelingt die Einbindung in die göttliche Matrix und das Erkennen unserer individuellen Aufgabe in diesem Prozess der Wandlung.«

»Ich bin sehr betroffen von der Wirtschaftskrise, die 2008 losgetreten wurde«, sagt Thurn. »Und der Eindruck hat sich verschärft, dass wir alle Manipulierte sind, die mit aller Kraft von wenigen Fadenziehern unten gehalten werden. Aber wir kommen in dem neuen Bewusstsein in das Recht zu wissen. Der Normalgebildete hat ein Anrecht darauf, zu erkennen, was mit ihm passiert. Ich mache den Menschen Mut, sich auf die Energien einzulassen, die in das neue Bewusstsein der Selbst- und der Welterkenntnis führen. Es lohnt sich, denn in dem neuen Weltbild sind wir selbst mit allem verbunden. Wir haben durch unseren Geist die Kraft, Einfluss zu nehmen auf den Schöpfungsprozess. Damit trägt der Mensch evolutionäre Verantwortung. Der freiwerdende Geist hat alles Potenzial in sich. Das gilt es, zu mobilisieren. Ich sage den Teilnehmern meiner Seminare: Vertraue deinem höheren Selbst und du wirst geführt, und dein befreiter Geist ist Teil des Ganzen und hat die Kraft zur Veränderung.«

Die wirkliche Renovierung des Systems Menschheit läuft noch nicht, da ist sich Georg Thurn sicher. Der Schock der multiplen Krisen sitzt womöglich noch nicht tief genug. Noch sieht er zwei Energien gegeneinander arbeiten, die alte und die neue. »Die Lust derer, die Milliarden scheffeln, ist so groß, dass sie nicht loslassen. Es wird nur drauf gewartet, nach der Krise die alten Systeme wiederherzustellen. Die Frage ist, brauchen wir den totalen Crash, um zu begreifen? Unser Organismus scheint jedenfalls nicht für Veränderungen gebaut. Die Natur ist in ihrer Aufgabe, für Kontinuität zu sorgen, konservativ und träge. Auf ein soziales Wesen angewandt, bringt das Rückschritte. Wir tragen eine Programmierung in uns, die uns zu unglaublichen Gewohnheitsmaschinen macht. Wenn ich mich an eine Krankheit gewöhnt habe, fällt es mir schwer, wieder in die Gesundheit zu gehen. Geomantische Bauwerke aber sind die Brecheisen, um aus der Gewohnheit herauszukommen und über die Umprogrammierung unserer DNA-Stränge zum höheren Selbst zu finden.« Worte eines Architekten, der die Welt ursprünglich in uniforme Raster aus Stahl sperren wollte.

Wenige Tage vor ihrem Tod schreibt Christiane Singer in ihr Tagebuch, das 2007 posthum unter dem Titel *Alles ist Leben – Letzte Fragmente einer langen Reise* erscheint: »Mir ist klar geworden, dass Giorgio sein Leben lang mit einer unerschütterlichen Beständigkeit den Glauben an das Werden dieser Welt in sich getragen hat und dass er inkogni-

Foto: Martin Häusler

Der Architekt und sein Lebenswerk: Georg Thurn vor den Plänen des hochenergetisch konstruierten Seminarzentrums, das in Holland entstehen soll.

to gereist ist, von allen anderen und sich selbst unerkannt: Träger des Lichts, Diener des Lebens.«

Bleibt die große Frage, was das für eine Quelle ist, aus der Georg Thurn schöpft. Wem dient er da? Wer führt ihn da? Ist es die gleiche Instanz, welche die alten Meister inspirierte? Verfechter einer veralteten Schulbuchphysik würden möglicherweise kaum Erklärungen anzubieten haben und trotz vieler Indizien konsequent von Spinnerei reden. Gläubige Christen würden sagen, dass es nur Gottvater sein kann. Hindus würden ihn Brahma nennen. Anhänger des Neoplatonismus brächten die Akasha-Chronik ins Spiel, einen äthe-

Foto: Martin Häusler

Ein Löwe bewacht den Eingang von Burg Rastenberg. In den letzten Jahrzehnten wurde die 800 Jahre alte Festung zur Wohnburg umgebaut.

rischen Raum, in dem das Menschheitsgedächtnis, also alles jemals Gedachte, gespeichert sein soll (siehe auch das Kapitel über Ervin Laszlo). Quantenphysiker, die offiziellen Nachfahren Albert Einsteins, könnten über entsprechende Experimente den Beweis antreten, dass Mensch wie menschlicher Geist mit allem im Universum verbunden ist.

»Entweder findet da eine Wissensübertragung aus anderen, höheren Kulturen statt«, vermutet Georg Thurn, »oder die Information stammt aus dem verbundenen Raum des Vakuums, dem schöpferischen Potenzial der Quantentheorie. Diese Variante favorisiere ich. Es ist anzunehmen, dass –

bildlich gesprochen – alles dieser Schöpfungsebene entstammt, einer wie auch immer gearteten Zuständigkeit, wo grundlegende Prinzipien in Form einer heiligen Geometrie konstruiert wurden. Nutzen wir hier auf der Erde diese geometrischen Muster, können wir in Kontakt mit dieser Schöpfungsebene treten.«

Der griechische Philosoph Platon kategorisierte um 400 vor Christus fünf dreidimensionale geometrische Grundmuster, die heute jeder Mathematikstudent lernen muss: das Tetraeder (Raum aus vier Dreiecken), das Hexaeder (Raum aus sechs Quadraten), das Oktaeder (Raum aus acht Dreiecken), das Dodekaeder (Raum aus zwölf Fünfecken), das Ikosaeder (Raum aus 20 Dreiecken). Alle haben die Eigenschaft, mit ihren Spitzen eine sie umgebene Kugel zu berühren. Interessant ist, dass nicht erst Platon in diesen Formen etwas Ultimatives sah und nach ihm viele andere Wissenschaftler wie beispielsweise der Astronom Johannes Kepler im 16. Jahrhundert. Schon Tausende Jahre vor Christi Geburt hantierten Hochkulturen mit genau jenen Formen. Archäologische Funde auf der ganzen Welt bestätigen das. Steckt also tatsächlich ein Naturgesetz hinter der geometrischen Formgebung?

Als Indiz für diese eine Schöpferkraft zieht Georg Thurn das seit Jahrhunderten beobachtete Phänomen der Kornkreise heran, die jeden Sommer dutzendfach in Getreidefeldern auf der ganzen Welt auftreten, besonders schön ausgeprägt und mit exquisiter Ästhetik gezeichnet in Südengland. In diesen Kornkreisen versteckt sich eine hochkomplexe, harmonikale Geometrie. Eindeutig geklärt ist ihre Herkunft bis heute nicht. Fest steht allerdings, dass die Urheber der allermeisten dieser Gebilde keine bierseligen Studenten sind, die sich mit Seilen und langen Holzlatten einen Spaß erlauben. Dafür spricht, dass die zum Teil mehrere Hundert Meter großen und weitverzweigten Kornkreismuster innerhalb

Foto: Martin Häusler

Mit seinem Seminarhaus »Die Lichtung« oberhalb von Burg Rastenberg demonstriert Georg Thurn die Effekte des geomantischen Bauens.

weniger Sekunden bis Minuten entstehen, dass die Getreidehalme nie gebrochen sind, dass sich deren Wachstumsknoten mit der Nähe zum Zentrum der Formation gleichmäßig vergrößern und dass die Erde, auf der sie wachsen, veränderte Strukturen aufweist. Der Stickstoffgehalt wie die Kristallinität ist um ein Vielfaches größer als im benachbarten Boden. Was hat dieses viel diskutierte Thema mit Georg Thurns Architektur zu tun?

Der Österreicher hält es erst für einen Zufall, dann aber kann er nicht anders, als an einen Zusammenhang zu glauben: Mehrmals passiert es, dass wenige Tage, nachdem er auf Grundlage der platonischen Körper sehr filigrane, architektonische Zeichnungen für neue Bauprojekte anfertigt, Kornkreise des gleichen Musters entdeckt werden.

Es darf spekuliert werden: Ist Thurn in Resonanz mit einer Schöpferkraft, die ihm die Richtigkeit seiner Planungen bestätigt? Wirkt Thurn über seine Profession gar an der Konstruktion der Kornkreise mit? Kann Geist an einer völlig anderen Stelle auf der Erde sichtbar werden? Antworten versucht Georg Thurn in einer speziellen Meditation zu erhalten. So wie er sich bei seinem ersten einschneidenden Meditationserlebnis in einer gotischen Bauhütte wiederfand, sieht er sich nun in einem Zirkel, der die Kornkreise konzipiert: »Ich sitze in einem Labor mit anderen geistvollen Gestalten. Und was machen wir? Dieses Team entwickelt die Geometrie für die Kornkreise. Ein nächstes Team sucht die Orte, wo sie zu Boden gebracht werden. Ein drittes Team ist zuständig für die Technik, die die Kreise in den Feldern manifestiert. Es scheint ein Kreativprozess zu sein, der kontinuierlich läuft.« Wie deutet Georg Thurn diese meditative Erfahrung? »Ich kann sie mir nur so erklären: Wir sind multidimensionale Wesen, die auf verschiedenen Ebenen gleichzeitig arbeiten und aktiv am Schöpfungsprozess teilhaben. Die höchste Harmonie des Raums spiegelt sich in den platonischen Körpern. Indem wir uns ihrer bedienen, können wir nicht nur über Gebäude die Menschen harmonisieren, sondern über Kornkreise auch die aus dem Gleichgewicht geratene Erde.«

Foto: Martin Häusler

BILAAL RAJAN

Schüler und UNICEF-Kinderbotschafter aus Toronto, Kanada,
geboren 1996 in Toronto, Kanada

Ein Junge sieht sich berufen, die Welt zu verändern, und sammelt seit seinem vierten Lebensjahr Geld und Sachspenden für notleidende Kinder – Warum die gerade heranwachsenden Generationen so wichtig für die Zukunft der Erde sein werden

Bilaals außergewöhnliche Geschichte beginnt am Frühstückstisch. Er schält sich gerade ein paar Clementinen, als er seinen Vater bittet, doch auch mal einen Blick in die Tageszeitung werfen zu dürfen. Aman Rajan reicht ihm die Ausgabe der *Globe And Mail* vom 28. Januar 2001 herüber. Mit dieser banalen Geste, wie sie tausendfach jeden Morgen an Frühstückstischen zu beobachten ist, wird er das Leben seines vierjährigen Sohnes beeinflussen.

Das große Aufmacherfoto auf der Titelseite dokumentiert mit schonungsloser Härte das verheerende Erdbeben, das zwei Tage zuvor mit einer Stärke von 7,9 den westindischen Bundesstaat Gujarat erschütterte und schätzungsweise 50 000 Menschen das Leben gekostet hat. Weinende Kinder sitzen inmitten eines von Toten gesäumten Trümmerfelds. Bilaal ist schockiert. Sekundenlang schaut er sich das Bild an, blickt in die verzweifelten Gesichter der Menschen. Er liest den Artikel an und erfährt, dass auch ein Priester umgekommen ist, der seiner Glaubensgemeinschaft angehört. Das hätte mein Vater sein können, denkt er sich. Und die Waisenkinder dort, zu denen könnte auch er gehören, falls ein Erdbeben Kanada erschüttern würde.

Während für die allermeisten Zeitungsleser eine solche Katastrophenmeldung zum routinierten Kollateralschaden eines kaffeeseligen Frühstücks gehören mag, legt Bilaal Rajan seine Klementinen beiseite und steht auf. Ihm ist sofort klar, dass er diesen Kindern helfen muss. Man hätte in dem Moment gern in den Kopf dieses kleinen Jungen geschaut, um die sich blitzschnell bildende Kette seiner Gedanken nachvollziehen zu können. Er konfrontiert seine Eltern mit dem Entschluss, auf der Stelle rauszugehen, um den Inhalt der gerade angebrochenen Klementinenkiste zu verkaufen und die Einnahmen für die Opfer des Erdbebens zu spenden.

Aman und Shamim Rajan sind überrascht. Sie lehren ihren Sohn zwar seit Jahren die Tugend der Hilfsbereitschaft, aber dass sich das in diesem Moment derart konkretisieren würde, hätten sie nicht vermutet. Sie erlauben ihm, seiner fixen Idee nachzugehen. Bilaal zieht sich seine dicke Winterjacke und die Stiefel an und geht mit der Klementinenkiste und einem eilig gemalten Plakat hinaus in die Kälte. Auf der Tour durch das Wohnquartier im Torontoer Stadtteil Richmond Hill klingelt er an über 100 Haustüren. Nachdem die erste Kiste leer ist, müssen ihm seine Eltern neun weitere vom Obsthandel besorgen. So verbringt Bilaal den Samstag, den Sonntag und den Montag als weltweit wohl jüngster Spendensammler in den Straßen seiner Nachbarschaft. Am Ende hat er 350 Kanadische Dollar zusammen.

Es ist der Beginn eines beispiellosen Wegs. Eines Wegs, der nicht abreißt und bis 2009 zu Gesamtspenden von umgerechnet 3,5 Millionen Euro für notleidende Kinder geführt hat, zu einem Botschafterposten bei UNICEF und zum Besuch von bisher 24 Ländern.

Bilaal Rajan ist inzwischen 13 Jahre alt. Er trägt Zahnspange, hat einen wachen Blick und spricht sehr schnell und geschliffen. Er hat ein Schuljahr übersprungen, geht auf die Highschool, spricht mit Englisch, Französisch, Spanisch, Mandarin und Kisuaheli fünf Sprachen, geht mit Skifahren, Tennis, Surfen, Fußball- und Schlagzeugspielen fünf Hobbys nach, betet dreimal am Tag, meditiert, informiert sich über das Internet und Tageszeitungen anstatt übers Fernsehen, liest lieber Nelson-Mandela-Biografien als Harry Potter und schaut sich vorzugsweise Spielfilme an, die mehr bieten als reine Unterhaltung – wie zum Beispiel das kaum bekannte Drama *The Power of One*, die Geschichte eines englischen Waisenjungen in Südafrika, der sich durchkämpft und sich für eine gerechtere Gesellschaft einsetzt.

In Kanada ist er ein echter Star, schaffte es mit seinen erstaunlichen Aktionen aus der Lokalpresse bis in die internationale Berichterstattung von CNN. »Together we can make a difference in the world«, ist seine Parole, die er überall verbreitet. Zum Teil vor 4500 Zuhörern. Sie alle wollen wissen, nach welchen Prinzipien dieses frühreife, hochintelligente und empathisch agierende Kind die Gesellschaft verändern und die Welt retten will.

Bilaal ist der einzige Sohn von Aman und Shamim Rajan. Die Wurzeln der Familie liegen in Indien, das Bilaal nie gesehen hat. Seine Ururgroßeltern brechen im 19. Jahrhundert von dort nach Afrika auf. Für die damalige Zeit nichts Besonderes, denn zwischen Indien und Ostafrika gibt es seit zwei Jahrtausenden rege Handelsbeziehungen über den Land- und Seeweg, und ständige Einwanderung ist üblich. Schätzungen zufolge sind heute zehn Prozent der afrikanischen Bevölkerung indischen Ursprungs.

Während die Europäer als Kolonialmächte die Staaten Afrikas unterwerfen, kommen die Inder als Gastarbeiter oder Kaufleute ins Land. Besonders gern siedelt man sich in Kenia, Tansania und Uganda an. Städte wie Nairobi oder Kampala sehen zeitweise aus wie indische Metropolen. Die

Vorfahren von Aman und Shamim entscheiden sich für Kenia und Tansania, um dort Handel zu betreiben.

Anfang der 1970er-Jahre verbreitet das Regime des ugandischen Diktators Idi Amin Angst und Schrecken. Er zerschlägt das indische Handelsmonopol in seinem kleinen zentralafrikanischen Staat, die indische Bevölkerung wird verfolgt, getötet, vertrieben, die Besitztümer verteilt. Im Anrainerland Kenia befürchtet man unter den indischen Einwanderern ein Überspringen der Angriffe. Amans Familie wandert deshalb nach Kanada aus. Shamim kommt erst 1980 aus Tansania nach Nordamerika. Sie studiert in den USA Pharmazie, geht dann aber auch nach Kanada. Dort trifft sie ihren zukünftigen Mann bei einer Veranstaltung, auf der 20 000 Menschen den Aga Khan feiern, das Oberhaupt der ismailitischen Moslems, Geschäftsmann und angesehener Wohltäter. Die beiden arbeiten dort als freiwillige Helfer, verlieben sich und heiraten. 1996 wird Bilaal geboren. Heute ist Aman Rajan Chef eines Catering-Unternehmens, das Kindergärten, Schulen und Breakfast-Clubs der Region mit gesunden Lebensmitteln versorgt. Shamim Rajan arbeitet als Apothekerin und muss ihre Schichten mit den zum Teil spontanen Aktionen ihres Sohnes koordinieren. »Alle Eltern werden denken, dass ihr Kind etwas Besonderes ist«, kommentiert Aman Rajan das Initialereignis am Frühstückstisch. »Aber da merkten wir doch, dass gerade etwas ganz Außergewöhnliches passiert. Seine Bemühungen rissen ja auch nicht mehr ab. Wir haben nie versucht, den kreativen Prozess in ihm zu behindern oder zu reglementieren. Solange er sich nicht in Gefahr begibt, soll er seine Herausforderungen angehen. Wann immer ich ihn heute reden höre, fällt es mir schwer, nicht rot zu werden. Wir sind sehr stolz.«

Bilaal ist ein Frühentwickler. Mit zwei Jahren kann er sämtliche Farben benennen, mit drei bereits lesen und schreiben. Er besucht – gerade anderthalb Jahre alt – die Adler

Kinderschool in Richmond Hill, eine Betreuungseinrichtung von Pädagogen, die Kindern auf Augenhöhe begegnen und ihnen in den ersten Jahren ihres Lebens soziales Verhalten, Respekt anderen gegenüber, verantwortungsvolles Handeln und verbale Konfliktlösung beibringen.

Auch zu Hause werden diese Werte vorgelebt. »Wir haben Bilaal recht früh vermittelt, dass wir alle in einer Welt leben und nicht allein sind«, sagt Aman Rajan, »dass aber die meisten Menschen mit einer sehr beengten Sicht durch den Alltag gehen und sich nicht darum scheren, was gerade auf der anderen Seite des Ozeans passiert. Dieses Denken mag Bilaal früh verinnerlicht haben, aber er hob das auf ein Niveau, das uns selber überraschte.«

Mit der zweiten großen Charity-Aktion wird erstmals die örtliche Presse auf Bilaal aufmerksam. Am 18. September 2004 verwüstet der Hurrikan Jeanne den Inselstaat Haiti. Durch apokalyptische Überflutungen und Erdrutsche sind am Ende über 3000 Opfer und Zehntausende Obdachlose zu beklagen. Das zu Beginn desselben Jahres installierte neue Regime Haitis ist mit dem Krisenmanagement überfordert.

Bilaal liest in der Zeitung eine Anzeige von UNICEF, in der dringend um Spenden gebeten wird. Seine zehn Dollar Taschengeld im Monat erscheinen ihm zu wenig, sodass er seinen Vater bittet, ihm 20 bis 30 Packungen Schokoladenkekse zu überlassen, die er sonst durch seine Firma ausliefern lässt. Er möchte sie in seiner Schule verkaufen und das Geld anschließend für die Kinder Haitis spenden. Direktor Harry Giles kann mit Bilaals Bitte, in den Pausen Kekse verkaufen zu dürfen, zunächst wenig anfangen. So etwas hat noch nie jemand vorgehabt. Er hält seinen Schüler einen Tag hin. Bilaal hakt noch einmal nach und ringt ihm die Erlaubnis ab, allerdings nur für die Mittagspause. Als der tiefere Sinn der Aktion zum Direktor durchsickert, gibt er zusätzlich grünes Licht für den Verkauf am Morgen und am Nachmittag. Anfangs läuft es schleppend, doch am Ende des zweiten Tags sind alle Kekse weg. Der Achtjährige gibt sich nicht zufrieden. Mit der Hilfe von zwölf seiner Klassenkameraden verkauft er an den folgenden Tagen in der Innenstadt von Toronto sagenhafte 1000 Packungen Schokoladenplätzchen. Macht insgesamt 6500 Dollar für UNICEF und für Haiti. Immer noch zu wenig, meint Bilaal.

Er kontaktiert den Generalkonsul von Haiti in Toronto und fragt ihn, was auf seiner Insel jetzt am dringendsten benötigt würde. Medikamente und Nahrung, ist die Antwort. Bilaal zögert nicht lange und bittet 50 Firmen aus der Lebensmittel- und Pharmaindustrie um Hilfe. Der Rücklauf ist ernüchternd. Zehn von ihnen antworten, acht geben Lebensmittelgutscheine aus, die Bilaal hätte einlösen können, zwei allerdings engagieren sich über alle Maßen. Der Heinz-Konzern stellt Babynahrung im Wert von 50 000 Dollar zur Verfügung, der Medikamentenhersteller Apotex Arzneimittel für eine halbe Million Dollar. »In der Geschäftswelt gilt die Regel, dass man für zehn Neins ein Ja bekommt«, sagt Bilaal Rajan. »Wenn man so an eine zunächst vielleicht entmutigende Sache herangeht, heißt das doch, dass man mit jedem Nein dem Ja näher kommt, oder?«

Die kanadische Niederlassung der Kinderhilfsorganisation UNICEF ist vom Engagement des putzmunteren Schülers derart beeindruckt, dass man Bilaal noch im Oktober 2004 zum offiziellen Kindersprecher ernennt. Plötzlich steht er im Fokus der nationalen Presse und muss Interviews für überregionale Zeitungen geben.

Alles nicht genug. In der Adventszeit bastelt er für seine Lehrer Weihnachtsgeschenke. In diesem Jahr hat er sich für selbst entworfene Teller aus Acryl entschieden. Sie kommen so gut an, dass er mehr davon herstellt und sie für den guten Zweck verkauft. Macht 1200 Dollar für mit dem HI-Virus geborene Kinder in Afrika.

Dann steht Weihnachten vor der Tür. Es könnte eigentlich mal wieder ruhig werden für die Familie Rajan. Doch es ist fast logisch, dass Bilaal auf die erschreckenden Bilder und Meldungen reagieren muss, die der tödliche Tsunami am 26. Dezember 2004 verursacht. Thailand, Indonesien, Indien, Sri Lanka, Myanmar, Malaysia und die Ostküste Afrikas werden von der Katastrophe heimgesucht, 250 000 Menschen überleben die durch ein Seebeben ausgelöste Flutwelle nicht. Die Rajans sind gerade auf dem Rückweg von einem Ausflug zu den Niagarafällen, als Bilaal im Autoradio das erste Mal in seinem Leben das Wort Tsunami hört. Er geht mit der Horrornachricht schlafen. Am nächsten Morgen steht seine Entscheidung fest, und wieder wird ihn niemand aufhalten können. Er diskutiert das Thema eine Viertelstunde mit seinen Eltern, dann sagt er: »Entweder ich bleibe hier und arbeite mit meinem Kopf oder ich fliege dorthin und arbeite mit meinen Händen.« Gut, solche Ansagen sind Aman und Shamin gewohnt. Was sollen sie machen, außer zuzustimmen. Ihr Sohn wählt eine Mischung aus Variante eins und zwei.

Bilaal Rajan initiiert gemeinsam mit UNICEF eine Aktion, die er »Kids Earthquake Challenge« nennt. Der Aufruf gilt allen Kindern Kanadas. Jeder Junge und jedes Mädchen soll versuchen, 100 Dollar an Spendengeldern für die Tsunamiopfer zusammenzubekommen. Ursprünglich hatte UNICEF zehn Dollar als Marke vorgeschlagen, was Bilaal aber als zu wenig empfand. Er gibt sogar die Schallgrenze von einer Million Dollar vor, die durchbrochen werden soll. Er selbst will alles daran setzen, 10 000 Dollar beizusteuern. Seiner Mutter und den Leuten von UNICEF kommen Zweifel angesichts der großen Ambitionen des jungen Kämpfers.

Bilaal ruft in den folgenden Tagen alle und jeden an: Freunde, Bekannte, Lehrer, Firmenchefs, Mitglieder seiner ismailitischen Glaubensgemeinschaft. Anfang Januar präsentieren die UNICEF und ihr ehrgeiziger Botschafter einen Scheck in Höhe von 1,3 Millionen Dollar, Bilaals persönlicher Anteil beträgt 50 000 Dollar. Die kanadische Regierung rundet auf vier Millionen auf. Zusammen mit Premierminister Paul Martin gibt Bilaal Rajan eine Pressekonferenz, auf welcher der 58 Jahre jüngere Protagonist allen die Show stiehlt.

Dabei komme es ihm darauf gar nicht an, sagt Rajan. »Ich musste nie Scham oder Scheu überwinden, bevor ich auf eine Bühne ging. Wenn man an etwas glaubt und darüber reden soll, wieso muss man da aufgeregt sein? Meine Reden sind ja auch nie Auftritte, ich will niemanden beeindrucken, das Publikum bei Laune halten oder zeigen, wie toll ich bin. Ich will nur zum Ausdruck bringen, was mich bewegt und um was es mir geht: Dass jedes auch noch so kleine Engagement zählt, um das Leid auf der Erde zu verringern. Mir ist egal, was die Leute von mir denken. Ich hoffe, dass sie nach meinen Reden und Interviews aktiv werden, und falls nicht, kann ich auch damit leben.«

Auf seine Vorträge bereitet sich Bilaal Rajan nicht mehr großartig vor. Er tritt auch nicht mit einer Zettelsammlung ans Rednerpult. Bevor er von seinen Aktionen, Reisen und Botschaften erzählt, macht er sich im Kopf ein Grundgerüst von den wichtigsten Punkten, um dann in freier Rede das Publikum zu verblüffen. »Wichtig ist«, sagt Bilaal Rajan, »dass man vom Herzen her spricht. Dann fließt es wie automatisch, und dann erreicht es die Leute auch.«

Von derartigen Tipps hat der Kanadier noch so einige auf Lager. Er hat sie über zwei Jahre gesammelt, auf ein Diktiergerät gesprochen und schließlich zu einem Manuskript zusammengefasst. Der erste Verleger greift zu. *Making Change – Tips from an Underage Overachiever* heißt Bilaal Rajans erstes Buch, das 2008 erscheint.

Darin beschreibt er vor allem die Rezeptur des effektiven sozialen Engagements. Den Teil des Buchs, in dem er die acht Bestandteile dieser Rezeptur erläutert, beginnt er mit den Worten: »Jeder trägt ein Potenzial in sich. Nur weiß leider nicht jeder, wie er dieses Potenzial nutzen soll. Es gibt Hunderte von Büchern, die Erwachsenen helfen sollen, ihr Potenzial zu erkennen und es richtig einzusetzen. Das ist großartig, und sicher profitieren viele Menschen von diesen Hilfestellungen. Aber ich dachte mir: Warum sollten wir damit warten, bis wir Erwachsene sind? Wie wäre es, wenn es etwas gäbe, das sich an Kinder richten würde, geschrieben von einem anderen Kind?« Seine acht Bausteine sind präzise Handlungsempfehlungen:

1. Kenne dein Ziel!
2. Denke, bevor du handelst!
3. Höre richtig hin!
4. Wichtigkeit geht vor Dringlichkeit!
5. In der Gruppe ist man stärker!
6. Gib jedem die Möglichkeit, Gewinner zu sein!
7. Achte auf deinen Körper und deine Seele. Auch die brauchen mal Ruhe und Entspannung!
8. Visualisiere den Erfolg!

Exemplarisch für das außerordentlich ganzheitliche Bewusstsein eines Zehn- bis Zwölfjährigen – das Buch entstand, als Bilaal Rajan so alt war – sind seine Ausführungen zu den Punkten sieben und acht. Daraus geht hervor, dass Bilaal Rajan eben nicht nur losrennt und Spendengelder für Kinder in Not einsammelt, sondern auch die spirituellen Dimensionen des Lebens wahrnimmt und nutzt. Spiritualität bezeichnet Rajan als »sehr wichtigen Aspekt des Wohlbefindens« und den Glauben an eine höhere Kraft als »extrem nützlich«. Gleichaltrigen bietet er verschiedene Ideen an:

- zu beten und dabei Botschaften und Wünsche an das Universum auszusenden, er wisse genau, dass das helfe;
- richtig zu atmen, um Stress zu verarbeiten und damit Körper und Geist zu stärken;
- sich mit den Kräften der Natur zu verbinden, die frische Luft zu spüren, den Sonnenuntergang zu beobachten und dabei darauf zu achten, wie sich die Seele anfühlt;
- und schließlich zu meditieren.

»Meditation ist das Beste, was man für Körper, Geist und Seele tun kann«, sagt Bilaal Rajan. »Meditation hilft, den Geist zu fokussieren, den Körper zu entspannen und uns seelisch mit etwas Höherem zu verbinden. Meditation kann erstaunliche Dinge bewirken. In Schulen, die den Unterricht jeden Morgen mit einer 15-minütigen Meditation beginnen, verbesserten sich Leistungen und Noten der Schüler, und der Stress nahm ab.«

Ebenso bemerkenswert ist, was Bilaal Rajan über die Fähigkeiten des menschlichen Gehirns zur Diskussion stellt. »Wisst ihr, dass ihr euren Kopf austricksen könnt?«, fragt er seine jungen Leser. »Unser Gehirn kann nicht unterscheiden zwischen der Realität und einer Vorstellung von etwas. Wenn wir uns etwas vorstellen, reagiert das Gehirn so, als wäre es tatsächlich passiert.« Warum also, so Rajan, sollte man sich nicht einfach vorstellen, dass man eine Mission bereits erfolgreich abgeschlossen hat? Mit dieser Methode fühle man sich nicht nur besser, sondern könne sogar die Realität beeinflussen. Mit der reinen und regelmäßigen Vorstellung einer glatten Eins im Schulfach Englisch habe er seinen Notenschnitt tatsächlich bis nach ganz oben schrauben können. Auch das Verhältnis zu seiner Englischlehrerin habe sich dadurch deutlich verbessert.

Bilaal Rajan ist mittlerweile Schüler der Highschool in Lakefield im Bundesstaat Ontario, wo er ein Zimmer mit einem Mitschüler aus den Vereinigten Arabischen Emiraten teilt. Auf seinem Schreibtisch steht sein Laptop, den er nie ausschaltet. Falls etwas Wichtiges passieren sollte, sagt er. Seine E-Mails beantwortet er immer sofort, selbst wenn sie frühmorgens oder spätabends bei ihm eintreffen. Seine Schultage beginnen um Viertel vor neun und enden um halb sechs. Bis zu sechs Stunden täglich beschäftigt er sich neben Unterricht und Hausaufgaben mit seinen Hilfsprojekten.

Bilaal Rajan hat die Lakefield Highschool schon einmal besucht. Damals warb er als Gastredner für die Barefoot Challenge, eine der vielen Aktionen, die auf das Tsunami-Engagement von 2004 folgten. Das Konzept: eine Woche lang mit bloßen Füßen durch den Alltag gehen, um sich in seiner durchkommerzialisierten Welt der Armut von Millionen Kindern in den Entwicklungsländern gewahr zu werden, die niemals in ihrem Leben Schuhe tragen werden. Tausende Schüler und Lehrer folgen seinem Beispiel. Auch das Fernsehen – inzwischen treuer Begleiter des Aktivisten – ist dabei.

Im März 2005 wird Bilaal Rajan offizieller Kinderbotschafter der UNICEF. In dieser Funktion hat er noch im selben Monat die ersten Einsätze außerhalb Kanadas. Die allererste Reise führt ihn mit seinen Eltern in die vom Tsunami betroffenen Gebiete Südostasiens. Bilaal will mit eigenen Augen sehen, ob das gesammelte Geld angekommen ist und wie es verwendet wird. Und er will den Kindern, die alles verloren haben, das Gefühl geben, dass es andere Kinder auf der Erde gibt, die an sie denken und sich um sie kümmern. Die extremen Verwüstungen, riesige, mitten ins Hinterland geschwemmte Frachtschiffe, aber auch der Wille zum sofortigen Wiederaufbau hinterlassen bei dem Neunjährigen einen bleibenden Eindruck.

Eine der ihn wohl am meisten erschreckenden Erfahrungen macht Bilaal Rajan Ende 2005 in dem kleinen Staat Malawi im Süden Afrikas. Seit 2004 sammelt er für die dortige Aids-Prävention bei Schülerinnen und Schülern. Nun ist er erstmals hier, um den Kindern von Angesicht zu Angesicht den richtigen Umgang mit HIV zu erklären und ihnen deutlich zu machen, dass sie trotz aller Widrigkeiten eine Chance haben auf dieser Welt.

Der Tod durch die Immunschwächekrankheit dominiert den Alltag in Malawi. Stündlich sterben Menschen an Aids, Tausende von Waisenkindern müssen ihr Leben in den beengten Behausungen allein bestreiten. Dass Aids zum integralen Bestandteil dieser Menschen geworden ist, brennt sich Bilaal vor allem beim Anblick der Geschäfte in den Dörfern ins Gedächtnis. »Während wir in Kanada an fast jeder Ecke einen Coffee-Shop haben, gibt es in Malawi an fast jeder Ecke einen Laden für Särge. Das hat mich umgehauen.«

Neben den drängenden sozialen Fragen unserer Zeit bewegt Bilaal Rajan inzwischen auch die Schieflage des globalen Klimas. Auf Reisen in die Arktis und in die Antarktis hat er sich mit den Konsequenzen des Treibhauseffekts, dem Abschmelzen der Polkappen, dem Ansteigen des Meeresspiegels und der Bedrohung der Eisbären beschäftigt. Er will sich nicht mehr mit Informationen aus Büchern und Filmen begnügen, sondern die Gelegenheit nutzen und selber an die Brennpunkte fahren – um dann als Botschafter zurückzukommen und Gleichaltrige ganz authentisch für die Probleme der Erde zu sensibilisieren. »Dabei geht es noch nicht einmal um uns, sondern um unsere Kinder und Enkel«, sagt Bilaal. »Wir sind in 70 oder 80 Jahren wahrscheinlich nicht mehr da. Aber unsere Nachkommen werden unter unseren Fehlern leiden. Meiner Meinung nach verwenden wir noch immer viel zu wenig Zeit und Kraft darauf, alternative Energien zu erforschen und effektiver zu nutzen.« Es ist dieses dringend notwendige, langfristige und nachhaltige Denken, für das Bilaal Rajan steht. Ein hoffnungsvoller Wertewandel, der ältere Zuhörer immer wieder mit schlechtem Gewissen verstummen lässt.

Von der großen Mehrheit der Erwachsenen werden Bilaal Rajans Bemühungen anerkannt. Potenzielle Spender, die nichts abgeben wollen, obwohl sie alle westlichen Privilegien genießen, gehören zu den wenigen Menschen, über die sich Rajan aufregen kann. Arrogante Belächler, Skeptiker und Bedenkenträger, die angesichts der gigantischen Probleme der Erde wenig Sinn in den Aktionen eines Kindes sehen, lässt er emotional jedoch nicht an sich heran. »Wenn man darauf hören würde, würde man nie etwas erreichen«, sagt er und zitiert eine andere seiner Parolen: »Quitters never win and winners never quit!« Wer aufgibt, gewinnt niemals, und Gewinner geben nicht auf! Egal, was passiere, er mache weiter. »Es reicht aus, jedem Menschen zu ein bisschen mehr Achtsamkeit im Umgang mit seinen Mitmenschen und seiner Umwelt zu verhelfen. Das fängt damit an, dass man das Licht ausmacht, wenn man den Raum verlässt, oder dass man einmal die Woche in einer Suppenküche hilft. Wenn sechs Milliarden Menschen nur etwas bewusster leben würden, hätte das einen gigantischen Effekt. Wir müssen nur aufhören zu glauben, dass jemand anderes die Rettungsarbeit macht. Natürlich können wir diesen Planeten retten. Wir haben die Ressourcen, wir haben die richtigen Leute, man muss sie nur richtig einsetzen.« 2008, mit der Veröffentlichung seines Buchs, definiert Bilaal Rajan im Stil eines Politikers ein handfestes Zwischenziel seiner Bemühungen: In drei Jahren, also bis 2011, will er weltweit eine Million Kinder zur Nachahmung inspiriert haben.

Der Debütautor und Animateur sieht es sogar als Vorteil, dass er so etwas schon in jungen Jahren öffentlich proklamiert und sich in die sozialen und ökologischen Belange der Welt und die Handlungshoheit der Erwachsenen eingemischt hat. »Ich sehne mich nicht danach, erwachsen zu

Foto: Martin Häusler

Stolze Eltern: Bilaal in Toronto mit seinen Eltern Aman und Shamim Rajan. Sie unterstützen die Aktionen ihres Sohnes seit 2001.

sein. Kind zu sein hat etwas für sich. So viel Aufmerksamkeit bekomme ich doch nur, weil ich ein Kind bin. Wäre ich ein Erwachsener und hätte die gleiche Initiative ergriffen, wäre ich nicht dort, wo ich heute bin. Leider funktioniert das so. Die Medien brauchen eine Story.«

Bilaal Rajan ist ein ganz besonderes Kind. Aber längst nicht das einzige. Er selbst kennt viele andere, die so ticken wir er, sich über alle Maßen für eine bessere Welt engagieren und ihr Umfeld staunend und bewundernd dabei zuschauen lassen und mitreißen. In der Tat stellen Pädagogen und Soziologen, Verhaltens- und Gehirnforscher, Hebammen und Kindergärtnerinnen seit knapp 30 Jahren fest, dass es immer mehr solcher außergewöhnlichen Kinder gibt. Aman und Shamin Rajan wurden inzwischen einige

Foto: Bilaal Rajan

Als UNICEF-Kinderbotschafter in Malawi: Bilaal Rajan reiste mehrmals nach Afrika, um Kinder für die Aids-Prävention zu sensibilisieren.

Male auf diese Tatsache angesprochen. Ob ihr Sohn eines dieser Indigo-Kinder sei?

Indigo-Kinder? Der Begriff geht auf die blaue Aura zurück, die das Energiefeld dieser Kinder erzeugen und sie wie ein Lichtkranz umgeben soll (siehe auch die Kapitel über Tilo Plöger und Aldo Berti). Zunächst verwendeten ihn spirituell und ganzheitlich denkende Forscher in den 1980er-Jahren für junge Menschen mit sehr ähnlichen, auffallenden Eigenschaften: extrem ausgeprägter Gerechtigkeitssinn, großes Problemlösungsbewusstsein, hoher, zum Teil nicht mehr messbarer Intelligenzquotient, die Fähigkeit, sehr weise Aussagen zu treffen, die Tendenz, sich vorgegebenen Normen nicht einfach anzupassen, eine Vorliebe für Logik und Wissenschaften, eine untypisch starke Sensibilität, übersinnliche Begabungen und intuitive Handlungen, Interesse an Spiritualität, großes Einfühlungsvermögen, große Kreativität, ausgeprägter Instinkt für Wahrheiten und ein unbändiger, zuweilen rastloser Entdeckungsdrang.

Bei vielen dieser Kinder – nicht so bei Bilaal Rajan – sind die herausragenden Fähigkeiten verbunden mit Verhaltensauffälligkeiten wie Aufmüpfigkeit oder Exzentrik, die von der konservativen Pädiatrie und Psychologie als Aufmerksamkeits-Defizit-Syndrom (ADS) oder als Aufmerksamkeits-Defizit-Hyperaktivitäts-Syndrom (ADHS) diagnostiziert und mit beruhigenden Psychopharmaka behandelt werden. Eine Therapie, die in den vergangenen Jahren zwischen ausschließlich schulmedizinisch und ganzheitlich praktizierenden Ärzten und Wissenschaftlern zum Streitthema geworden ist. Vertreter der ganzheitlichen Sichtweise sehen in der medikamentösen Behandlung der stark zunehmenden ADS- und ADHS-Fälle (in den USA zwischen 1990 und 2005 um 600 Prozent; in Deutschland stieg die Zahl der ADHS-Diagnosen von 1500 im Jahre 1991 auf geschätzte 600 000 Fälle im Jahr 2009) den völlig falschen Weg. Sie empfehlen das Gegenteil: mehr Freiheiten.

P. M. H. Atwater, Kaplan, spirituelle Lehrerin und anerkannte Forscherin auf dem Gebiet der Kinderpsychologie aus den USA, beschreibt in ihrem Buch *Indigo-Kinder und die neue Zeit ab 2012* das Phänomen und die öffentliche Auseinandersetzung damit. Sie sagt: »Die seit ungefähr 1982 geborenen Kinder sind anders als jede Generation zuvor. Wenn der ganze Wirbel um die Indigos dabei hilft, diese Tatsache zu verdeutlichen, wurde der Welt ein Gefallen getan. Hoffentlich führt es dazu, dass die Art, wie wir Kinder betrachten und belehren, eine Transformation erfährt. Bestimmt wird sich ein Forum bilden, in dem die Kinder selbst sprechen und sich Gehör verschaffen können. Unsere Jüngsten haben ohne Zweifel Wichtiges zu sagen, und ich denke,

Foto: Bilaal Rajan

Beeindruckende Auftritte: In freier Rede spricht Bilaal Rajan regelmäßig vor zum Teil mehreren Tausend Zuhörern, hier in einer Highschool.

dass es wert ist, dass wir zuhören.« Atwater bezeichnet Indigo-Kinder als diejenigen, die »mit der unendlichen Weite der heutigen Probleme umgehen können«. Sie seien machtvolle Instandsetzer, Freigeister und nicht zu bremsen, wenn sie sich einem Ziel erst mal verpflichtet hätten. »Sie werden sich mit nichts weniger als einer Generalüberholung der gesamten Menschheit zufriedengeben.«

Was wäre, wenn die neugeborenen Generationen tatsächlich mit jenem unerschütterlichen Idealismus und jener positiven Kompromisslosigkeit ausgestattet wären, die es erlauben, die Menschheit doch noch zu retten? Wenn es eine immer größer werdende Gruppe von Individuen wie Bilaal Rajan gäbe, die sich den Sinn für soziale Gerechtigkeit und nachhaltiges Zusammenleben nicht anlernen oder erst durch Verlusterlebnisse zum Umdenken gebracht werden müsste, sondern – im Zuge eines Evolutionssprungs – bereits mit diesen Tugenden geboren würde? Wenn plötzlich die ganzheitlichen Querdenker in der Mehrheit wären und der Mainstream nicht mehr von den Besitzstandswahrern des alten materialistischen Denkens definiert würde?

Gerade fährt Bilaal Rajan seinen unermüdlichen Einsatz ein wenig zurück. Im vergangenen Jahr hat es Monate gegeben, in denen er nur acht Tage am Unterricht teilnahm. Das soll auf der Lakefield Highschool nicht einreißen. »Ich muss mich anstrengen«, sagt er. »Wenn ich keine vernünftige Bildung habe, wie sollte ich anderen dann helfen können?« Oder seinen Traumberuf ergreifen? Bilaal Rajan will Neurochirurg werden oder als Astronaut die ersten Schritte auf dem Mars gehen. »Ich war schon immer am Unbekannten interessiert«, sagt er. »Das All steht für das unbekannte Große, und in uns liegt das unbekannte Kleine. Wir wissen längst nicht alles über den menschlichen Körper und über die Kapazität unseres Gehirns.« Wäre so ein neugieriger, unbeirrbarer und ganzheitlicher Denker nicht besser in der Politik aufgehoben?

Foto: Martin Häusler

HAN SHAN

Buddhistischer Lehrer aus Sakon Nakhon, Thailand, geboren 1951 in Offenbach, Deutschland

Ein Multimillionär verschenkt sein Vermögen und geht als Bettelmönch in die thailändischen Wälder – Wie gelebter Buddhismus zu einer langfristig funktionierenden Firmenkultur beitragen und die Menschen zurück zur Achtsamkeit führen kann

Als Hermann Ricker in jener denkwürdigen Nacht, die sein Leben veränderte, auf dem Hotelbett in Melaka sitzt, spürt er ein Jucken in seinem linken Ohr. Er tastet mit seinem Finger nach dem Punkt und lockert einen kleinen Gegenstand, der vor ihm auf den Boden fällt. Es ist eine dieser Glasscherben, die entstehen, wenn Sicherheitsscheiben in 1000 Stücke zerspringen. Sie misst ungefähr einen halben Quadratzentimeter und ist die Erinnerung an den verheerenden Unfall, der wenige Stunden zuvor auf der Autobahn E2 passiert war. Ricker hätte mausetot sein können. Doch die Scherbe ist das Einzige, was ihm einen minimalen Kratzer verpasst hatte.

Es ist der 2. März 1995. Hermann Ricker, deutscher Erfolgsunternehmer auf Expansionskurs, ist auf dem Weg von der Firmenzentrale in Singapur zu einer seiner Fabriken in Penang im Nordosten Malaysias. Er hatte sich entschlossen, die rund 700 Kilometer nicht zu fliegen, sondern die Strecke über Nacht in seinem roten Jaguar zu genießen. Die vierspurige Straße ist gerade eingeweiht worden und führt auf frischem Asphalt die malaysische Halbinsel hinauf. Warum also einen seiner vier Wagen nicht mal wieder so richtig ausfahren? Abends los, morgens ankommen, kurz unter die Dusche und ab zum Geschäftstermin. Auf der Höhe der alten portugiesischen Festungsstadt Melaka ist für Ricker Schluss. Kurz vor Mitternacht setzt er zum Überholen an. Vor ihm dröhnt ein mit riesigen tropischen Baumstämmen beladener Laster. Ricker will mit 160 vorbeiziehen, als der Truck auf seine Spur gerät, mit dem Vorderrad den Jaguar touchiert und Ricker gegen die Leitplanke katapultiert. Das Auto hebt ab, kracht wieder auf die Fahrbahn, überschlägt sich mehrmals und bleibt rotierend auf dem Dach liegen. Es dreht sich und dreht sich und dreht sich. Ricker hängt kopfüber und kann sich nicht rühren. Er wird von den Sicherheitsgurten und dem Airbag in den Sitz gedrückt. Das Dach des Jaguars kommt Ricker gefährlich nahe. Er gerät in Panik. Wenn das Auto weiter so kreist, wird ihm jeden Moment die Schädeldecke abgefräst. Was soll er tun? Ihm fällt nichts anderes ein, als laut »Stopp!« zu schreien. Das Auto kommt tatsächlich zum Stillstand. Er löst die Gurte, um so schnell wie möglich aus dem Wrack zu gelangen. Die Türen gehen nicht mehr auf, auch die Fenster streiken. Hinten allerdings sind sie zerbrochen. Ricker kriecht ins Heck und windet sich aus dem Auto. Ein Chinese, der hinter dem Deutschen gehalten hat, schnappt sich Ricker und zerrt ihn an den Straßenrand. Er hat Angst, dass der Jaguar gleich in Flammen stehen wird. Doch die Explosion bleibt aus.

Dafür tut sich etwas anderes auf der blockierten Strecke. Aus den Hecken rechts und links der neuen Trasse kommen plötzlich Leute. Es sind einheimische Autobahnräuber, die sich auf Überbleibsel von Unfällen spezialisiert haben. Überall liegen Rickers Sachen: Geld, Kreditkarten, der goldene Kugelschreiber. Doch die Sharks, die Haie, wie man sie damals nennt, verhalten sich anders als sonst. Sie flüchten nicht mit ihrer Beute, sondern bringen Ricker sämtliche Gegenstände zurück.

Der Laster hat angehalten, die Polizei braucht nicht lange, und alle wundern sich, dass dem Fahrer in diesem Schrotthaufen von Jaguar rein gar nichts passiert ist. Die Beamten lassen den Wagen nach Melaka schleppen. Der Chinese, der einigermaßen Englisch sprechen kann, nimmt Ricker mit in die Stadt, damit er auf der Polizeistation seine Aussage machen kann. Danach kommt Ricker im Melaka-Hotel unter. Stille kehrt ein. Endlich. »Erst im Zimmer wurde mir klar, was alles hätte passieren können. Ich habe mich gefragt, warum ich denn unbedingt mit dem Auto fahren musste, warum ich nicht einfach geflogen bin«, erinnert sich Ricker. »Ich war in einem ganz seltsamen Zustand. Ich wusste nicht, wie mir war, und konnte um mich herum kaum etwas wahrnehmen. Alles floss an mir vorbei. Es war kein Schock, sondern eine Art Schwebezustand. Ich wusste nicht mehr, wo ich hingehöre. Und ich fragte mich, wer ich eigentlich bin.«

Rickers Gedanken haben nichts mit Gedächtnisverlust zu tun. Er stellt sich einmal mehr, aber intensiver als sonst die grundlegenden Seinsfragen: Woher komme ich? Was mache ich hier? Wohin werde ich gehen? In dieser Nacht in Melaka hinterfragt Ricker den Sinn seines Lebens. Und findet keine befriedigenden Antworten. Doch jetzt will er sich nicht wieder zufriedengeben und vom Alltag einholen lassen. Er will Konsequenzen ziehen und Antworten auf die seit Jahren drängenden Fragen finden.

Am nächsten Tag fliegt Ricker zurück nach Singapur, um zwei Tage später wieder nach Melaka zu reisen und das zerstörte Auto auszulösen. Er ist ein weiteres Mal überrascht, als er nur den Preis zahlen muss, den auch ein Ortsansässiger zahlen würde. Normalerweise, so Ricker, mache der Abschleppservice gemeinsame Sache mit der Polizei und ziehe die wohlhabend erscheinenden Ausländer über den Tisch. Nicht so im Unglücksfall Ricker. Der Jaguar wird zurück zum Händler nach Singapur gebracht. Der fragt den Manager, wer denn in dem Wagen gesessen habe. »Ich«, sagt Ricker. Der Händler ist fassungslos. Er hatte vermutet, dass man nur eine Leiche aus dem Auto habe ziehen können. Dieser Unfall also, ein Zeichen? Für was? Für eine Umkehr? Einen Neuanfang? Einen radikalen Schnitt? Hermann Ricker, dessen Firma weltweit blüht und jährlich 300 Millionen Euro umsetzt, entscheidet sich für den radikalen Schnitt. Er wird in sich gehen, wird nach drei Monaten zu einer Erkenntnis kommen, und seine Freunde werden ihn für verrückt halten. Er will Firma und Vermögen verschenken, um fortan als Bettelmönch zu leben. Sein Ziel: endlich wissen, anstatt nur zu glauben.

Hermann Rickers Leben beginnt im hessischen Offenbach. Er wird katholisch erzogen, ist in seiner Jugend Messdiener. Seine Mutter versorgt die fünf Kinder, zwei Jungs, drei Mädchen, während der Vater beim örtlichen Lederwarenhersteller Goldpfeil Taschen designt. »Ich habe mich in meiner Familie wohlgefühlt«, sagt Ricker im Rückblick. »Ich hatte ein gutes Verhältnis zu meinen Geschwistern, aber ich konnte mich in der Familienenergie nicht entwickeln mit meiner Art des Denkens. Ich war mehr oder weniger ein Außenseiter.« Ein Außenseiter, aber kein Einzelgänger. Hermann Ricker spielt in einem Jugendteam der Offenbacher Kickers mal als Libero, mal als Stürmer, später versucht er sich im Kunstturnen. Der Masse allerdings rennt er niemals hinterher, Gruppenzwang ignoriert er.

Aber was unterscheidet Hermann, den Außenseiter, von seiner Familie und seinen Schulkameraden? Ihm genügen die Oberflächlichkeiten des Alltags nicht. An allem interessiert ihn der Blick dahinter. Er ist auf der Suche nach der Logik von Vorgängen. »Mir kam es schon als Kind so vor, als würden die Menschen relativ unlogisch handeln. Ich habe sie beobachtet und gemerkt, dass sie hirnlos irgendwo hinrannten, ohne zu wissen, was sie eigentlich tun. Davon habe ich mich immer distanziert«, sagt er. »Ich habe mich oft gefragt: Warum handeln die Leute so, wie sie handeln? Ich selber war es gewohnt, Dinge ganz bewusst immer im Fluss zu machen und alles in Ordnung zu halten. Ich habe mir meine eigene Logik aufgebaut.«

Ricker polarisiert. Die Hälfte seiner Mitschüler findet Gefallen an ihm, die andere Hälfte hält ihn für einen Sonderling. Seine geistige Sonderstellung macht ihn allerdings auch zu einer speziellen Figur. Wann immer Zwietracht herrscht, wann immer es Probleme gibt, Streitigkeiten oder unüberbrückbare Meinungsverschiedenheiten, muss Hermann her. Er schlichtet, vermittelt, moderiert zwischen den Parteien. Er mischt sich sogar in den Familienkrach eines Mitschülers ein, der von seinem Vater rausgeschmissen wurde und nun nicht mehr weiterweiß. »Solche Situationen waren meiner Meinung nach völlig unnötig und behindernd für alle«, sagt Ricker. »Aber wieso kamen die damals alle zu mir? Das habe ich mich oft gefragt. Offenbar spürten sie eine Energie, die anders war. Von der ich selbst noch nicht einmal wusste. Was habe ich gemacht? Ich war ruhig, ich habe nicht gleich verurteilt, ich rannte nicht weg, ich habe mich mit den Dingen auseinandergesetzt. Mein Bedürfnis nach Harmonie war sehr groß. Mir war es wichtig, dass Leute miteinander auskommen und sich tolerieren.«

Das ist die emotionale Ebene des Hermann Ricker. Parallel entwickelt sich eine technische. Komplizierte elektrische Abläufe ziehen ihn förmlich an. Seine Märklin-Eisenbahn ist ihm längst nicht genug. In den Ferien marschiert er selbstbewusst in Betriebe und fragt die Arbeiter, ob er sich denn mal umschauen oder sogar mitarbeiten darf. Es geht ihm nicht um eine Aufbesserung des Taschengelds, es ist die pure Neugier. Er will erfassen, was da genau vor sich geht im Innern der Produktionsstätten. Wie ist die Logik des Ablaufs? Weggeschickt wird er selten. Ein Meister findet sich immer, der das Interesse von Ricker äußerst sympathisch findet und ihn in die Strukturen von beispielsweise Aluminiumspritzgussverfahren für Autoteile einweiht.

Geistige Fortentwicklung findet der jüngste Sohn der Rickers also jenseits seines Zuhauses. Sein Vater merkt, dass der Junge ganz gut alleine zurechtkommt. Er macht ihm keine großen Vorschriften, gibt ihm selten Hilfestellungen. Es kommt weder zum Bruch noch zu Eklats. »Meine Eltern konnten mir auf dem Gebiet nichts geben. Ich musste meinen Lebensweg selber finden. Vielleicht haben sie gespürt, dass sie mich nicht an die Leine nehmen können.«

Das Studium der Ingenieurswissenschaften zieht Hermann Ricker noch nicht hinaus in die weite Welt. Er wohnt in Seligenstadt und pendelt vier Jahre lang zur Goethe-Universität in Frankfurt. Im Studium kann er sich jetzt ausschließlich seiner so geliebten Logik widmen. Ein Ziel allerdings hat er nicht. Weder vor noch während der Semester macht er sich Gedanken über die Karriereplanung. »Ich hatte keine Ahnung. Ich habe geschaut, was sich im Moment gut anfühlt, war leichtlebig und habe mich nicht an Konventionen gehalten. Dabei habe ich immer versucht, keinen zu benachteiligen, keinem wehzutun und mir nicht irgendwelche Vorteile zu verschaffen.« Ricker spezialisiert sich auf Maschinenbau und Präzisionstechnik.

Mit 22 macht er sein Diplom. Im Jahr 1973 stehen Ingenieuren alle Möglichkeiten offen. Was Ricker lockt, ist West-Berlin. Dort herrscht Fachkräftemangel. Das Berlinförderungsgesetz verspricht Unterstützung und dreimal pro Monat bezahlten Urlaub in der Bundesrepublik. Er fährt nach Berlin, geht zum Arbeitsamt, lässt sich eine Stelle vermitteln und landet in Nullkommanichts bei Krone, einer Firma für Fernmeldetechnik. So einfach geht das damals. Seine Lebensgefährtin, die er noch während des Studiums geheiratet hat, folgt ihm.

Der Einstand bei Krone verläuft jedoch alles andere als elegant. Ricker hängt an seinem Arbeitsplatz im Großraumbüro ein Plakat auf mit dem provokanten Text: »Fresst Scheiße! Zehn Millionen Fliegen können nicht irren.« Ein klares Bekenntnis zu seinem Denken, das gegen den Mainstream läuft. Die Geschäftsleitung findet das weniger witzig. Sie staucht den verantwortlichen Oberingenieur zusammen, der das Plakat wutentbrannt herunterreißt. Ricker lacht. Was doch ein paar Wörter anrichten können, denkt er sich.

Seinen Weg bei Krone verbaut ihm der Vorfall jedoch nicht. Die Firma sucht einen Freiwilligen, der für drei Monate nach Thailand geht. Grund ist ein mit der thailändischen Regierung abgeschlossener Vertrag für ein neues Telefonsystem. Die Thailänder sollen angelernt und instruiert werden, die Mechanik zusammenzubauen und zu nutzen. Jungingenieur Ricker ist weder ausreichend qualifiziert noch hat er an dem Projekt mitgearbeitet. Wie auch, nach zwei Wochen im Betrieb? Da die technischen Initiatoren aber zu bequem sind, sich ins noch unterentwickelte Thailand aufzumachen, darf der Rebell reisen.

Thailand 1973, das ist aus westlicher Perspektive Chaos pur. Die Bevölkerung lebt noch sehr stark in ihren Traditionen, die Amerikanisierung hat kaum Einzug gehalten. Die Tourismusindustrie beginnt gerade erst, das asiatische Land für sich zu entdecken. Nur ab und zu kommen Ricker bei seinen Fahrten mit dem Wassertaxi durch die schwimmenden Märkte Boote mit der Aufschrift »Neckermann 1« und »Neckermann 2« entgegen. Die Straßen sind in blauen Dieselrauch gehüllt. Irgendwie zusammengetüftelte Autos lassen Bangkok nicht zur Ruhe kommen. Sämtliche Preise sind frei verhandelbar. Die Busse stoppen, wo sie es für richtig halten. So ungewohnt diese Stadt für Hermann Ricker auch ist, die Kultur mag er auf Anhieb.

Mit Ricker sind auch die Bauteile aus Deutschland angekommen, zerlegte Maschinen sowie Stanz- und Spritzwerkzeuge. Doch die liegen im Hafen und werden nicht angerührt. Man kann sich nicht einigen, wer die Schmiergelder zahlt. Die langwierigen Verhandlungen haben den Nebeneffekt, dass Ricker tagelang untätig herumsitzt, weil er keine Entscheidungsgewalt hat. Er entschließt sich, bis zur Einigung im Land herumzureisen. Knappe drei Monate tourt Ricker meist mit Überlandbussen durch das ihm unbekannte Thailand, gibt per Telefon immer wieder seinen aktuellen Aufenthaltsort durch. Aber nichts passiert.

Eine Begegnung nahe der Stadt Tak zwischen Bangkok und Chiang Mai ist beispielhaft für das Lebensgefühl der Menschen, auf die Ricker trifft. Angezogen von der ursprünglichen Umgebung, steigt er mitten auf dem Land aus dem Bus. Er setzt sich in ein kleines Restaurant und kommt mit einem thailändischen Lehrer ins Gespräch, der Englisch beherrscht. Sie verstehen sich, der Lehrer fährt Ricker auf seinem Moped herum und zeigt ihm die Gegend. Als sie sich am Abend verabschieden, berichtet der Thailänder, dass er eigentlich ins Krankenhaus gemusst hätte, um der Geburt seines Kindes beizuwohnen. Aber das habe jetzt ein Freund übernommen, er hätte ja einem Europäer sein Land zeigen können.

Als Ricker wieder in Bangkok ankommt, haben sich die Herrschaften zwar geeinigt, doch ausreichend Zeit für die Einweisung bleibt nicht mehr. Was nichts macht. Die Dokumente, welche die Abnahme der neuen Technik bestätigen, werden unterzeichnet, und Ricker reist damit zurück nach Deutschland.

Außer Spesen nichts gewesen? Für die Firma vielleicht. Für Ricker keineswegs. Ihm ist klar, dass er irgendwann in dieses Land zurückkommen muss. Falls es demnächst eine

Chance geben sollte, nach Asien zu gehen, er würde nicht zögern. »Mich beeindruckte die lose Struktur der Gesellschaft«, so Ricker. »Alles basierte auf persönlichen Absprachen. Alles war im Fluss. Es gab kaum feste Strukturen. Die Leute haben sich individuell geholfen und in kleinen Gruppen zusammengetan, wenn es ein Problem gab. Und statt überbordender Bürokratie spielte die zwischenmenschliche Sympathie eine große Rolle.«

Es dauert nicht lange, da findet er in einer Tageszeitung eine Anzeige des Kameraherstellers Rollei. Der sucht Leute für sein neues Werk in Singapur. Rollei ist die erste große ausländische Firma in dem Stadtstaat und wird schnell zum wichtigsten Arbeitgeber nach der Regierung. Drei Wochen nach dem Vorstellungsgespräch in Braunschweig geht es mit riesigem Gepäck zurück nach Asien. Diesmal auch mit der Ehefrau. Sie arbeitet als Sekretärin und ist von dem Umzug ebenso begeistert wie ihr Mann.

Ricker selbst taucht direkt tief ein in seinen neuen Job und die lokale Szene Singapurs. Zum ersten Mal in seinem Leben beschäftigt er sich mit dem Buddhismus. Er hat keine Ahnung, was eigentlich hinter diesen dicken, gemütlich dreinschauenden Figuren aus Holz, Edelstein, Marmor und Metall steckt. Ein zufrieden dreinblickender Mann im Schneidersitz, und sonst? Doch dort, wo er jetzt ist, kommt man um die Lehre eines der größten asiatischen Religionsstifter, der um 500 vor Christus in Nordindien lebte und Erleuchtung erlangte, nicht herum. In den ersten Wochen kratzt Ricker schon einmal an der Oberfläche und erkennt schnell die lebenswerte Ethik des Buddhismus und bedenkenswerte Behauptungen wie: Das Leben ist ein Kreislauf. Die Seele erlebt viele davon mit dem Ziel, sich irgendwann aus dem Kreislauf zu verabschieden und zum Schöpfer zurückzukehren. Für jemanden, der im Hessen der 1950er-Jahre Messdiener war, ist das schon allerhand.

Für Rickers Frau jedoch beginnt das Leiden. Sekretärinnen hat man in der Metropole genug, und so bleibt für sie nicht viel mehr, als sich mit den anderen Damen im Deutschen Club an den Pool zu setzen oder einkaufen zu gehen. »Sie war zum Nichtstun verurteilt«, sagt Ricker. »Wir hatten wenige lokale Kontakte, und die Deutschen kreierten sich ihr eigenes Umfeld mit Spektakeln wie einem Oktoberfest. Das war für sie keine Erfüllung, und ich konnte und wollte sie nicht zwingen hierzubleiben.« Ein halbes Jahr hält sie es aus, dann tritt Rickers Ehefrau den Rückweg an. Zwei Jahre später werden beide befinden, dass ihre Wege zu unterschiedlich sind. Sie lassen sich scheiden. Ricker wird nie wieder heiraten.

Singapur ist in den 1970er-Jahren das völlige Gegenteil von Thailand. Während sich der Staat im Norden der Malaysischen Halbinsel noch vor ausländischen Einflüssen abschirmt, öffnet sich Singapur an der südlichsten Spitze der Halbinsel total. In seinem Freihafen werden keine Zölle verlangt, denn neue Investoren mit Technologien aus Übersee sollen angelockt werden.

Bei Rollei beginnt Ricker als Produktionsleiter und ist später zuständig für die Fertigung sämtlicher Einzelteile, die ihren Weg in einen Fotoapparat finden. Fünf Jahre arbeitet er für das Unternehmen. Knapp 1800 Leute führt er in seiner Abteilung. Nicht mit deutscher Arroganz, sondern mit Gespür für ihre Befindlichkeiten. »Ich habe von Anfang an die Kultur der Angestellten studiert«, sagt er. »Ich habe versucht, meine Abteilung auf eine neue Art zu führen, indem ich westliche Präzision mit asiatischer Flexibilität kombinierte.«

Die Asiaten erlebt Ricker als wahnsinnig improvisierfreudig. Sie reagieren spontan aufgeschlossen auf Neues. Und er lernt, dass man in Fernost eine Firma so führt, wie man sich um eine Familie kümmern würde. Mit Verantwortung und viel Fürsorge. Diese Tugenden zahlen sich aus.

Ricker erinnert sich gern an den Tag, an dem eine der Produktionsmaschinen ausfällt. Er ruft seine Leute zusammen und bittet sie, Überstunden zu machen. Innerlich betet er, dass wenigstens ein paar der Mitarbeiter dableiben. Er muss nicht lange auf die Handzeichen in der Menge warten. Es bleiben alle. Sie arbeiten bis tief in die Nacht. »Keiner murrte. Das war für alle selbstverständlich. Sie gaben ihr Bestes.«

Rund 100 Deutsche gehören Mitte der 1970er-Jahre zur personellen Grundstruktur. Die meisten arbeiten als Abteilungsleiter, gehen aber nach und nach in die Heimat zurück, um ihre Positionen für einheimische Manager freizumachen. Mit 28 tritt auch Ricker aus dem Unternehmen aus und macht sich selbstständig. Er nennt seine Firma Hermann Technologies. Die Geschäftsidee: eine neue Fertigungstiefe in den Ländern des Fernen Ostens zu erreichen. Bisher schaffen ausländische Hersteller ihre Einzelteile nach Asien. Dort werden sie zusammengebaut und danach als ganzes Produkt wieder zurückgeschickt. Ricker will die Einzelteile nun direkt und lokal anfertigen lassen. Die Nachfrage ist jedenfalls da.

Er beginnt mit zwei Plastikspritzgussmaschinen, die er in Deutschland ordert. Dafür mietet er ein kleines Gebäude. Seine ersten vier Angestellten kennt er noch aus seiner Zeit bei Rollei. Die Rechnung geht auf. Hermann Technologies expandiert. Produktionsmaschinen und weitere Gebäude müssen dazugekauft werden, Filialen und Joint Ventures auf der ganzen Welt werden etabliert – in den USA, Indonesien, Südamerika, Malaysia, Pakistan, Hongkong, den Philippinen und Australien. Ricker beschäftigt in Spitzenzeiten 1000 Menschen. Die entstandenen Unterfirmen fasst er in einer Holding zusammen, deren Chef er ist.

Seine Leute stellen anfangs elektrische Schalter her, viele Einzelteile, Gehäuse für Mitsubishi-Produkte, Zahnbürsten,

Kugelschreiber, Kassetten, alles, was aus Plastik ist. Später baut Hermann Technologies die Einzelteile auch zusammen und bietet fertige Waren an: Sprinkleranlagen für den US-Markt oder Produkte für den medizinischen Bedarf. Zum Schluss fungiert Rickers Firma zudem als Schnittstelle zwischen Europa und Asien mit dem Zweck, komplette Fertigungsanlagen zu liefern und die lokale Bevölkerung mit der Technik vertraut zu machen, damit eigene Produkte für neue Märkte hergestellt werden können.

Damit es ihm nicht zu langweilig wird, legt sich Ricker ein Geschäftshobby zu: sogenannte Logic Toys, Spielzeuge, bei denen man nachdenken muss. Er flaniert über Spielzeugmessen und hält die Augen nach neuen Ideen auf. Eine Schweizer Firma vermittelt ihm den Kontakt zu einem ungarischen Erfinder, der sich die Kugelvariante zum Zauberwürfel von Erno Rubik hatte einfallen lassen. Ricker kauft dem Ungarn das Patent für eine Million Schweizer Franken ab, entwickelt es zur Produktionsreife und bietet es weltweit an. Der Clou: Die Kugel kann für verschiedene Märkte adaptiert werden, da sie mit landestypischen Symbolen bedruckbar ist. Speziell in Asien und Südamerika ist Rickers Magic Ball der absolute Renner. Ein anderer Hit ist ein durchsichtiges dreidimensionales Puzzle, das – erst mal zusammengebaut – von hinten beleuchtet werden kann.

Hermann Ricker surft auf der Erfolgswelle. Er lässt es sich gut gehen, stockt seinen privaten Fuhrpark auf drei Nobelschlitten auf, hat mehrere Wohnsitze, darunter ein Penthouse über Singapur, weil er die Nächte in den Hotels leid ist. Die meiste Zeit sitzt er in Flugzeugen und jettet von Filiale zu Filiale, von Fabrik zu Fabrik. Überall hat er gepackte Koffer stehen, damit er spontan abreisen kann, um neue Verträge abzuschließen.

Was bis hierhin über den Lebenswandel des Hermann Ricker gesagt wurde, mag so klingen, als fände er den lieben

Buddha zwar ganz nett und habe auch das ein oder andere aus dessen Lehre in den Job transferiert, fröne aber sonst den westlichen Gewohnheiten des Luxus. Das ist keineswegs der Fall. Denn der Buddhismus ist ihm – parallel zur Expansion von Hermann Techologies – zu einem engen Begleiter geworden. Ricker häuft das Geld nicht an, er lässt es fließen. »Geld ist Energie«, sagt er. »Wenn man die Safetür zumacht, kommt kein Geld mehr raus. Aber rein kommt auch nichts. Geld muss wie alles andere in Bewegung sein. Daher ist das Geben so wichtig. Und man muss erst geben, bevor man nimmt. Ich habe meine Firma nie um des Geldes willen geführt. Ich wollte immer nur ein gutes Geschäft machen. Und das Wort ›gut‹ heißt in diesem Falle: gut für alle.«

Diese buddhistische Philosophie setzt Ricker konsequent um. Jedes weitere erfolgreiche Jahr. Jeden Monat. Jede Woche. Jeden Tag. Er gibt. Er spendet vor allem an die Tempel der Stadt, die Krankenhäuser und Altenheime betreiben, und kultiviert das Prinzip des Gebens. Ein Prinzip, das im Zuge der totalen Globalisierung in Vergessenheit geraten ist. »Man kann als Manager nicht irgendwo hinkommen, ein Volk ausnehmen und wieder gehen. Den meisten Europäern ging es darum, so viel Geld aus dem Land zu holen wie möglich. Das ist auch der Grund, warum viele Firmen dort nicht so groß wurden. In Europa beharrt man auf Verträge. Jeder will für sich das Beste auskämpfen. Selbst wenn sich die Situation ändert, hält man in Europa an Verträgen fest, anstatt sie den neuen Gegebenheiten anzupassen. In Asien wurden damals keine Verträge eingeklagt. Nein, wer langfristig erfolgreich sein will, muss vorher geben. Der Energiefluss kommt sonst nicht in Gang.«

Geschäftsleute aus Thailand, Hongkong, Singapur oder China gehen anders vor als die Europäer oder Amerikaner. Sie investieren zuerst in die lokalen Strukturen. Das stärkt die persönlichen Beziehungen, wird die Wirtschaft doch hauptsächlich von einheimischen Clans bestimmt. Ricker nimmt sich ein Beispiel und kennt schnell viele Familienoberhäupter diverser Staaten. Deren Söhne kommen sogar nach Singapur, um Praktika bei Hermann Technologies zu absolvieren.

Rickers komplettes Geschäft ist auf den Buddhismus abgestimmt. Auch hinsichtlich der Mitarbeiterführung. Er pflegt eine Kultur der offenen Tür. Wenn jemanden aus der Belegschaft größere Probleme plagen, kann er oder sie jederzeit zu ihm kommen. Sein Büro hat er deswegen nicht am Ende des Ganges und von mehreren Sekretariaten beschützt untergebracht, sondern ganz vorn, direkt neben dem Treppenaufgang.

Die Angestellten wissen Rickers Politik zu schätzen. Sie belästigen ihn nicht mit Kleinigkeiten, sondern klopfen nur an, wenn es wirklich brennt. Erst dann schütten sie ihm ihr Herz aus. Ricker hilft mit Geld und sucht – wie schon als Schüler in Offenbach – nach Lösungen, wenn es Ärger gibt. Kriegt die Ehefrau eines Mitarbeiters ein Kind, fährt Ricker zum Gratulieren ins Krankenhaus, inklusive Präsent. »So etwas ist in Deutschland leider verloren gegangen«, sagt Ricker. »Die Expansion meines Unternehmens war nur möglich durch eine gemeinsame Ethik. Anders wäre ich nie so weit gekommen. Ich habe meine Leute laufen lassen und ihnen Verantwortung gegeben. Zum Schluss tickte das Team nach einer Philosophie: Ehrlichkeit, Offenheit, Vertrauen, Hilfsbereitschaft, Verlässlichkeit. Die Leute haben gesehen, dass wir alle in einem Boot sitzen und an einem Strang ziehen müssen.«

Hermann Ricker ist mit Anfang 30 nicht mehr irgendein Fabrikant in Singapur. Seine für einen Deutschen untypische Unternehmensführung macht ihn bei den örtlichen Entscheidern zu einem gern gesehenen Gast. Wie bei Kuang Kim, dem obersten buddhistischen Mönch der Stadt und gleichzeitig spiritueller Berater des mächtigen Premierministers von Singapur, Lee Kuan Yew. Kuang Kim lernt Ricker durch einen Bekannten kennen, der Mönch schließt ihn sofort in sein Herz, erzählt ihm von der buddhistischen Philosophie und der Wirkung des Feng Shui, der Lehre von der energetischen Harmonisierung des Menschen durch die spezielle Gestaltung von Räumen. Kuang Kim wird später auch Rickers Fabriken nach Feng-Shui-Prinzipien ausrichten.

Ein Erlebnis mit Kuang Kim ist für Hermann Ricker prägend. Es ist eines der chinesischen Neujahrsfeste Mitte der 1980er-Jahre, bei dem die beiden wieder einmal zusammentreffen. Der Neujahrstag – nach dem Kalender der Chinesen fällt er in den Zeitraum zwischen dem 21. Januar und dem 21. Februar – ist eines der größten Ereignisse in Singapur. Und wie man den Jahreswechsel in Europa dafür nutzt, sich bestimmte Dinge vorzunehmen, zum Beispiel endlich abzunehmen oder mit dem Rauchen aufzuhören, beginnen Tausende Buddhisten das neue Jahr mit einem Opferritual. Sie stehen stundenlang in einer langen Schlange, um Kuang Kim in dessen Tempel Gaben zu bringen. Gar nicht in erster Linie für den Mönch. Jeder, der in Singapur etwas auf sich hält, stellt sich schweigend an. »Ob Neujahr, Geburtstag, Hochzeitstag, man tut etwas Gutes. Und zwar für sich«, erklärt Ricker. »Der, der Geburtstag hat, schenkt. Die Energie, die ich dadurch in mir entfache, gehört mir, die steigt in mir hoch, egal, was der andere mit dem Geld oder der Gabe macht.«

An diesem Tag ist etwas anders für die geduldigen Pilger. Ein Europäer sitzt direkt neben dem populären Mönch. Kuang Kim hatte Hermann Ricker bei der Hand genommen und ihn gebeten, auf einem Stuhl Platz zu nehmen. Während des ganzen Rituals lässt er ihn nicht mehr los. Ein Strom von Menschen passiert die beiden ehrfürchtig. Die Gläubigen gehen vor Kuang Kim auf die Knie und legen ihre Gaben in einen Korb. Viele bringen Früchte, die meisten aber Ang Pow, kleine, rote, verzierte Papierumschläge mit Geld. Vier, fünf Stunden geht das so. Und Ricker sitzt und beobachtet. »Das hat mich sehr geehrt«, sagt er. »Ich habe noch Tage später seine Hand gespürt. Ich habe das als Geste gewertet, die mir zeigen sollte, dass wir aus einem Holz geschnitzt sind. Obwohl wir anders aussehen, gehören wir doch energetisch alle zusammen.«

Am Ende spricht Kuang Kim den Segen für alle. Und Hermann Ricker? Der fühlt sich bestätigt. Der Weg, auf dem er ist, scheint erkannt worden zu sein.

Meditation ist zu der Zeit längst fester Bestandteil seines Alltags. Anfangs praktiziert er die einfache Konzentrationsmeditation. Er setzt sich – meist morgens und für zehn Minuten – im Schneidersitz an einen angenehmen Ort in seiner Wohnung, schließt die Augen und konzentriert sich auf das Ein- und Ausatmen. Damit sollen die aufkommenden Gedanken unterdrückt, der Körper in absolute Ruhe gebracht werden. Er stellt sich nichts vor, er will nichts bewirken, er lässt los. »Es geht um die tiefe Energie, die fließen gelassen und zum Wirken gebracht werden soll, nicht die gedankliche, sondern die darunterliegende Energie, die mit allem in Verbindung ist. Die ist sehr klar. Die wird nur durch unsere Gedanken und Gefühle überlagert.« Diese Art der Meditation reinigt Ricker den Kopf. Vor allem bei Verhandlungen.

Es ist nicht die einzige Energiearbeit, die positiven Einfluss auf seine Firma hat. Ricker praktiziert die universelle Liebe. Egal, wen er empfängt, und egal, wo Ricker hinreist, er bringt den Menschen Wohlwollen entgegen. Er wünscht ihnen Glück, Gesundheit und Erfolg. Landet er auf einem der internationalen Flughäfen, verspürt er die Energie, dem Land und den Leuten, Gutes zu wünschen.

Das tut er auch, wenn er Geschäftspartnern begegnet, die im ersten Moment unsympathisch wirken und sich unhöflich oder grobschlächtig verhalten. »Von negativen Energien darf man sich nicht beeinflussen lassen, sondern sollte diesen Menschen gute Energie schicken. Ich habe solche Leute nicht verurteilt und verflucht. Ich habe ihnen gewünscht, dass sie sich finden und etwas bei sich verändern. Wenn man Geschäfte macht, häufen sich so viele unbeeinflussbare Energien an, die eine Grundstimmung ergeben. Wenn man aber meditiert, erkennt man plötzlich in sich selbst so viele positive Energien, die man alle noch nutzen kann. Man kann erleben, wie man sich selbst verändert. Wir erzeugen andere Energien, wenn wir Gedanken loslassen.«

Will Ricker tatsächlich einmal stockende Verhandlungen beschleunigen, Entscheidungen herbeiführen oder Aggressivität aus den Debatten nehmen, drückt er dies vor seinen Meditationen in einem Wunsch aus: »Was immer passiert, möge es zum Wohle aller Beteiligten sein!« Am Anfang funktioniert das nur schwerlich, später immer besser. Seine ethische Einstellung entfacht in Kombination mit der Meditation eine Kraft, die er nicht in sich vermutet hatte. Von jetzt an hilft sie ihm. Die Meditationen des buddhistischen Einsteigers werden immer klarer, seine Fähigkeit, sich zu konzentrieren, wird immer stärker. Ricker hat das Gefühl, dass sich die Energien, die er erzeugt, in den Räumen ausbreiten, in denen er mit seinen Kollegen und Geschäftspartnerin zusammensitzt.

Ricker spürt den Effekt, den Meditation auf Menschen haben kann, spürt, dass man von Energien profitieren kann, die bei den meisten ungenutzt brachliegen. Doch diese Erkenntnis reicht ihm nicht. Mit den Mönchen der Stadt, die er immer wieder mit großzügigen Spenden unterstützt, sucht der Deutsche den Dialog. Ihm geht es weiterhin um die Frage, die ihn schon lange plagt: Was hat es mit uns auf der Erde überhaupt auf sich? Die Lehre Buddhas scheint ihm da prinzipiell der richtige Wegweiser. Und es imponiert ihm, dass Buddha nicht im Sinn eines religiösen Führers aufruft, ihm zu folgen, sondern den Menschen bloß Instrumente an die Hand gibt, das Göttliche selbst in sich zu entdecken: die Meditation. Aber Ricker meditiert ja schon täglich. Wie kann er dem Mysterium Leben ganz und gar auf den Grund gehen? Wohl nur mit einem radikalen Schnitt.

Der wird ausgelöst durch das Unglück in Malaysia am 2. März 1995. »Danach war mir klar: Ich will nicht mehr nur glauben, ich will wissen«, sagt Ricker. »Ich hatte zwar schon vorher verstanden, dass alles vergänglich ist. Aber jetzt hatte ich am eigenen Leib erfahren, wie schnell das gehen kann und dass wir den Zeitpunkt nie vorhersagen können. Ich habe mich gefragt: Was soll ich in einem solchen Leben tun? Ich rase allem nach, häufe alles an, tue alles Mögliche und weiß gar nicht, was in der nächsten Sekunde passiert. Mir wurde klar, dass das auch kein anderer weiß. Kein Politiker, kein Wirtschaftsweiser, keiner weiß, was im nächsten Moment passiert. Wir stellen uns das alles nur vor. Ich wollte endlich Klarheit darüber haben, wieso das so ist, wieso wir hergekommen sind, was davor war und was danach kommt.«

Drei Monate vergehen zwischen dem Unfall und der Entscheidung, alles, wirklich alles hinter sich zu lassen. Elementar sind drei Tage im Juni. Hermann Ricker zieht sich zurück in sein Penthouse in Singapur. Er gibt den Hausmädchen frei, zieht das Telefonkabel aus der Steckdose, um in Ruhe nachzudenken und zu meditieren. Immer wieder kommt ihm in diesen drei Tagen eine Anekdote aus Buddhas Leben in den Sinn.

Der wird von einem seiner Schüler gefragt: »Wieso werden wir geboren, gehen durchs Leben, werden krank, werden gesund, reichern Güter an, bringen Kinder zur Welt, sterben und können doch nichts mitnehmen?« Buddha antwortet: »Weil wir geboren wurden.«

Weil wir geboren wurden? So einfach? Das soll die Antwort sein auf Rickers Seinsfrage? Doch Ricker versteht. Wenn wir immer und immer wieder geboren werden und immer und immer wieder das Gleiche tun, dann kann der Sinn doch nur sein, aus diesem Kreislauf des Materiellen auszusteigen. Kann er auch die Technik Buddhas lernen, die einen Menschen dazu befähigt? Ricker will das wissen und entschließt sich zum Ausstieg für immer. Nach den drei Tagen sieht er glasklar. Er spricht mit seinen Vertrauten bei Hermann Technologies, der Finanzdirektorin und dem technischen Direktor. Sie sind perplex, als Ricker ihnen sagt, dass er die Firma noch in diesem Jahr aufgeben will. Und sie sind noch perplexer, als er ihnen mitteilt, dass er die komplette Firma an sie und die Mitarbeiter verschenken möchte.

Kollegen und Freunde halten Ricker für durchgedreht. Zuerst bekommt er Ratschläge statt Bewunderung. Die einen raten ihm, sein Vermögen irgendwo zu parken, falls das Mönchsein doch nicht so sein sollte, wie er es sich vorstellt. Andere meinen, er solle doch nur die Firma abgeben und das Geld behalten. Wieder andere sagen, dass sich Ricker ein paar Monate aus dem Tagesgeschäft zurückziehen könne, um nicht im Wald, sondern in den trockenen Zimmern seines Penthouses zu meditieren. Ein Verständnis ist schier unmöglich. Trotz aller Kommentare: Ricker ist es ernst. »Wenn ich etwas gemacht habe, dann immer aus vollem Herzen. Ich wollte nicht einfach versuchen, etwas mehr abzugeben oder etwas mehr zu meditieren oder etwas weniger zu arbeiten. Hätte ich die Firma nicht komplett abgegeben, hätte ich immer noch Gedanken an sie gehabt. Nein, die Brücke musste komplett abgerissen werden.«

Ricker lässt die Energien seines alten Lebens gehen, um Platz zu machen für die neuen Energien. Die sollen aus dem tiefen Wissen der buddhistischen Mönche und dem direkten Erleben der unsichtbaren Welt bestehen. Drei Monate dauert die Abwicklung seines Rückzugs. Ricker überschreibt die Firma, seine Häuser, die Autos und die Jacht den Angestellten, schenkt das private Geld den Tempeln der Stadt. Er kündigt die Krankenversicherung und die Rentenversicherung.

Dann bricht er auf zu chinesischen Bekannten in Bangkok. Dort ist es Tradition, jemanden zu unterstützen, der sich entschieden hat, Mönch zu werden. Das befreundete Ehepaar kauft für den Mann, der sich noch Hermann Ricker nennt, drei Sätze Mönchskleidung – Rock, Bluse und Umhang – sowie Schuhe, Bettelschale, Moskitonetz, Bastmatte, Gaskocher, Topf und einige Päckchen mit Fertignudeln. Für die Ausrüstung ist also gesorgt. Aber wo soll Ricker sein neues Leben beginnen? In der thailändischen Hauptstadt geht er täglich zum Wat-Phra-Kaeo-Tempel, der für seinen großen Smaragdbuddha bekannt ist. Mit ihm hält er stille Zwiesprache, um herauszufinden, wohin er zu gehen hat.

Als Ricker eines Tages aus dem Tempel kommt, begegnet er einem alten Singapurianer, den er lange nicht gesehen hatte. Der ist gerade auf dem Weg zu ein paar Mönchen auf der anderen Seite des Flusses. Ricker kommt mit. Es lohnt sich. Denn einer der Mönche erzählt von einer einsamen Insel im Nordosten des Landes namens Don Savan, übersetzt: »Insel des Himmels«. Der Mönch beschreibt den Platz als unwirtliches Eiland inmitten eines Binnensees, auf dem schon viele vergeblich versucht haben zu leben. Doch Ricker fühlt sich vom Namen der Insel in den Bann gezogen. Da muss er hin. Noch am selben Abend nimmt er den Nachtbus nach Sakon Nakhon am Rand des Nong-Han-Stausees unweit des Mekong. Am frühen Morgen gegen sechs Uhr erreicht er das Dorf. Mit der Rikscha fährt Ricker ans Ufer des Sees. Gerade kommen die örtlichen Fischer mit ihrem Fang aus dem Nebel. Er ist der thailändischen Sprache nicht mächtig, nennt fragend den Namen der Insel, zeigt in die Ferne des

Sees und bittet sie, ihn hinüberzubringen. Die Männer sind irritiert. Sie bestätigen, dass das da hinten Don Savan ist. Aber danach hat seit Jahren niemand mehr gefragt, geschweige denn ein Europäer. Doch sie fahren den merkwürdigen Kerl eine Dreiviertelstunde lang über den See. Ricker sieht die Insel näher kommen. Sie scheint dicht bewachsen. Riesige Bäume, die er vom Festland nicht kennt, dominieren das Bild. Die Fischer steuern den verlassenen Bootssteg an, das Einzige, was übrig geblieben ist von dem einstigen Ausflugsziel. Der erste Schritt auf Don Savan bringt Hermann Ricker die Antwort. Hier will er bleiben. »Es war, als würde ich nach Hause kommen.«

Ricker informiert seine Bekannten in Bangkok, die sich mit ihrem Pick-up und der Ausrüstung für ihren Freund umgehend auf das Khoratplateau im Nordosten aufmachen. Was bleibt, ist das Offizielle. Ricker bittet das Provinzoberhaupt der Mönche, ihn zu ordinieren. Nach kurzem Zögern willigt dieser ein, denn er merkt, dass der Europäer es ernst meint und nicht in verklärter Hippie-Romantik das Abenteuer sucht.

Die Ordinierung wird am nächsten Tag zelebriert. Ricker ist in Weiß gekleidet, hat sich die Haare scheren lassen. Bevor das Ritual im Bot, einer Art Kapelle auf dem Gelände des Wat-Choeng-Chum-Tempels, beginnt, muss Ricker zur geistigen Vorbereitung dreimal um das Gebäude gehen – mit einer weißen Lotosblume in der Hand. Drei Mönche, ein paar Novizen und das Ehepaar aus Bangkok erleben, wie aus Hermann Ricker der Bettelmönch Ophaso wird. Gesänge in Pali, der Sprache Buddhas, werden angestimmt, der Deutsche muss die weiße Kleidung gegen orangefarbene tauschen und bestätigen, dass er fortan nach den 227 buddhistischen Mönchsregeln leben wird. Darunter sind Maßgaben wie nicht auf Insekten zu treten, keine Frau zu berühren, nur das zu nehmen, was einem gegeben wird, nicht zu lügen und nur noch bis zwölf Uhr mittags zu essen. Das weltliche Verlangen soll sich so nach und nach abtrainiert, das eigene Energiefeld Schritt für Schritt geklärt und verfeinert werden.

Die erste Nacht auf der Insel verbringt der einstige Multimillionär unter nichts weiter als seinem Moskitonetz. Er versucht, sich mit den unsichtbaren Energien zu verbinden und zu verkünden: »Schaut, ich bin jetzt hier! Lasst uns unser Zusammenleben so gut wie möglich gestalten.« Er fühlt sich gut, nur die Ameisen geben ihm zu verstehen, dass auch sie hier sind. Aber es läuft nicht jeden Tag so rund. Sein Verstand meldet sich immer wieder zu Wort, die Stimmen aus seinem alten Leben: Warum bist du so blöd? Musste diese Radikalität wirklich sein? Willst du nicht lieber wieder zurückgehen? Kannst du nicht auch in der schönen Kühle deiner Klimaanlage meditieren? Ophaso widersteht. »Die Zweifel kamen durch die widrigen Umstände auf«, erinnert er sich. »Doch das ist ganz normal. Wenn man sich verfeinert, muss man Hindernisse überwinden. Da kommen Gefühle hoch, von denen man gar nicht weiß, dass man sie in sich trägt. Die gilt es, zu neutralisieren.« Ophaso macht sich Mut, indem er sich rhetorische Fragen stellt: »Wie viele Menschen haben überhaupt diese Gelegenheit? Wie viele haben den Luxus, auf so einer Insel zu leben?« Trotz lästiger Moskitos, trotz heftigster Regengüsse, trotz meterhoher Wellen, die ihn oft fast zum Kentern bringen: Er bleibt.

Nach zweieinhalb Wochen sind die Fertignudeln alle. Meditieren allein reicht jetzt nicht mehr. Zu seinen täglichen Ritualen zählt nun auch die Almosenrunde. Dafür lässt sich Ophaso morgens von den Fischern ins Dorf fahren, um stumm mit der um den Hals gehängten Bettelschale aus Metall rund fünf Kilometer am Straßenrand entlangzugehen. Das, was die Leute ihm in die Schale legen, ist die Essensration für den Tag. Bitten und fragen verboten!

Nun ist Ophaso als Europäer eine derartige Ausnahmeerscheinung, dass er an jeder Ecke auffällt. Die Einheimischen fühlen sich geehrt, dass ein Ausländer auf ihren spirituellen Pfaden wandelt. Seine Bettelschale ist nach der Runde so prall gefüllt, dass es ihm schon wieder peinlich ist. »Du warst reich, bist extra arm geworden, und jetzt kommst du auch noch in eine arme Gegend und nimmst den Leuten, die hier in Bretterbuden leben, ihr letztes Essen weg«, macht er sich Vorwürfe. Aber ablehnen, auch das steht in dem Büchlein mit den 227 Regeln, darf er nicht. So verteilt er das, was er nicht essen kann, an die Waisenhäuser der Dörfer.

Auch der Polizeichef von Sakon Nakhon findet Gefallen an Ophaso. Manchmal legt er ihm vom einzigen europäisch angehauchten Restaurant in Silberfolie eingepacktes Steak mit Pommes frites in die Bettelschale. Ein anderer Bürger schenkt ihm einen kleinen Generator, mit dem er für zwei Stunden am Tag Strom erzeugen kann, später kann er mit einem gespendeten Boot die Strecke zwischen Insel und Dorf zurücklegen.

Nach sechs Monaten stellen sich bei Ophaso erste Erkenntnisse ein. Er meditiert 15 Stunden täglich. So kommt er endlich in Kontakt mit anderen energetischen Existenzen, wie er sie bezeichnet. Er kann mit unsichtbaren Wesenheiten unterschiedlicher Dimensionen und Reinheitsgrade kommunizieren. »Ich wusste plötzlich, dass da tatsächlich etwas existiert, das wir in einem normalen Alltag nur sehr schwer wahrnehmen können«, sagt er. »Es gibt Leben in anderen Energiebereichen. Die einen sagen Engel dazu, ich nenne sie energetische Existenzen. Das kann man sich kaum vorstellen, solange man es nicht erlebt hat.«

Seine Zweifel sind komplett weg, das Wissen kommt, seine Aufmerksamkeit ist sehr scharf. Durch diese starke Aufmerksamkeit schaffen es die Gedanken an das Gestern nicht mehr, sich an ihn zu heften. »Mein Energiefeld wurde klarer und klarer. Aber mir war bewusst, dass dies erst der Anfang ist.« Der Anfang jener energetischen Entwicklung, nach der sich der unzufriedene Hermann Ricker in Singapur gesehnt hatte.

Zwei Jahre bleibt Ophaso auf seiner Insel. Er säubert sein Energiefeld so weit, bis nur noch zwei Energien zurückbleiben. Den buddhistischen Mönchen gelten sie zwar immer noch als Verunreinigungen, aber Ophaso ist es wichtig, sie sich zu bewahren: das Mitgefühl und die universelle Liebe. Damit will er das Feuer am Brennen halten, das es braucht, um andere für den Buddhismus zu begeistern und für eine friedliche Welt einzutreten.

Zwei weitere Jahre verbringt Ophaso in einem Waldtempel nahe des Sees. Er lebt mit anderen Mönchen und lernt von ihnen deren Rituale. Und er verleiht seinen Erkenntnissen eine Stimme. Er wird Moderator der ersten englischsprachigen Radiosendung Thailands. »Learn Dhamma thru English« heißt das einstündige Format, mit dem er samstags und sonntags viele Thailänder ans Radio fesselt. Das Wort Dhamma stammt aus dem Pali und bedeutet so viel wie Ethik oder Moral. Ophaso schmeißt die Sendung allein, ohne Gäste, ohne Manuskript, zwischendurch werden seine Monologe von leiser buddhistischer Musik unterbrochen. Im 15-Minuten-Takt fasst ein Lehrer Ophasos Ausführungen auf Thai zusammen. Vor allem im Englischunterricht diverser Schulen ist die Sendung, die den Buddhismus erklärt und praktische Ratschläge für den Alltag gibt, ein beliebtes Hilfsmittel. Ophaso wird daraufhin in die Aulen und Hörsäle eingeladen, um Vorträge zu halten.

Durch die Sendung wird auch ein Deutscher auf den Auswanderer aufmerksam und besucht ihn einige Male zusammen mit seiner thailändischen Frau in den Wäldern. Eines Tages bringt er seine Schwiegermutter mit, die Ophaso ein kleines Stück Land gar nicht weit von hier schenken möchte. Er könne damit machen, was er wolle.

Ophaso gefällt das Areal. Er hängt sein Moskitozelt in die Bäume und beginnt dort von Neuem. Er geht wieder auf Bettelrunde, lebt von dem, was die Leute ihm geben. Dieses Mal gehören zu den Spendern nicht nur arme Reisbauern, sondern auch Mäzene, die ihm Geld, Sachwerte und Baumaterialien schenken. Denn hier – inmitten des Buschlands, der Reisfelder und der Seen – soll Nava Disa entstehen, ein Rückzugsort für Menschen, die nicht so radikal aussteigen wollen wie Ricker, sich aber zumindest für ein paar Wochen aus ihrem Alltag verabschieden möchten. Dies soll der Ort sein, für den sich Ophaso das Mitgefühl und die universelle Liebe in seinem Energiefeld bewahrt hat. Hier will er seine Erkenntnisse weitergeben.

Lange ist Nava Disa eine Baustelle. Das Meditationszentrum wird nicht fertig, weil das Geld fehlt. Erst als Ophaso von dem Mönch, der ihn ordiniert hat, die Erlaubnis bekommt, die Mönchskutte abzulegen und hinaus in die Welt zu gehen, um den Menschen von der buddhistischen Lebensphilosophie zu erzählen, kommen die nötigen Mittel zusammen. Aus dem lernenden Ophaso ist inzwischen der lehrende Master Han Shan geworden. Er kehrt Anfang des dritten Jahrtausends nach Europa zurück, hält Vorträge und lädt zu Wochenendseminaren ein. Sieben Jahre braucht es, bis Nava Disa 2005 eröffnet wird und als Zentrum der Stille auf elf Hektar mit idyllischen Bungalows und Meditationsinseln in den Dschungel lockt.

Aber welche Erkenntnisse sind es, die Ophaso als Bettelmönch bekam und jetzt als Master Han Shan in Nava Disa und während seiner Meditations-Retreats im Ausland weitergibt? Welche Antworten hat er gefunden?

Er hat die Anekdote von Buddha und seinem Schüler nun selbst erlebt und das Glauben durch ein Wissen ersetzen können. Die Befreiung aus dem Kreislauf der Wiedergeburt ist für ihn nicht mehr bloß eine Behauptung, sondern tatsächlich der wahre Sinn unserer Existenz, gepaart mit der Mission, durch Meditation und eine auf purer Nächstenliebe basierende Lebensweise eine Umgebung zu schaffen, die es auch anderen erlaubt, in diesem Sinn zu leben. »Unser Umfeld besteht heute oft aus Geschäftemachen und Betrügereien«, sagt Han Shan. »Mit diesem Umfeld stehen wir aber in energetischem Austausch und werden nach ihm geformt. Deshalb muss es darum gehen, unser Umfeld zu verändern. Und ich bin fest davon überzeugt, dass sich bald auch Politiker und Manager mit der richtigen Einstellung auseinandersetzen werden. Sie werden erkennen, dass für wirtschaftlichen Erfolg ein ethisches Management nötig ist, das jeden Einzelnen einbezieht und damit für die Allgemeinheit funktioniert.«

Han Shan fordert in seinen Seminaren Firmenchefs dazu auf, ihrem Personal die Gelegenheit zu bieten, in sich selbst zu blicken, sich kennenzulernen, das Bewusstsein zu schärfen und Aufmerksamkeit zu wecken. Mittels Meditation. Jeden Morgen, zwischendurch, allein oder in der Gruppe. Han Shan verspricht dadurch ein völlig verändertes Arbeitsklima und wachsende Produktivität. »Die Mitarbeiter würden mit einem größeren Wohlbefinden zur Arbeit kommen. Sie würden mehr bei der Sache bleiben, es würden weniger Fehler gemacht, die Beziehung zwischen Managern, Angestellten, Kunden und Zulieferern würde sich total ändern. Es gäbe weniger Konflikte, man wäre toleranter, man würde sich aushelfen. Man würde nicht sofort beschuldigt, falls etwas schiefgelaufen wäre. Dadurch würde man offener und ehrlicher, käme gar nicht auf die Idee, den Fehler zu vertuschen. Keiner müsste Angst haben, einen Kopf kürzer gemacht zu werden. Es gäbe eine wahre Zusammenarbeit, denn man würde erkennen, dass man in einem Boot sitzt und zum

Schluss jeder etwas davon haben muss. Das würde sich außerdem auf die Familien der Mitarbeiter übertragen.«

Dies alles soll durch das Schärfen von Aufmerksamkeit erreicht werden. Aufmerksamkeit sei, so Han Shan, das A und O für alles und erreichbar durch Meditation, wie sie Buddha schon vor 2500 Jahren praktiziert habe. Han Shan lehrt die Vipassana-Meditation, welche die vier Punkte der Aufmerksamkeit beinhaltet.

Sie beginnt – in völliger Ruhe – mit der genauen Wahrnehmung der körperlichen Haltung, von Kopf bis Fuß und wieder zurück. Es folgt die innere Analyse der Grundstimmung, in der man sich gerade befindet. Bin ich glücklich? Bin ich verärgert? Bin ich müde? Bin ich frustriert? Es schließt sich die Konzentration auf das Heben und Senken der Bauchdecke beim Atmen an und die Achtsamkeit für alle auftretenden Gefühle. Am Ende sollen alle auftretenden Gedanken beobachtet werden sowie alle aktuellen Sinneswahrnehmungen.

Ziel ist das bewusste Erspüren des eigenen Seins und eine Sensibilität dafür, was diese Wahrnehmungen auszulösen vermögen. »Wenn störende Gefühle hochkommen«, so Han Shan, »sollten wir sie idealerweise direkt wieder loslassen, damit sie nicht die Chance haben, sich festzusetzen. Wir werden dadurch freier (siehe auch das Kapitel über Aldo Berti). Das heißt nicht, dass wir nicht mehr lachen oder weinen oder uns ärgern sollen. Es geht darum, mit emotionalen Energien so umzugehen, dass sie eine andere Wirkung haben und nicht mehr an uns haften bleiben. Dadurch entsteht ein harmonisches Zusammenleben, bei dem sich Leute nichts mehr an den Kopf werfen.«

Die Meditationsseminare, die er in Deutschland gibt, werden von spirituell Suchenden inzwischen genauso besucht wie von neugierigen Schulklassen und Geschäftsleuten, die Probleme mit ihrer Firma haben. Dann sitzt Han

Foto: Han Shan

Han Shan meditiert auf Nava Disa. Der Rückzugsort entstand auf geschenktem Land im Nordosten Thailands und lockt seit 2005 Suchende aus aller Welt.

Shan meist im beigen, luftigen Leinen-Outfit vor ihnen auf einer Decke und erzählt mit blumigem hessischem Zungenschlag von den Lehren, die er in Thailand gezogen hat. Er verwendet viele Metaphern für das Aufspüren von Erkenntnis, um auch Neulingen das Verständnis seiner Botschaften zu erleichtern. Wie die von dem Fisch, der im verschmutzten Wasser schwimmt und nie reine und klare Gefilde kennengelernt hat. Er bewegt sich hektisch, rotiert aufgeregt hin und her, sucht wie ein Wahnsinniger nach dem richtigen Weg hinaus aus dem Brackwasser. Würde er aber mal für ein paar Momente zur Ruhe kommen, so Han Shan, würde sich der Dreck von ganz allein setzen. Klares Wasser und der richtige Weg kämen zum Vorschein.

Foto: Han Shan

Erst Manager, dann Bettelmönch, jetzt Lehrer: Han Shan kehrt zeitweise nach Europa zurück, um seine Erfahrungen als Buddhist weiterzugeben.

Ein anderes von Han Shans Bildern ist das vom Hochhaus, in dessen Keller man sitzt. Nichts um sich herum außer Dunkelheit und mieser Luft. Bis einen das bisschen Licht, das durch das Kellerfenster scheint, genügend motiviert, damit man sich ins Erdgeschoss vorarbeitet. Dort entdeckt man plötzlich eine hellere Welt, die man vorher nicht für möglich gehalten hätte. Angelockt vom Sonnenlicht, setzt der einstige Kellerbewohner seine Entdeckungstour in die höheren Stockwerke fort, wo er von immer beeindruckenderen Aussichten überrascht wird. »Wir machen unser Wohlbefinden abhängig von Äußerlichkeiten und dem Gerede anderer. Dadurch werden unsere Fähigkeiten limitiert«, sagt Han Shan. »Die reine, ursprüngliche und unverfälschte

Energie aber finden wir nur in uns selbst, die gilt es daher freizulegen.« Zwischen derartigen Ausführungen lädt er dazu ein, 20 Minuten gemeinsam die gerade erlernte Vipassana-Meditation zu praktizieren, die er jedes Mal mit einem gelösten Lachen abschließt.

Meditation im Finanzamt? Innere Einkehr auf dem Börsenparkett? Bewusstseinsschärfung im Lehrerzimmer? Für Menschen, die in abendländisch geprägten Kulturen aufgewachsen sind, sicherlich eine gewöhnungsbedürftige Praktik. Eine Praktik, der andere Kulturen jedoch jeden Tag millionenfach nachgehen. Sollen die alle spinnen? Sind die, die ihren Tag mit einer zehnminütigen Meditation beginnen, nicht ganz ernst zu nehmen? Was hindert unsere westliche Welt daran, Meditation konsequent in den Alltag zu integrieren? Wo es Meditation doch bis zum Mittelalter auch offiziell im Christentum gegeben hat und sich die moderne Wissenschaft längst über den gesundheitlichen Nutzen von Meditation einig ist.

»Sturköpfe und Ängstliche kann man nur durch Beispiele überzeugen«, weiß Han Shan. »Indem man den Beweis erbringt, dass das wirklich etwas bringt. Deshalb müsste es nicht nur Schnupperkurse für Firmen geben. Ein Unternehmen müsste sich bereit erklären, ein paar Monate probeweise mit Meditation zu arbeiten. Anschließend vergleicht man die Stimmung der Belegschaft und die Produktivität in diesem Konzern mit den gleichen Faktoren in einem herkömmlich arbeitenden Unternehmen. Man wird klare Unterschiede feststellen können. Aber was tun viele Firmen mit Problemen stattdessen? Sie holen sich Berater ins Boot, weil sie denken, dass jemand Neutrales von außen es besser wüsste. Aber die Berater kommen aus dem gleichen Bewusstsein. Wie sollen die helfen können? Veränderung muss aus der Firma selber erwachsen.«

Worin liegt die Angst der Unternehmen begründet? Han

Shan glaubt, dass die Hierarchen den Imageverlust fürchten. Dabei meditieren viele Führungspersönlichkeiten selbst. Das ist bekannt von Chefs großer Mineralölkonzerne, das ist bekannt von amerikanischen Präsidenten und von deutschen Bundeskanzlern, von großen Verlegern und berühmten Regisseuren. Nur reden die selten darüber. »Leute, die in solch gehobenen Positionen sitzen, verstehen schon etwas von dem Metier«, sagt Han Shan. »Die Bedingungen lassen es aber nicht zu, dass dies auch nach außen getragen wird. Hoffentlich kommt bald die Zeit, in der es für eine Führungskraft förderlich ist, den Besuch eines Meditationskurses im Lebenslauf stehen zu haben, anstatt dass dies das Gegenteil bewirkt. Dabei wäre genau das ein großer Pluspunkt: Man etabliert Weisheit, man weiß, wie man mit Mitmenschen umzugehen hat, man wird unabhängig von Lob und Tadel und ist nicht mehr manipulierbar.«

Wie es seinem einstigen Unternehmen heute geht, weiß Han Shan nicht. Es ist ihm auch egal, denn die Tür zur Vergangenheit ist zu, und er hat auch nicht mehr vor, sie zu öffnen. Er weiß aber, dass Firmen, die rechtzeitig spirituelle Führungsprinzipien etabliert haben, von der Krise unberührt geblieben sind.

Man muss das Wahre immer wiederholen, weil auch
der Irrtum um uns herum immer wieder gepredigt wird,
und zwar nicht von Einzelnen, sondern von der Masse.

JOHANN WOLFGANG VON GOETHE

NACHWORT

Viele intensive Stunden haben wir miteinander verbracht, haben befreiende Spaziergänge unternommen, gemeinsam mit den Hunden gespielt, Musik gehört, hungrig bei den Mahlzeiten zusammengesessen und nächtliche Unterhaltungen geführt. Gespräche, die zum Teil große Emotionen wachriefen. Denn die Analyse einer Vision verlangt eben nicht nur den Blick nach draußen und vorn, sondern auch den Blick nach innen und zurück.

Dabei haben sich erstaunliche Parallelen unter den Visionären herauskristallisiert, mit denen ich nicht rechnete und die bei der Auswahl überhaupt keine Rolle gespielt hatten. Doch es scheint eine biografische und charakterliche Grundstimmung zu geben, die es leichter macht, visionäre Gedanken zu fassen.

So keimen Visionen nun mal am besten in der Beengtheit. Infragestellen, Rebellion und Umdenken sind selten Kinder der Freiheit und Zufriedenheit, sondern wachsen in geistiger Gefangenschaft, in Ungerechtigkeit, im Zweifel, im Selbstbetrug und im Mangel. Mangel? Das klingt paradox, denn haben wir nicht alles im Jahre 2010? Die Antwort müsste jetzt leichterfallen als zu Beginn des Buchs. Natürlich nicht. Oder warum hat Hermann Ricker sein altes Leben hinter sich gelassen? Warum ist der Überflieger Tilo Plöger in neue Welten aufgebrochen? Warum hat sich Bibi Russell von ihrer Vergangenheit als Topmodel verabschiedet? Warum fühlt sich Bilaal Rajan nicht einfach nur wohl im Schoße seiner Familie und verbringt seine Freizeit mit Computerspielen? Warum mischt sich Jakob von Uexküll immer wieder in die Weltpolitik ein? Sie hätten es sich alle bequem machen können, hätten sich zurückziehen können in ihre renovierten Mühlen, perfekt ausgestatteten Luxusappartements oder ins heile Vorstadtidyll. Haben sie aber nicht. Sie haben einen Mangel verspürt. Sie haben aufbegehrt gegen allgemein akzeptierte Einstellungen, tolerierte Ungleichgewichte und unablässig wiederholte Unwahrheiten.

Das Erkennen einer Mission muss aber nicht zwingend mit einer schlimmen Kindheit, schweren Brüchen oder angestauter Wut zu tun haben. Erinnern wir uns an die Wege von Dieter Broers, Aldo Berti, Marcelo De Andrade oder Georg Thurn, an die Eingebungen und die spirituellen Erlebnisse. Sie stehen dafür, dass wir darauf vertrauen können, Teil eines gigantischen Schöpfungsprojekts zu sein, in dem wir nicht allein sind und auch nicht allein gelassen werden, sondern sowohl selbst göttliche Kraft entfalten als auch »von oben« als aktive Gestalter eingesetzt werden können, als moderne Propheten und Wohltäter.

Egal, wie eine Vision auch initiiert wurde, ob im Weltlichen oder im Transzendenten, sie erfordert Mut. Erkennen allein reicht nicht. Mit dem Eingreifen beginnt die Ernsthaftigkeit. Doch genau an diesem Punkt einer Wegstrecke geht den meisten der Sprit aus, oder die Motivation zur Umkehr ist größer als die, weiter geradeaus zu fahren. Die Ängste sind verständlich. Aus verschiedenen Gründen. Zum einen wird der wirtschaftliche Druck auf Entscheider – und ihre Untergebenen sowieso – immer größer, sodass selbst sanfte Kurswechsel und ein Minimum an unternehmerischer Kreativität extrem schwerfallen. Dabei war Konrad Adenauers Slogan von 1957 – »Keine Experimente!« – noch nie so antiquiert und fortschrittsfeindlich wie heute. Experimente jenseits des politischen und wirtschaftlichen Mainstreams sind sogar überlebenswichtig. Aber wer will schon wegen eines solchen Experiments seinen Job aufs Spiel setzen, Macht abgeben oder auf hart erkämpfte Errungenschaften verzichten?

Zum anderen herrscht im Alltag vieler verhinderter Vordenker die Furcht, stigmatisiert und der Lächerlichkeit preisgegeben zu werden. Dieser Mechanismus funktioniert seit Jahrhunderten und aufgrund der technischen Vernetztheit sogar immer besser. So werden Andersdenkende und Weiterdenkende von den Handlangern der Institutionen, die immer noch das alte Denken kultivieren, im Internet mit ein paar Sätzen und einem Mausklick beschädigt. Das ist die virtuelle Form der öffentlichen Hinrichtung, eine elektronische Hexenjagd. Und die Geschädigten können sich noch nicht einmal effektiv wehren. Selbst wenn sie sich wehrten, wie will man gegen gezielte Rufschädigung via Internet vorgehen?

So sehen sich etwa diejenigen, die sich aus dem Dunstkreis des sichtbar Weltlichen herauswagen, schnell dem Vorwurf ausgesetzt, Esoteriker zu sein. Esoterik wird inzwischen fast als Bannwort eingesetzt, um progressive Strömungen zu stoppen. Selten wissen die Kritiker, was sich überhaupt hinter dem Begriff verbirgt. Er stammt aus dem Griechischen, wo *esoterikos* so viel bedeutet wie »innerlich«.

Esoterik bezeichnet also alles, was sich im Gegensatz zum sichtbaren und gemeinhin bekannten Teil des Lebens auf unsichtbare Welten, das Innere, die Seele, das Übersinnliche, das auf den ersten Blick Unerklärliche oder – wie der Duden sagt – auf »Geheimlehren« bezieht. Sind demnach alle, die ihren Weg auch im Spirituellen und nicht nur im Materiellen suchen, esoterische Spinner oder Verschwörer? Sind Pythagoras und Platon, die über Seelenwelten philosophierten, die ganzheitlich denkenden Schriftsteller Johann Wolfgang von Goethe und Friedrich Schiller, die stark an

Astrologie interessierten Astronomen Galileo Galilei, Johannes Kepler und Nikolaus Kopernikus, der pantheistische Naturphilosoph Giordano Bruno und die berühmte Äbtissin Hildegard von Bingen, die spirituellen Komponisten Richard Wagner und Wolfgang Amadeus Mozart, der Psychoanalytiker Carl Gustav Jung, die sehr am Transzendenten interessierten Filmschaffenden Shirley MacLaine und David Lynch, alle Yogafreunde, Buddhisten, Sufisten und Kabbalisten, sämtliche noch verbliebenen Naturvölker, die mit den Anderswelten in Kontakt sind, sowie alle Menschen, die sogenannte Wunder erlebten, nicht ernst zu nehmen? Wer will alle diese Fragen aus einer westlichen Überheblichkeit heraus mit Ja beantworten?

Schwarze Schafe gibt es in jeder Branche. Es gibt Politiker, die bis auf die Knochen korrupt sind. Es gibt Banker, die die skrupellosesten Geschäfte mit dem Geld unbedarfter Anleger machen. Es gibt Schulmediziner, denen es nicht um das Wohl der Patienten, sondern um die Zahlungen der Pharmaindustrie geht. Es gibt Klempner, die nach der leicht lädierten Waschmaschine schauen und eine Totalreparatur durchführen. Und genauso gibt es spirituell wirkende Menschen, die ins Abstruse abgleiten und Hilfe suchende Menschen übers Ohr hauen. Eine übergreifende Etikettierung aber, die ganzheitliche Weltanschauungen verunglimpft, hilft niemandem. Sie behindert den Einsatz zur Rettung der Erde sogar elementar.

Verständlich ist jedoch, dass Leser der westlichen Welt, aus der das Unsichtbare vor allem durch den mächtigen Einfluss der Kirche annähernd verschwunden ist, bei der ersten Konfrontation mit dem Spirituellen und nicht durch Blickkontakt Beweisbaren erst einmal stutzig werden, vielleicht sogar überhaupt nicht imstande sind, es zu verstehen. Aber könnte man das Spirituelle nicht einfach als eine verloren gegangene Sprache begreifen, die wieder erlernt werden kann? Als die Sprache, die unsere Vorfahren bis zu ihrer Verfolgung im Mittelalter pflegten und ohne Probleme begriffen beziehungsweise begreifen durften? Vielleicht wären wir so in der Lage, eine Spiritualisierung der Wirtschaft zuzulassen, wie sie Jakob von Uexküll fordert. Vielleicht wären wir so in der Lage, Meditation an Schulen und in Firmen, wie Bilaal Rajan und Han Shan es vorschlagen, als normal zu akzeptieren oder dieser Praxis zumindest eine Chance zu geben.

Eine weitere visionäre Tugend ist die unglaubliche Unermüdlichkeit. Kann man sich aus seinem bequemen Alltag heraus vorstellen, welche Entbehrungen Bibi Russell in ihrem Kampf gegen die Armut auf sich nimmt? Ist es nicht bemerkenswert, dass Adolf und Inge Schneider ihr Leben selbstlos einer Idee widmen, dass Bilaal Rajan das Geldsammeln einfach nicht leid wird, dass Dieter Broers nicht müde wird, die Durchsetzung seiner Erfindungen voranzutreiben, dass Jakob von Uexküll aus purem Nichteinverstandensein mit der etablierten Politik eine Einpunktpartei gründet oder dass Joseph Stiglitz mehr als die Hälfte des Jahres vor dem alten Wachstumsdenken warnt und für eine Reform der Weltwirtschaftsordnung wirbt? Fände dieses Engagement größere Verbreitung, hätten das konservative Denken und die Dominanz einer einzigen Denkrichtung nicht mehr den Hauch einer Chance. Aber, und das sagt ein 13-Jähriger wie Bilaal Rajan, Fehler gehörten eben auch zur Evolution, und der richtige Weg sei immer noch gefunden worden.

Äußerst skurril ist, dass die allermeisten Lösungen und Lösungsansätze für unsere Probleme seit vielen Jahren bekannt sind. Nur redet keiner darüber. Es gibt wie immer erfrischende Ausnahmen. Aber haben Sie jemals einen Beitrag oder Artikel über Raumenergietechnik in einem Massenmedium gesehen oder gelesen? Wann konnten Sie zuletzt einer Diskussion folgen, in der die quantenphysikalischen Hintergründe und damit die Wirkkraft von Meditation, Beten oder Handauflegen erläutert wurden? Wer hat versucht, erstaunliche Themen aus den sogenannten Grenzwissenschaften in den Mainstream zu übertragen?

Das Rezept für die Heilkur der Erde könnte längst angerührt sein. Es tut sich etwas, aber die Widerstände vor allem aus der Wirtschaft sind immer noch erheblich. Es ist beruhigend und es macht Hoffnung, dass es Leute wie Marcelo De Andrade, Aldo Berti, Dieter Broers, Dickson Despommier, Han Shan, Ervin Laszlo, Jekaterina Moschajewa, Tilo Plöger, Bilaal Rajan, Bibi Russell, Adolf und Inge Schneider, Joseph Stiglitz, Georg Thurn-Valsassina und Jakob von Uexküll gibt, die von Hunderten anderer Visionäre unterstützt werden. Sie helfen, die kritische Masse an Reformkräften aufzubauen, damit das neue Bewusstsein auf alle überspringen kann. Diese Menschen leisten Unglaubliches für die gesamte Menschheit. Sie sind die wahren Vorbilder unserer Zeit. Sie sollten Beraterposten in den Regierungen bekommen. Über sie sollte in den Schulen gesprochen werden.

Doch es wäre fahrlässig, sich allein auf die genialen Kräfte anderer zu verlassen. Veränderung auf breiter Basis wird durch jeden Einzelnen vorangetrieben. Es liegt an uns selbst, ob die »Rettungsaktion Erde« gelingt oder ob der Planet untergeht, während die gigantischen Orchester des Amüsierbetriebs unbeirrt weiterspielen. Es liegt an jedem Leser, an jedem Bürger, an jedem Steuerzahler.

Natürlich, jeder kann letztendlich tun und lassen, was er will. Aber versuchen wir zumindest, uns einer inneren und äußeren Inventur zu unterziehen und – falls nicht bereits geschehen – unser Denken und Handeln in erster Linie auf global und ganzheitlich umzustellen. Die totale Globalisierung wird uns nämlich nur dann nicht zum Verhängnis werden, wenn immer mehr Menschen es schaffen, eine ganz einfache Formel zu erkennen und in ihr Leben zu integrieren: Einheit in der Verschiedenheit! Heißt: Wir sind alle Bürger eines Planeten. Das macht uns gleich. Aber die Probleme in dieser Umschlossenheit sind nur zu lösen, wenn wir unsere Verschiedenheit in gegenseitigem Respekt hinterfragen, unsere kulturelle Vielfalt anzapfen und die reichen Talente und weisen Ideen aller mit ins Spiel bringen. Dabei sollten wir in Betracht ziehen, dass mehr existiert als das, was wir sehen und anfassen können, dass es andere Völker und Menschen gibt, die ihre Probleme auch mit den Kräften des Geistes und der Natur lösen, die sich nicht ausschließlich auf die Errungenschaften der westlichen Technik verlassen und den Doktrinen radikaler Glaubensrichtungen folgen.

Stellen wir uns zum Schluss ein paar zum Teil recht einfache, aber vielleicht wirksame Fragen. Sie könnten in der Lage sein, den Visionär in jedem von uns zu wecken. Das schöpferische Potenzial, so viel dürfte klar sein, ist bereits da!

FRAGEN IM INDIVIDUELLEN:

1. Welches neue Thema könnte ich mir in dieser Woche vornehmen?
2. Welche Selbstverständlichkeit könnte ich beginnen zu hinterfragen?
3. Woran habe ich mich eigentlich viel zu sehr angepasst?
4. Worauf könnte ich verzichten?
5. Welche Veränderung würde mich glücklicher machen?
6. Was würde aus mir, wenn ich allein auf mich zurückgeworfen wäre?
7. Wann habe ich mich das letzte Mal allen technischen Bequemlichkeiten entzogen?
8. Wann habe ich das letzte Mal in absoluter Ruhe und Stille verbracht?
9. Welche Schwächen kann ich noch heute überwinden?
10. Warum habe ich vor welchen Themen Angst?

11. Welchen Werbebotschaften vertraue ich seit Jahren blind?
12. Halte ich genügend Ausschau nach ökologischen und nachhaltigen Kaufalternativen?
13. Gibt es unerklärliche Ereignisse in meinem Leben, die ich hinterfragen könnte?
14. Steht der Realisierung meines größten Traums tatsächlich etwas im Wege?
15. Was könnte meine persönliche Mission auf dieser Erde sein?

FRAGEN IM ZWISCHENMENSCHLICHEN:

1. Welches Vorurteil könnte ich über Bord werfen?
2. Wem könnte ich wie viel abgeben?
3. Wem könnte ich heute noch Mut machen?
4. Wem könnte ich heute noch eine Freude bereiten?
5. Bei wem könnte ich mich entschuldigen?
6. Wem könnte ich vergeben?
7. Mit welchen meiner Talente könnte ich anderen helfen?
8. Wo könnte ich durch einen Kompromiss eine Blockade lösen?
9. Wo könnte ich durch ein Gespräch eine soziale Altlast entfernen?
10. Wie viel Wärme schenke ich Menschen, die ich nicht kenne oder unsympathisch finde?
11. Wann habe ich mir das letzte Mal Zeit für andere genommen?
12. Bin ich im Moment einer Begegnung uneingeschränkt aufmerksam?
13. Teile ich meine Ideen mit Vertrauenspersonen?
14. Behindere ich mit meinen Zielen das Wohl anderer?
15. Welche Strategie verwende ich, um andere zu überzeugen?

FRAGEN IM POLITISCHEN:

1. Wo könnte ich mich heute noch einmischen?
2. Welche Änderungsvorschläge könnte ich meiner Kommune schicken?
3. Was hindert mich daran, meinen Unmut in einem Leserbrief zum Ausdruck zu bringen?
4. Was hindert mich daran, Bundeskanzler und Bundespräsident meinen Unmut mitzuteilen?
5. Was hindert mich daran, mich zu solidarisieren und auf die Straße zu gehen?
6. Welches politische Thema könnte ich mit meinem Partner oder Freunden diskutieren?
7. Weshalb genau wähle ich überhaupt eine bestimmte Partei?
8. Könnte ich meine Sympathien für bestimmte Politiker auch mit Inhalten füllen?
9. Welchen Institutionen glaube ich eigentlich was und warum?
10. Welches meiner Engagements ist eigentlich global?
11. Was in den Nachrichten verstehe ich nicht?
12. Bedienen die Medien, die ich nutze, alles, was mich wirklich interessiert?
13. Wann habe ich zuletzt für eine unpopuläre und unbequeme Position gekämpft?
14. Wie male ich mir meine Wunschvorstellung von der Welt im Detail aus?
15. Was tue ich für dieses Idealbild einer Gesellschaft?

Falls wir keine klaren Antworten geben können, setzen wir uns in Ruhe mit den Fragen auseinander. Lassen wir sie durch unser Bewusstsein laufen, gleichen sie mit unserem Alltag ab und füllen die Themenfelder nach und nach mit eindeutigen Inhalten. Vielleicht verspüren wir dann den Drang, uns zu verändern und – wie die Visionäre – uns selber zu finden. Denn es bedarf keiner Krise, um kreativ, engagiert und neugierig zu werden und endlich Selbstverständliches infrage zu stellen.

ERGÄNZTES NACHWORT ZUR TASCHENBUCHAUSGABE

April 2011. Wir sind noch ein Stück näher an den Abgrund gerückt. Der nukleare GAU von Fukushima hält die Welt in Atem. Die Japaner kämpfen gegen eine entfesselte Technik, die nicht bloß eine Region bedroht. Erneut müssen wir erkennen, dass nicht zwischen einer guten, Strom erzeugenden Kernenergie und einer bösen, waffenfähigen Kernenergie unterschieden werden kann, sondern zwischen nachhaltigen und zerstörerischen Energieformen.

Ob Pürierstab oder Atomkraftwerk, es gibt keine einzige Technik, die sicher ist. Nur hat das, was die Behörden bisher »Restrisiko« nannten, beim Pürierstab andere Dimensionen als beim Atomkraftwerk. Politische Entscheidungen nun damit zu begründen, dass man nicht weitermachen kann wie bisher, da als annähernd unmöglich Eingeschätztes nun möglich geworden ist, hat keineswegs mit einem Erkenntnissprung zu tun. Insgeheim liegen darin das Eingeständnis der eigenen Schwäche im Umgang mit den Stromkonzernen, die Panik vor einem drohenden Machtverlust und gleichzeitig die Verhöhnung derer, die seit Jahrzehnten mahnen und warnen und protestieren.

Dazu gehören selbstverständlich auch die, die Alternativen vorzuschlagen haben. Wie in diesem Buch die Schneiders. Ich war selbst erstaunt, als ich vor drei Jahren erstmals erfuhr, dass es neben Solarenergie, Windkraft, Wasserkraft und Geothermie mit der freien Energie noch eine viel nachhaltigere Energieform geben soll. Gleichzeitig war ich erstaunt, dass so eine Energie so unpopulär ist. Möglicherweise hilft der aktuelle Atomschock dieser bisher bekämpften und belächelten Variante der Stromversorgung zu einem Durchbruch. Das Ehepaar Schneider jedenfalls klärt durch Kongresse, Vorträge und Seminare weiterhin auf.

Auch von den anderen 13 Visionären dieses Buches hat, anderthalb Jahre nach Erscheinen der Erstausgabe, kein Einziger die Flinte ins Korn geworfen, keiner ist dem verlockenden Angebot eines Konzerns gefolgt, das die Mission pervertiert hätte, alle verfolgen beharrlich ihre Idee von einer besseren Welt.

Bilaal Rajan, das kanadische Wunderkind, startet weiterhin von Toronto aus Kampagnen, um Kindern in den Krisenherden der Welt zu helfen, weiß inzwischen aber auch um die wichtigen Ruhepausen, wenn er in seinem Blog appelliert: »Discover ways to be a human being, not just a human doing.« Auch Georg Thurn-Valsassina, der österreichische Architekt, wird nicht müde, den weiterhin wütenden Negativkräften auf diesem Planeten positive Energien entgegenzusetzen. Durch seine geomantisch konstruierten Gebäude, aber immer mehr auch durch geistige Arbeit mit deren Bewohnern. Thurn erzählte mir von seinen letzten Monaten, von den zwei Seminaren, die er im peruanischen Machu Picchu und in Carnac in der Bretagne gegeben hat. »Dort ging es darum, in Gruppenritualen die geistige Energie so weit zu bündeln und zu fokussieren, um die Matrix der Erde mit harmonisierender Information zu versorgen. Mit unserer geistigen Kraft, der Vorstellung, ist es uns möglich, die generelle Frequenz anzugeben und so das Geschehen auf unserem Planeten positiv zu beeinflussen. Die Erkenntnis, dass wir nicht Opfer, sondern Schöpfer auch der Erdwirklichkeit sind, ist für viele noch neu. Wir können auch dazu beitragen, dem neuen Denken schneller zum Durchbruch zu verhelfen, indem wir die Orte, die besonders unter menschlicher Fehlsteuerung leiden, in die harmonisierende Gedankenkraft einschließen. Aus dieser Erkenntnis habe ich meine Architekturtätigkeit reduziert und mich stärker der Arbeit mit Menschen gewidmet. Nichtsdestoweniger gibt es Bauprojekte, die von ihrer Widmung dem Menschen helfen sollen, leichter in die neue Frequenz hinüberzugleiten.«

Zurück auf den amerikanischen Kontinent: Dickson Despommier, geistiger Vater des Vertical Farmings, wäre wahrscheinlich glücklicher, hätte die Weltpresse vom ersten Spatenstich für den Prototyp eines seiner begrünten Hochhäuser berichten können. »Inventing urban-based agriculture is a big job and it will take many disciplines to get it done right«, beschreibt er mir die Anlaufschwierigkeiten. »Public funding is the key to getting buy-in from citydwellers.« Aber keine Spur von Resignation. Despommier will dranbleiben und sieht 2011 die erste Vertical Farm in den Himmel ragen.

Rastlosigkeit auch bei seinem Kollegen Joseph Stiglitz. Der Nobelpreisträger tourt weiter um die Welt, predigt von einem neuen Werte- und Wirtschaftssystem und kritisiert die Personalpolitik Barack Obamas, zu sehr auf Vertreter des alten Denkens gesetzt zu haben. Jakob von Uexküll lenkt die Aktionen seines World Future Council nach wie vor aus London und Hamburg, er zeichnete im Oktober 2010 Costa Rica für sein progressives Biodiversitätsgesetz mit dem Future Policy Award aus und präsentierte im November seinen global funktionierenden Online-Baukausten für Energieeinspeisegesetze. Clownin Antoschka legte derweil mit »Planet of Smiles« in Köln ein neues, erfolgreiches Programm auf, und ihr alter Freund Ervin Laszlo ist gerade dabei, die Giordano Bruno GlobalShift University zum Laufen zu bringen. »Gerade die jungen Leute stellen immer mehr infrage«, sagt er. »Sie wollen wissen, welche Zukunft sie überhaupt noch erwarten können. Aber vor allen Dingen wollen sie endlich mitgestalten.« Durch sich ständig weiterentwickelnde und erstmals nicht indoktrinierende Lehrpläne will man eine feste Institution schaffen, um mit den heranwachsenden Generationen eine Welt in Nachhaltigkeit aufzubauen. Hörsäle und Seminarräume gibt es nicht. Die Uni steht im Netz.

Ein paar Tausend Kilometer nach Süden: In Sao Paulo konnte der brasilianische Umweltschützer Marcelo De Andrade den Transformadores-Preis entgegennehmen, eine angesehene Auszeichnung für kreative und innovative »Verwandler« ökologischer und sozialer Missstände. Vorher hatte man dort unten vom Andrade-Kapitel im Visionärsbuch Wind bekommen.

Kosmetikmanager und Schamane Tilo Plöger bemerkte durch die Publikation einen großen Schub an Aufmerksamkeit und erhielt zahlreiche Anfragen von Suchenden und Gleichgesinnten. »Es heißt, dass eine Wende eine kritische Masse von fünf Prozent aller Menschen erfordere«, sagt er. »Ich fühle, dass das Buch dazu beigetragen hat. Mein Netzwerk zumindest hat sich sehr positiv erweitert, und es beginnt zu arbeiten.«

Und ich selbst? Was habe ich in diesen anderthalb Jahren erlebt, in denen es galt, die Botschaften der wahren Visionäre unters Volk zu bringen? Die erste Auflage ist weg. Das ist ein gutes Zeichen. Ich habe von unzähligen Menschen ein ungeheuer positives Echo erhalten. Sie fühlten sich inspiriert, motiviert, manche sogar verändert. Ich bedanke mich bei allen Lesern von ganzem Herzen! Auch die zunehmende Aktivität auf meinem Visionärs-Blog im Internet machte mir Freude. Aber, und dieses Aber muss sein, es hätte noch besser laufen können. Denn ich musste am eigenen Leibe bemerken, wie recht ich mit meiner im Vorwort geäußerten Kritik an der Medienbranche hatte. So viele Fortschritte ich zuletzt auch entdeckte (z. B. mit neuen, nachhaltigen und ganzheitlichen Printmagazinen wie Enorm, Oya oder Happinez), so sehr musste ich weiterhin den großen Widerstand, die Ignoranz und zum Teil auch die Arroganz vieler etablierter Medien registrieren. Ich erlebte Begegnungen, die man hier kaum wiedergeben kann, haarsträubende Geschichten, die davon zeugen, dass viele der großen Meinungsmacher und Volksamüsierer völlig den Kontakt zu ihren Rezipienten verloren haben, weiterhin keinen Handlungsbedarf sehen und – nicht zuletzt – große Angst vor den neuen Impulsen haben. Lieber begnügt man sich mit den alten Gestalten und den alten Thesen, wie viele Veröffentlichungen und Sendungen Mal um Mal beweisen.

Dort diskutiert man eine globale Krise, die weiter beschleunigt hat. Sie ist keineswegs überstanden, auch wenn die deutsche Regierung 2010 mantrenartig ein wiedererstarktes Wachstum bejubelte. Dass Wachstum nicht der Ausweg sein kann, müssten inzwischen wirklich alle erkannt haben. Und insgeheim weiß man es doch genau. Ich habe von Kabinettsmitgliedern erfahren, denen die Wirtschafts- und Eurokrise jeden Schlaf geraubt hat, die in dieser Zeit zu einem Schatten ihrer selbst geworden sind. Die Welt stand vor dem Kollaps. Reichte diese Erfahrung immer noch nicht? Wo bleiben die radikalen Entlastungsbohrungen im Finanzsystem, die ein Joseph Stiglitz anbietet und zu denen im Jahr 2011 selbst ein Bundespräsident namens Wulff mahnte?

Blickt man zu denen dort oben, könnte man fast verzweifeln. Aber meine Zuversicht wächst. Denn es gibt ja noch die da unten. Die Leute gehen wieder auf die Straße. Endlich! Zu Hunderttausenden geht es gegen die Kernkraft, gegen den Bahnhofsbau von Stuttgart, gegen das atomare Lager von Gorleben, gegen Sozialabbau, gegen die Unmoral der Banker, gegen belästigende Flugrouten, und sogar Fußballfans melden sich inzwischen auf Demonstrationen zu Wort, um gegen die totale Kommerzialisierung ihrer Sportart zu protestieren. Es tut sich etwas, und zwar in allen Bereichen der Gesellschaft. Selbst beim bisher so zufriedenen Bürgertum. Und dieses Mal muss die Politik – wie man sieht – reagieren und Federn lassen. Ein neues und noch viel größeres »Wir sind das Volk!« wird gerade wieder populär. Möglicherweise ist genau dieses Aufbegehren der Anfang vom viel beschworenen Evolutionssprung hinauf in eine Welt, in der Nächstenliebe und Nachhaltigkeit wieder ganz oben stehen auf der Werteskala der Menschheit.

ÜBER DEN AUTOR

Martin Häusler, geboren 1974, studierte Publizistik und Kommunikationswissenschaften, Geografie und Soziologie. Seine journalistische Karriere begann er bei der Rheinischen Post, später arbeitete er mehrere Jahre frei für den WDR-Hörfunk in Köln. Seit 2000 lebt er in Hamburg, wo er für Gruner + Jahr und Axel Springer tätig war – u. a. als Reporter und Ressortleiter. Mit dem Schritt in die Selbstständigkeit im Jahr 2009 widmete sich Häusler verstärkt Themenfeldern, die sich mit gesellschaftlichen, ökologischen, politischen und wirtschaftlichen Dysbalancen auseinandersetzen. Heute arbeitet er als freier Journalist, Autor, Drehbuchautor und Ghostwriter. Die globale Krise kommentiert Häusler regelmäßig in seinem Internet-Blog unter www.diewahrenvisionaere.de.

DANKSAGUNGEN

Ich muss zuerst einem Visionär danken. Einem Visionär, dessen spektakuläres Leben und Wirken nicht in diesem Buch nachzulesen ist, der aber großen Anteil hat an der Verwirklichung dieses Projekts: Christian Strasser, ein Vollblutverleger mit großem Gespür für das, was dem Publikum zu welchem Zeitpunkt zum Lesen angeboten werden kann und muss.

Ich blicke in die eigene Vergangenheit und danke wichtigen Lehrern und Professoren wie Margarethe Wendel, Helmut Knies, Wilfrid Bach, Hans-Jürgen Krysmanski, Rainer Weißenborn, Miriam Meckel und Siegfried Weischenberg, die einen grundlegenden moralischen Wertekanon vermittelten, für den Zustand des Planeten Erde sensibilisierten beziehungsweise für das richtige journalistische Rollenselbstverständnis sorgten. Ich danke meinen Eltern und meiner Schwester für die Unterstützung, meiner Lebensgefährtin Ariane für den ermutigenden Beistand und unzählige hilfreiche Ideen sowie Carol für wegweisende Inspirationen.

Ich danke Hans-Georg Türstig für die schnelle Übersetzung meiner Texte, die auf den Weg zu den englischsprachigen Visionären gebracht werden mussten, und Juliane Molitor fürs professionelle Lektorat.

Und ich danke allen Visionären in diesem Buch. Möge ihre Energie dieser Erde helfen und die Menschheit auf einen besseren Weg führen.

EMPFEHLUNGEN FÜR WEITERFÜHRENDE LITERATUR

1. JAKOB VON UEXKÜLL

Nicholas Stern: *Der Global Deal – Wie wir dem Klimawandel begegnen und ein neues Zeitalter von Wachstum und Wohlstand schaffen*, München 2009

Barbara Bauer u. a.: *Atlas der Globalisierung – Sehen und verstehen, was die Welt bewegt*, Berlin 2009

Jakob von Uexküll: *Das sind wir unsern Kindern schuldig*, Hamburg 2007

Ulrich Beck: *Was ist Globalisierung?*, Frankfurt/M. 2007

Franz-Josef Radermacher: *Welt mit Zukunft – Überleben im 21. Jahrhundert*, Hamburg 2007

Hans-Peter Dürr, J. Daniel Dahm, Rudolf zur Lippe: *Potsdamer Manifest 2005 – We have to learn to think in a new way*, München 2006

Helmut Schmidt: *Globalisierung – Politische, ökonomische und kulturelle Herausforderungen*, München 2006

Jakob von Uexküll, Herbert Girardet: *Die Aufgaben des Weltzukunftsrates*, Bielefeld 2005

2. BIBI RUSSELL

Marsha A. Dickson: *Social Responsiblity in the Global Apparel Industry*, New York 2009

Kelsey Timmermann: *Where I am Wearing? – A Global Tour to the Countries, Factories and People that Make our Clothes*, Hoboken 2008

Sandra Niessen (Hrsg.) u. a.: *Re-Orienting Fashion – The Globalization of Asien Dress*, Oxford 2003

Naila Kabeer: *The Power to Chose – Bangladeschi Women and Labour Market Decisions in London and Dhaka*, London 2002

Martin Kämpchen: *Rabindranath Tagore*, Reinbek bei Hamburg 2002

3. TILO PLÖGER

Alberto Villoldo, Erik Jendresen: *Die Macht der vier Winde – Eine Reise ins Reich der Schamanen*, München 2009

Christian Rätsch: *Meine Begegnungen mit Schamanenpflanzen*, Baden 2009

Michael Harner: *Der Weg des Schamanen – Das praktische Grundlagenbuch zum Schamanismus*, München 2007

Karl Christoph Schmieder: *Die Geschichte der Alchemie aller Zeiten und Völker*, Wiesbaden 2005

Caitlin und John Matthews: *Walkers Between the Worlds – The Western Mysteries from Shaman to Magus*, Rochester 2003

Alberto Villoldo: *Das geheime Wissen der Schamanen – Wie wir uns selbst und andere mit Energiemedizin heilen können*, München 2001

Claudia Müller-Ebeling u. a.: *Hexenmedizin – Die Wiederentdeckung einer verbotenen Heilkunst – Schamanische Traditionen in Europa*, Baden 1998

4. DICKSON DESPOMMIER

Wilfried Bommert: *Kein Brot für die Welt – Die Zukunft der Welternährung*, München 2009

Wolfgang Hirn: *Der Kampf ums Brot – Warum die Lebensmittel immer knapper und teurer werden*, Frankfurt/M. 2009

Walter Schug: *Die dritte Welternährungskrise – Globaler Überblick und Perspektiven*, Bonn 2008

Patrick Whitefield: *Das große Handbuch Waldgarten*, Kevelaer 2007

Sepp Holzer: *Der Agrar-Rebell*, München 2006

Klaus Hahlbrock: *Kann unsere Erde die Menschen noch ernähren? – Bevölkerungsexplosion, Umwelt, Gentechnik*, Frankfurt/M. 2006

Masanobu Fukuoka: *Die Suche nach dem verlorenen Paradies – Natürliche Landwirtschaft als Ausweg aus der Krise*, Darmstadt 1999

5. ALDO BERTI

Wolfgang Bittscheidt: *Geistiges Heilen – Energetische Heilkunst, aus meiner Praxis als Arzt und Heiler*, München 2009

Caroline Latham: *Du bist ein Heiler – Einstieg in die Praxis der Geist- und Energieheilung*, München 2008

Eric Pearl: *Reconnection – Heile andere, heile dich selbst*, Burgrain 2007

Aldo Berti: *Geistheilung und Energiearbeit – Basiswerk der energetischen Medizin*, Darmstadt 2005

Anton Stangl: *Urschöpfungskraft und freie Energie – Heilsame Energieschwingungen sinnvoll anwenden*, Darmstadt 2004

Bärbel Mohr: *Bestellungen beim Universum – Ein Handbuch zur Wunscherfüllung*, Aachen 2004

6. JOSEPH STIGLITZ

Wolfgang Eichborn, Dirk Sollte: *Das Kartenhaus Weltfinanzsystem – Rückblick, Analyse, Ausblick*, Frankfurt/M. 2009

Dirk Sollte: *Weltfinanzsystem in Balance – Die Krise als Chance für eine nachhaltige Zukunft*, Stuttgart 2009

Ellen Hodgson Brown: *Der Dollar Crash – Was Banker Ihnen nicht erzählen. Die schockierende Wahrheit über die US-Notenbank, unser Währungssystem und wie wir uns von ihm befreien können*, Rottenburg 2008

Joseph Stiglitz: *Die Chancen der Globalisierung*, München 2006

Joseph Stiglitz: *Die Schatten der Globalisierung*, München 2002

7. JEKATERINA MOSCHAJEWA

David Gilmore: *Der Clown in uns – Humor und die Kraft des Lachens*, München 2007

Judith Weigle: *My Office is a 3-Ring-Circus – Must I take Orders from Clowns?*, 2005

Masaru Emoto: *Die Botschaft des Wassers*, Burgrain 2002

Johannes Galli: *Der Clown als Heiler*, Freiburg 1999

8. DIETER BROERS

Dieter Broers: *(R)evolution 2012 – Warum die Menschheit vor einem Evolutionssprung steht*, München 2009

Dieter Broers: *Checkliste 2012 – Sieben Strategien, wie Sie die Krise in Ihre Chance verwandeln*, München 2009

Johannes Holey: *Jetzt reicht's! Wie lange lassen wir uns das noch gefallen? Lügen in Wirtschaft, Medizin, Ernährung und Religion*, Fichtenau 2009

Peter Ruppel: *Maya 2012 – Geheimes Wissen und Prophetie*, Darmstadt 2008

Markus Grill: *Kranke Geschäfte – Wie die Pharmaindustrie uns manipuliert*, Reinbek bei Hamburg 2007

Platon: *Politeia*, Berlin 2005

Morpheus: *Die Realitätenmacher – Physik des Bewusstseins*, München 2005

Morpheus: *Matrix Code*, München 2003

Hans-Peter Dürr: *Das Netz des Physikers – Naturwissenschaftliche Erkenntnis in der Verantwortung*, München 2003

José Arguëlles: *The Mayan Factor – Path Beyond Technology*, Rochester 1987

9. MARCELO DE ANDRADE

Michael Yaziji: *NGOs and Corporations – Conflict and Collaboration*, Cambridge 2009

Jill Jäger: *Was verträgt unsere Erde noch? – Wege in die Nachhaltigkeit*, Frankfurt/M. 2006

Lisa Jordan (Hrsg.): *NGO Accountability – Politics, Principles, Innovations*, London 2006

10. ADOLF und INGE SCHNEIDER

Josef Gruber: *Raumenergie-Technik – Weltweit der vorteilhafteste Weg zur Nachhaltigkeit der Energieversorgung*, Peiting 2008

Lynne McTaggart: *Das Nullpunkt-Feld – Auf der Suche nach der kosmischen Ur-Energie*, München 2007

Steven Greer: *Verborgene Wahrheit, verbotenes Wissen*, Immenstadt 2007
Peter Lay: *Mit freier Energie gegen die Klimakatastrophe*, Poing 2007
Klaus Jebens: *Die Urkraft aus dem Universum*, Zürich 2006
Margaret Cheney: *Nikola Tesla – Eine Biographie*, Aachen 2001
Adolf und Inge Schneider: *Energie aus dem All – Das Geheimnis einer neuen Energiequelle*, Zürich 2000
Jeane Manning: *Freie Energie – Die Revolution des 21. Jahrhunderts*, Aachen 1998

11. ERVIN LASZLO

Ervin Laszlo: *Weltwende 2012 – Wie eine grüne Wirtschaft, neue Politik und ein höheres Bewusstsein zusammen wirken*, München 2009
Rupert Sheldrake: *Das schöpferische Universum – Die Theorie des morphogenetischen Feldes*, Berlin 2009
Ervin Laszlo: *Wie kann ich die Welt verändern? Report des Club of Budapest*, Berlin 2005
Ervin Laszlo: *Zu Hause im Universum – Eine neue Vision der Wirklichkeit*, Berlin 2005
Ervin Laszlo: *Macroshift – Die Herausforderung*, Frankfurt/M. 2003

12. GEORG THURN-VALSASSINA

Nigel Pennick: *Handbuch der angewandten Geomantie – Wie wir heute Landschaft und Siedlung wieder in Einklang bringen können*, Saarbrüchen 2008
Marco Bischof: *Der Kristallplanet – Globale Netze, platonische Körper und die Musik der Erde*, Klein Jasedow 2008
Werner Anderhub und Andreas Müller: *Phänomen Kornkreise – Forschung zwischen Volksüberlieferung, Grenz- und Naturwissenschaft*, Baden und München 2005

Georg Thurn-Valsassina: *Subtiles Bauen – Form und Transzendenz, feinenergetische Symbolik*, Rastenberg 2004
Konstantin Meyl: *Sendetechnik der Götter*, Villingen-Schwenningen 2004
Peter Dawkins: *Europa und das Land des Heiligen Gral – Kultgeometrie und ätherische Kräfte*, Schaffhausen 2001

13. BILAAL RAJAN

Bilaal Rajan: *Making Change – Tips from an Underage Overachiever*, Victoria 2008
P. M. H. Atwater: *Indigo-Kinder und die neue Zeit ab 2012*, Stuttgart 2007
Lee Carol, Jan Tober: *Indigo-Kinder erzählen*, Burgrain 2001

14. HAN SHAN

Master Han Shan: *Wer loslässt, hat zwei Hände frei – Mein Weg vom Manager zum Mönch*, Bergisch-Gladbach 2009
Christine Eichel: *Warum ich wieder bete*, Gütersloh 2009
Gregg Braden: *Verlorene Geheimnisse des Betens – Die verborgene Kraft von Schönheit, Segen, Weisheit und Schmerz*, Frankfurt/M. 2008
Damien Keown: *Der Buddhismus – Eine kurze Einführung*, Ditzingen 2001
Rob Nairn: *Auf den Spuren des erleuchteten Drachen – Buddhistische Meditation*, München 2000

QUELLENANGABEN

Das Zitat auf Seite 159 ist abgedruckt nach Joseph Stiglitz, *Die Schatten der Globalisierung*, © 2002 by Jost Siedler Verlag, München, in der Verlagsgruppe Random House GmbH. Übersetzung: Thorsten Schmidt

Das Zitat auf Seite 189 ist abgedruckt nach Platon, *Sämtliche Werke, Band 2: Lysis, Symposion, Phaidon, Kleitophon, Politeia, Phaidros,* deutsche Übersetzung von Friedrich Schleiermacher, herausgegeben von Ursula Wolf, Copyright © 1957–59 u. 1994 by Rowohlt Taschenbuch Verlag GmbH, Reinbek bei Hamburg.

Das Zitat auf Seite 355 ist abgedruckt nach P. M. H. Atwater, *Indigo-Kinder und die neue Zeit ab 2012,* © 2007 Lüchow in der J. Kamphausen Verlag & Distribution GmbH, Bielefeld.